本书为博众精工文化资助项目

儒家要典导读书系

春秋傳

春秋传

宋・胡安国　撰
邵逝夫　导读

黄山书社

出版说明

一、儒家道统一脉相承，源远流长。西汉中期独尊儒术以后两千多年，儒家精神和学问向来是华夏文明的主流，尤其是经宋儒构建了完整的体系之后，从此以仁义礼智信、温良恭俭让为核心的儒家精神为天下共尊，庙堂之高，江湖之远，男女莫不知，童叟均熏染，上下一贯、内外通透，成为华夏民族的血脉和灵魂。

二、“人能弘道”。尧舜禹汤、文武周公、孔曾思孟、程朱陆王是儒家道统的圣贤，圣贤传心，经典载道，相辅相成，缺一不可。“夫子之文章”是儒家的载道之学，“夫子之言性与天道”是儒家的传心之学。儒家精神来自天道，见诸人心，靠教育来落实，教育需以经典为载体。

三、儒家数千年的经典，以六经四书和历代大儒的见道文字为核心，有经，有传，有注疏，有讲解。文以载道，圣贤们的奏疏、书信、记铭等等，莫不有天理存焉。儒家的经典文字，皆为圣贤们在不同时空和环境下应机而作，是他们体验和践履天道天理的遗存，是不同时期儒者的责任和事业。历史发展到今天，各种环境均发生了很大的移易，甚至语言系统亦有根本转变。但无论时代如何变化，人们在身心上对德性的需求、对生命问题的探索，永无止息，历久弥新。“儒家要典导读书系”即是选取儒家道统历史长河中的重要典籍，在新时代环境下，进行整理、导读和讲解。

四、“儒家要典导读书系”所选取的经典，往往是历史上起到重要作用的著述和文字，希冀以点带面，能展现儒家学问的全貌，并做出新时代和新语境下的解读，俾使普通读者发现天行健生生不息之精神，体悟自性本有之光明，完善自我人格，获取生命的喜悦感；也力图使得有志于儒家修齐治平理想的大魄力者，能以此为进学基石，循序渐进，日积月累，盈科而后进，放乎四海。

五、“儒家要典导读书系”对经典文字的整理，主要依据重要古本，参考现有优良整理本，并订正其舛误。章节分段、文字断句、标点符号等关系到对儒家精神和大儒学问的理解，当涵泳文意，反复揣摩，慎加抉择，断以己意，整理出一个清晰明确的完整简体字本，而一般不出校记。于书首撰写详尽导读，尤从儒家真精神及工夫体悟角度，阐扬圣贤们的学问面目，以期对今人的身心有所裨益。

六、孟子曰：“有天爵者，有人爵者。仁义忠信，乐善不倦，此天爵也；公卿大夫，此人爵也。古之人修其天爵，而人爵从之。”岁月潮流滚滚向前，每个时代的人有每个时代下的责任，实为义不容辞。愿有心君子共同努力，默而识之，学而不厌，秉文之德，对越在天。

目录

导读

一

《春秋传》，胡安国撰。胡安国，字康侯，谥号文定，学者尊称文定先生。文定生于宋神宗熙宁七年（1074年），卒于高宗绍兴八年（1138年），享年六十五岁。《宋元学案》称文定"私淑洛学而大成"，于两宋理学有继往开来之功："南渡昌明洛学之功，文定几侔于龟山，盖晦翁、南轩、东莱皆其传也。"龟山，即杨时，字中立。曾师事明道先生（程颢），"其归也，目送之，曰：'吾道南也。'"明道逝后，又曾从学于伊川先生（程颐），为程门立雪的主人翁之一，"一日，伊川偶瞑坐，先生与游定夫侍立不去。伊川既觉，则门外雪深一尺矣。"龟山乃程门四先生之一，深得伊洛之学要旨，其学传罗豫章（从彦），豫章传李延平（侗），延平传朱子（熹），朱子集理学之大成。就此，理学抵达巅峰。龟山可谓功莫大焉。晦翁即朱子，南轩即张栻，东莱即吕祖谦，三人并称东南三贤。朱子、东莱早岁曾问学于籍溪先生（胡宪），籍溪为文定从子，字原仲，"从文定学，即会悟程氏之说"；南轩则师从五峰先生（胡宏），五峰乃文定季子，字仁仲，"自幼志于大道，尝见龟山于京师，又从侯师圣于荆门，而卒传其父之学"。据此而言，则朱子、南轩、东莱三人，皆可视为文定再传。而文定晚年隐居湖南湘潭撰述、讲学，其后五峰继承其志，终身讲学，弘传理学，终致湖湘学风一时大振，故而，文定又被尊奉为湖湘之学的奠基人。文定于《春秋》，前后集三十余年之功，终而撰成《春秋传》。文定《春秋传》是理学家解经的代表之作，与伊川先生《周易传》齐名，在《春秋》学史上可谓古今无双。其后，曾为元、明奉为科举范本，对后世产生了巨大影响。

惜乎时至今日，文定其人及其《春秋传》，几近于无人问津。笔者旧日曾略略用心于文定《春秋传》，深晓其中所蕴含的大义，于今日而言，依然有着诸多启悟，故而，不揣学识鄙陋，重新校读《春秋传》，又搜集古今相关论述数十种，对文定生平学行及其《春秋传》的历史定位与当代意义作了探究，现陈述如下。

二

文定本贯建州崇安县开耀乡籍溪里，其先传为江南人。据胡寅《先公行状》，文定的五世祖，号主簿公，“五代中，至建州之鹅子峰下，钓鱼自晦，人莫知其所从来。后世相传云：‘本江南人也。’”文定的曾祖胡容、祖父胡罕均未出仕，到了他的父亲胡渊，“始读书为进士业”，曾任宣义郎，致仕，赠中大夫。其初，胡渊从同县吴仙洲先生学习六经，仙洲先生见其“所写《论语》《尚书》，终帙如一，无差舛”，极为欣赏他，“即妻以女”，是为文定之母。

文定天资卓绝，禀赋异常，刚刚学会说话时，母亲试着以《训童蒙韵语》中的数十个字去教他，两遍过后，就能记诵。祖母余氏很高兴，抚摸着他说："儿必大吾门。"七岁时，曾经作过一首小诗，有"自任以文章道德"之句，可见其少年时便已有了宏大的志愿。为了让他专心学习，母亲将他送到外公家，每年只允许回家一次，在家留宿则不准超过两夜。少年文定记忆出众，"日记数千言，不复忘"。到了十五岁，文定又前往信州州学求学。一天，有马戏团在州学门前演出，上百名学子全都不告而出，前去观看表演，只有文定一人不为所动，依旧在学堂中诵读。州学教授歙县人胡公走在两庑间时，听到了读书声，便询问是谁，得知是文定之后，将他请到堂上，询问他的学业以及为什么不出去看马戏表演，文定一一作答，胡公不禁感叹赞赏，取出纸笔和佳砚赠送给他，并且勉励他说："当为大器。"

两年后，十七岁的文定赴京参加会试，随后得以进入太学学习。文定在太学学习期间，"修懋德业，不舍昼夜"。当时，适逢"元祐盛际，师儒多贤彦"，文定所随学的，乃是伊川先生的两位朋友——朱长文与靳裁之。朱长文，字伯原，号乐圃，苏州吴县人。《宋元学案》称之"从泰山（孙复）学《春秋》，得《发微》深旨"。靳裁之，颍川人，《宋元学案》称之"少闻伊洛程氏之学"，并将他列为"明道私淑"。裁之才识高迈，最是器重文定，时常"与论经史大义"。一天，博士令诸生呈上文章，用以考评优劣而决定去留，诸生纷纷争先自送，以博取好感，惟有文定按序缴还差帖，愿列诸生，此举得到了众人的赞叹，"自祭酒以下，相与称叹曰：'是真可为诸生表率者矣。'"

哲宗绍圣四年（1097年），经过礼部的三番考试，二十四岁的文定考中进士。文定及第，颇有戏剧性。其时，哲宗亲政，废除了元祐旧制，恢复熙宁、元丰新法，"策问大要，崇复熙、丰”，而文定则“推明《大学》格物、致知、诚意、正心、修身、齐家、治国、平天下，以渐复三代为对”，并且“无诋元祐语”。正因为此，尽管最初殿试考官已经拟定文定的策对为第一，可是，在将要唱名之时，宰执却以何昌言为第一，方天若为第二，又想以宰相章惇之子为第三。幸运的是，哲宗对于文定的策对颇为欣赏，“命左右再读之，谛听逾时，称善者数四”，而后亲自擢升文定为第三名。陛对时，哲宗尝问文定师从何人，文定则对曰：“久处太学。”

文定考中进士之后，授常州军事判官，旋即改授江陵府观察推官。上任之前，文定先行赴荆门纳李氏为妻，随后，文定夫妇领养了同祖父兄弟胡淳之子胡寅（致堂）。致堂将生，“弟妇以多男欲不举，安国妻梦大鱼跃盆水中，急往取而子之”。文定夫妇视致堂如同己出，关爱备至。致堂“少桀黠难制”，文定将他关在阁楼上，阁楼上有杂木，致堂竟将杂木全都刻为人形。文定因势利导，在阁楼上放上了数千卷书，年余，致堂竟然全都能够记诵。在文定的悉心培养和教导下，致堂终成一代名儒，有《斐然集》《崇正辨》等著述传于世。文定到了江陵之后，帅臣监司等人见到他之后，觉得他学识出众，于是合章上奏乞请调任他为府学教授，很快就得到了许可。文定刚上任时，学校颓废，十几个职事者贪污公粮，还欺负文定年少，故意冲撞冒犯，文定再三劝谕，依旧不知悔改，不得已，文定“乃按其蠹弊事，尽摒之”。就此，府学学风为之一变，“于是，远近父兄喜遣子弟来”。而文定也以身作则，恪遵师道，“正身律物，非休沐不出。凡所训说，务明忠孝大端，不贵文艺。缮修宇舍，绳度整立。”

江陵府学教授任满之后，文定除太学录。任上，他“谢绝请求，无所假借”。时有四川人刘观、浙江人石公揆年轻俊逸而有声名，每番考试都位居上游。及至“观代笔事觉，公揆薄游成讼”，他人竟然还纷纷前来为他们求情，文定说：“录以行规矩为职，规矩不行，奚以录为？且二人如此，非佳士也。”最终对二人进行了惩罚。不久之后，文定改迁太学博士，“足不蹑权门”。

一年之后，按例改任京官，时蔡京当权，欲拉拢文定为己所用，文定不从，请求外任，蔡京为之色变，“密使张康国欲荐以馆职”，文定“不愿就”。又“会新学法，博士例除诸道提举官”，拟以文定任河北道提学，文定以南方人到北方任职不便于奉养双亲为辞。执政诱之以利，对他说：“禄厚莫如朔部者。”文定坚决推辞，于是，改除湖北路提学。在湖北任上，文定与程门高弟龟山、上蔡（谢良佐）过从甚密，文定敬二人如师，“公之使湖北也，杨（时）尚为府教授，谢（良佐）为应城宰，公质疑访道，礼之甚恭，来见而去，必端笏正立目送之。僚属惊异，吏民耸观。”邹浩听闻之后，感叹道：“将军北面帅师降敌，此事人间久寂寂。”文定还曾记录过一部《上蔡语录》，正因为此，文定往往被认定为上蔡弟子，“（文定）以典学使者行部，过之，不敢问以职事。顾因绍介，请以弟子礼见。入门，见吏卒植立庭中，如土木偶人，肃然起敬，遂禀学焉”（朱熹《德安府应城县上蔡谢先生祠记》）；黄宗羲也说“上蔡之传，始自胡文定公入衡湘”（《宋元学案》）。然而，全祖望却认为：“私淑洛学而大成者，胡文定公其人也。文定从谢、杨、游三先生以求学统，而其言曰：‘三先生义兼师友，而吾之自得于《遗书》者为多。’然则，后儒因朱子之言，竟以文定列谢氏门下者，误矣。”（同上）据此，则上蔡之于文定，可谓亦师亦友，却并无严格的师承关系。上蔡对文定非常欣赏，曾对弟子朱震说：“胡康侯正如大冬严雪，百草萎死，而松柏挺然独秀者也。”

徽宗崇宁四年（1105年），文定得以陛对，上奏说：“学校所以养育人才，非治之也。今法令具矣，当使学者于规矩之外，有所耻而不为。谨按圣门设科，成周贡士，皆以德行为先，文艺为下。臣当以此仰奉明诏。”得到了徽宗的首肯。其后，文定改任湖南路提学。“是时，蔡京所行事既不善，而官吏奉承过当，愈为民害，学校其一也”，文定则“撙节行之，禁其太甚”，对于“恃法自肆”的士子，“必惩之”。

崇宁五年（1106年）三月，文定按例罢学事司，除成德军通判。八月，所罢司官仍旧。其时，文定母亲多病，厌恶道途之苦，便留居在荆门。文定曾以方便奉养为请，章上，未报。适逢徽宗下诏，令诸道学事官举荐遗逸，文定以永州布衣邓璋、王绘应诏。王绘年岁已高，不愿行，文定便请任命其一份官职，用以“风劝学者”。这时，零陵县主簿李良辅刚刚因为贪赃枉法而被文定所弹劾，逃窜之后，陈述于朝廷，称邓璋、王绘“二人者，党人范纯仁客，而邹浩所请托也”，蔡京“素恶安国与己异，得薄言，大喜”，下命让湖南宪司置狱推治，众人皆为文定担心不已，文定却泰然处之，不为所动。帅臣曾孝广前来安慰文定，回去后对别人说：“胡康侯当患难，凝然不动，贤于人远矣。”后来，蔡京见置狱不成，竟然直接罢免了文定之职，而曾孝广等五人因为曾关照文定，也一并遭到罢黜，而这五人对于文定，“非特无怨，而问劳不绝”。

文定被免职之后，“问舍求田于漳水之滨，治农桑，甘淡薄，服勤左右，婉然愉色”，有空暇时，“则专意经史及百家之文”。家人也“忘其贫，而亲心适焉”。时至大观四年（1110年），李良辅因为其他罪行触法，台臣毛注顺势辨明文定被免职之事，徽宗下旨，文定官复原职，然而，文定并未到任。

政和元年（1111年），张商英为相，除文定提举成都府路学事，文定以“亲年寖高，旁无佽助，吒驭溯峡，皆所其难”，上书乞求居家侍养双亲，书中有云：“臣而留令，无所逃诛。子若委亲，亦将安用？”因其辞恳切，得到了允许。政和二年（1112年），文定母亲吴氏病故。母亲病重之时，文定任劳任怨，事必躬行；母亲去世之后，文定哀痛至极，丁忧六年。文定“侍令人疾，食不尽器，衣不解带，居丧哀毁，营奉窀穸，冒犯霜露，一事一物，必躬必亲”。原先，荆楚一带，风俗粗陋，“州里见公自致者如此，然后知以慎终送死为重”。为母丁忧期间，文定“粝食逾年，不能胜衣，中大（即胡渊）勉之力，乃少进滋味，以慰中大之意”。

政和八年（1118年），余深时为右相，举荐名士十人，其余九人都已经上任，惟有文定应召到了京城之后，便卧病在床，知交旧友纷纷前来劝勉他积极出仕，甚至有人还以“庙堂威怒”来胁迫他，文定也只是“逊言而已”。在京期间，文定所访问的，惟是医药。如此居住百余日之后，他便轮流谒告诸人而归。

宣和元年（1119年），徽宗下诏除文定提举江南东路学事，并再次召对，文定公未及受命，而父亲胡渊病逝。起初，胡渊时常期望文定及时出仕以报国荣家，而母亲吴氏则希望文定能够保身崇德，文定则以道自任，既不拂逆父亲的严训，也不违背母亲的心意。胡渊病重之后，自知时日不久，“手书促之归，无复曩时督责矣。中大感疾且一年，公奉事节适如一日，凡服饵禁戒，中大必听”。胡渊逝后，文定守丧结束，对子弟们说：“吾奋迹寒乡，为亲而仕。今虽有禄万钟，将何所施？”“遂致其事，筑室茔山旁，分置图籍，瞻省丘坟，翻阅古今。慕陶靖节为人，诵‘心远’之章，望云倚杖，临水观鱼，淡然无外营，将终身焉”。期间，朝廷多有诏除，文定则一律推辞。宣和末年，侍臣李弥大、吴敏、谭世绩合章举荐文定“经学可用，齿发未衰，特落致仕”，下诏除尚书屯田员外郎，文定辞不起。钦宗靖康元年（1126年）二月，诏除太常少卿，文定又辞。再除起居郎，文定再辞。

不久，金兵乘虚而入，直捣京城，宋室被迫签订城下之盟。此时，朝中又分为主和、主战两派，文定给在朝任职的龟山写信，他依据《春秋》大义，反对城下结盟，割地求和，表达了强烈的主战主张，书云：

“按，《春秋》书‘齐人来归郓、讙、龟阴之田’，是田，本鲁田也。始失不书者，不能保其土地人民，为不君讳也。太原兵劲天下，艺祖、太宗自将再驾，而后入于版图。河间、中山，北方重镇，犹郑有虎牢，虞、虢有夏阳，秦之潼关，蜀之剑阁，吴之西陵也。今闻割以遗敌，不亦辱乎！按《春秋》，齐侯侵蔡，伐楚，楚使请盟，美而书来者，荆楚暴横，凭陵中国，郑在畿内，数见侵暴，齐侯伐而服之，则自此贴然矣。此门庭之寇，所当惩创不可已焉者也。远方犯阙，释而不击，反与之和，戾于圣人之训不已大乎！按《春秋》，鞍之战，齐师败绩，遣国佐致赂请盟。晋郤克欲以萧同叔子为质，而使齐之封内尽东其亩。国佐震怒，请收合余烬，背城借一。郤克惧，反与之盟而不敢复也。故圣人特书曰‘及国佐盟’，以明国佐一怒，折伏郤克，示天下后世忠臣义士以克敌制胜在于曲直，不以强弱分胜负也。金人陵辱朝廷，人心同疾，非止郤克之于齐。四镇、三关倘皆割弃，岂特尽东其亩而已乎！而城下结盟，亲王出质，不竞甚矣！按《春秋》，徐子章羽断其发，携其夫人以逆吴子。圣人特削其爵而书其名者，罪其不自强，无兴复之志也。敌欲地，则割要害而与之地；欲人，则饰子女而与之人；欲金帛，则倾府库而与之金帛；欲亲王贵戚，则抑慈割爱而与之亲王贵戚。假如敌请六飞会于辽水之上，不往则恐违其约，欲行则惧或见欺，又将何处乎？按《春秋》，于宝玉大弓失之书‘得之’，书者，重传器，戒不恭也。强敌猝至，上下无备，取金帛于盗臣之家，以纾急缓功，则亦可矣。似闻宗庙供器输于敌庭，果有之乎？于宝玉大弓孰轻孰重？于圣人失而书得，则书之意又如何也？按《春秋》，灭梁者，秦也。圣人不书秦灭，而书‘梁亡’者，不能守住四邻而沟公官，亡其自致也。今勤王大众不以击敌，而以治城池；金帛用物不以募战士，而以赂敌国。堂堂大宋，万里幅员，奚至陵藉如此其甚哉！”

言辞痛切至极！而因为这封信，众人方才知晓文定通晓《春秋》，“虽畎亩坚卧，固非素隐忘世者也”。其实，文定之志，诸葛武侯（亮）之志也。其平居尚论古人，自两汉而下，则以武侯为首；于本朝卿相，则以李文靖（沆）、韩忠献（琦）为冠。

自此，“朝廷促旨沓降”，于是，文定“幡然有复仕意”。六月，他抵达京城，却又生病了。七月七日，正午时分，钦宗急召文定，对他虚心相待，慰劳甚切，文定上奏说：

“明君以务学为急，圣学以正心为要。心者，事物之宗；正心者，揆事宰物之权也。自王迹既熄，微旨载于《易》《诗》《书》《春秋》，时君虽或诵说，而得其传者寡矣！窃意陛下在昔潜德东宫，其于经籍所载，帝王制世御俗之大略，必有所避而不欲问，官属之司劝讲者，必有所隐而未及陈。今正位宸极，代天理物，则于古训不可不考。若夫分章析句，牵制文义，无益心术者，非帝王之学也。愿慎择名儒，明于治国、平天下之本者，虚怀访问，以深发独智，则天下之幸。臣又闻为天下国家者，必有一定不可易之计。谋议既定，君臣固守。虽浮言异说，沮毁动摇，而初计不移，故有志必成，治功可立。陛下南面朝天下越半年矣，而绩效未见，纪纲尚紊，风俗益衰，施置乖方，举动烦扰。大臣争竞，而朋党之患萌；百执窥观，而浸润之奸作；用人失当，而名器愈轻；出令数更，而士民不信。若不扫除旧迹，乘势更张，窃恐奸雄不忌，敌人肆行，大势一倾，不可复正。上世帝王询事考言，以图成绩。愿咨访大臣，何以修政事、御外侮，令各展尽底蕴，画一进呈，宣示台谏。如有不合者，使随事疏驳。若大臣议绌，则参用台谏之言；若疏驳不当，则专守大臣之策。仍集百执议于朝堂，众谋佥同，然后断自宸衷，颁之中外，以次施行。敢有动摇，必惩无赦。庶几新政有经，民听不惑，可冀中兴之效。”

文定之言，切中时弊，可谓忠且诚，钦宗亦颔首称是。良久，问道：“卿学何所师承？”文定逊对说：“孤陋寡闻，莫逃明鉴。”钦宗又说：“比留词掖一员相待，已令召卿试矣。”文定则推辞说：“臣壮年守官湖湘，得足疾，颓心荣进，亦已乞身。今日扶惫趋阙者，贪慕圣德，愿瞻天表，一伸其志而已。于侍立之职且不敢当，况敢闻异恩？”这时，钦宗因为酷暑而汗流洽衣，文定便相机而退。自此，文定“四上辞免”，而钦宗则“数予宽告”。其时，门下侍郎耿南仲“倚攀附恩，凡与己不合者，即指为朋党”，听闻文定的论奏之后，生气地说：“中兴如此，而以为绩效未见，是谤圣德也。”于是，对钦宗说：“胡某意窥经筵，不宜召试。”钦宗不答。等到文定屡次请辞之后，耿南仲又对钦宗说：“胡某不臣。”钦宗问他何以有如此之说，耿南仲说：“往者不事上皇，今又不事陛下。”钦宗说：“渠为疾而辞耳，非有向背也。”此后，每逢臣僚登对，钦宗往往会询问他们是否认识文定，中丞许翰曾对曰：“臣虽未识，然闻其名久矣。自蔡京得政，士大夫无不入其笼络，超然远迹，不为所污，如胡某者有几？”钦宗闻言，嗟叹不已。时至九月初，钦宗遣中书舍人晁说之前往文定居所，详细宣告旨意，劝勉他接受任命，钦宗还说：“他日必欲去，即不强留。”文定“既趋试，复上章乞外”，不久，钦宗下旨，除中书舍人，赐三品服。耿南仲却依旧不死心，让司谏李擢、侍御史胡舜陟论公“稽迟君命，傲慢不恭，宜从黜削，以儆在位”，奏上，不报，文定乃就职。

文定于中书任上，尽忠尽职，往往不顾个人安危，据理力争。当时，耿南仲已经整垮宰相吴敏、枢密使李纲，还想着将朝廷中的善类一并驱逐，于是称中书舍人许景衡、晁说之“视大臣升黜为去就，怀奸徇私，失事君义”，而欲罢黜二人，文定缴奏说：“二人为去就，必有陈论；怀奸徇私，必有实迹。乞降付本省，庶可按据，载诸词命。”奏上，不报。王安中“责授散官，随州安置”，文定上奏极论安中之罪，指出安中之罚不合其罪，难以服众，于是，“安中移置象州”。又有人说内侍王仍、张见道、邓文诰三人“图谋离间两宫，将以遂其奸计”。文定上奏说：“图欲离间两宫，则罪不可赦；将以遂其奸计，则恶不可留。望深察众情，及时裁处，以全慈孝之情。”三人遂遭罢黜。应天府尹叶梦得“坐为蔡京所知，落职宫祠”，文定上奏说：“京罪已正，子孙编置无遗，土地悉入县官，家财没于府库，无蔡氏矣。则二十年间，尝位京所引用者，今皆朝廷之人也，若更指为京党，则人才之弃于此时者，众矣。且党论何时而弥乎？以臣所见，弃瑕舍过，消散朋党，正在今日。”于是，诏除梦得一小郡。

中书侍郎何㮚心怀叵测，上奏建议钦宗：“治平则宜重内，遭变则宜重外，乞分天下为四道，置四都总管，各付一面，为卫王室御边境之计。”其时，何㮚甚得钦宗欢心，曾密陈“京师不可守则幸山南，因可入蜀”，由此可知，他的意图是想让自己任南道总管，好在紧急之时，挟持钦宗南逃入蜀，以成自己的护驾之功，甚或还有几分挟天子以令诸侯的念想。何㮚此前对于文定尚有“推挽之力”，以为他“必无驳异”，不料文定据理而论，反对何㮚之议，并以刘焉、刘表、袁绍、曹操等为例，指出这样很容易产生尾大不掉之病：

“内外之势，适平则安，偏重则危。东汉季年，王室多故，刘焉言四方兵寇，由刺史威轻，宜改置州牧。及焉求益郡，刘表镇襄阳，袁绍得冀，曹操取兖，争相割据，自此不复有王室矣。今州郡太轻，理宜通变。然以数百州分为四道，事得专决，财得专用，官得辟置，兵得诛赏，则权复太重，又非特州牧比也。使四人者，果皆尽忠君父，则固善矣。万一号召不至，如焉、表、绍、操所为，又何以待之？五大在边，古人所戒；以身使臂，于理乃宜。臣愚欲乞据二十三路帅府，选择重臣，付以都总管之权，专治军旅，每岁一按察其部内。或有警急，京城戒严，即各帅府所属将应援。如此，既可拥卫王室，又无尾大不掉之虞，一举两得矣。”

很显然，文定的建议较为中肯，钦宗也深以为然。可如此一来，何㮚的计划也就无从实现了，于是，他在钦宗面前无端力争，称文定“专以异义为高，不可信用”，钦宗竟然为之所惑，最终，“止令于四道各削其远外州郡”。且命大名守赵野任北道总管，这个赵野，本为胆小怕死之人，又何足以任此要职？于是，文定又上奏，以为断断不可。然而，此时诏命已出，难复更改。到了冬天，敌人大举入侵，赵野遁逃，为群盗所杀。而西道总管王襄则“拥众汉上，不复北顾”，大略如文定此前奏中所说。

中书后省论资政殿学士詹度罪恶深重，钦宗下诏仅仅将之自金紫光禄大夫降了两级，文定上奏，具言詹度之罪，称其罪不下于童贯、王安中，建议“依王安中例施行，以厌公论，少释河北愤怨”，詹度乃落职。吏部侍郎冯澥上言“中书舍人刘珏行李纲责词，实为纲游说”，刘珏因而遭贬。文定上奏，指责冯澥断章取义，越职议事。那冯澥本为耿南仲所指使，故而，文定上奏之后，耿南仲大怒。而宰相唐恪与詹度又是姻家，也怨恨文定“论度太迫”，何㮚也因为文定论“分天下为四道”事而怀恨在心，于是一干人等合力排挤文定。时至十月，钦宗不得已，下诏除郡。起先，何㮚请除文定怀州，钦宗说：“怀当敌冲，可与东南。”唐恪又拟除文定德安，而何㮚小人之甚，他“知公素苦足疾，闻海门地最湿”，于是商量，竟除文定右文殿修撰、知通州。文定却依旧如故，“在省一月，告日居半，每出必有论列”，所论事无巨细，有人对他说：“事之小者，盍姑置之？”文定则答道：“大事皆起细微，今以小事为不必论，至于大事又不敢论，是无时可言也。”

文定离开京城不过旬日，金兵再度包围京城。其时，文定长子致堂任校书中秘，留在京城。宾客们每每担心致堂安全，文定愀然变色，说：“主上在重围中，号令不出，卿大夫之辱也。余恨效忠无路，敢念子乎？”闻者悉皆为之感动。金人攻势益发紧急，钦宗曾有旨，命令急召文定与许景衡，竟然未能传达出去。最终，金人破城，掳掠徽宗、钦宗父子与大批赵氏皇室、后宫嫔妃，以及诸多贵卿、朝臣北去，北宋遂亡。

次年五月一日，高宗登极。文定上奏，直言崇宁以来的九大失：弃信、拒谏、导谀、轻用名器、互分朋党、信任奄寺、轻易改作、外事边功、穷极奢侈。且总结道：“崇宁以来，国有九失，渊圣即位，而不知变。独九重节俭，工役不兴一事为愈尔。八失不去，一事虽愈，欲正已倾之势，难矣。陛下亲睹覆车，如不改辙，岂有复兴之望乎？”接下来，文定依据《春秋》大义，针对前八失一一提出解决方案。六月四日，高宗下诏召文定为给事中。适逢宰相黄潜善“专权妄作，斥逐忠贤”，文定便再次请辞，有旨不允，文定三辞。其后，文定曾致书右丞许景衡，激论国事，拳拳于社稷兴亡。黄潜善却指使给事中康执权对文定进行弹击，称其“不合辞免，乞重谴黜”，加之中书舍人刘观与文定有私怨，也从旁排挤，不得已，高宗下旨罢去文定之命。

建炎三年（1129年），枢密使张浚举荐文定可当大用，“申命前除”，文定再度请辞，并致书宰相吕颐浩，议论政事，指出嘉祐政事，大要以爱民为本，而“始于审谋，成于果断”，如今政事则与嘉祐大相径庭，最后，他勉励吕颐浩“深究嘉祐政事本末，专务爱民。凡新旧法度，与增添创置，一切扰民之事，置司讨论，参稽众谋，穷极利病，而后罢行，则政事可立，民心可安，军旅可强，仇耻可雪，宗社可宁矣”。

其后，“朝廷遣使诣公所居，诏州郡以礼敦遣”。致堂时任修起居注，高宗赐之手札，有云：“卿父未到，可谕朕旨，催促前来，以副延伫。”文定有感于高宗的知遇之恩，赶赴建康，行至半途，听闻高宗“移驻姑苏，将逾浙而东”，又适逢感染疾病，于是返归。是日，高宗也下诏除文定提举临安府洞霄宫。

绍兴元年（1131年）十二月，高宗复下诏除文定中书舍人兼侍讲，文定请辞，并致书参政秦桧，秦桧深于伪装，其时尚未露出其丑恶的面目，故而，文定对之寄予重望，不仅为之反复讲述《春秋》大义，还以“管仲相齐，狐偃辅晋，乐毅复燕，子房兴汉，孔明立蜀，王朴佐周”相期，希望秦桧“上则启沃人主，经理朝纲；中则选用百官，赏功罚罪；下则兴利除害，阜安兆民”，并劝其“乘势更改，转败为功”。洋洋洒洒，数千言。因为朝廷不批准文定的请辞，“又遣使至所居，公遂行，以《时政论》先献之”。据文定自言，《时政论》共有十六篇，而今《行状》则存录十二篇，分别为《定计》《建都》《设险》《制国》《恤民》《立政》《核实》《尚志》《正心》《养气》《宏度》《宽隐》。十二篇论，层层递进，环环相扣，形成一个浑然整体，诚然是一部不可多得的议政宏文。从中既可见文定深于群经，尤其是《春秋》，且于时政体认极其深刻，诸多建议可谓应时应机，倘若高宗能够笃实遵照其中所论而行，南宋或可别有一番景象。文定也曾自负地说：“虽诸葛复生，为今日计，不能易此论也。”当然，历史不可假设。《时政论》献上之后，高宗“即命再遣使促召”，文定尚未至，便“复除给事中”。

绍兴二年（1132年）七月，文定抵达临安行在，入对，高宗说：“闻卿大名，渴于相见，何为累召不至？”文定再拜辞谢，又将《时政论》的核心主旨向高宗作了陈述：

“臣闻保国必先定计，定计必先定都，建都择地必先设险，设险分土必先遵制，制国以守必先恤民。夫国之有斯民，犹人之有元气，不可不恤也。除乱贼、选县令、轻赋敛、更弊法、省官吏，皆恤民之事也。而行此有道，必先立政；立政有经，必先核实。核实者，是非毁誉，各不乱真，此致理之大要也。是非核而后赏罚当，赏罚当而后号令行。人心顺从，惟上所命。以守则固，以战则胜，以攻则服，天下定矣。然致此者，顾人主志尚何如耳。尚志，所以立本也；正心，所以决事也；养气，所以制敌也；宏度，所以用人也；宽隐，所以明德也。具此五者，帝王之能事备矣。乞以核实，而上十有六篇，付宰臣参酌施行。”

高宗对文定慰劳有加，文定退而就职。在临安居住旬日之后，文定再次见到高宗，“以疾恳求去位”，高宗对他说：“闻卿深于《春秋》，方欲讲论。”并希望文定能够为《左氏传》作点句正音，文定上奏说：“《春秋》乃仲尼亲笔，门人高弟不措一词。实经世大典，见诸行事，非空言比也。义精理奥，尤难窥测。今方思济艰难，岂宜虚费光阴，耽玩文采？尤氏所载《师春》等书，及诸国交兵曲折，尚涉繁碎，况于其他？陛下必欲削平僭暴，克复宝图，使乱臣贼子惧而不作，莫若储心仲尼之经，则南面之术尽在是矣。”高宗称善。

八月一日，转对，文定上奏说：“臣扶疾造朝，备位琐闼，亦既经月。凡所书读，多是臣庶整会，升降资给，事涉细微，少有论驳。虚度时刻，愧溢颜面。”再次详细论述定计、建都、设险三事。不久，高宗下诏除文定兼侍读，专门讲授《春秋》。当时有讲官四人，按例则应当每人各讲一经，高宗说：“他人通经，岂胡某比！”不许。文定上章乞求在外编集成书，以供高宗阅览，而不敢充当讲席，高宗不允。

其时，适逢除故相朱胜非都督江、淮、荆、浙诸军事，文定上奏揭露朱胜非的罪恶，并指责其尚“不如欧阳修所称断臂妇人之节”，于是改朱胜非为侍读，下召令其赴行在。文定颇感意外，再次上奏提出反对，奏有云：“自建炎改元，凡失节者非特释而不问，又加进擢。习俗既成，大非君父之利。臣蒙睿奖，方俾以《春秋》入侍，而与胜非为列，有违经训。倘贪禄位，不顾旷官，纵臣无耻，公论谓何？”遂卧家不出。

起初，吕颐浩“都督江上，还朝，欲去异己者，未得其方”，途径姑苏时，太守席益对他说：“目为朋党可矣。然党魁在琐闼，当先去之。”吕颐浩大喜，返朝后，乃引朱胜非为助，中伤文定。时至八月二十一日，下旨除文定提举建昌军仙都观。诸人上章乞留文定，皆不听。其后，吕颐浩以“应天变除旧布新之意”，罢黜了给事中程瑀、起居舍人张焘等二十余人，就此，台省为之一空，朱胜非遂相。

文定致仕之后，“登舟，稍稍溯流三日而后行。次衢梁，访医，留再旬。至丰城，寓居又半岁，乃渡南江而西，休于衡岳，买山结庐，名曰书堂，为终焉计”。据朱子所述，则文定迁居衡岳之下，乃是出于程门高弟侯师圣的建议：“文定本居籍溪，恐其当冲，世乱或不免，遂去居湖北。侯师圣令其迁，谓乱将作，乃迁衡岳山下。”（《朱子语类》）“书堂”，即碧泉书堂，五峰在《有本亭记》中详细陈述了书堂的肇始：

绍兴庚戌岁，先君子自荆、郢趋吴越，遇腹心之疾，不至而返。徜徉游行，遂至湖南。横涉清流，顾而叹曰：“此非沧浪之水乎？何其清之甚也！源可寻而濯我缨乎？”则命门弟子问津于居人。于是傍西山之阴，逶迤而入，不及百步，苍然群木之下，翠绿澄净，藻荇交映，俗以其色，故号为“碧泉”。登山四顾，乃洞庭之南，潇湘之西，望于衡山百里而近，盖太古夷荒未辟之墟。而泉出于盘屈石山之下，凝然清光，微澜无波，沄沄而生。平岸成溪，放乎远郊。却步延目，溪虽清浅，而有长江万里之势焉。先君子徘徊不能去，拂石倚筇而坐，喟然而兴曰：“水哉！水哉！惟其有本也，故不舍昼夜。仲尼所以有取耳。吾老矣，二三子其相吾志。”乃求得其地，夷榛莽，植松竹，山有为樵牧所残者养之，流有为蒿壤所壅者疏之，岩石之为草木所湮没者辟之。未及有成，而先君子长弃诸孤。（《胡宏集》）

书堂草创之初，文定父子便开始于此撰述、讲学。文定逝后，五峰又进一步扩建了书堂，定名为碧泉书院。五峰一生讲学，曾先后在湖湘大地创建数处书院，传播理学。自绍兴三年（1133年）始，直至绍兴三十一年（1161年）五峰病逝，近三十年的时间里，经过文定、五峰父子的不懈讲学，湖湘学奠定了基础，其后则由南轩发扬光大，一时间竟成最具影响的学派。

文定出处恪守儒门大义，赢得了众人的赞叹，如侯师圣便曾对别人赞叹道："某以为志在天下，视不义富贵真如浮云者，二先生而已，不意复有斯人也。"而另一位程门高弟和靖先生（尹焞）听闻了文定的进退大致之后，也由衷地对人说："斯人可谓闻而知者矣。"

于书堂撰述、讲学期间，长子致堂被召造朝，临行之前，文定戒之说：

"凡出身事主，本吾至诚恳恻、忧国爱君、济民利物之心。立乎人之本朝，不可有分毫私意。议论施为、辞受取舍、进退去就，据吾所见义理上行，勿欺也，故可犯。至诚而不动者，有矣，不诚，未有能动者也。善人君子，吾信重之，不轻慢之；恶人小夫，吾悯怜之，不憎恶之。天下事犹一家，如仲举于甫、节，元规于苏峻，皆怀愤疾之心，所以误也。诸葛武侯心如明镜，不以私情有好恶也，故黄皓安于卑贱而不辞，李平、廖立甘于废黜而不怨，马谡入幕上宾，流涕诛之，不释也。孔明此心，可为万世法。"

绍兴五年（1135年）二月，有旨除文定徽猷阁待制、知永州，文定辞以"摈斥三载，未能寡过，不敢当次对之除；不习吏事，年衰病剧，不能胜共理之寄"。高宗再次下诏曰："胡某，经筵旧臣，引疾辞郡，重悯劳之，可特从其请，差提举江州太平观，令纂修所著《春秋传》，候成书进入，以副朕崇儒重道之意。仍给吏史笔札，委疾速投进。”文定“尝谓宫观之设，本以养老优贤，非因辞职不欲请，非获谴不欲受也”，及此除，乃谢曰：“谨修有用之文，少报无功之禄。”自此，制定日程，对《春秋传》旧稿再加审订，然后缮写奉上，以供御览，凡十余万言。高宗览阅之后，屡次对近臣称赞道：“深得圣人之旨，非诸儒所及也。”下诏除文定提举万寿观兼侍读。其时，适逢谏官陈公辅上疏极力诋毁程氏之学，文定之学，实本于二程，始终视二程之学为正学，于伊川尤为尊崇，于是上奏力辩道：

“臣忝预从臣，职当次对。虽婴疾疹，尚窃祠官。苟有见闻，自当论奏。伏见元祐初，宰臣司马光、吕公著急于得人，首荐河南处士程颐，言必忠信，动遵礼义，实儒者之高蹈，圣世之逸民，乞加召命，擢以不次，矜式士类，裨益风化。遂自韦布，超居讲筵。而谏臣朱光廷等，又奏颐道德纯备，学问渊博，有经天纬地之才，有制礼作乐之具，实天民之先觉，圣代之真儒也。则颐之见知于当世，至矣。自颐之司劝讲，不为辨词，释解文义，所以积其诚意，感通圣心者，固不可得而闻也。及当官而行，举动必由乎礼；奉身而去，进退必合乎义。其修身行法，规矩准绳，独出诸儒之表，门人高弟莫或继焉。虽崇宁间曲加防禁，学者宗之，不可遏也。近年，颐之门人稍稍进用，而士大夫有志利禄者口诵其说，高自标榜。或乃托于词命，妄加褒借，纷然淆乱，莫分真伪，识者忧之。学士大夫植党相非，自此起矣。盖安于王氏者，不肯遽变；而道伊、洛者，多失其传，无以厌服人心，故言者深加诋诮。夫不辨真伪，皆欲屏绝，既已过矣。又及于颐，不亦宜乎！其言曰‘圣人垂训，无非中庸’是也，然中庸之义不传久矣。自颐兄弟始发明之，然后知其可思而得也。不然，则或谓高明所以处己，中庸所以接物，本末上下，析为二途，而其义愈不明矣。”

又说：

“士大夫当以孔、孟为师亦是也，然孔、孟之道不传久矣，自颐弟兄始发明之，然后知其可学而至也。不然，则或以诸经、《语》《孟》之书资口耳，以干利禄，愈不得其门而入矣。今欲使学者蹈中庸，师孔、孟，而禁使不得从颐之学，是犹欲纳之室而使不得由户也。夫颐之文，于《易》，则由理以明象，而知体用之一原；于《春秋》，则见诸行事，而知圣人之大用；于诸经、《语》《孟》，则发其微旨，以示求仁之方，入德之序。然则，狂言怪语，淫说鄙喻，岂其文也哉？颐之行，其行己接物，则忠诚动于州里；其事亲从兄，则孝弟显于家庭；其辞受取舍，非其道义，则一介不以取与，至人虽禄之千钟，必有不顾也。其余，则亦与人同耳。然则，幅巾大袖，高视阔步，岂其行也哉？本朝自嘉祐以来，西都有邵雍、程颢及其弟颐，关中有张载，皆以道学德行名于当世，公卿大夫之所钦慕而师尊之者也。会王安石当路，重以蔡京得政，曲加排抑，其道不行，深可惜也。愿下礼官讨论故事，以此四人加之封号，载在祀典，比诸荀、扬、韩氏。仍诏馆阁搜集其遗书，委官校正，取旨施行，便于学者传习，羽翼圣经，使邪说者不得乘间而作，而天下之道术定，岂曰小补之哉？”

奏上，朝中荆公（王安石）学者一片哗然，于是，陈公辅及中丞周秘、侍御史石公揆等顺承宰相旨意，号称文定“学术颇僻，行义不修”，章疏交上，高宗下诏除文定知永州，文定请辞，复除提举江州太平观。

过了一段时间，陈公辅等人全都因为得罪而遭到退斥，有旨除文定宝文阁直学士，赐银绢三百匹两，文定请辞，高宗下诏曰：“朕悯邪说之诬民，惧斯文之坠地，肆求鸿硕，爰命纂修。卿发心要之未传，洞见天人之阃奥，明圣师之独断，大陈治乱之权衡。俾给札于上方，旋观书于乙夜，往承朕意，勿复固辞。”文定“常念故乡宗族贫不能自给，逮受此赐，即付犹子宪买田于先庐傍，岁时修祀曾高丘垄，施及亲属，以疏戚为差”。

奉诏纂修《春秋传》期间，文定不避寒暑，殚精竭虑，往往废寝忘食，以至于病情日增。又适逢大旱，加之居所偏远寂静，“膳羞不可致，子弟或请稍近城郭，以便药饵”，文定则说：“死生有命，岂以口体移不赀之躯哉！”后来，病益发危重，不能再读书，文定便命五峰“取《春秋传》诵于前，间一解颐而笑”。绍兴八年（1138年）四月十三日，文定逝于碧泉书堂。九月一日，子弟葬于潭州湘潭县龙穴山。

高宗闻讣，伤悼不已，降诏曰：“胡某《春秋》义，著一王之大法，方欲召用，遽闻沦亡，特赐银绢三百匹两，令本路转运司应副葬事，仍赐田十顷，以恤其孤，他人不得援例。”有从臣建议说：“公当蔡氏专权，弃官不仕，归养膝下，左右无违；靖康、绍兴，出入禁闼，正义直指，风节凛然。方《春秋》大禁之时，慨然忧世，心无二虑，穷源阐奥，学遂显行，其功不在先儒之下。昔人有一节可称，犹褒之以谥，列诸史传，况如某孝于亲，忠于君，好学不倦，身死而言立，可不饰其终乎？”高宗从之，下诏令礼官议谥，礼部太常官合议之后，上奏说：“谨按谥法，道德博文曰文，纯行不差曰定，请谥为文定。”乃制诏曰：“朕悯士大夫高爵禄而下礼义，尚权势而薄廉耻，祸败之衅，职此之由。惟予近臣，守死善道，服仁体义，老而不衰，生多显名，没有遗美。顾此褒恤，岂限彝章。具官某以名世杰出之才，探千载不传之学，穷《春秋》奥旨，续前圣微言，旁贯诸经，网罗百氏，优游餍饫，久自得之，不可以势利回，不可以威武屈，近代以来，数人而已。是用致尊名之义，广崇德之风，以训后人，以明吾志。凡尔有学，尚克继之。可赐谥曰文定。”

文定有三子，长子致堂，次子茅堂（胡宁），季子五峰，皆为一时名儒。

文定一生“强学力行，以圣人为标的”，见善必为，为则必求其成；知恶必去，去则必除其根。最初，登科后与同年聚会，饮酒过量，自是终身不复喝醉。又曾喜好下棋，母亲吴氏责之曰：“得一第，德业竟止是弈邪？”其后，终身不再下棋。为太学官，同僚劝他买妾，事已议定，文定慨然叹曰：“吾亲待养千里之外，曾以是为急乎！”遂绝此事。文定“平生不乐近城市，寓居必深静之所，逢佳树清流，辄扶筇拂石，徘徊而后去。风度凝远，萧然尘表，视天下万物无一足以婴其心者”。其“言必有教，动必有法，燕居独处，未尝有怠容慢色，尤谨于细行”。其治学，除了《春秋》之外，对于《语》《孟》《易》《诗》《书》《中庸》《资治通鉴》等，也是周而复始，来回读诵，直至晚岁，依然孜孜不倦，常不自足。其教人，“大抵以立志为先，以忠信为本，以致知为穷理之门，以主敬为持养之道”，而“开端引示，必当其才；训厉救药，必中其病”。口中常诵曾子之言，曰：“君子爱人以德，细人爱人以姑息。”故而，平居未尝假人以辞色。又每每语学者曰：“学以能变化气质为功。”文定原本性情刚健，及其老年，则“气宇冲淡，容貌雍穆，若无喜怒者，即之和乐而有毅然不可犯之象，望之严威而薰然可亲”。此诚实得于其毕生涵养之功。而每当子弟前来问候，必定会询问他们的学业，若是合其心意，便会说：“士当志于圣人，勿临深以为高。”不合其心意，则会皱着眉头说：“流光可惜，无为小人之归。”文定博闻强识，无所不知，而与人交谈讲论，气和词简，“若中无所有者”，故而，从未尝失色于人，亦未尝失言于人。文定出仕，当止则止，当速则速，悉皆依据道义所在，行之惟求心安。故而，其出，非由劝勉；其去，则不可挽留。朱震曾向文定请教出处之宜，文定答道：“子发学《易》二十年，至有成说，则此事当素定矣。世间惟讲学论政，则当切切询究。若夫行己大致，去就语默之几，如人饮食，其饥饱寒温必自斟酌，不可决诸人，亦非人所能决也。某之出处，自崇宁以来，皆内断于心，虽定夫、显道诸丈人行，亦不以此谋之，而后亦少悔。浮世利名，真如蠛蠓过前，何足道哉！”文定所从游者，除却程门诸高弟外，则以河清刘奕君曼、开封向子韶和卿、赣上曾开天游、荆南唐恕处厚及朱震子发诸人，情义最为笃实。又曾说：“四海神交，惟君曼一人。”并且称其有相业。

我们观乎文定平生论学议事，悉皆不离《春秋》，似乎其从来别无旁骛，其实不然。文定少时，也曾“有作为文章立名后世之意”，及其“笃志于天人性命之学”，则不复作。他曾自述道：“少习艺文，不称语妙；晚捐华藻，才取理明。既觉昨非，更无余习。”及其壮年，又曾“观释氏书”，也曾与禅客过从甚密，后觉其非，遂尽屏绝。文定有《答赣川曾几书》，细论儒释之别：

“穷理尽性，乃圣门事业。物物而察，知之始也；一以贯之，知之至也。无所不在者，理也；无所不有者，心也。物物致察，宛转归己，则心与理不昧，故知循理者，士也；物物皆备，反身而诚，则心与理不违，故乐循理者，君子也；天理合德，四时合序，则心与理一，无事乎循矣，故一以贯之，圣人也。子以‘四端五典每事扩充，亦未免物物致察，犹非一以贯之之要’，是欲不举足而登泰山，犹释氏所谓‘不假证修而语觉地’也。四端固有非外铄，五典天叙不可违。在人，则一心也；在物，则一理也。充四端可以成性，惇五典可以尽伦，性成而伦尽，斯不二矣。学佛者，其语则欲一闻便悟，其行则欲一超直入。纵有是理，必无是人。如舜，可谓上上根矣，然犹好问，犹察言，犹取诸人以为善。独闻斯行之，若决江河，与人异耳。今以中才，欲了此事，不从博学、审问、慎思、明辨、笃行以求之，则亦何以异于谈饮食而欲疗饥渴乎？释氏虽有了心之说，然知其未了者，为其不先穷理，反以理为障，只求见解于作用处，全不究竟也。以理为障而求见解，故穷高极大而失其居。失其居，则惑人也，故无地以崇其德。至于流遁，莫可致诘，于作用处全不究意，故接物应事颠倒差谬，不堪点检。圣门之学，则以致知为始，穷理为要，知至理得，不昧本心，如日方中，万象毕见，则不疑其所行而内外合也。故自修身至于天下国家无所处而不当矣。子又曰：‘四端五典，起灭心也。有所谓自本自根，自古以固存者。’夫‘自本自根，自古以固存’者，即起灭心是也。不起不灭心之体，方起方灭心之用。体用一源，显微无间，能操而常存者，动亦存，静亦存，虽百起百灭，心固自若也；放而不知求者，静亦亡，动亦亡，燕居独处，似系马而止也。事至物来，视而不见，听而不闻矣。是以善学者，动亦察，静亦察，无时而不察也。持之以敬，养之以和，事至物来，随感而应，燕居独处，亦不坐驰，不必言致其精明以待事物之至也。子又谓‘充良知良能而至于尽，与宗门要妙两不相妨，何必舍彼取此’，则非某之所敢知也。夫良知不虑而知，良能不学而能，此爱亲敬长之本心也。儒者扩而充之，达于天下，立万世之大经，经正而庶民兴、邪慝息矣。释氏则指此为前尘，为妄想，批根拔本，殄灭人伦，正相反也。而谓不相妨，何也？孔子曰‘道不同，不相为谋’，‘恶似是而非者’，差之毫厘，谬以千里。故善学之君子慎所取焉。”

三

孔子删《诗》《书》，定《礼》《乐》，赞《周易》，作《春秋》。六经中，惟《春秋》一经为孔子亲作。关乎孔子之作《春秋》，孟子多有赞述：

“世衰道微，邪说暴行有作，臣弑其君者有之，子弑其父者有之。孔子惧，作《春秋》。《春秋》，天子之事也。是故孔子曰：‘知我者，其惟《春秋》乎！罪我者，其惟《春秋》乎！’”（《孟子·滕文公章句下》）

“昔者，禹抑洪水而天下平，周公兼夷狄，驱猛兽而百姓

宁，孔子成《春秋》而乱臣贼子惧。”（同上）

“王者之迹熄而《诗》亡，《诗》亡然后《春秋》作。晋之《乘》，楚之《梼杌》，鲁之《春秋》，一也。其事则齐桓、晋文，其文则史。孔子曰：‘其义则丘窃取之矣。’”（《孟子·离娄章句下》）

后世之论《春秋》者，当以孟子之言为圭臬。孟子推举孔子作《春秋》之功，与禹“抑洪水而天下平”、周公“兼夷狄，驱猛兽而百姓宁”相提并论，实为天下的一番大治。又从舜“明于庶物，察于人伦；由仁义行，非行仁义”，说到禹“恶旨酒而好善言”、汤“执中，立贤无方”、文王“视民如伤，望道而未之见”、武王“不泄迩，不忘远”、周公“思兼三王，以施四事”，进而说到“《春秋》作”（《孟子·离娄章句下》），就此可知，孔子作《春秋》一事，可以继舜、禹、汤、文、武、周公诸圣之业。而孟子又于孔子删《诗》《书》、定《礼》《乐》、赞《周易》诸事，悉皆置而不论，独独推举孔子作《春秋》如此，诚可谓推崇备至。纵观孟子论《春秋》之言，又当以二者为旨归：其一，“《春秋》，天子之事也”；其二，“孔子成《春秋》而乱臣贼子惧”。后世论《春秋》者，往往津津乐道于《春秋》的“微言大义”。其实，所谓“微言大义”，正在这二者之中。皮师伏（锡瑞）有云：“《春秋》有大义，有微言。所谓大义者，诛讨乱贼以戒后世是也；所谓微言者，改立法制以致太平是也。”（《经学通论》）“天子之事”，不正是“改立法制以致太平”吗？“成《春秋》而乱臣贼子惧”，不正是“诛讨乱贼以戒后世”吗？

然而，这其中尚有两个问题需要解答：一、《春秋》“微言大义”背后的依据是什么？法制不可任意改立，务必要有依据，若无依据，不但不能“致太平”，还会越改越乱。同样，“诛讨乱贼”也必须要有依据，若无依据，不但不能“戒后世”，甚或连当世的乱贼也无从诛讨。二、《春秋》“微言大义”是如何体现出来的？若没有适合的方式将“大义”呈现出来，“微言”也就只是“微言”，并无“大义”。

要究明《春秋》“微言大义”背后的依据所在，就必须明了孔子作《春秋》的缘由：“世衰道微，邪说暴行有作，臣弑其君者有之，子弑其父者有之。孔子惧，作《春秋》。”概言之，孔子之所以作《春秋》，乃是因为“世衰道微”，甚或是天下无道。“世衰道微”，必然会导致礼乐崩坏，人伦丧亡。“邪说暴行有作，臣弑其君有之，子弑其父有之”，也就成了势所必然。孔子担心世风益发败坏，于是“作《春秋》”。故知，《春秋》之作，有“拨乱世反之正”的救世情怀，也就是期望恢复天下有道的状况。既然要“拨乱世反之正”，势必要明了“正”的所在。“正”何在？答曰：“合乎天理便正，悖乎天理则不正。”天理即是道。顺道而为，为正，为义，为善；逆道而为，则为邪，为欲，为恶。而要“拨乱世反之正”，就应该贬邪褒正、去欲存义、遏恶扬善。这正是《春秋》“微言大义”的所在。论《春秋》者，往往有“一字之褒”“片言之贬”之说，所谓“一字之褒，宠逾华衮之赠；片言之贬，辱过市朝之挞”（范宁语）。究其实，则其所褒者，正者是也，亦即合乎天理者；其所贬者，不正者是也，亦即悖乎天理者。一部《春秋》，字字句句，莫不如此。就此则知，《春秋》“微言大义”背后的依据，乃是天理，也惟有合乎天理的，才是“微言大义”。悖乎天理，又何来“微言大义”可言？“《春秋》成而乱臣贼子惧”，正是因为孔子在《春秋》中揭示了天理的所在，并以天理为准则，对乱臣贼子进行诛讨。天理是平等的、普遍的，故而，令乱臣贼子避无可避，匿无可匿，惟“惧”而已。当然，“乱臣贼子惧”，并不见得能够令乱臣贼子悉皆改邪归正，然而，《春秋》成，虽“不能使后世无乱臣贼子，而能使乱臣贼子不能无惧”（皮锡瑞语），如此一来，亦必将令乱臣贼子收敛甚多。

《春秋》之为经，在于其为万世立法，可以适用于任何一个时代。之所以能够适用于任何一个时代，也正是因为《春秋》以天理为本。论《春秋》者，常常说孔子作《春秋》，乃是为万世作经，而非为一代作史。诚哉斯言！盖天理永存，而《春秋》之用无尽。故知真通《春秋》者，无论处于何时何地，《春秋》皆有其用。就时而言，在汉，则《春秋》为汉制法；在唐，则《春秋》为唐制法；在宋，则《春秋》为宋制法；在明，则《春秋》为明制法。而在今日，《春秋》同样亦为今日制法。此所谓一代人有一代人的《春秋》。明白了这一点，则尊王也好，攘夷也罢，其实都是天理的体现，都是义，论《春秋》者，根据自身所处的时代所需，从中抉择要义，以期达成拨乱反正之效。《春秋》实是一大宝藏，论者尽可以各取所需。就事而言，则《春秋》为万事立法，各有措置，故古人尝以《春秋》“断狱决事”：“武、宣之世，时君信重其书，学士大夫诵说，用以断狱决事。虽万目未张，而大纲克正，过于春秋之时，其效亦可见矣。”（文定语）此正所谓“理一分殊”。“理一”者，天理也；“分殊”者，一时有一时之理，一事有一事之理，各各不同，然而，究其根本，则悉皆本于天理。“理一”者，本也；“分殊”者，末也。不明“理一”者，不能辨析“分殊”。故知欲读《春秋》，必当先明乎天理；天理不明，欲通《春秋》，不免为妄想。

《春秋》“微言大义”本乎天理，那么，《春秋》“微言大义”又是如何体现出来的？这一点，前人已经剖析得很明确：“借事明义。”也即是说，孔子借春秋二百四十二年之史事，来揭示“微言大义”。孔子曾有言云：“我欲载之空言，不如见之行事之深切著明也。”泛言“微言大义”，往往会沦为空头道理，毫无力量可言。而结合鲜活的史事而论，则大义晓然明白，且能触人心弦，则可有“深切著明”之效。故知，《春秋》所述二百四十二年间事，无一不是“微言大义”的载体。明白了这一点，便可知晓《春秋》虽是孔子笔削鲁史而成，却绝不是一部史书。通常而言，经、史之别，在于经重理，为万世制不易之法；而史则重事，往往据事直书，不加褒贬，让是非自己去呈现。然而，《春秋》却有着其特殊性，“其事则齐桓、晋文，其文则史”，可是，“其事”又绝不仅仅只是“其事”，“其文”也绝不仅仅只是“其文”，“其事”“其文”悉皆蕴含着义，全都是“微言大义”的载体。孔子有云：“其义则丘窃取之矣。”此之谓也。故知，《春秋》理事不二，经史合一，只见其事，不见其理，则不得《春秋》之本，事就只是一堆故事罢了；反之，明晓其理，不识其事，则不明《春秋》之用，理也只是空理而已。以《春秋》三传而言，《左氏》言事，《公羊》《穀梁》明理，论《春秋》者，自当兼采三传，融合会通，而后方能允当。若是本于一传，则必“虽义有拘窒，必曲为解说”。皮师伏曾考论诸儒之言，而后总述道："《公》《穀》精于义，《左氏》详于事，诚如诸儒之说。《春秋》重义不重事。治《春秋》者，当先求《公》《穀》之义，而以《左氏》之事证之，乃可互相发明，不至妄生疑难。若但考《左氏》之事，不明《春秋》之义，将并传之不可信者而信之，必至如杜预、孔颖达诸人从传驳经，非圣无法，正犹齐人知有孟尝君而不知有王，秦人知有穰侯而不知有王矣。引《左氏》之事，以证《春秋》之义，可也；据《左氏》之义，以为《春秋》之义，不可也。"惜乎汉唐之世，论《春秋》者，大多为专门之学，纵有兼采三传之人，往往也是专主一传，而兼取另二传作为补充。如郑康成（玄）、范武子（宁）等。《春秋》理事不二，经史合一，故而，我们在读《春秋》时，务当先明义理，再去探究史事，而后玩味孔子"一字之褒""片言之贬"，就此究明一事之理，终而将之归于天理。如此优游涵泳，默识心通，自然能够明了《春秋》的"微言大义"。

汉唐之世，论《春秋》者，大多为专门之学，故而，能够切实把握《春秋》"微言大义"的人寥寥无几。以笔者之见，惟有董子（仲舒）一人，确能通达《春秋》旨意。《史记·太史公自序》中载：

余闻董生（仲舒）曰："周道衰废，孔子为鲁司寇，诸侯害之，大夫壅之。孔子知言之不用、道之不行也，是非二百四十二年之中，以为天下仪表，贬天子，退诸侯，讨大夫，以达王事而已矣。子曰：'我欲载之空言，不如见之于行事之深切著明也。'夫《春秋》，上明三王之道，下辨人事之纪，别嫌疑，明是非，定犹豫，善善恶恶，贤贤贱不肖，存亡国，继绝世，补敝起废，王道之大者也。《易》，著天地阴阳四时五行，故长于变；《礼》，经纪人伦，故长于行；《书》，记先王之事，故长于政；《诗》，记山川溪谷禽兽草木牝牡雌雄，故长于风；《乐》，乐所以立，故长于和；《春秋》，辩是非，故长于治人。是故《礼》以节人，《乐》以发和，《书》以道事，《诗》以达意，《易》以道化，《春秋》以道义。拨乱世反之正，莫近于《春秋》。《春秋》文成数万，其指数千，万物之散聚，皆在《春秋》。《春秋》之中，弑君三十六，亡国五十二，诸侯奔走不得保其社稷者不可胜数。察其所以，皆失其本已。故《易》曰：'失之毫厘，差以千里。'故曰：'臣弑君，子弑父，非一旦一夕之故也，其渐久矣。'故有国者不可以不知《春秋》，前有谗而弗见，后有贼而不知；为人臣者不可以不知《春秋》，守经事而不知其宜，遭事变而不知其权。为人君父而不通于《春秋》之义者，必蒙首恶之名；为人臣子而不通于《春秋》之义者，必陷篡弑之诛，死罪之名。其实皆以为善，为之不知其义，被之空言而不敢辞。夫不通礼义之旨，至于君不君、臣不臣、父不父、子不子。夫君不君则犯，臣不臣则诛，父不父则无道，子不子则不孝。此四行者，天下之大过也。以天下之大过予之，则受而弗敢辞。故《春秋》者，礼义之大宗也。夫礼禁未然之前，法施已然之后。法之所为用易见，而礼之所为禁者难知。"

观董子之言，可谓"微言""大义"兼而备之，"借事明义"之旨也已是昭然若揭，而以《春秋》为"礼义之大宗"，诚为发前人之所未发。"夫礼禁未然之前，法施已然之后。法之所为用易见，而礼之所为禁者难知"，辨别礼、法极为明晰。学

《春秋》者，往往很容易将《春秋》视作为一部刑书，以至于号称《春秋》“有贬无褒”，殊失《春秋》旨意。其实，孔子之作《春秋》，虽然不无“贬天子，退诸侯，讨大夫”之意，然而，《春秋》却绝不是一部论罪之书。若是单单论二百四十二年里天子、诸侯、大夫之罪，则《春秋》不足以为经。孔子乃是借当时之事，依循天理，明褒贬之义，进而为后世立法。细究孔子之意，其要则在于防患于未然，而不仅仅是论前者之罪。这一点，皮师伏颇能明晓：“学者知《春秋》近于法家，不知《春秋》通于礼家；知《春秋》之法可以治已然之乱臣贼子，不知《春秋》之礼足以禁未然之乱臣贼子。”其实，“已然之乱臣贼子”，既成事实，治与不治，意义已然不大。然而，为了“禁未然之乱臣贼子”，则必当依据天理，是其是，非其非；贬其邪，褒其正；去其欲，存其义；遏其恶，扬其善。所谓“孔子成《春秋》而乱臣贼子惧”，正在于此。故知，《春秋》之本，在于为后世立法，所着眼者乃是未来。至为遗憾者，董子终究未能明确指出《春秋》的“微言大义”本乎天理。而自董子之后，《春秋》“微言大义”几成绝响，这一状况一直持续到北宋。

北宋五子（周敦颐、邵雍、张载、程颢、程颐）虽非《春秋》专家，却皆能对《春秋》有着一个清晰的认识。如周子有云：“《春秋》，正王道，明大法也，孔子为后世王者而修也。乱臣贼子诛死者于前，所以惧生者于后也。”邵子则曾据《春秋》“微言大义”而撰《皇极经世书》，在他看来，《春秋》乃是“性命之书”：“治《春秋》者，不先定四国之功过，则事无统理，不得圣人之心矣。春秋之间，有功者未见大于四国者，有过者亦未见大于四国者也。故四者，功之首、罪之魁也。人言

《春秋》非性命之书，非也。”张子论及《春秋》处颇少，然亦能指明根本：“《春秋》之书，在古无有，乃仲尼所自作，惟孟子为能知之，非理明义精，殆未可学。先儒未及此而治之，故其说多凿。”明道于《春秋》也有着深刻的体认，李明复有云：“（明道）于《春秋》亦无书，然其言《春秋》，以为莫谨于华夷之辨。至论王霸之际，深明天理、人欲之分，欲人君以尧、舜为法，若桓、文、管仲之事，义所不由。盖深于《春秋》者也。”五子中，惟伊川曾专心于《春秋》，为之作传，虽未及完稿，然而，《春秋》大义已经全然揭晓。故而，皮师伏赞五子有云：“宋五子非《春秋》专门，未必深求《公》《穀》二传，乃独能知微言大义，不惑于杜预诸人浅陋之见，由其学识超卓，亦由此心此理之同，与古人不谋而合也。”伊川之后，则有文定承其志意，而撰《春秋传》，自此《春秋》经义昭然明白，更无余意。关乎伊川、文定二者之《春秋传》，将详述于后，此不赘言。

然而，《春秋》学自汉唐一转而至于宋，并不是突如其变的，却是有着一个漫长的转型期。目前，社会学界与史学界对唐宋转型已有颇为广泛的关注，然而，关注唐宋之间经学转型的人却也并不多。

自内藤湖南与宫崎市定提出所谓唐宋转型论之后，唐宋之间的种种变化便已为国内外学界所关注，诸多成果层出不穷，如柯睿格、刘子健、郝若贝等人悉皆有着各自鲜明的观点。然而，这些研究往往侧重于社会学层面，少有涉及文化思想的转变，这需要等到包弼德的《斯文：唐宋思想的转型》问世，才得以改变。可是，很显然的，包弼德的陈述又更多地限定在文化运动与政治变革方面，韩愈、范仲淹、欧阳修、司马光、王安石、苏轼等是他笔下的主角。确实，唐宋之间的古文运动以及北宋的两次变法——庆历变法和熙宁变法对唐宋转型起到了重要的乃至是决定性的推动作用，然而，笔者始终觉得包弼德忽略了或者说是轻视了一股潜流的力量，那就是唐宋之间经学的发展与转变所带给当世的重要影响。他曾明确地说："最闻达的人的学术成就主要在文学方面，经学家几乎都相对逊色和默默无闻，鲜有例外。"所以，尽管他也在书的最后一章谈到了伊川和道学，却并没有意识到伊川之于经学以及经学之于社会的意义。当然，这其中大半属于社会学的课题，不是本文所要讨论的核心，本文只想就唐宋之间《春秋》学的转变，探求一下文定《春秋传》的历史形成原因，并为之界定出一个清晰的定位。

唐宋时期的经学家们果真如包弼德所说，"几乎都相对逊色和默默无闻"吗？乍一看，这一个说法或许并不为过，然而，当我们细细去梳理经学的发展史，便会发现在唐宋之间，经学其实有着一个巨大的转变，唐宋经学家们也作出了极大的努力和探究，而这些努力和探究又相对集中在《春秋》经上，结果则是《春秋》经由汉唐时期的讲说道理一转而变为陈述天理。人世间的道理往往是各执一词、我是你非的，所谓仁者见仁，智者见智。天理则绝无二说，是即是，非即非，没有模糊界限。更重要的是天理不是创说（创造的说），更不是传说（传承的说），必须要真实体贴到天理，方才能够说得。另外，道理通常都只是空头道理，不能对人产生切实有效的约束，往往只是说说而已。天理则不然，无论是有没有真正明了，说到天理，便总会对人有着一种绝对的约束，而不能够履行天理则势必会令人感到心头难安。这正是后世之人为何动辄反驳天理的缘由。以笔者浅见，六经本就是孔子陈述天理的载体，所谓经以载道，天理即是道。因此，我们也可以说唐宋之间经学的转变，其实是一次回归——回归经学的本质。而这一个回归的核心表现便是“以理解经”，“古之学者，皆有传授。如圣人作经，本欲明道。今人若不先明义理，不可治经。盖不得传授之意云尔。”故而，研习四书（尤其是《论语》《孟子》）成了治经的前提和基础：问：“圣人之经旨，如何能穷得？”曰：“以理义去推索，可也。学者先须读《论》《孟》，穷得《论》《孟》，自有个要约出，以此观他经，甚省力。”所谓“义理”，不是别的，正是天理。“理则天下只是一个理，故推至四海而准。须是质诸天地，考诸三王不易之理。”（皆引自《二程集》）

由讲说道理转而为陈述天理，此中又有两个转折：其一，由信传疑经一转而为舍传求经；此一转折自中唐啖助、赵匡始，而以陆淳《春秋集传纂例》为奠基之作。其二，由陈述经义一转而为陈述天理。此一转折则自北宋五子始，伊川为奠基者，文定《春秋传》乃为集大成。

陈寅恪先生曾说：“综括言之，唐代之史可分前后两期，前期结束南北朝相承之局面，后期开启着宋以降之新局面。关于政治、社会、经济者如此，关于文化学术者，亦莫不如此。”（《论韩愈》）就此可知，汉唐至宋之间，文化学术的转变其实是从唐代后期开始的。所谓唐代后期，其实即是指“安史之乱”之后。公元755年，持续八年之久的“安史之乱”爆发，这一事件标志着李唐王朝由盛而衰，自此，唐朝便再也没有能够恢复元气，而“作为恢复秩序的手段，一些学者开始呼吁改变文章的写法。”（包弼德《斯文：唐宋思想的转型》）这便是以韩愈、柳宗元等人为首的古文运动，古文运动无疑对宋代文化学术产生了重大的影响。然而，经学家们也并非“默默无闻”，而是积极构想重建政治秩序的新思想，此中尤以啖助、赵匡、陆淳三者的《春秋》学说为典型。

《春秋》文辞简洁、谨严，若无三传，几不可读。然而，三传又各成体系，各立其说，故而，在中唐之前，《春秋》学者基本上各秉一传解说经文，注重师法、家法，形成了各家之学，就此各执一词，自称绝学，门户之见极深，甚或“从传驳经，非圣无法”。故而，其间以《春秋》名世者，皆为一传之学。如治《公羊》者，有董仲舒、何休等；治《左传》者，有郑玄、杜预等；治《穀梁》者，有刘向、范宁等。当然，自两晋始，已经有人开始疏通三传，乃至是批驳三传。然而，他们关注点依然落实在传上，并没有彻底回归到经上去。而自啖助出，此风陡然为之一变。

啖助，字叔佐，赵州人，后徙关中。生于唐玄宗开元十二年（724年），曾任台州临海尉、润州丹阳主簿，此后居家著述，“始以上元辛丑岁，集三传，释《春秋》”，逝于代宗大历五年（770年），年仅四十七岁。《新唐书·儒学传》中称啖助“善为《春秋》，考三家短长，缝丁漏阙，号《集传》，凡十年乃成。复摄其纲条，为《例统》”，故知啖助关于《春秋》的著作有两部，一部《集传》，一部《例统》，惜乎皆未能传于世，今天，我们只能依靠其弟子陆淳《春秋集传纂例》对其《春秋》学作一番了解。概而言之，啖助《春秋》学的核心有三：一、舍传从经；二、救时之弊；三、原情为本。啖助精研《春秋》，纵观三传，而后指出：

“微言久绝，通儒不作，遗文所存，三传而已。传已互失经指，注又不尽传意，《春秋》之义几乎泯灭，唯圣作则譬如泉源，苟涉其流，无不善利。在人贤者得其深者，其次得其浅者。若文义隐密，是虚设大训，谁能通之？故《春秋》之文，简易如天地焉，其理著明如日月焉。但先儒各守一传，不肯相通，互相弹射，仇雠不若，诡辞迂说，附会本学。鳞杂米聚，难见易滞。益令后人不识宗本。因注迷经，因疏迷注，党于所习，其俗若此。老氏曰：‘大道甚夷，而人好径。’信矣！故知三传分流，其源则同，择善而从，且过半矣。归乎允当，亦何常师？”

据“三传分流，其源则同”，可知啖助之解《春秋》，以经为本。三传之“源”，经是也。这自然是治《春秋》的正道。事实上，三传本都是帮助学者去理解《春秋》经文的，都是为经服务的。可是，经由两汉《春秋》学者的扭曲，竟然发展成了各传的专门之学，如此一来，所见的只能是各传的旨意，而《春秋》经义自然也就隐晦难见了。所以，要回归孔子作《春秋》的本义，舍传从经乃是至为关键的一步。而所谓“择善而从”，便是合乎于经义的则从之，不合乎于经义的则弃之，这就彻底打破了汉唐以来所谓的师法、家法。关于如何取舍，啖助也有着一套取舍的原则：

“三传叙事及义理同者，但举《左氏》，则不复举《公》《穀》；其《公》《穀》同者，则但举《公羊》；又《公》《穀》理义虽同，而《穀梁》文独备者，则唯举《穀梁》。”

可是，对于三传所述悉皆不合经义的，又该怎么办呢？方法有二：一者，对于经义未曾表述详实的，便采据旧说；二者，对于义理表述不尽，或是表述不通的，则补以己意。故其有云："予所注经传，若旧注理通，则依而书之；小有不安，则随文改易。若理不尽者，则演而通之；理不通者，则全削而别注。其未详者，则据旧说而已。但不博见诸家之注，不能不为恨尔。"

啖助对于自身在舍传从经上的所作所为颇为自信，以为自己已然揭明孔子之志：

"予辄考核三传，舍短取长，又集前贤注释，亦以愚意裨补阙漏，商榷得失，研精宣畅，期于浃洽。尼父之志，庶几可见。疑殆则阙，以俟君子。"

那么，啖助舍传求经，又求得了何样的《春秋》经义？很显然，他对三传是不满意的，"吾观三家之说，诚未达乎《春秋》大宗，安可议其深指。可谓宏纲既失，万目从而大去者也"，那么，《春秋》的"大宗"究竟为何呢？啖助的答案是："救时之弊，革礼之薄。"与此同时，啖助还提出了独到的解决方案："以权辅正，以诚断礼，正以忠道，原情为本。"他说：

"予以为《春秋》者，救时之弊，革礼之薄。何以明之？前《志》曰：'夏政忠，忠之弊，野；殷人承之以敬，敬之弊，鬼；周人承之以文，文之弊，僿。救僿，莫若以忠，复当以夏政。'夫文者，忠之末也，设教于本，其弊犹末；设教于末，弊将若何？武王、周公承殷之弊，不得已而用之，周公既没，莫如改作，故其颓弊甚于二代，以至东周，王纲废绝，人伦大坏。夫子伤之，曰：'虞夏之道，寡怨于民；殷周之道，不胜其弊。'

又曰：‘后代虽有作者，虞帝不可及已。’盖言唐虞淳化，难行于季末；夏之忠道，当变而致焉。是故《春秋》以权辅正，以诚断礼，正以忠道，原情为本，不拘浮名，不尚狷介，从宜救乱，因时黜陟，或贵非礼勿动，或贵贞而不谅，进退抑扬，去华居实，故曰救周之弊，革礼之薄也。”

不得不说，啖助的洞察力是异常敏锐的。所谓“救时之弊，革礼之薄”，不正是“拨乱世反之正”吗？啖助还曾指出：“夫子之志，冀行道以拯生灵也，……悲大道不行，将托文以见意，虽有其德而无其位，不作礼乐，乃修《春秋》，为后王法。”可见他对于《春秋》大义是有着极其深刻的体认的。而“以权辅正，以诚断礼，正以忠道，原情为本”，又与天理仅仅隔着一层窗户纸，一戳就破。不通天理者，“未可与权”；而“诚”“忠”之本，又皆在于天理，合乎天理者，为诚，为忠；“原情”是说穷究情的本原。情的本原，性也。性即理也。“原情为本”，即《春秋》以情理为本，褒贬二百四十二年之间事。

赵匡、陆淳二者，皆为啖助弟子。赵匡，字伯循，河东人。陆淳，字伯冲，少时师事赵匡，后追随啖助身边十余年，尽得啖助《春秋》之学。赵匡、陆淳二者悉皆长于《春秋》，然而，他们往往遵照啖助之说解析《春秋》，所做的工作则主要是整理师说，而略略附以己说。如“赵氏（即赵匡）集啖氏《统例》《集注》二书，及己说可以例举者，为《阐微义统》十二卷”（《经义考》）。而陆淳在自述其《春秋集传纂例》之撰时说：

“啖子所撰《统例》三卷，皆分别条流，通会其义；赵子损益，多所发挥，今故纂而合之。有辞义难解者，亦随加注释，兼备载经文于本条之内，使学者以类求义，昭然易知。其三传义例，可取可舍，啖、赵具已分析，亦随条编附，以祛疑滞，名《春秋集传纂例》，凡四十篇，分为十卷云。”

其实，赵匡、陆淳也并不是对啖助之说照抄不误，而是时有发展，甚或还有批驳。例如，对于啖助依循《公羊》论《春秋》“变周之文，从夏之质”，赵匡便甚是不以为然：

“啖氏依《公羊》家旧说，云‘《春秋》变周之文，从夏之质’，予谓《春秋》因史制经，以明王道。其指大要二端而已：兴常典也，著权制也。故凡郊庙、丧纪、朝聘、蒐狩、昏取，皆违礼则讥之，是兴常典也；非常之事，典礼所不及，则裁之圣心，以定褒贬，所以穷精理也。精理者，非权无以及之，故曰‘可与适道，未可与立；可与立，未可与权’，是以游、夏之徒不能赞一辞。然则圣人当机发断，以定厥中，辨惑质疑，为后王法，何必从夏乎？”（陆淳《春秋集传纂例》）

赵匡较为注重制度层面的实用性，所以，他认为《春秋》“其指大要二端而已”，所谓“二端”，即“兴常典”与“著权制”。并就此提出了自身的救世主张：“在尊王室，正陵僭，举三纲，提五常，彰善瘅恶，不失纤芥，如斯而已。”很显然，这番救世“宏纲”是针对当时的政治背景而言的，安史之乱之后，藩镇割据，节度使们往往拥兵自重，父死子袭，已成常态，诚可谓三纲不正、五常沦丧。

啖、赵、陆三者开启了“舍传求经”论说《春秋》的风气，并回归到《春秋》“救世”大宗，然而，他们只是针对时弊而说《春秋》，并没有真正深入到《春秋》的内核——依循天理。所以，在他们那里，所谓“救时之弊，革礼之薄”，所谓“尊王室，正陵僭，举三纲，提五常”，还依旧只是一堆空洞的政治口号，并不能够产生实质性的意义。简单而言，他们还是在“因为，所以”的逻辑论下讲说道理，而不是陈述天理。对于他们的《春秋》学，后世毁誉不一，如宋祁、晁公武等便对他们极力进行批驳：

“左氏与孔子同时，以鲁史附《春秋》作传，而公羊高、谷梁赤皆出子夏门人，三家言经各有回舛，然犹悉本圣人，其得与失，盖十五。义或缪误，先儒畏圣人，不敢辄改也。啖助在唐，名治《春秋》，摭诎三家，不本所承，自用名学，凭私臆决，尊之曰‘孔子意也’。赵、陆从而唱之，遂显于时。呜呼！孔子没乃数千年，助所推著，果其意乎？其未可必也。以未可必而必之则固，持一己之固而倡兹世则诬。诬与固，君子所不取，助果谓可乎？徒令后生穿凿诡辩，诟前人，舍成说，而自为纷纷，助所阶已！”（《新唐书》）

“大抵啖、赵以前学者，皆专门名家，苟有不通，宁言经误，其失也固陋；啖、赵以后学者，喜援经击传，其或未明，则凭私臆决，其失也穿凿。均之失圣人之旨，而穿凿之害为甚。”（《文献通考》）

很显然，宋祁、晁公武等皆为囿于三传而不思革新的保守派，这样的人往往宁愿固执旧说，也不愿意去探索、去试错。却不知，如此一来，《春秋》大宗便永无真明之日。况且啖、赵、陆三者并没有全盘否决三传，而是“择其善者以从之”，如上批驳，岂非过矣？故而，后世对啖、赵、陆三者的《春秋》之学常常是赞誉多于贬损的：

“开元秘书言《春秋》者，盖七百余家矣。然圣人之法，得者至寡，至于弃经任传，杂以符纬，胶固不通，使圣人之心郁而不显。吁！可痛也！独唐陆淳得啖先生、赵夫子而师之，讲求其学，积三十年，始大光莹，绝出于诸家外；虽未能尽圣作之蕴，然其攘异端，开正途，功亦大矣。”（《二程集》）

“唐儒啖助始作三传《集解》，赵伯循又为之损益，陆淳会萃其说，作《纂例》《辨疑》《微指》之类，取其长而弃其短，撮其是而删其非，又颇益之己说，由是《春秋》之学初得会通，学者赖焉。”（朱长文《春秋通志》）

而啖、赵、陆三者《春秋》之学，在北宋真可谓风靡一时，“学者莫不观焉”：

“昔者，孔子伤时王之无政而作《春秋》，所以褒善贬恶，为后王法也。自去圣既远，诸儒异论，圣人之法，得之者寡。至唐陆淳学于啖、赵，号为达者，其存书有《纂例》《微旨》《义统》，今之学者莫不观焉。”（程颢《南庙试策五道》）

自此，啖、赵、陆三者的解经范式“成为一种基本模式”，“被很多学者竞相仿效，学者或怀疑经传，或会通三传，或断以己意。可以说，啖、赵《春秋》之学成为北宋《春秋》学的主要思想源泉”（姜海军《二程经学思想研究》）。陆淳《春秋集传纂例》甚至被皮师伏称作为“《春秋》经学一大变”：

“今世所传合三传为一书者，自唐陆淳《春秋集传纂例》始。淳本啖助、赵匡之说，杂采三传，以意去取，合为一书，变专门为通学，是《春秋》经学一大变。宋儒治《春秋》者皆此一派。如孙复、孙觉、刘敞、崔子方、叶梦得、吕本中、胡安国、高闶、吕祖谦、张洽、程公说、吕大圭、家铉翁，皆其著者，以刘敞为最优，胡安国为最显。”（《经学通论》）

啖、赵、陆之后，有一段时间，经学相对沉寂。待到庆历之时，经学则犹如百花齐放，一时间复又兴盛起来。《春秋》学也产生了数位极其重要的大家，如孙泰山、刘公是等。当然，这其中还有着数位过渡者，如范文正（仲淹）、胡安定（瑗）等，尤其是范文正。

笔者一直认为经学界对范文正缺乏着应有的关注，他们对他在经学层面的贡献视而不见，也许是因为他的文治武功掩盖了他在这方面的贡献，但这依然是足以令人为他深感不平。范文正之于有宋一代学问有开端之功，朱子（熹）曾有评述：“本朝道学之盛，……亦有其渐，自范文正以来已有好议论，如山东有孙明复，徂徕有石守道，湖州有胡安定，到后来遂有周子、程子、张子出，故程子平生不敢忘此数公，依旧尊他。”（《朱子语类》）而范文正一生都致力于“救斯文之薄”，天圣三年（1025年），范文正作《奏上时务书》，首言“救斯文之薄”：

“臣闻国之文章，应于风化；风化厚薄，见乎文章。……故文章之薄，则为君子之忧；风化之坏，则为来者之资。惟圣帝明王，文质相救，在乎己，不在人。《易》曰：‘穷则变，变则通，通则久。’亦此之谓也。伏望圣慈，与大臣议文章之道，师虞夏之风。况我圣朝千载而会，惜乎不追三代之高，而尚六朝之细。然文章之列，何代无人？盖时之所尚，何能独变？大君有命，孰不风从？可敦谕词臣，兴复古道，更延博雅之士，布于台阁，以救斯文之薄而厚其风化也，天下幸甚！”

范文正所谓“斯文”者，非他，六经是也。这在其《上时相议制举书》中有着明确的交代：

“夫善国者，莫先育材；育材之方，莫先劝学；劝学之要，莫尚宗经。宗经则道大，道大则才大，才大则功大。……故俊哲之人，入乎六经，则能服法度之言，察安危之几，陈得失之鉴，析是非之辩，明天下之制，尽万物之情。使斯人之徒，辅成王道，复何求哉？之于扣诸子，猎群史，所以观异同，质成败，非求道于斯也。”

正因为此，范文正极其注重教育，每调任一处，首先便是办学。他还曾先后邀请孙泰山、李泰伯（觏）、胡安定等人主持讲学。有宋一代的经学发展，实在与范文正有着千丝万缕的联系。概言之，范文正之于经学的贡献有二：一、庆历新政对于经学发展的促动；主持庆历新政时，范文正与富文忠（弼）上《答手诏条陈十事》，列举改革十事，其中的第三事为“精贡举”，亦即

"慎选举，敦教育"，而教育又当以六经为本："今诸道学校，如得明师，尚可教人六经，传治国治人之道。"在范文正的推动下，仁宗"慨然诏州县皆立学"，并"建太学于京师"，一时间，学风大振。《宋元学案》称"庆历之际，学统四起"，或许略有些夸大，却也表明有宋一代学问的发展曾得益于庆历新政。二、范文正本人对于经学的研究与推动。《宋史》称范文正"泛通六经，长于《易》"，理当是客观的，而今《范仲淹全集》中尚存有其论《易》文多篇，如《易义》《四德说》等。其实，范文正对于《春秋》也是异常熟稔，曾指导孙明复读《春秋》，劝狄青读《左传》，还曾写过一篇《说春秋序》，文章虽短，却见地不凡：

"圣人之为《春秋》也，因东鲁之文，追西周之制，褒贬大举，赏罚尽在。谨圣帝明皇之法，峻乱臣贼子之防。其间华衮贻荣，萧斧示辱，一字之下，百王不刊。游、夏既无补于前，公、穀盖有失于后。虽丘明之传颇多冰释，而素王之言尚或天远，不讲不议，其无津涯。今褒博者流，咸志于道，以天命之正性，修王佐之异材，不深《春秋》，吾未信也。三传，房公有元凯之癖，兼仲舒之学，丈席之际，精义入神。吾辈方扣圣门，宜循师道，粹属词比事之教，洞尊王黜霸之经。由此登太山而知高，入宗庙而见美，升堂睹奥，必有人焉，君子哉无废！"

"粹属词比事之教，洞尊王黜霸之经"，即为范文正《春秋》学精神之所在，这一精神似乎为泰山所传续。相传范文正与泰山之间有着一份奇缘：

公（指范文正）在睢阳掌学，有孙秀才者索游，上谒，公赠钱一千。明年，孙生复谒，公又赠一千，因问：“何为汲汲于道路？”孙生戚然动色曰：“母老无以养，若日得百钱，则甘旨足矣。”公曰：“吾观子辞气，非乞客，二年仆仆，所得几何？而废学多矣。吾今补子为学职，月可得三千以供养，子能安于学乎？”孙生大喜。于是，授以《春秋》，而孙生笃学，不舍昼夜，行复修谨，公甚爱之。明年，公去睢阳，孙亦辞归。后十年间，泰山下有孙明复先生，以《春秋》教授学者，道德高迈，朝廷召至，乃昔日索游孙秀才也。（《范仲淹全集》）

范文正授泰山以《春秋》，十年后，泰山则以《春秋》名于世，不能说这之间没有任何联系。况且泰山的《春秋》学著述——《春秋尊王发微》又是以“尊王”为主旨，“尊王”本是《春秋》大义，汉唐《春秋》学者中，并不乏讨论者。然而，像泰山这般将“尊王”推到极致，“似乎《春秋》从头到尾，每一字每一句都贯彻着尊王的精神”（赵伯雄《春秋学史》），笔者以为他或多或少都受到了范文正“尊王黜霸”说的影响。

泰山先生孙复（992—1057），字明复，晋州平阳人。“少举进士不中，退居泰山之阳，学《春秋》，著《尊王发微》。……先生治《春秋》，不惑经注，不为曲说以乱经，其言简易，明于诸侯、大夫功罪，以考时之盛衰，而推见王道之治乱，得于《经》之本义为多。”（欧阳修《孙先生墓志铭》）而今，泰山《春秋尊王发微》仍传于世。概而言之，则《春秋尊王发微》以“尊王攘夷”为大义，以“依经说经”为释经之法。

诚如赵伯雄先生所说，泰山“把尊王突出到了《春秋》大义的首位”，我们读《春秋尊王发微》，会发现“尊王”之意贯穿始终，而之所以要“尊王”，根本又在于“天下无王”：

“孔子之作《春秋》也，以天下无王而作也，非为隐公而作也。然则，《春秋》之始于隐公者，非它，以平王之所终也。何者？昔者幽王遇祸，平王东迁，平既不王，周道绝矣。观夫东迁之后，周室微弱，诸侯强大，朝觐之礼不修，贡赋之职不奉，号令之无所束，赏罚之无所加。坏法易纪者有之，变礼乱乐者有之，弑君戕父者有之，攘国窃号者有之。征伐四出，荡然莫禁，天下之政，中国之事，皆诸侯分裂之。平王庸暗，历孝逾惠，莫能中兴，播荡陵迟，逮隐而死。夫生犹有可待也，死则何所为哉？故《诗》自《黍离》而降，《书》自《文侯之命》而绝，《春秋》自隐公而始也。《诗》自《黍离》而降者，天下无复有《雅》也；《书》自《文侯之命》而绝者，天下无复有诰命也；《春秋》自隐公而始者，天下无复有王也。夫欲治其末者，必先端其本；严其终者，必先正其始。元年书王，所以端本也；正月，所以正始也。其本既端，其始既正，然后以大中之法从而诛赏之，故曰‘元年，春，王正月’也。”

“天下无王”，天下便会失去中心，失去根本，如此一来，天下势必陷入混乱。而礼乐崩坏，人伦沦丧，也就会成了势所必然。故而，必当“尊王”。“尊王”的首要又在于先“正王法”，王法不正，王便不尊。故而，在泰山看来，《春秋》经文常常隐含着“正王法”的深意。如对于隐公二年“郑人伐卫”，泰山释曰：

“孔子曰：‘天下有道，则礼乐征伐自天子出；天下无道，则礼乐征伐自诸侯出。自诸侯出，盖十世希不失矣；自大夫出，五世希不失矣。’夫礼乐征伐者，天下国家之大经也，天子尸之，非诸侯可得专也。诸侯专之，犹曰不可，况大夫乎？吾观隐、威之际，诸侯无小大，皆专而行之；宣、成而下，大夫无内外，皆专而行之，其无王也甚矣。故孔子从而录之，正以王法，凡侵、伐、围、入、取、灭，皆诛罪也。郑人，微者。”

又如对于庄公元年“三月，夫人孙于齐”，泰山释曰：

“夫人，文姜。不言‘姜氏’，贬之也。其言‘孙于齐’者，讳奔也。内讳奔，公、夫人皆曰‘孙’。此年‘夫人孙于齐’，闵二年‘夫人姜氏孙于邾’，昭二十五年‘公孙于齐’是也。文姜曷为‘孙于齐’？文姜与威公接，练时惧其与祭，以是‘孙于齐’也。文姜之恶，甚矣！臣子虽不可讨，王法其可不诛乎？故孔子去姜氏以贬之，正王法也。”

《春秋》大义，“尊王”与“攘夷”往往是分不开的。“尊王”处理的是内在问题，王之所以不尊，根本在于诸侯擅权、大夫专国，故而，必须要黜诸侯、贬大夫；“攘夷”处理的则是外部问题，中国之所以不贵，根本在于四夷逞势，扰乱中国，故而，必须要别夷夏、贱夷狄。黜诸侯、贬大夫而天子尊，别夷夏、贱夷狄而中国贵，天子尊，中国贵，而天下有本，礼乐恢复，人伦反常，此正是孔子“拨乱世反之正”之意。这一“尊王攘夷”的大义，在哀公十四年“春，西狩获麟”，也就是《春秋》的最后，被泰山发挥到了极致：

“狩未有言其所获者，此言‘西狩获麟’，何也？伤之也。孔子伤麟之见获与？孔子伤圣王不作，中国遂绝，非伤麟之见获也。然则，曷为绝笔于此？前此犹可言也，后此不可言也。天子失政，自东迁始；诸侯失政，自会溴梁始。故自隐公至于溴梁之会，天下之政，中国之事，皆诸侯分裂之；自溴梁之会至于申之会，天下之政，中国之事，皆大夫专执之；自申之会至于获麟，天下之政，中国之事，皆夷狄迭制之。圣王宪度、礼乐衣冠、遗风旧政，盖扫地矣！中国沦胥，逮此而尽。前此犹可言者，黄池之会，晋、鲁在焉；后此不可言者，诸侯泯泯，制命在吴，无复中国，天下皆夷狄故也。是故《春秋》尊天子，贵中国，贵中国所以贱夷狄也，尊天子所以黜诸侯也。尊天子，黜诸侯，始于隐公是也；贵中国，贱夷狄，终于获麟是也。呜呼！其旨微哉！其旨微哉！”

泰山释说《春秋》，往往采诸经之言，依经说经，如关于隐公三年“夏四月辛卯，尹氏卒”，泰山引《诗》释之曰：“案：《节南山》，家父刺幽王之诗也。称‘尹氏太师，维周之氏’，则尹氏世卿，其来久矣，见于此者，因其来赴诛之也。”

又如隐公四年二月“戊申，卫州吁弑其君完”，泰山引《易》释之曰：

“州吁不氏，未命也。《易》曰：‘履霜坚冰，阴始凝也；驯致其道，至坚冰也。’又曰：‘积善之家，必有余庆；积不善之家，必有余殃。臣弑其君，子弑其父，非一朝一夕之故，其所由来者渐矣，由辨之不早辨也。’斯圣人教人君御臣子、防微杜渐之深戒也。盖以臣子之恶，始于微而积于渐，久而不已，遂成于弑逆之祸，如履霜而至于坚冰也。若辨之不早，则鲜不及矣。故春秋之世，臣弑其君者有之，子弑其父者有之，弟弑其兄者有之，妇弑其夫者有之，是时纪纲既绝，荡然莫禁，孔子惧万世之下，乱臣贼子交轨乎天下也，故以圣王之法从而诛之。”

另外，泰山还时常引用《论语》中语来释说《春秋》，如释哀公二年夏四月“晋赵鞅帅师纳卫世子蒯聩于戚”：

“夏四月，卫灵公卒，卫人立辄。辄者，蒯聩之子也，故‘晋赵鞅帅师纳蒯聩于戚’。其言‘于戚’者，为辄所拒，不得入于卫也。案：定十四年，卫世子蒯聩出奔宋。灵公既卒，辄又已立，犹称曩日之世子蒯聩当嗣，恶辄贪国叛父，逆乱人理，以灭天性，孔子正其名而书之也。故子路问于孔子曰：‘卫君待子而为政，子将奚先？’孔子曰：‘必也正名乎！名不正则言不顺，言不顺则事不成，事不成则礼乐不兴，礼乐不兴则刑罚不中，刑罚不中则民无所措手足。’又，冉有曰：‘夫子为卫君乎？’子贡曰：‘诺。吾将问之。’入，曰：‘伯夷、叔齐，何人也？’曰：‘古之贤人也。’‘怨乎？’曰：‘求仁而得仁，又何怨？’此圣师之旨可得而见矣。故蒯聩出入皆正其世子之名，书之所以笃君臣父子之大经也，不然，贪国叛父之人接踵于万世矣。”

泰山依经说经，对其后论《春秋》者如伊川、文定、东莱等人有着一定的影响。泰山《春秋尊王发微》的问题在于过于严苛，至谓“《春秋》有贬无褒”，“遂使孔子笔削变为罗织之经”（《四库全书总目》）。其实，泰山“有贬无褒”之论，在当世便已遭到康节（邵雍）的批评：

某人受《春秋》于尹师鲁，师鲁受于穆伯长。某人后复攻伯长曰：“《春秋》无褒，皆是贬也。”田述古曰：“孙复亦云《春秋》有贬而无褒。”曰：“春秋礼法废，君臣乱，其间有能为小善者，安得不进之也？况五霸实有功于天下。且五霸固不及于王，不犹愈于夷狄乎，安得不与之也？治《春秋》者，不辨名实，不定五霸之功过，则未可言治《春秋》。先定五霸之功过而治《春秋》，则大意立。若事事求之，则无绪矣。”（《皇极经世书》）

泰山的《春秋》学或许尚有一些问题，却还是赢得了同时学者的好评，并对后世产生了重要的影响。如一向苛刻的朱子也曾说：“近时言《春秋》，皆是计较利害，大义却不曾见。如唐之陆淳、本朝孙明复之徒，他虽未能深于圣经，然观其推言治道，凛凛然可畏，终是得圣人个意思。”（《朱子语类》）

泰山之后，以《春秋》名世者尚有刘公是（敞）、孙莘老（觉）等。

公是先生刘敞，字原父，临江新喻人，生于真宗天禧三年（1019年），卒于神宗熙宁元年（1068年），享年五十岁。公是尝举庆历六年进士，廷试第一，后避嫌列为第二，官至集贤院学士。公是淹通群经，学问渊博，“自六经、百氏、古今传记，下至天文、地理、卜医、数术、浮图、老庄之说，无所不通”（欧阳修《集贤院学士刘公墓志铭》），可谓通人。然而，公是终以经学名家，撰有《七经小传》，杂论经义，其中有诸多异于前人之说，且有擅改文字以就己说的状况，故而，被四库馆臣批评为“敞之说经，开南宋臆断之弊”。公是成就最大的，还是其《春秋》学，有《春秋》著述多种，传于世者，便有《春秋权衡》《春秋传》《春秋意林》三种。三种著述，各担其职，如陈振孙所说：“始为《权衡》，以平三家之得失；然后集众说，断以己意，而为之《传》；《传》所不尽者，见之《意林》。”（《直斋书录解题》）公是的《春秋》学，概言之，有四个特征：一、信经疑传；二、驳斥三传而又择善而从；三、依经释经；四、借经发挥。其所发挥的《春秋》大义则在于：一、王当法天；二、重民。

公是尊《春秋》经为圣人笔意，不可动摇，他说：“学者莫如信《春秋》，则外物不能惑矣。《春秋》云甲，《传》云乙，《传》虽可信，勿信也。孰信哉？信《春秋》而已矣。”他还曾作石玉、沙金之别来比喻经、史的关系，以推举《春秋》经的地位：“故《春秋》一也，鲁人记之则为史，仲尼修之则为经。经出于史，而史非经也；史可以为经，而经非史也。譬如攻石取玉，玉之产于石，必也，而石不可谓之玉；披沙取金，金之产于沙，必也，而沙不可谓之金。”（《春秋权衡》）

对于《左氏》《公羊》《穀梁》三传，公是全都不能全然认可，所以他对三传悉皆作了批评，这些批评构成了《春秋权衡》的主体。公是曾对“权衡”二字作过解释，表达了他评介三传的构想：“权，准也；衡，平也。物虽重必准于权，权虽移必平于衡。故权衡者，天下之公器也，所以使轻重无隐也，所以使低昂适中也。察之者易知，执之者易从也。不准则无以知轻重，不平则轻重虽出不信。故权衡者，天下之至信也。凡议《春秋》，亦若此矣。”公是的“权衡”三传，是通过对《左氏》的种种义例进行批判，以及剔除《公羊》《穀梁》中的诸多谬论臆说来完成的。但是，公是并没有全盘否定三传，而是择其善者而从之，四库馆臣称其“节录三传事迹，断以己意，其褒贬义例，多取诸《公羊》《穀梁》”，可谓确论。

依经说经，本是释经的传统，泰山也曾援引群经以解说《春秋》，然而，公是的依经释经，却与前人略有不同，他援引群经的目的在于反驳三传以及相关注家，透露着革命情结。如他引《诗》来驳斥《左氏》：“‘筑郿’，《左氏》曰：‘邑曰筑，都曰城。非也。筑者，作邑也。’《诗经》曰：‘筑室百堵，百堵皆兴，鼛鼓弗胜。’不谓城邑也。邑之与都，相较无几，欲差邑与都，而殊筑、城之名，则国亦当殊，京师又当殊。而自都以上，通以城名之，何邪？”如此者，在公是著述中颇为常见。公是的意图很明显：通过群经来摆脱三传以及传统注疏的束缚而推陈出新。

说《春秋》者，自三传始，几无不借经发挥者。盖孔子作《春秋》为万世立法，本就是提供一大宝藏，而任由各世学者依时依势而取，故而，借经发挥，一世有一世之见，乃为理所当然。公是说《春秋》，长于发挥，勇于下异说，如关于庄公十八年“公追戎于济西”，公是评曰：“此无爱民之意，而有不仁之心，任诈谋而尚奇功，胜固不足多也，况又不胜乎？凡君之于其民也，固犹父母之于子，子陷水火，父母不避焦溺而救之矣。岂坐视之待其然且没而施巧变哉？”这便与《公羊》《穀梁》褒庄公之追戎截然不同了。这样的例子还有许多。而且，公是时而还会任意篡改经文以合己意，四库馆臣称他“开南宋臆断之弊”，实非妄议。

对于《春秋》“微言大义”的发挥，在延续泰山“尊王”之说外，公是则强调了“王当法天”与《春秋》“重民”之义。

公是《春秋传》在释“隐公元年，春，王正月”时，便指出“王者，受命于天”，而“王者法天”。这便先立下了一个大的基准：王当合乎于天，倘若王的所作所为，不能够合乎于天，那便不能够称作为真正的王。因此，对于违背了天意的周王，公是往往也是直言不讳，乃至是“刺讥于王”。如对于庄公元年“王使荣叔来锡桓公命”，公是论曰：

“‘王者荣叔来锡桓公命’，王者之义，必纯法天，天道予善夺恶而无私者也。今桓公篡君取国，终不受命，而王终不能诛，反追命之，此无天法甚矣！其失非小过小恶也，与葬成风引之为夫人，使妾并后无以异，故其文一施之。《春秋》所刺讥于王，亦多矣，皆莫谓之无天，独至于锡桓公命、葬成风，而以无天责之者，王者之位，至贵也，至重也，至大也，不尸小事，不任小义，未可以小失贬也。”（《春秋意林》）

公是所谓“天”，其实已经接近于伊川后来所谓的天理，诚如张广保先生所指出的：“刘氏对天的理解，带有鲜明的时代烙印，乃是宋人眼中的天，此即以三纲五常为根本内容的所谓天道。”（《中国经学思想史》）然而，两者却也有着根本的差别：“天”，或者说天道、天理，在公是这里还仅仅只是对王的约束，是“王当法天”。而在伊川那里，“天”已经成为《春秋》的根本，二百四十二年间事，无一不落实到天理上来，这是一个根本性的超越。

重民也是历代《春秋》学的基本大义之一，公是继承了这一点，并作了格外的强调，如在解释成公元年“三月，作丘甲”时，公是曰：“‘作丘甲’者何？赋丘为甲也。何以书？讥。何讥尔？古者取于民有常，作丘甲，非正也。”（《春秋传》）后来，公是意犹未尽，于是又在《春秋意林》中评述说：

“元年作丘甲，鲁不务广德，而务广力；不务益义，而务益兵。以王者之制论之，则作丘甲之罪大矣。王者之制，诸侯不得擅赋其民，擅税其民。税为足食也，赋为足兵也。足食、足兵，民信之矣，然而不得擅者。先王之税既足以食矣，先王之赋既足以用矣，今不循先王而以意为准，必乱之道也，是以圣人禁之。”

而对于《春秋》记“不雨”的不同，公是更是充分发挥了重民之义：

“夏四月，不雨；六月，雨。文公之书不雨，自十月至于秋七月，其于民如此之慢也。僖公之书不雨，历一时则书之，其于民如此之闵也。不独书六月雨而已，又先书四月不雨，所以见有志乎民汲汲之甚也。有志乎民汲汲之甚，未足为圣人之法也。然而，《春秋》取之者，凡南面而治，有国家天下者，患不与民同忧。苟不与民同忧，则亦不与民同乐矣。唯有道者不然，己未尝有忧也，民之所忧不可不忧；己未尝有乐也，民之所乐不可不乐。若是者，所谓无常心，而以百姓之心为心，是故与民同忧者，王事之始也；与民同乐者，王事之成也。”（《春秋意林》）

对于自身的《春秋》学，公是颇为自负，但是，他认为当时诸多学者“耳牵于所闻，而目迷于所习；怀恐见破之私意，而无从善服义之公心”，所以，“《权衡》之书始出，未有能读者”，而“非达学通人则亦必不能观之矣”（《春秋权衡序》）。北宋《春秋》学，以泰山、公是最为突出，故而，后世常将泰山、公是二者相提并论，而论者常视公是较泰山为优，如四库馆臣评曰：“北宋以来，出新意解《春秋》者，自孙复与敞始，复啖、赵之余波，几于尽废三传。敞则不尽从传，亦不尽废传，故所训释为远胜于复焉。”皮师伏也以为宋儒论《春秋》者，“以刘敞为最优”（《经学通论》）。

孙莘老，尝从胡安定学，“觉从胡安定游，门弟子以千数，别其老成者为经社，觉年最少，俨然居其间，众皆推服。”（陈振孙《直斋书录解题》）莘老长于《春秋》学，撰有《春秋经社要义》及《春秋经解》。安定亦擅于《春秋》学，尝撰《春秋口义》五卷，惜失传。今人赵伯雄据《宋元学案》所引安定“春秋说”数条，指出安定“在挖掘《春秋》义理方面有两点却值得注意”，“一是他对‘尊王’的特别强调，二是他在解经时好像更注重对事件的道德评价”（《春秋学史》）。莘老的《春秋》学则远续陆淳，近承安定，他在《春秋经解序》中自述道：

“三传之作，既未可质其后先，但《左传》多说事迹，而《公羊》亦存梗概，陆淳以谓断义即皆不如《穀梁》之精。今以三家之说，校其当否，而《穀梁》最为精深，且以《穀梁》为本。其说是非褒贬，则杂取二传及历代诸儒，唐啖、赵、陆氏之说长者从之，其所未闻，即以所闻安定先生之说解之云。”

莘老认为《春秋》大义在于“尊王”，而反对“黜周”之说：“如经书王正月者，大一统也；先王人者，卑诸侯也；不书王战者，以见天下莫之敌也；书王而加天者，别吴、楚之僭伪也。《春秋》尊王如此，安得谓之黜周乎？”另外，莘老还擅长援引《论语》《孟子》解说《春秋》，这对其同门伊川理当产生了一定的影响。

自啖助、赵匡、陆淳始，至于泰山、公是、莘老等，《春秋》学风为之一变，从信传疑经一转而为舍传求经，进而依据己意释说经义，然而，至此为止，众人说经或有诸多突破，却依旧是在讲说道理，后世之人读其说，或许会觉得颇有几分道理，却并不能对他们产生任何实质性的影响。“《春秋》成而乱臣贼子惧”的效应，则需要等到伊川《春秋》之学问世才能具备。前面曾说到唐宋间《春秋》学经历了由讲说道理到陈述天理的转变，而其中的第二个转折——由陈述经义一转而为陈述天理，便是由伊川完成的。当然，在他之前，濂溪、康节、横渠、明道诸人也已经作出了颇多的努力。我们可以说唐宋的《春秋》学分为两条脉络：啖、赵、陆、泰山、公是、莘老诸人，所代表的乃是《春秋》的学统，而濂溪、康节、横渠、明道诸人，所代表的则是《春秋》的道统。到了伊川这里，则将两条脉络融而为一，道统、学统自此不再二分。就这一点而言，伊川真可谓不世出的大儒。

四

几代人在《春秋》学上的努力和探索，最终归结于伊川一人之身。其实，不仅仅是《春秋》，《周易》也是一样。在伊川这里，《春秋》与《周易》二经，每个字每句话，每一卦每一爻，全都被统摄在天理之下，有了一以贯之的精神。当然，尽管对于《周易》与《春秋》，伊川分别撰有传，却也并没有抵达完满之境。如于《周易传》，他便自认为只是说到了七分：

伊川以《易传》示门人，曰："只说得七分，后人更须体究。"（《近思录》）

而《春秋传》只是一部残稿，并未完成。今日所见《春秋传》收于《河南程氏经说》卷四部分，编者于桓公九年后，注曰："先生作《春秋传》，至此而终。旧有解说者，纂集附之于后。"故知伊川亲手所解说的，仅自隐公元年至桓公九年，共二十年。即便是算上其后的部分，有解说的也仅仅只是九十五年，且大多解说异常简略，往往寥寥数语而已。

伊川最初并不曾想过要自己解说《春秋》，而是嘱咐门人刘绚（字质夫）为《春秋》作传，可是，待到刘绚之传作成，伊川又不甚满意，方才决定自己亲作：

昔刘质夫作《春秋传》，未成。每有人问伊川，必对曰：

"已令刘绚作之，自不须某费工夫也。"刘传既成，来呈伊川，门人请观，伊川曰："却须某亲作。"竟不以刘传示人。伊川没后，方得见今世传解至闵公者。（《河南程氏外书》）

据《河南程氏外书》另一条记载，伊川解《春秋》，"自涪陵归，方下笔，竟不能成书"。伊川《春秋传》虽只是一部残稿，然而，其用意与方法已经非常明显。加上今存《二程集》中尚有颇多关乎《春秋》的论述，学者但能平心静气，细细玩味，对于《春秋》，亦可谓思过半矣！所以，尽管如此，这部残缺的《春秋传》依旧是《春秋》学史上一部划时代的作品，让《春秋》回归到经的本质——本于天理。而后，经由其私淑弟子文定的努力，《春秋》作为经的面目终于得以全然呈现。

伊川的《春秋》学，概略而言，可以分为四个部分：一、《春秋》的定位；二、《春秋》的读法；三、《春秋》的用途；四、《春秋》的解法。而贯穿着四个部分的，则是天理（亦称义理、人理、天道等）。

刘绚问："孔子何谓作《春秋》？"子（伊川）曰："由尧舜至于周，文质损益，其变极矣，其法详矣。仲尼参酌其宜，以为万世王制之所折中焉，此作《春秋》之本意也。观其告颜子为邦之道，可见矣。"（《河南程氏粹言》）

孔子作《春秋》，"以为万世王制之所折中"，故而，《春秋》乃为"百王不易之法"：

《春秋》之书，百王不易之法。三王之后，相因既备。周道衰，而圣人虑后世圣人不作，大道遂坠，故作此一书。此义，门人皆不得闻，惟颜子得闻。尝语之曰“行夏之时，乘殷之辂，服周之冕，乐则《韶》舞”是也。此书文质之中，宽猛之宜，是非之公也。（《河南程氏遗书》）

《春秋》之为“百王不易之法”，正是因为其本乎天理，天理恒常，惟其本乎天理，方可为万世不易之法！

观《遗书》《外书》《粹言》等，伊川讲学，时常涉及《春秋》，并为学者指出了《春秋》的读法。关乎《春秋》的读法，伊川有着一个大纲领，那就是：“传为按，经为断。”

问：“《左传》可信否？”曰：“不可全信。信其可信者耳。某年二十时，看《春秋》，黄聱隅问某如何看，某答曰：‘有两句法，云：以传考经之事迹，以经别传之真伪。’”

总之，传的作用在于还原一时事迹，近于史，而传之所述事迹有真有伪，不可尽信，要判断事迹之真伪，就需要依据经义。合乎经义的则信，不合经义的则存疑，乃至不信而弃之。由此可知，伊川《春秋》学的重心在于经，而不在于史，这也正是《春秋》的本来面目。后世学者动辄视《春秋》为史，将《春秋》视作为考据资料，甚或是故事会，真《春秋》之罪人也！

然而，要做到“经为断”，就必须要先通义理，所以，伊川建议学者“先识得个义理”，再去看《春秋》，而认识义理，则当从《论语》《孟子》入手：

尝语学者，且先读《论语》《孟子》，更读一经，然后看

《春秋》。先识得个义理，方可看《春秋》。（《河南程氏遗书》）

学者不必他求，学《春秋》可以尽道矣，然以通《语》《孟》为先。（《河南程氏粹言》）

学通《论语》《孟子》之后，识得义理，可谓立得大本。其后，则《春秋》便是穷理之书，修身、齐家、治国、平天下之理，悉皆在其中：

学《春秋》亦善，一句是一事，是非便见于此，此亦穷理之要。然他经岂不可以穷？但他经论其义，《春秋》因其行事，是非较著，故穷理为要。（《河南程氏遗书》）

学《春秋》便是穷理，即可尽道。如此论述，在伊川的文字中颇为常见，由此可知，于伊川而言，读《春秋》在于穷理，在于尽道，更重要的则在于以理以道去经世、去治国、去平天下，故知，一部《春秋》，其实便是一部经世断案集，而《春秋》的大用也正在于此。

《诗》《书》，载道之文；《春秋》，圣人之用。《诗》《书》如药方，《春秋》如用药治病。圣人之用，全在此书，所谓“不如载之行事深切著明”者也。（《河南程氏遗书》）

五经之有《春秋》，犹法律之有断例也。律令唯言其法，至于断例，则始见其法之用也。（同上）

《诗》《书》《易》，言圣人之道备矣，何以复作《春秋》？盖《春秋》，圣人之用也。《诗》《书》《易》如律，《春秋》如断案；《诗》《书》《易》如药方，《春秋》如治

法。（《河南程氏外书》）

故知深明《春秋》者，往往会据《春秋》之例，来议论一时政事，制定一时之策略。若伊川及文定者，便是如此。

《春秋》乃是圣人之大用，惜乎汉唐诸儒研读《春秋》者不可谓不多，明白此义的却寥寥无几，故而，伊川常生感叹：

《春秋》何为而作哉？其王道之不行乎！孟子有言曰："《春秋》，天子之事。"是也。去圣逾远，诸儒纷纭，家执异论，人为殊说，互相弹射，其于仇雠。开元秘书言《春秋》者，盖七百余家矣。然圣人之法，得者至寡，至于弃经任传，杂以符纬，胶固不通，使圣人之心郁而不显。吁！可痛也！（《河南程氏文集》）

《春秋》之法，大者在乎侵、伐、战、取，围、入、执、杀，盟、会、如、聘，禘、郊、蒸、尝，归、复、入、纳，灾异、赋役焉。然诸家之论，前矛后盾，未见其能一也。其间书侵者三十七，伐者二百四十三；书围者四十四，入者二十七。圣人之意，其详且备也如是。岂苟然哉？盖诛其祸乱之道耳。彼岂有是哉？先儒徒随事而传之，三传往往从而美之者，有矣。未有一言发明圣人诛之之心者也。（同上）

既明伊川于《春秋》的定位、读法、用途如上，再揭伊川解《春秋》之法如下。

伊川解《春秋》，特征极其明显：以天理一以贯之。而其文中所谓天道、人理、王道等，则无非是天理在不同层面的体现。盖《春秋》文字，无非褒贬，然则其褒其贬，必有准则。不明此准则，而以私意臆断，自然就会“前矛后盾”，不能一贯。伊川先生则把握住了这一个准则，那就是天理。圣人之作《春秋》，“一字之褒”“片言之贬”，斩钉截铁，无容动摇，之所以如此，正是因为凡一言一语，悉皆本乎天理。正因把握住了这一个准则，伊川解《春秋》，从容自如，娓娓道来，一切宛若水到渠成，且摘录数条于此，以供读者体味：

元年，春，王正月。

伊川解曰：

“元年”，隐公之始年。“春”，天时。“正月”，王正。书“春，王正月”，示人君当上奉天时，下承王正。明此义，则知王与天同大，人道立矣。周正月，非春也，假天时以立义尔。平王之时，王道绝矣，《春秋》假周以正王法。隐不书即位，明大法于始也。诸侯之立，必由王命，隐公自立，故不书即位，不与其为君也。法既立矣，诸公或书或不书，义各不同。既不受命于天子，以先君之命而继世者，即正其始，文、成、襄、昭、哀是也。继世者，既非王命，又非先君之命，不书即位，不正其始也，庄、闵、僖是也。桓、宣、定之书即位，桓弑君而立，宣受弑贼之立，定为逐君者所立，皆无王无君，何命之受？故书其自即位也。定之比宣，则又有间矣。

秋七月，天王使宰咺来归惠公仲子之赗。

伊川解曰：

王者奉若天道，故称天王，其命曰天命，其讨曰天讨。尽此道者，王道也。后世以智力把持天下者，霸道也。《春秋》因王命以正王法，称天王以奉天命。夫妇，人伦之本，故当先正。春秋之时，嫡妾僭乱，圣人尤谨其名分。男女之配，终身不变者也，故无再配之礼。大夫而下，内无主则家道不立，故不得已而有再娶之礼。天子诸侯，内职具备，后夫人已可以摄治，无再娶之礼。春秋之始，尚有疑焉，故仲子羽数特降，僖公而后，无复辨矣。《春秋》因其窃号而书之，以志僭乱。仲子系惠公而言，故正其名，不曰夫人，曰“惠公仲子”。谓“惠公仲子”，妾称也。以夫人礼赗人之妾，不天乱伦之甚也！然《春秋》之始，天王之义未见，故不可去天而名咺，以见其不王。王臣虽微不名，况于宰乎？

（隐公七年，）齐侯使其弟年来聘。

伊川解曰：

凡不称公子而称弟者，或责失兄弟之义，或罪其以弟之爱而宠任之过。《左氏》《公羊传》皆曰：“年，齐僖公之母弟。”先儒母弟之说，盖缘礼文有立嫡子同母弟之说。其曰同母弟，盖谓嫡尔，非以同母为加亲也。若以同母为加亲，是不知人理，近于禽兽也。天下不明斯义也久矣。僖公爱年，其子尚礼秩如嫡，卒致篡弑之祸。书弟，见其以弟之爱而宠任之过也。

（桓公）二年春，王正月，戊申，宋督弑其君与夷，及其大夫孔父。

伊川解曰：

桓公无王，而书“王正月”，正宋督之罪也。弑逆之罪，不以王法正之，天理灭矣。督虽无王，而天理未尝亡也。人臣死君难，书“及”以著其节。“父”，名也。称大夫，不失其官也。

（桓公三年，）有年。

伊川解曰：

书“有年”，纪异也。人事顺于下，则天气和于上。桓弑君而立，逆天理，乱人伦，天地之气为之缪戾，水旱凶灾，乃其宜也。今乃有年，故书其异。

诸上数条，读者但能平心静气，反复体味，自当能够体会到伊川之言，实无过无不及，发而中节者也。若能顺着伊川此诸解说，细细䌷绎，对于《春秋》，自然会有一个一以贯之的理解和认识。正因为此，笔者并不以伊川未曾解完《春秋》为憾事，遗《传》已经为学者打开了《春秋》之门，后世自然会有继承者。诚如伊川先生在《春秋传序》中所言：“是传也，虽未能极圣人之蕴奥，庶几学者得其门而入矣。”关乎这一点，陈龙川（亮）则早已有所体认：

伊川先生之序此书也，盖年七十有一矣，四年而先生没。今其书之可见才二十年，世咸惜其缺也。余意为不然。先生尝称杜预之言，曰：“优而柔之，使自求之；餍而饫之，使自趋之。涣然冰释，怡然理顺，然后为得也。”先生于是二十年之间，其义甚精，其例类博矣。学者苟精考其书，优柔餍饫，自得于言意之外，而达之其余，则精义之功在我矣。较之终日读其全书而于我无与者，其得失何如也！（《书伊川先生〈春秋传〉后》）

伊川曾撰有《春秋传序》，集中表达了他对《春秋》的体悟和理解，可谓研读《春秋》的纲要，抄录如下，以飨读者：

“天之生民，必有出类之才起而君长之，治之而争夺息，导之而生养遂，教之而伦理明，然后人道立，天道成，地道平。二帝以上，圣贤世出，随时有作，顺乎风气之宜，不先天以开人，各因时而立政。暨乎三王迭兴，三重既备，子、丑、寅之建正，忠、质、文之更尚，人道备矣，天运周矣。圣王既不复作，有天下者，虽欲仿古之迹，亦私意妄为而已。事之谬，秦至以建亥为正；道之悖，汉专以智力持世。岂复知先王之道也！夫子当周之末，以圣人不复作也，顺天应时之治不复有也，于是作《春秋》，为百王不易之大法。所谓'考诸三王而不谬，建诸天地而不悖，质诸鬼神而无疑，百世以俟圣人而不惑'者也。先儒之传曰：'游、夏不能赞一辞。'辞不待赞也，言不能与于斯耳。斯道也，惟颜子尝闻之矣，'行夏之时，乘殷之辂，服周之冕，乐则《韶》舞'，此其准的也。后世以史视《春秋》，谓褒善贬恶而已。至于经世大法，则不知也。《春秋》大义数十，其义虽大，炳如日星，乃易见也；惟其微辞隐义，时措从宜者，为难知也。或抑或纵，或与或夺，或进或退，或微或显，而得乎义理之安、文质之中、宽猛之宜、是非之公，乃制事之权衡、揆道之模范也。夫观百物，然后识化工之神；聚众材，然后知作室之用。于一事一义，而欲窥圣人之用心，非上智不能也。故学《春秋》者，必优游涵泳，默识心通，然后能造其微也。后王知《春秋》之义，则虽德非禹、汤，尚可以法三代之治。自秦而下，其学不传。予悼夫圣人之志不明于后世也，故作《传》以明之，俾后之人通其文而求其义，得其意而法其用，则三代可复也。是《传》也，虽未能极圣人之蕴奥，庶几学者得其门而入矣。"

"俾后之人通其文而求其义，得其意而法其用"，伊川的这一遗志，最终由他的私淑弟子文定所完成。文定精研《春秋》

三十余年，终而撰成《春秋传》，伊川关于《春秋》的种种思考就此得到了最终的落实。

有学者认为文定撰《春秋传》，与其在太学期间从学于朱长文有关。朱长文是泰山的弟子，得泰山《春秋尊王发微》深旨。“胡安国在太学期间从学朱长文，并通过朱长文而受到孙复《春秋》之学的影响。这一点，对胡安国在以后重视《春秋》学的研究，以毕生精力撰述《春秋传》，具有决定性的作用”（朱汉民《湖湘学派与湖湘文化》）。此则不然，笔者览乎文定《春秋传》，其中引用泰山与朱长文文字者，仅仅数处，且非要义所在。其实，文定自少便留心于《春秋》，而其撰写《春秋传》的初心则源于王荆公（安石）。致堂《先公行状》中有云：

初，王荆公以《字说》训释经义，自谓千圣一致之妙，而于《春秋》不可以偏旁点画通也，则诋为断烂朝报，废之不列于学官。下逮崇宁，防禁益甚。公自少留心此经，每曰：“先圣亲手笔削之书，乃使人主不得闻讲说，学士不得相传习，乱伦灭理，用夷变夏，殆由此乎！”于是，潜心刻意备征先儒，虽一义之当，片言之善，靡不采入。

文定自己在《春秋传序》中也说：

近世推隆王氏新说，按为国是，独于《春秋》，贡举不以取士，庠序不以设官，经筵不以进读。断国论者，无所折衷，天下不知所适。人欲日长，天理日消，其效使夷狄乱华，莫之遏也。

噫！至此极矣！仲尼亲手笔削，拨乱反正之书亦可以行矣。

故知，文定之撰《春秋传》，实有其时代缘由与精神寄托，这一点，方立克、陈代湘等先生看得较为清晰："我们之所以把胡安国的学术精神称为'春秋学'，……是因为胡安国在撰写《春秋传》过程中所彰显的历史承担意识，以及由此承担意识所迫近的理论探求与现实关怀。前面'湖湘学概论'部分曾提及孙复的《春秋》学思想并不构成胡安国学术思想的直接来源，原因就在此。盖胡安国并不由孙复从义理的角度探研《春秋》而启发得来其兴趣与思想进路，而是由于当时现实的社会政治（夷狄乱华）、文化状况（佛老猖獗），迫使胡安国深入思考拯救以儒家文化为主体的华夏文化以及作为华夏文化的承担载体——宋王朝统治下的华夏民族的出路使之然。"（《湘学史》）

正因为此，文定殚精竭虑，精研《春秋》三十余年，"优游涵泳，默识心通"，终而"造其微"。文定曾自述其研究《春秋》之经历：

某之初学也，用功十年，遍览诸家，欲多求博取，以会要妙，然但得其糟粕耳。又十年，时有省发，遂集众传，附以已说，犹未敢以为得也。又五年，去者或取，取者或去，已说之不可于心者，尚多有之。又五年，书向成，旧说之得存者，寡矣。及此二年，所习似益察，所造似益深，乃至圣人之旨益无穷，信非言论所能尽也。（胡寅《先公行状》）

俞文豹《吹剑录》称文定撰《春秋传》，"自草创以至成书，初稿不留一字，用意甚勤”。而李明复则称文定一生精力尽在《春秋》，皆非妄言也！

而文定解说《春秋》的信心，则来自伊川：

岁在丙申，初得伊川先生所作传，其间大义十余条，若合符节，公益自信，研穷玩索者二十余年，以为天下事物无不备于《春秋》，喟然叹曰："此传心要典也。推明克己修德之方，所以尊君父、讨乱贼，存天理、正人心者，必再书屡书，恳恳致详。于是圣人宏规大用，较然明著。读而味之，犁然当于人心。"（同上）

可以想见，文定得伊川《春秋传》后，必当如龙川所说："精考其书，优柔餍饫，自得于言意之外，而达之其余。"吾人读文定《春秋传》，自然就会发现这一点。笔者览乎文定《春秋传》，其中直接采用伊川之说处，多达三十余处，如：

（隐公五年，）夏，四月，葬卫桓公。

文定引：

程氏曰："正终，大事也。必于正寝，而不没于妇人之手，岂苟然乎？死而加之不正之谥，知忠孝者不忍为也。"

（隐公七年，）夏，城中丘。

文定引：

程氏曰："为民立君，所以养之也。养民之道，在爱其力。民力足则生养遂，教化行，风俗美，故为政以民力为重也。《春秋》，凡用民必书，其所兴作，不时害义，固为罪也；虽时且义亦书，见劳民为重事也。人君而知此义，则知慎重于用民力矣。”

（庄公十六年，）冬，十有二月，会齐侯、宋公、陈侯、卫侯、郑伯、许男、滑伯、滕子同盟于幽。

文定引：

程氏曰：“齐桓始霸，仗义以盟，而鲁首叛盟，故讳不称公。”

又引：

程氏曰：“上无明王，下无方伯，列国交争，桓公始霸，天下与之，故书‘同盟’。”

（文公七年，）戊子，晋人及秦人战于令狐。晋先蔑奔秦。

文定引：

程氏曰：“晋不谢秦，秦纳不正，皆罪也，故称‘人’；晋惧秦之不肯，已而击之，是晋人为志乎是战者也，故书‘及’。”

而间接化用之处，更是随处可见，俯首可拾。如：

（隐公四年，）秋，翚帅师。

伊川解有云：

翚不称公子，弑逆之人，积其强恶，非一朝一夕，辨之宜早，故去其公子。隐公不能辨，是以及祸。

文定之解有曰：

隐公不能辨之于早，罢其兵权，犹使之帅师也，是以及钟巫之祸。《春秋》于此，去其公子，以谨履霜之戒。

（隐公四年，）冬，十有二月，卫人立晋。

伊川解云：

卫人逆公子晋于邢而立之。书曰“卫人立晋”，卫人立之也。诸侯之立，必受命于天子，当时虽不受命于天子，犹受命于先君。

卫人以晋公子也，可以立，故立之，《春秋》所不与也。虽先君子孙，不由天子、先君之命，不可立也，故去其公子。

文定则解曰：

“人”，众辞；“立”者，不宜立也。晋虽诸侯之子，内不承国于先君，上不禀命于天子，众谓宜立而遂自立焉，可乎？故《春秋》于卫人，特书曰“立”，所以著擅置其君之罪；于晋，绝其公子，所以明专有其国之非。以此垂法，而父子君臣之义明矣。未有为子而不受之父也，未有为诸侯而不受之王也。

（隐公五年，）邾人、郑人伐宋。

伊川解曰：

宋人取邾田，邾人告于郑曰：“请君释憾于宋，敝邑为道。”邾人、郑人伐宋，先邾人，为主也。

文定解曰：

按，《左氏》：“宋人取邾田，邾人告于郑曰：‘请君释憾于宋，敝邑为道。’”则主兵者，邾也，故虽附庸小国而序乎郑之上。凡班序上下，以国之小大，从礼之常也，而盟会、征伐以主者先，因事之变也。

故我知，文定《春秋传》得益于伊川之处甚多。甚或可以说，文定《春秋传》正是在伊川《春秋传》的基础上，进行扩充、增补而成。文定在《叙传授》一文中，也曾交代了这一点：

“万物纷错悬诸天，众言淆乱折诸圣，要在反求于心，断之以理，精择而慎取之，则美玉之与武砆，必有能辨之者。自晋杜预、范宁，唐啖助、赵匡，此数子者，用力甚勤，时有所取。虽造宫墙之侧，几得其门而入，要皆未见宗庙之美、百官之富者也，故不预七家之列。（注：七家者，指孟子、庄子、董仲舒、王通、邵雍、张载、程颐。）七家所造，固自有深浅，独程氏尝为之传，然其说甚略，于意则引而不发，欲使后学慎思明辨，自得于耳目见闻之外者也。故今所传，事按《左氏》，义采《公羊》《穀梁》之精者，大纲本《孟子》，而微词多以程氏之说为证云。”

文定《春秋传》与伊川《春秋传》一脉相承。因此，我们也可以说文定《春秋传》是集唐宋《春秋》学发展的大成之作。这并非笔者的个见，南宋的楼钥便曾这样总结道：

“《春秋》之学不明久矣！啖、赵之后，至于本朝，而后有泰山孙先生复尊王之说弥彰，公是刘先生敞《权衡》《意林》等书，订证尤详。伊川程先生颐虽无全书，而一序所该，圣人之大法备矣。自王荆公安石之说盛行，此道几废。建炎、绍兴之初，高宗皇帝复振斯文，胡文定公安国承伊洛之余，推明师道，劝讲经筵，然后其学复传，学者以为标准，可谓大全矣。”（朱彝尊《经义考》）

因此，我们也可以说伊川乃为《春秋》理学化的奠基者，而文定则为之完成者。当然，文定《春秋传》虽然本于伊川《春秋》之旨而作，然而，因为时代原因，用心更见急迫，言辞益发痛切。难免偶有过当之处，朱子便曾对此作过批评：“胡氏《春秋传》有牵强处。”然而，也承认文定“议论有开合精神，亦千古之定评也。”（《朱子语类》）《四库全书总目》则称：“顾其书作于南渡之后，故感激时事，往往借《春秋》以寓意，不必一一悉合于经旨。”于笔者愚见，则文定所为，实乃一代人有一代人的《春秋》，乃是结合其所在的时空，对《春秋》大义的换着说，这正是儒门经世精神之体现。事实上，在文定这里，《春秋》乃是活的学问，是他论时议政的依据，于笔者之见，若文定者，可谓真得《春秋》之用。其数番上书高宗，悉皆本于《春秋》大义。如建炎元年（1127），文定上书论崇宁以来的九大失，其后，针对前八失，他依据《春秋》大义一一提出了解决方案：

夫有生，不可无信，圣人以信急于食，君子以信重于生。按《春秋》，幽之盟，鲁庄公在会而不书者，齐侯始伯，仗义以盟，庄公叛之，首失大信，仲尼以为大恶，故讳不书公，以为后戒。愿自今慎出诏令，无令反复，以去弃信之一失。兴国必开言路而赏谏臣，亡者反是。按《春秋》，书陈杀其大夫泄冶于前，而载楚子入陈于后。明杀谏臣者必有灭亡之祸，不待贬绝而自见也。愿自今开纳直言，无令壅闭，以去拒谏之二失。导谀者，召乱之源。按《春秋》，不书祥瑞，而灾异则书者，绝谄端，垂警戒，正天下后世人主之心术也。愿自今黜远佞媚，无令得行，以去导谀之三失。名器者，国家之宝。按《春秋》，非三命正卿者，姓氏不登于史册；非有天子之命者，不书其官。至于有罪，虽以诸侯之尊，或黜其爵；卿士之贵，或书其名，重名器也。愿自今重惜恩赏，无令冒滥，以去轻用名器之四失。人臣义无私交，君子正而不党。按《春秋》，祭伯来朝，不书朝；祭叔来聘，不称使。讥外交，戒朋党也。愿自今信任君子，抑绝小人，以去互分朋党之五失。奄寺通传内外，以一身兼仆妾之职，可谓贱矣。按《春秋》，书阍弑吴子，不称其君者，言阍寺之贱，不使得君吴子也。愿自今门户扫除，复其常守，以去信任奄寺之六失。为国必师上古，必法祖宗，必戒末世危亡之渐。按《春秋》，书税亩、丘甲，田赋曰初，曰作，曰用者，讥变古也。愿自今远稽上古，近法祖宗，以去轻易改作之七失。古者不以蛮夷弊中国。《春秋》内诸夏而外四夷，齐侯伐山戎，为燕辟地，贬而书人，戒勤远略也。人君职在养民，有国必先固本。按《春秋》，凡台囿、门厩土木之工，必书于册者，重民力也。愿自今修明军政，保固邦本，以去外事边功之八失。

非深于《春秋》者，岂能如此娴熟地运用《春秋》之义？文定之于《春秋》，所得实多也。而古来论文定《春秋传》者，悉皆本乎《春秋传序》所述，“虽微辞奥义，或未贯通，然尊君父、讨乱贼、辟邪说、正人心、用夏变夷，大法略具”云云，而从尊王、攘夷、复仇诸方面展开论述，这些自然是文定《春秋传》之重心所在，也是应对时事所发。然而，以笔者之见，这些依旧不是安定《春秋传》的根本宗旨。文定《春秋传》的根本宗旨，则本乎伊川《春秋传》而发：伊川本于天理，撰《春秋传》，文定则就天理，又发展出人欲来。故我常说，文定《春秋说》的根本宗旨，可以一言以蔽之，曰：“遏人欲，存天理。”文定《春秋传》中所述的一切要点，无论是尊王、攘夷，抑或是复仇等等，悉皆以“遏人欲，存天理”为本，脱离了这一个根本，尊王也好，攘夷也罢，一切都只是建立在利害得失下的妄论罢了。

文定于《春秋传序》中便已揭示了《春秋》“遏人欲，存天理”之义，他说：

> 知孔子者，谓此书之作遏人欲于横流，存天理于既灭，为后世虑至深远也；罪孔子者，谓无其位而托二百四十二年南面之权，使乱臣贼子禁其欲而不得肆，则戚矣。是故《春秋》“见诸行事”，非“空言”比也。公好恶，则发乎《诗》之情；酌古今，则贯乎《书》之事；兴常典，则体乎《礼》之经；本忠恕，则导乎《乐》之和；著权制，则尽乎《易》之变。百王之法度，万世之准绳，皆在此书。故君子以谓《五经》之有《春秋》，犹法律之有断例也。学是经者，信穷理之要矣；不学是经，而处大事、决大疑能不惑者，鲜矣。自先圣门人以文学名科如游、夏，尚不能赞一辞，盖立义之精如此。去圣既远，欲因遗经窥测圣人之用，岂易能乎？然世有先后，人心之所同然一尔。苟得其所同然者，虽越宇宙，若见圣人亲炙之也，而《春秋》之权度在我矣。

“人心之所同然”者，天理也。天理正是孔子作《春秋》的唯一准则，所谓“百王之法度，万世之准绳”。而人之所以会违背天理，在于人有私欲，故“遏人欲”，即“存天理”，而“存天理”则必要“遏人欲”，两者乃是一体两面，密不可分。文定的贡献则在于将违背天理的一切划归为人欲，于是，《春秋》的褒贬成了：顺应天理的褒之，违背天理的贬之。以此为纲要去读《春秋》，自然一目了然，更无余蕴。

“遏人欲，存天理”之义，遍布于文定《春秋传》的始终：

（隐公四年，）宋公、陈侯、蔡人、卫人伐郑。

文定解曰：

《春秋》之法，诛首恶。兴是役者，首谋在卫，而以宋主兵，何也？前书州吁弑君，其罪已极，至是阻兵修怨，勿论可也。而邻境诸侯闻卫之有大变也，可但已乎？陈恒弑简公，孔子沐浴而朝，告于哀公，请讨之，公曰："告夫三子者。"子曰："以吾从大夫之后，不敢不告也。"之三子告，不可，子曰："以吾从大夫之后，不敢不告也。"然则邻有弑逆，声罪赴讨，虽先发而后闻，可矣。宋殇不恤卫有弑君之难，欲定州吁，而从其邪说，是肆人欲、灭天理，非人之所为也。故以宋公为首，诸侯为从，示诛乱臣、讨贼子，必先治其党与之法也。此义行，为恶者孤矣。故曰："《春秋》成而乱臣贼子惧。"

（桓公元年，）夏，四月丁未，公及郑伯盟于越。

文定解曰：

垂之会，郑为主也，故称"会"；越之盟，鲁志也，故称"及"。郑人欲得许田以自广，是以为垂之会；桓公欲结郑好以自安，是以为越之盟。夫弑逆之人，凡民罔弗憝，即孟子所谓"不待教命，人得而诛之者"也，而郑与之盟，以定其位，是肆人欲、灭天理，变中国为夷狄，化人类为禽兽。圣人所为惧，《春秋》所以作，无俟于贬绝而恶自见矣。

（桓公六年，）蔡人杀陈佗。

文定解曰：

佗弑太子而代其位，至是逾年，不成之为君者，以贼讨也。书"蔡人"以善蔡，书"陈佗"以善陈。善蔡者，以蔡人知佗之为贼；善陈者，以陈国不以佗为君。知其为贼，故称"人"，称

“人”，讨贼之词也；不以为君，故称名，称名，当讨之贼也。鲁桓弑君而郑伯与之盟，宋督弑君而四国纳其赂，则不知其为贼矣。齐商人弑君者，及其见杀则称位；蔡般弑父者，及其见杀则称爵，是齐、蔡国人皆以为君矣。圣人于此，抑扬与夺，遏人欲于横流，存天理于既灭，见诸行事，可谓深切著明矣。篡弑之贼，外则异国皆欲致讨而不赦，内则国人不以为君而莫之与，谁敢劝于为恶？故曰：“孔子成《春秋》而乱臣贼子惧。”

（成公十三年，）三月，公如京师。夏，五月，公自京师，遂会晋侯、齐侯、宋公、卫侯、郑伯、曹伯、邾人、滕人伐秦。

文定解曰：

诸侯每岁侵伐四出，未有能修朝觐之礼者。今公欲会伐秦，道自王都，不可越天子而往也，故皆朝王，而不能成朝礼。书曰“如京师”，见诸侯之慢也。因会伐而行矣，又书“公自京师”，以“伐秦”为遂事者，此仲尼亲笔，明朝王为重，存人臣之礼也。古者，诸侯即位、服丧毕则朝，小聘、大聘终则朝，巡狩于方岳则朝。观《春秋》所载，天王遣使者屡矣，十二公之述职，盖阙如也，独此年书“公如京师”，又不能成朝礼，不敬莫大焉。君臣，人道之大伦，而至于此极，故仲尼尝喟然叹曰：“夷狄之有君，不如诸夏之亡也！”为此惧，作《春秋》，或抑或纵，或予或夺，所以明君臣之义者，至矣。其义得行，则臣必敬于君，子必敬于父，天理必存，人欲必消，大伦必正，岂曰小补之哉？此以“伐秦”为遂事之意也。

“《春秋》成而乱臣贼子惧”，正在于《春秋》以天理为准则，以“黜诸侯之灭天理、废人伦者”；《春秋》之为“百王之法度，万世之准绳”，也正在于《春秋》以天理为准则，而“遏人欲，存天理”。笔者研读文定《春秋传》，多年来无从把捉，往往顾此失彼，难以一贯。及至明了“遏人欲，存天理”这一根本，再来读文定《春秋传》，便觉文定文字宛若由自家胸中流淌出来，竟无丝毫隔阂。文定尝反复有云：“《春秋》乃史外传心之要典。”诚哉斯言！

除却伊川，对文定《春秋传》产生重大影响者，尚有孟子。孔子之撰《春秋》，初则惟孟子真识其中大义，一则曰“《春秋》，天子之事也”，二则曰“孔子成《春秋》而乱臣贼子惧”，三则曰“王者之迹熄而《诗》亡，《诗》亡然后《春秋》作”。文定于《述纲领》文中，曾列出发明《春秋》纲领者七家，孟子居其首。而文定又曾在《叙传授》中称其《春秋传》“大纲本孟子”，笔者览乎《春秋传》，知其所言真实不妄！《春秋传》先后引用与化用孟子之言处，高达四十多处。如：

（隐公）六年，春，郑人来输平。

文定解曰：

“输”者，纳也；“平”者，成也。郑人曷为纳成于鲁？以利相结，解怨释仇，离宋、鲁之党也。公之未立，与郑人战于狐壤，止焉。元年，及宋盟于宿；四年，遇于清；其秋，会师伐郑，即宋、鲁为党，与郑有旧怨，明矣。五年，郑人伐宋，入其郛，宋来告命，鲁欲救之，使者失辞，公怒而止。其冬，宋人伐郑，围长葛，郑伯知其适有用间可乘之隙也，是以来纳成耳。然则善之乎？曰：“平者，解怨释仇，固所善也；输平者，以利相结，则贬矣。”曷为知其相结之以利也？后此郑伯使宛来归祊，而鲁入其地，会郑人伐宋，得郜及防，而鲁又取其二邑，是知“输平”者，以利相结，乃贬之也。诸侯修睦以蕃王室，所主者，义尔。苟为以利，使为人臣者怀利以事其君，为人子者怀利以事其父，为人弟者怀利以事其兄，诸侯必曰“何以利吾国”，大夫必曰“何以利吾家”，士庶人必曰“何以利吾身”，“上下交征利”，不至于篡弑夺攘则不厌矣，故特称“输平”，以明有国者必“正其义，不谋其利”，杜亡国败家之本也。

（桓公元年，）三月，公会郑伯于垂。郑伯以璧假许田。

文定解曰：

“许田”，所以易祊也。郑既归祊矣，又加璧者，祊薄于许故也。鲁，山东之国，与祊为邻；郑，畿内之邦，许田，近地也。以此易彼，各利于国，而圣人乃以为恶而隐之，独何欤？曰：“利者，人欲之私，放于利，必至夺攘而后厌；义者，天理之公，正其义，则推之天下国家而可行。《春秋》恶易许田，孟子极陈利国之害，皆拔本塞源，杜篡弑之渐也。汤沐之邑，朝宿之地，先王所锡，先祖所受，私相贸易而莫之顾，是有无君之心，而废朝觐之礼矣；是有无亲之心，而弃先祖之地矣，故圣人以是为国恶而隐之也。”其不曰“以璧易田”，而谓之“假”者，夫易则已矣，言“假”则有归道焉，又以见许人改过迁善自新之意，非止隐国恶而已也。其垂训之义大矣。

很显然，此二段解说皆本于《孟子·梁惠王章句上》第一段。又如：

（庄公四年，）纪侯大去其国。

文定解曰：

凡大阅、大雩、大蒐，而谓之大者，讥其僭也。大无者，志仓廪之竭也；大去者，土地人民、仪章器物，悉委置之而不顾也。或曰：“以争国为小而不为，以去国为大而为之者也。夫守天子之土疆，承先祖之祭祀，义莫重焉，委而去之，无贬欤？”曰：“有国家者，以义言之，世守也，非身之所能为，则当效死而勿去；以道言之，不以其所以养人者害人，亦可去而不守。于斯二者，顾所择如何尔。”“然则，拟诸太王去邠之事，其可以无愧矣？”曰：“太王去邠，从之者如归市；纪侯去国，日以微灭，则何太王之可拟哉？故圣人与其不争而去，而不与其去而不存。与其不争而去，是以异于失地之君而不名；不与其去而不存，是故书‘叔姬归酅’，而不录‘纪侯之卒’，明其为君之末矣。”

“太王去邠”事，见于《孟子·梁惠王章句下》第十四、十五段。如此种种，不胜枚举。文定之推崇孟子如斯，既与孟子真能识得《春秋》大义相关，更与孟子学的核心之一“义利之辨”有关。所谓“义利之辨”，其实即是天理与人欲之辨，这正与其“遏人欲，存天理”之核心宗旨一贯，故而，尊崇孟子便也成了水到渠成的事。而其引用孟子之时，所强调的往往正是“义利之辨”，如：

（僖公三十有三年，）夏，四月辛巳，晋人及姜戎败秦于殽。

文定解曰：

按，《书序》：“秦穆公伐郑，晋襄公帅师败诸殽。”而《经》书“晋人败秦于殽”，是皆仲尼亲笔，其词何以异乎？《书序》专取穆公悔过自誓之言，止于劝善，其词恕；《春秋》备书秦、晋无道，用兵之失，兼于惩恶，其法严，此所以异也。晋襄亲将，绌不称君者，俯逼葬期，忘亲背惠，墨衰绖而即戎，其恶甚矣。视秦犹狄，其罪云何？客人之馆而谋其主，因人之信己而逞其诈，利人之危而袭其国，越人之境而不哀其丧，叛盟失信，以贪勤民而弃其师，狄道也。夫杞子、先轸之谋，偷见一时之利，侥幸其成，自以为功者也。二君皆过听焉而贪其利，是使为人臣者怀利以事其君，为人子者怀利以事其父，君臣父子去仁义，怀利以相与，利之所在则从之矣，何有于君父？故一失则夷狄，再失则禽兽，而大伦灭矣。《春秋》人晋子而狄秦，所以立人道存天理也。

故而，笔者以为：学者果真想要究明文定《春秋传》，则首在于体贴《孟子》“义利之辨”之旨，其次，才是细究伊川《春秋传》。盖不明《孟子》者，则不能识《春秋》大义之所在也。

笔者曾两番前往位于湖南湘潭排头乡黄荆坪村隐山南麓仙娥山北坡的文定公夫妇与五峰先生合葬墓前拜谒。一次是去岁季秋，殿军、镔锐二兄陪同，当我顺着台阶拜谒而至墓前时，心中不禁一阵悲凉，泪如雨下。眼前是一个微微凸起的土丘，近乎与地面持平，若非插满了民间祭祀用的纸花杆，以及一个破旧香炉，根本就不敢相信眼前是一座坟墓，而且还埋葬着湖湘学的两位奠基人。墓后有石碑数方，镶嵌在后壁上，其中一副对联，写尽了文定的一生：“秉《春秋》大义，葬天下隐山。”当时，我正准备点校《春秋传》的工作。站在墓前时，我在心中暗暗立下一愿：日后当略略修葺一下文定、五峰墓园。一次是今岁夏日，同行者甚众，有殿军、坤子二兄，有英杰、可淳伉俪，以及阿羽和豆豆（殿军兄女儿），一路拜上，墓丘依旧，惟时草色葱葱，尚不觉太过荒凉。惟我颇有愧意，一则《春秋传》之校读时断时续，一年来，竟未能完稿；二则修葺墓园之愿，尚遥遥无期，念及于此，不禁伏在墓前，失声哭泣。归来后，先是撰定《近思录》今注今译，而后摈弃诸役，一心投入《春秋传》之校读工作，时至仲秋下旬，文本校定。其后，又取旧日所撰之导读文字，再三修订，终于今日有一定稿。不禁仰首长叹！此番点校，以四库本为底稿，参以上海涵芬楼借常熟瞿氏铁琴铜剑楼藏宋刊影印本，以及岳麓书社2011年版《春秋传》（王丽梅校点）。介于笔者于《春秋》大义体贴尚欠，其中不免谬误之处，尚祈大方之家不吝赐教为谢！

辛丑季秋初六日，邵逝夫于射阳浮海草堂毋不敬斋。

（附识：本文之所撰，历时逾年，前后三易其稿。回头读过，不安处甚多，惜限于才力，不能更有突破。惟愿假以时日，于《春秋》学或将略有进益，届时再作增补。现略述主要参考文献。关于文定的生平学行，可供参考的文字并不多，主要是致堂先生《先公行状》及《宋史·胡安国传》，其余诸如《宋元学案》之《武夷学案》、朱子《伊洛渊源录》、熊赐履《学统》等，悉皆本于致堂《先公行状》，参考意义甚小。故而，本文关乎文定生平学行，所述基本本于《先公行状》及《胡安国传》。而关乎《春秋》学史部分，则参考了赵伯雄先生之《春秋学史》、姜广辉先生之《中国经学思想史》。其中又参考了朱汉民先生之《湖湘学派与湖湘文化》与方克立、陈代湘二先生主编之《湘学史》，其余文献，不一而足，不复抄录。在此一并谢过！）

卷首

春秋传序

古者，列国各有史官掌记时事。《春秋》，鲁史尔，仲尼就加笔削，乃史外传心之要典也，而孟氏发明宗旨，目为天子之事者。周道衰微，乾纲解纽，乱臣贼子接迹当世，人欲肆而天理灭矣。仲尼，天理之所在，不以为己任，而谁可？五典弗惇，己所当叙；五礼弗庸，己所当秩；五服弗章，己所当命；五刑弗用，己所当讨。故曰："文王既没，文不在兹乎？天之将丧斯文也，后死者不得与于斯文也；天之未丧斯文也，匡人其如予何？"圣人以天自处，斯文之兴丧在己，而由人乎哉？故曰："我欲载之空言，不如见诸行事之深切著明也。"空言独能载其理，行事然后见其用。是故假鲁史以寓王法，拨乱世反之正。叙先后之伦，而典自此可惇；秩上下之分，而礼自此可庸。有德者必褒，而善自此可劝；有罪者必贬，而恶自此可惩。其志存乎经世，其功配于抑洪水、膺戎狄、放龙蛇、驱虎豹，其大要则皆天子之事也。故曰："知我者，其惟《春秋》乎！罪我者，其惟《春秋》乎！"

知孔子者，谓此书之作遏人欲于横流，存天理于既灭，为后世虑至深远也；罪孔子者，谓无其位而托二百四十二年南面之权，使乱臣贼子禁其欲而不得肆，则戚矣。是故《春秋》“见诸行事”，非“空言”比也。公好恶，则发乎《诗》之情；酌古今，则贯乎《书》之事；兴常典，则体乎《礼》之经；本忠恕，则导乎《乐》之和；著权制，则尽乎《易》之变。百王之法度，万世之准绳，皆在此书。故君子以谓《五经》之有《春秋》，犹法律之有断例也。学是经者，信穷理之要矣；不学是经，而处大事、决大疑能不惑者，鲜矣。自先圣门人以文学名科如游、夏，尚不能赞一辞，盖立义之精如此。去圣既远，欲因遗经窥测圣人之用，岂易能乎？然世有先后，人心之所同然一尔。苟得其所同然者，虽越宇宙，若见圣人亲炙之也，而《春秋》之权度在我矣。

近世推隆王氏新说，按为国是，独于《春秋》，贡举不以取士，庠序不以设官，经筵不以进读。断国论者无所折衷，天下不知所适。人欲日长，天理日消，其效使夷狄乱华，莫之遏也。噫！至此极矣！仲尼亲手笔削，拨乱反正之书亦可以行矣。

天纵圣学，崇信是经，乃于斯时奉承诏旨，辄不自揆，谨述所闻为之说以献。虽微辞奥义，或未贯通，然尊君父、讨乱贼、辟邪说、正人心、用夏变夷，大法略具。庶几圣王经世之志，小有补云。

述纲领

学《春秋》者，必知纲领，然后众目有条而不紊。自孟轲氏而下，发明纲领者凡七家。今载七家精要之词于卷首，智者即词以观义，则思过半矣。

孟轲氏曰："《春秋》，天子之事也。昔者，禹抑洪水而天下平，周公膺戎狄、驱猛兽而百姓宁，孔子成《春秋》而乱臣贼子惧。"又曰："王者之迹熄而《诗》亡，《诗》亡然后《春秋》作。晋之《乘》，楚之《梼杌》，鲁之《春秋》，一也。其事则齐桓、晋文，其文则史，其义则丘窃取之矣。"又曰："春秋无义战，彼善于此，则有之矣。征者，上伐下也，敌国不相征也。"

庄周曰："《春秋》经世，先王之志也，圣人议而不辨。"又曰："《春秋》以道名分。"

汉董仲舒记夫子之言，曰："我欲载之空言，不如见之于行事之深切著明也。"诵其师说，曰："拨乱世反之正，莫近《春秋》。"董氏治公羊学，其自言曰："有国者不可以不知《春秋》，前有谗而不见，后有贼而不知；为人臣者不可以不知《春秋》，守经事而不知其宜，遭变事而不知其权。为人君父而不通《春秋》之义者，必蒙首恶之名；为人臣子而不通《春秋》之义者，必陷篡弑之罪。故《春秋》，礼义之大宗也。"

隋王通曰："《春秋》之于王道，是轻重之权衡、曲直之绳墨也，舍则无所取衷矣。"又曰："《春秋》，其以天道终乎？故止于获麟。"

宋西都邵雍曰："《春秋》，孔子之刑书也。功过不相掩，五伯者，功之首，罪之魁也。先定五伯之功过，而学《春秋》，则大义立矣。春秋之间，有功者未有大于四国者也，有过者亦未有大于四国者也。不先治四国之功过，则事无统理，不得圣人之心矣。"

横渠张载曰："《春秋》之书，在古无有，乃仲尼所自作，惟孟子为能知之，非理明义精，殆未可学。先儒未及此而治之，故其说多凿。”

河南程颐曰：“《五经》，载道之文；《春秋》，圣人之用。《五经》之有《春秋》，犹法律之有断例也。”又曰：“《五经》如药方，《春秋》犹用药治病，圣人之用全在此书。”又曰：“《春秋》，一句即一事，是非便见于此，乃穷理之要。学者只观《春秋》，亦可以尽道矣。”又曰：“《春秋》，传为按，经为断。”又曰：“《春秋》之文，一一意在示人，如土功之事无大小，莫不书之，其意止欲人君重民力也。”又曰：“《春秋》之法极谨严，中国而用夷礼则夷之，韩子之言深得其旨矣。”又曰：“夫子作《春秋》，为百王不易之大法，后世以史视《春秋》，谓褒善贬恶而已，经世之大法则不知也。《春秋》大义数十，炳如日星，乃易见也；惟微辞隐义，时措从宜者，为难知耳。或抑或纵，或与或夺，或进或退，或微或显，而得乎义理之安、文质之中、宽猛之宜、是非之公，乃制事之权衡、揆道之模范也。夫观百物而后识化工之神，聚众材而后知作室之用，于一事一义而欲窥圣人之用，非上智不能也。故学《春秋》者，必优游涵泳，默识心通，然后能造其微矣。”

明类例

《春秋》之文，有事同则词同者，后人因谓之例。然有事同而词异，则其例变矣。是故，正例非圣人莫能立，变例非圣人莫能裁。正例，天地之常经；变例，古今之通谊。惟穷理经义，于例中见法，例外通类者，斯得之矣。

谨始例

人君嗣立，逾年必改元，此重事也。当国大臣家宰必以其事告于庙，秉笔史官必以其事书于策。缘始终之义，一年不二君，故不改于柩前定位之初；缘臣民之心，不可旷年无君，故不待于三年毕丧之后。逾年春正月，乃谨始之时，得理之中者也，于是改元，著新君即位之始，宜矣。即位而谨始，本不可以不正，为子受之父，为诸侯受之王，此大本也。咸无焉，则不书“即位”，隐、庄、闵、僖四公是也。圣人恐此义未明，又于卫侯晋发之。书曰“卫人立晋”，以见内无所承、上不请命者，虽国人欲立之，其立之非也。在春秋时，诸侯皆不请王命矣，然承国于先君者，则得书“即位”，以别于内复无所承者，文、成、襄、昭、哀五公是也。圣人恐此义未明，又于齐孺子荼发之。荼幼固不当立，然既有先君景公之命矣，陈乞虽流涕欲立长君，其如景公之命何？以乞君荼，不死先君之命也，命虽不敢死，以别于内复无所承者，可也。然乱伦失正，则天王所当治。圣人恐此义未明，又于卫侯朔发之。朔杀伋、寿，受其父宣公之命，尝有国矣。然四国纳之则贬，王人拒之则褒，于以见虽有父命而乱伦失正者，王法所宜绝也。由此推之，王命重矣。虽重天王之命，若非制命以义，亦将壅而不行，故鲁武公以括与戏见宣王，王欲立戏，仲山甫不可。王卒，立之，鲁人杀戏，立括之子，诸侯由是不睦。圣人以此义非尽伦者，不能断也，又特于首止之盟发之。夫以王世子而出会诸侯，以列国诸侯而上与王世子会，此例之变也，而《春秋》许之。郑伯奉承王命，不与是盟，此礼之常也，而《春秋》逃之。所以然者，王将以爱易储贰，桓公纠合诸侯，仗正道以翼世子，使国本不摇，而天下之为父子者定，所谓“一匡天下，民到于今受其赐”者也。至是变而之正，以大义为主，而崇高之势不与焉，然后即位谨始之义终矣，万世之大伦正矣。故曰“《春秋》之法大居正，非圣人莫能修之”，谓此类尔。

叙传授

传《春秋》者，三家。《左氏》叙事见本末，《公羊》《穀梁》词辨而义精。学经以传为按，则当阅《左氏》；玩词以义为主，则当习《公》《穀》。如载惠公元妃继室及仲子之归于鲁，即隐公兄弟嫡庶之辨、摄让之实，可按而知也。当阅《左氏》，谓此类也。若夫来赗仲子，以为豫凶事，则诬矣。“王正月”之为“大一统”；“及”，我欲之；“暨”，不得已也。当习《公羊氏》，谓此类也。若夫母以子贵，媵妾许称夫人则乱矣，段，弟也弗谓弟，公子也弗谓公子，贱段而甚，郑伯之处心积虑成于杀也。当习《穀梁氏》，谓此类也。若夫曲生条例，以大夫日卒为正则凿矣。万物纷错悬诸天，众言淆乱折诸圣，要在反求于心，断之以理，精择而慎取之，则美玉之与武砆，必有能辨之者。自晋杜预、范宁，唐啖助、赵匡，此数子者，用力甚勤，时有所取。虽造宫墙之侧，几得其门而入，要皆未见宗庙之美、百官之富者也，故不预七家之列。七家所造，固自有浅深，独程氏尝为之传，然其说甚略，于意则引而不发，欲使后学慎思明辨，自得于耳目见闻之外者也。故今所传，事按《左氏》，义采《公羊》《穀梁》之精者，大纲本《孟子》，而微词多以程氏之说为证云。

进 表

臣安国言：

臣昨奉圣旨纂修所著《春秋传》，候书成进入，续奉圣旨，令疾速投进，今已成书，谨缮写奏御。臣安国诚皇诚恐，顿首顿首。

臣伏观春秋二百四十二年，其行事备矣。仲尼因事属词，深切著明，非《五经》比也。本夫周室东迁，礼乐、征伐自诸侯出，及平王末年，王迹既熄，故《春秋》作于隐公之初，逮庄、僖而下，五霸迭兴，假仁义而行，以推戴宗周为天下之共主，号令征伐，莫敢不从。其文则史官称述，无制作之法，其义则以尊周为名，而仲尼固曰："丘窃取之矣。"霸德既衰，诸侯放恣，政在大夫，专权自用，官及失德，宠赂益章，然后陪臣执国命，夷狄制诸夏，皆驯致其道，是以至此极耳。仲尼德配天地，明并日月，自以无位与时，道不行于天下也，制《春秋》之义，见诸行事，垂训方来。虽祖述宪章，上循尧、舜、文、武之道，而改法创制，不袭虞、夏、商、周之迹。盖洪水滔天，下民昏垫，与《箫韶》九成，百兽率舞，并载于《虞书》，大木斯拔与嘉禾合颖，鄙我周邦与六服承德，同垂乎周史，此上世帝王纪事之例。至《春秋》，则凡庆瑞之符、礼文常事，皆削而不书，而灾异之变、政事阙失，则悉书之，以示后世。使鉴观天人之理，有恐惧祇肃之意。若事斯语，若书诸绅，若列诸座右，若几杖盘盂之有铭有戒，乃史外传心之要典。于以反身，日加修省，及其既久，积善成德，上下与天地同流。自家刑国，措之天下，则麟凤在郊，龟龙游沼，其道亦可驯致之也。故始于隐公，止于获麟，而以天道终焉；比于《关雎》之应，而能事毕矣。

书火于秦，赖诸儒口相传授。及汉初兴，张子房为韩灭秦，以明《春秋》复仇之义；三老董公请汉为义帝发丧，以暴项羽弑君之恶。下逮武、宣之世，时君信重其书，学士大夫诵说，用以断狱决事，虽万目未张，而大纲克正，过于春秋之时，其效亦可见矣。粤自熙宁，崇尚释老蒙庄之学，以虚无为宗，而不要义理之实。殆及崇宁，曲加防禁，由是用事者以灾异之变，政事阙失，则默不敢言；而庆瑞之符与礼文常事，则咏歌赞诵，洋洋乎盈耳，是与《春秋》正相反也。侈心益纵，至夷狄乱华，莫之能遏，岂不痛哉！

陛下天锡勇智，圣德日新，嗣承宝位于三纲九法沦斁之后，发于独断，崇信是经，将以拨乱世反之正。圣王之志，既自得之，又命臣下有能诵习其书者，使训明其义。而臣以荒芜末学，荣奉诏旨，辄不自揆，罄竭所闻，修成《春秋传》三十卷十万余言，上之御府。恭惟肃将天讨之余，万几之暇，特留宸念，时赐省览，取自圣裁。监天人休咎之符，核赏罚是非之实，懋检身之盛德，恢至治之远图。式叙邦经，永康国步，则臣虽委身填壑，志愿毕矣。谨奉表投进以闻。臣安国诚皇诚恐，顿首顿首，谨言。

绍兴六年十二月□日，左朝散郎、充徽猷阁待制、提举江州太平观、赐紫金鱼袋，臣胡安国上表。

论名讳札子

臣昨列职经筵，专以《春秋》进读。缘《春秋》正文有渊圣御名，方具奏札，未及进禀，得罪去国，后闻礼官建议以它字易之，定读为“威”，其经传本字，即不改易，事已施行。臣今奉旨纂修，于经传本字，既有诏令可遵，即未委臣所纂修，出于己见，援引他经子史，有犯渊圣御名者，亦许依本字书写，或当迁避，有此疑惑。

臣闻古者不以名为讳，《尧典》称“有鳏在下，曰虞舜”，则尧、舜者，固二帝之名，而《尧典》乃虞氏史官所作，直载其君之名而不避也。周人以谥易名，于是有讳礼，然临文不讳，嫌名不讳，二名不偏讳。载在礼律，其义明白。孔子作《春秋》，凡书周、鲁事，虽婉其文，至于名讳，并依本字。若襄王名郑而书“卫侯郑”，正王名班而书“曹伯班”，简王名夷而书“晋侯夷”，恭王名匄而书“晋士匄”，庄公名同而书“同盟于幽”，僖公名申而书“戊申朔”，襄公名午而书“陈侯午”，定公名宋而书“宋仲幾”是也。按《春秋》书成，当恭王之朝，哀公之世。匄乃恭王之名也，夷即三世之穆也，宋即哀公之考也，午即皇考之庙讳也，而笔削之际，并无回避。《春秋》为尊君父而作，仲尼岂不恭者？书法如此，义亦可知。自汉已来，此义不行，臣子习为谄谀而不知恭顺之实，则有易人之名以“彻”为“通”者，易人之姓以“庄”为“严”者，易甲乙之纪以“丙”为“景”者，易郡县之号以“还淳”为“青溪”者。又其甚，则有父名“晋肃”，而子不敢应进士举者。忌讳既繁，名实愈乱。

本朝沿袭汉、唐故事，未暇尽革。恭惟陛下天纵聪明，既尊《春秋》之书以新圣德，宜用《春秋》之法以断政事。凡所施设，动以《春秋》从事，即有拨乱反正之功。臣所纂修缮写进本，援引他经子史之类，欲乞应犯圣朝庙讳不可迁避者，依太常博士王晳所进《春秋解》例，并依监本空缺点画，于渊圣御名亦不改易本字，覆以黄纸，庶几名实不乱。上遵《春秋》之法，亦以消臣子谄谀之端，向孟轲氏钦王之义，明恭顺之实。取进止。

十一月二十七日，三省同奉圣旨，依奏仍疾速投进。

卷一

隐公上

孟子曰："王者之迹熄而《诗》亡，《诗》亡然后《春秋》作。"今按，《邶》《鄘》而下，多春秋时诗也，而谓"《诗》亡然后《春秋》作"，何也？自《黍离》降为《国风》，天下无复有《雅》，而王者之诗亡矣。《春秋》作于隐公，适当《雅》亡之后。又按，《小雅·正月》，刺幽王诗也，而曰："赫赫宗周，褒姒灭之。"逮鲁孝公之末，幽王已为犬戎所毙，惠公初年，周既东矣。《春秋》不作于孝公、惠公者，东迁之始，流风遗俗犹有存者。郑武公入为司徒，善于其职，则犹用贤也；晋侯捍王于艰，锡之秬鬯，则犹有诰命也；王曰"其归视尔师"，则诸侯犹来朝也；义和之薨，谥为文侯，则列国犹有请也。及平王在位日久，不能自强于政治，弃其九族。《葛藟》有"终远兄弟"之刺；不抚其民，周人有"束薪蒲楚"之讥。至其晚年，失道滋甚，乃以天王之尊，下赗诸侯之妾，于是三纲沦，九法斁，人望绝矣。夫妇，人伦之本；朝廷，风化之原。平王子母，適冢正后，亲遭褒姒之难，废黜播迁，而宗国颠覆，亦可省矣。又不是惩，而赗人宠妾，是拔本塞源，自灭之也。《春秋》于此，盖有不得已焉尔矣。托始乎隐，不亦深切著明也哉！

元年。

即位之一年，必称“元年”者，明人君之用也。“大哉乾元，万物资始”，天之用也；“至哉坤元，万物资生”，地之用也；“成位乎其中”，则与天地参。故体元者，人君之职；而调元者，宰相之事。“元”，即仁也。仁，人心也。《春秋》深明其用当自贵者始，故治国先正其心，以正朝廷与百官，而远近莫不壹于正矣。《春秋》立文兼述、作。按，《舜典》纪“元日”，《商训》称“元祀”，此经书“元年”，所谓祖二帝、明三王，“述而不作”者也；正次王，王次春，乃立法创制，裁自圣心，无所述于人者，非史册之旧文矣。

春，王正月。

按，《左氏》曰：“王周正月。”周人以建子为岁首，则冬十有一月是也。前乎周者，以丑为正，其书始即位，曰“惟元祀十有二月”，则知月不易也；后乎周者，以亥为正，其书始建国，曰“元年冬十月”，则知时不易也。建子非春，亦明矣，乃以夏时冠周月，何哉？圣人语颜回以为邦，则曰“行夏之时”；作《春秋》以经世，则曰“春，王正月”，此“见诸行事”之验也。或曰：“非天子不议礼，仲尼有圣德无其位，而改正朔，可乎？”曰：“有是言也，不曰‘《春秋》，天子之事’乎？以夏时冠月，垂法后世；以周正纪事，示无其位，不敢自专也，其旨微矣。”加“王”于“正”者，《公羊》言“大一统”是也。国君逾年改元，必行告庙之礼；国史主记时政，必书即位之事，而隐公阙焉，是仲尼削之也。古者，诸侯继世袭封，则内必有所承；爵位、土田受之天子，则上必有所禀。内不承国于先君，上不禀命于天子，诸大夫扳已以立而遂立焉，是与争乱造端，而篡弑所由起也。《春秋》首绌隐公，以明大法，父子、君臣之伦正矣。

三月，公及邾仪父盟于蔑。

鲁，侯爵，而其君称“公”，此臣子之词，《春秋》从周之文而不革者也。我所欲，曰“及”。“邾”者，鲁之附庸；“仪父”，其君之字也。何以称字？中国之附庸也。王朝大夫，例称字；列国之命大夫，例称字；诸侯之兄弟，例称字；中国之附庸，例称字，其常也。圣人按是非，定褒贬，则有例当称字或黜而书名，例当称人或进而书字，其变也。常者，道之正；变者，道之中。《春秋》大义公天下，以讲信修睦为事，而刑牲歃血，要质鬼神，则非所贵也。故盟有弗获已者，而汲汲欲焉，恶隐公之私也。或言“褒其首与公盟而书字”，失之矣。

夏，五月，郑伯克段于鄢。

用兵，大事也。必君臣合谋而后动，则当称国；命公子吕为主帅，则当称将；出车二百乘，则当称师。三者咸无称焉，而专目郑伯，是罪之在伯也。犹以为未足，又书曰“克段于鄢”，“克”者，力胜之词；不称“弟”，路人也；“于鄢”，操之为已蹙矣。夫君亲无将，段将以弟篡兄，以臣伐君，必诛之罪也，而庄公特不胜其母焉尔。曷为纵释叔段，移于庄公，举法若是失轻重哉？曰：“姜氏当武公存之时，常欲立段矣；及公既没，姜以国君嫡母主乎内，段以宠弟多才居乎外，国人又悦而归之，恐其终将轧己为后患也，故授之大邑而不为之所，纵使失道以至于乱，然后以叛逆讨之，则国人不敢从，姜氏不敢主，而大叔属籍当绝，不可复居父母之邦，此郑伯之志也。王政以善养人，推其所为，使百姓兴于仁而不偷也。况以恶养天伦，使陷于罪，因以剪之乎？《春秋》推见至隐，首诛其意，以正人心，示天下为公，不可以私乱也。垂训之义大矣！”

秋，七月，天王使宰咺来归惠公仲子之赗。

上古应时称号，故其名三变。《春秋》以天自处，创制立名，系王于天，为万世法，其义备矣。冢宰，称“宰”；“咺”者，名也。王朝公卿书官，大夫书字，上士、中士书名，下士书人。咺位六卿之长而名之，何也？“仲子”，惠公之妾尔。以天王之尊，下赗诸侯之妾，是加冠于屦，人道之大经拂矣。天王，纪法之宗也；六卿，纪法之守也。议纪法而修诸朝廷之上，则与闻其谋；颁纪法而行诸邦国之间，则专掌其事，而承命以赗诸侯之妾，是坏法乱纪自王朝始也。《春秋》重嫡妾之分，故特贬而书名，以见宰之非宰矣。或曰：“僖公之母成风，亦庄公妾也，其卒也，王使荣叔归含且赗；其葬也，王使召伯来会葬。下赗诸侯之妾而名其宰，荣、召何以书字而不名也？”于前赗仲子，则名冢宰；于后葬成风，王不称天，其法严矣！

九月，及宋人盟于宿。

内称“及”，外称“人”，皆微者。其地以国，宿亦与焉。微者盟会，不志于《春秋》，此其志者，有宿国之君也。凡书盟者，恶之。或曰：“《周官》有司盟，掌盟载之法，诅祝作其词，玉府共其器，戎右役其事，太史藏其约。苏公亦曰：‘出此三物以诅尔斯。’夫盟以结信，出于人情，先王犹不禁也，而谓‘凡书盟者，恶之’，可乎？”曰：“盟以结信，非先王所欲而不禁，逮德下衰，欲禁之而不克也。春秋之时，会而歃血，其载果掌于司盟，犹不以为善也。又况私相要誓，慢鬼神，犯刑政，以成倾危之习哉？今鲁既及仪父、宋人盟矣，寻自叛之，信安在乎？故知‘凡书盟者，恶之’也。”

冬，十有二月，祭伯来。

按，《左氏》曰：“非王命也。”“祭伯”，畿内诸侯，为王卿士，来朝于鲁，而直书曰“来”，不与其朝也。人臣，义无私交；大夫，非君命不越境。所以然者，杜朋党之原，为后世事君而有贰心者之明戒也。惟此义不行，然后有藉外权，如缪留之语韩宣惠者；交私议论，如庄助之结淮南者；倚强藩为援以胁制朝廷，如唐卢携之于高骈、崔胤之于宣武、昭纬之于豳岐者矣。《经》于内臣朝聘、告赴，皆贬而不与，正其本也。岂有诬上行私，自植其党之患哉？

公子益师卒。

凡公子、公孙，登名于史册，贵戚之卿也。不书官者，故侍讲程颐以谓：“不与其以公子故，而自为卿也。”古者，诸侯、大夫皆命于天子，卿卒必书，此《春秋》贵大臣之意。其不日，《公羊》以为“远”，然公子彄远矣，而书日，则非远也；《穀梁》以为“恶”，然公子牙、季孙意如恶矣，而书日，则非恶也；《左氏》以为“公不与小敛”，然公孙敖卒于外而公在内，叔孙舍卒于内而公在外，不与小敛明矣，而书日，《左氏》之说亦非也。其见恩数之有厚薄欤！

二年。春，公会戎于潜。

戎狄举号，外之也。天无所不覆，地无所不载，天子，与天地参者也。《春秋》，天子之事，何独外戎狄乎？曰：“中国之有戎狄，犹君子之有小人。内君子外小人，为《泰》；内小人外君子，为《否》。《春秋》，圣人‘倾否’之书，内中国而外四夷，使之各安其所也。无不覆载者，王德之体；内中国而外四夷者，王道之用。是故以诸夏而亲戎狄，致金缯之奉，首顾居下，其策不可施也；以戎狄而朝诸夏，位侯王之上，乱常失序，其礼不可行也；以羌胡而居塞内，无出入之防，非我族类，其心必异，萌猾夏之阶，其祸不可长也。为此说者，其知内外之旨，而明于驭戎之道，正朔所不加也，奚会同之有？书‘会戎’，讥之也。”

夏，五月，莒人入向。

无骇帅师入极。

《左氏》曰：“莒子娶于向，向姜不安莒而归。莒人入向，以姜氏还。”此所谓按也；《春秋》书曰：“莒人入向。”此所谓断也。以事言之，“入”者，造其国都；以义言之，“入”者，逆而不顺。莒称“人”，小国也。无骇不氏，未赐族也。其书“帅师”，用大众也。非王命而入人国邑，逞其私意，见诸侯之不臣也；擅兴而征讨不加焉，见天王之不君也。据事直书，义自见矣。

秋，八月庚辰，公及戎盟于唐。

按，《费誓》称“淮夷、徐戎”，此盖徐州之戎，久居中国，在鲁之东郊者也。韩愈氏言“《春秋》谨严”，君子以为深得其旨。所谓“谨严”者，何谨乎？莫谨于华夷之辨矣。中国而夷狄则狄之，夷狄猾夏则膺之，此《春秋》之旨也。而与戎歃血以约盟，非义矣。是故成于日者，必以事系日，而前此“盟于蔑”则不日，“盟于宿”则不日，后此“盟于密”则不日，“盟于石门”则不日，独“盟于唐”而书日者，谨之也。后世乃有结戎狄以许婚，而配偶非其类，如西汉之于匈奴；约戎狄以求援，而华夏被其毒，如肃宗之于回纥；信戎狄以与盟，而臣主蒙其耻，如德宗之于尚结赞。虽悔于终，亦将奚及？《春秋》谨唐之盟，垂戒远矣。

九月，纪履緰来逆女。

冬，十月，伯姬归于纪。

按，《穀梁子》：“逆女，亲者也，使大夫，非正也。”鲁哀公问：“冕而亲迎，不已重乎？”孔子对曰：“合二姓之好，以为宗庙、社稷主，君何谓已重乎？”“文定厥祥，亲迎于渭；造舟为梁，不显其光”，则世子而亲迎也；“韩侯娶妻，蹶父之子；韩侯迎止，于蹶之里”，则诸侯而亲迎也。有夫妇，然后有父子；有父子，然后有君臣。夫妇，人伦之本也。逆女必亲，使大夫，非正也。入春秋之始，名宰咺归赗，以讥乱法；书履緰逆女，以志变常。众妾之分定矣，大昏之礼严矣。

纪子伯、莒子盟于密。

凡阙文，有断以大义，削之而非阙者；有本据旧史，因之而不能益者；亦有先儒传授，承误而不敢增者。如隐不书“即位”；桓不书“王”；赗葬成风，王不书“天”；吴、楚之君，卒不书“葬”之类，皆断以大义，削之而非阙也。“甲戌”“己丑”“夏五”“纪子伯、莒子盟于密”之类，或曰本据旧史，因之而不能益者也；或曰先儒传授，承误而不敢增者也。阙疑而慎言其余，可矣。必曲为之说，则凿矣。

十有二月乙卯，夫人子氏薨。

按，《穀梁子》曰：“夫人子氏者，隐之妻也；卒而不书葬，夫人之义，从君者也。”邦君之妻，国人称之曰“小君”，卒则书薨，以明齐也；先卒则不书葬，以明顺也。有夫妇，然后有父子；有父子，然后有君臣。夫妇，人伦之本也。入春秋之始，于子氏书薨不书葬，明示大伦。苟知其义，则夫夫、妇妇而家道正矣。

郑人伐卫。

按，《左氏》：“郑共叔之乱，公孙滑出奔卫，卫人为之伐郑，取廪延。”至是“郑人伐卫，讨滑之乱也”。凡兵，声罪致讨曰伐，潜师掠境曰侵，两兵相接曰战，环其城邑曰围，造其国都曰入，徙其朝市曰迁，毁其宗庙、社稷曰灭，诡道而胜之曰败，悉虏而俘之曰取，轻行而掩之曰袭，已去而蹑之曰追，聚兵而守之曰戍，以弱假强而能左右之曰以，皆志其事实以明轻重。内兵，书败曰“战”，书灭曰“取”，特婉其词，为君隐也。征伐，天子之大权。今郑无王命，虽有言可执，亦王法所禁，况于修怨乎？不书“战”者，程氏以为卫已服也。卫服则可免矣。此义施于伐而不书“战”，皆可通矣。

三年。春，王二月己巳，日有食之。

《经》书日食三十六，去之千有余岁，而精历算者所能考也，其行有常度矣。然每食必书，示后世治历明时之法也。有常度，则灾而非异矣，然每食必书，示后世遇灾而惧之意也。日者，众阳之宗，人君之表，而有食之，灾咎象也。克谨天戒，则虽有其象而无其应；弗克畏天，灾咎之来必矣。凡《经》所书者，或妾妇乘其夫，或臣子背君父，或政权在臣下，或夷狄侵中国，皆阳微阴盛之证也。是故《十月之交》，诗人以刺；日有食之，《春秋》必书，以戒人君不可忽天象也。

三月庚戌，天王崩。

“崩”者，上坠之形。《春秋》历十有二王，桓、襄、匡、简、景，志崩志葬者，赴告及，鲁往会之也；平、惠、定、灵，志崩不志葬者，赴告虽及，鲁不会也；庄、僖、顷，崩、葬皆不志者，王室不告，鲁亦不往也。诸侯为天王服斩衰，礼当以所闻先后而奔丧。今平王崩，周人来讣而隐公不往，是无君也。其罪应诛，不书而自见矣。或曰：“万国，至众也；封疆，至重也。天王之丧，不得越境以奔，而修服于国，卿供吊送之礼，讫葬卒哭而除丧。礼乎？”按，《周书·康王之诰》：“太保率西方诸侯，入应门左；毕公率东方诸侯，入应门右，再拜趋出，王反丧服。”此奔成王之丧者，安得以为修服于国而可乎？故周人有丧，鲁人有丧，周人往吊，谓使人可也；鲁人不往，谓当亲之者，而不可使人代也。诸侯岁时，或朝觐于京师，或会同于方岳，或从兵革征讨之事，越境逾时，不以为难，何独难于奔丧，而薄君臣始终存殁之义哉？大非先王之礼，失《春秋》之义矣。

夏，四月辛卯，尹氏卒。

“尹氏”，天子大夫，世执朝权，为周阶乱，家父所刺“秉国之均，不平谓何”者是也。因其告丧，与立子朝，以朝奔楚，皆以“氏”书者，志世卿非礼，为后鉴也。或曰：“世卿非礼，《裳裳者华》何以作乎？”曰：“功臣之世世其禄，世卿之官嗣其位。禄以报功也，故其世可延；位以尊贤也，故其官当择。官不择人，世授之柄，党与既众，威福下移，大奸根据而莫除，人主孤立而无助，国不亡，幸尔。《春秋》于周，书尹氏、武氏、仍叔之子；于鲁，书季友、仲遂，皆志其非礼也。《公羊子》此说，必有所受矣。”

秋，武氏子来求赙。

“武氏”，天子之大夫。何以不称使？当丧未君，非王命也。嗣子定位于初丧，其曰“未君”，何也？古者，君薨谅阴，百官总己以听于冢宰三年。夫百官总己以听，则是摄行军国之事也。以非王命而不称使，《春秋》之旨微矣。于以谨天下之通丧，而严君臣之名分也。夫赙以货财，则生者所须索也。君取于臣不言“求”，而曰“求赙”“求车”“求金”，皆著天王之失道也。上失其道，则下不臣矣。

八月庚辰，宋公和卒。

外诸侯卒，国史承告而后书，圣人皆存而弗削。曷为弗削？《春秋》，天子之事也。古者，诸侯之邦交，间问殷聘而世相朝。盖王事相从，则有和好之情；及告终易代，则有吊恤之礼，是诸侯所以睦邻国也。周制：王哭诸侯，则大宗伯为上相，司服为王制缌麻，宰夫掌邦之吊事戒令与其币器财用，是王者所以怀诸侯也。凡诸侯卒，皆存弗削，而交邻国、待诸侯之义见矣。卒而或日或不日者何？谨则书日，慢则书时，其大致然也。卒而或名或不名者何？会盟则名于载书，聘问则名于简牍。未尝会盟、聘问而无所证者，虽使至告丧，其名亦不可得而知矣。凡此类，因旧史而不革者也。诸侯曰薨，大夫曰卒，五等邦君何以书卒？夫子作《春秋》，则有革而不因者，周室东迁，诸侯放恣，专享其国，而上不请命，圣人奉天讨，以正王法，则有贬黜之刑矣。因其告丧，特书曰"卒"，不与其为诸侯也。故曰："知我者，其惟《春秋》乎！罪我者，其惟《春秋》乎！"

冬，十有二月，齐侯、郑伯盟于石门。

外盟会，常事也，何以书？在春秋之乱世，常事也，于圣人之王法，则非常也。有虞氏未施信于民而民信，夏后氏未施敬于民而民敬，殷人作誓而民始畔，周人作会而民始疑。子曰："大道之行，与三代之英，丘未之逮也，而有志焉。"诸侯会盟，来告则书而弗削者，其诸以是为非常典，而有志于天下为公之世乎？故凡书盟者，恶之也。

癸未，葬宋穆公。

外诸侯葬，其事，则因鲁会而书；其义，则圣人或存或削。曷为或存或削？《春秋》，天子之事也。《传》称“诸侯五月而葬，同盟至”，“同盟”，谓同方岳之盟者。其生，讲会同之好；其殁，有葬送之礼，是诸侯所以睦邻国也。按，周制：有职丧，掌诸侯之丧礼，莅其禁令，序其事。凡诸侯及诸臣葬于墓者，则冢人授之兆，为之跸，而均其禁，是王者所以怀诸侯也。外诸侯葬，或存或削，而交邻国、待诸侯之义见矣。葬而或日或不日者何？备则书日，略则书时，其大致然也。卒而或葬或不葬者何？有怠于礼而不葬者，有弱其君而不葬者，有讨其贼而不葬者，有讳其辱而不葬者，有治其罪而不葬者，有避其号而不葬者。宋殇、齐昭，告乱书弑矣，而《经》不书葬，是讨其贼而不葬者也；晋主夏盟，在景公时，告丧书日矣，而《经》不书葬，是讳其辱而不葬者也；鲁、宋盟会未尝不同，而三世不葬，是治其罪而不葬者也；吴、楚之君，书卒者十，亦有亲送于西门之外者矣，而《经》不书葬，是避其号而不葬者也。怠于礼而不往，弱其君而不会，无其事，阙其文，鲁史之旧也；讨其贼而不葬，讳其辱而不葬，治其罪而不葬，避其号而不葬，圣人所削，《春秋》之法也。故曰：“知我者，其惟《春秋》乎！罪我者，其惟《春秋》乎！”

卷二

隐公中

四年。春，王二月，莒人伐杞，取牟娄。

“取”者，收夺之名。“牟娄”，杞邑也。声罪伐人而强夺其土，故特书曰“取”，以著其恶。或曰：“诸侯土地，上受之天王，下传之先祖，所以守宗庙之典籍也。圣王不作，诸侯放恣，强者多兼数圻，弱者日以侵削。当是时，有取其故地者，夫岂不可？然僖公尝取济西田矣，成公尝取汶阳田矣，亦书曰‘取’，何也？”苟不请于天王，以正疆理，而擅兵争夺，虽取本邑，与夺人之有者无以异。《春秋》之义，不以乱易乱，故亦书曰“取”，正其本之意也。上二年，莒人擅兴入向，而天讨不加焉，至是伐国取邑，其暴益肆矣。

戊申，卫州吁弑其君完。

此卫公子州吁也，而削其属籍，特以国氏者，罪庄公不待之以公子之道，使预闻政事，主兵权而当国也。以公子之道待州吁，教以义方，弗纳于邪，不以贱妨贵、少陵长，则桓公之位定矣，乱何由作？州吁有宠，好兵而公弗禁，石碏尽言极谏而公弗从，是不待以公子之道，使预闻政事，主兵权而当国也。《春秋》之旨，在于端本清源，以卫诗《绿衣》诸篇考之，所谓“前有谗而不见，后有贼而不知”者，庄公是也。其不称“公子”而以国氏，著后世为人君父者之戒耳。故传有之曰：“为人君父而不通《春秋》之义者，必蒙首恶之名。”

夏，公及宋公遇于清。

“遇”者，草次之期。古有遇礼，不期而会，以明造次亦有恭肃之心。《春秋》书“遇”，私为之约，自比于不期而遇者，直欲简其礼耳。简略慢易，无国君之礼，则莫适主矣。故志内之遇者四，而皆书“及”，若曰“以此及彼”然也；志外之遇者三，而皆以爵，若曰“以尊及卑”然也。其意以为莫适主者，异于古之不期而会矣。故凡书“遇”者，皆恶其无人君相见之礼也。

宋公、陈侯、蔡人、卫人伐郑。

《春秋》之法，诛首恶。兴是役者，首谋在卫，而以宋主兵，何也？前书州吁弑君，其罪已极，至是阻兵修怨，勿论可也。而邻境诸侯闻卫之有大变也，可但已乎？陈恒弑简公，孔子沐浴而朝，告于哀公，请讨之，公曰：“告夫三子者。”子曰：“以吾从大夫之后，不敢不告也。”之三子告，不可，子曰：“以吾从大夫之后，不敢不告也。”然则邻有弑逆，声罪赴讨，虽先发而后闻，可矣。宋殇不恤卫有弑君之难，欲定州吁，而从其邪说，是肆人欲、灭天理，非人之所为也。故以宋公为首，诸侯为从，示诛乱臣、讨贼子，必先治其党与之法也。此义行，为恶者孤矣。故曰：“《春秋》成而乱臣贼子惧。”

秋，翚帅师。

按，《左氏》：“诸侯谋伐郑，宋公使来乞师，公辞之。羽父请以师会之，公弗许，固请而行。”《易》曰：“‘履霜，坚冰至’，‘履霜’，阴始凝也；驯致其道，至坚冰也。”“臣弑其君，子弑其父，非一朝一夕之故，其所由来者渐矣，由辩之不早辩也。”宋人来乞师而公辞之，羽父请以师会而公弗许，其辞而弗许，义也。翚以不义强其君，固请而行，无君之心兆矣。夫公子、公孙，升为贵戚之卿者，其植根胶固，难御于异姓之卿，况翚已使主兵而方命乎？隐公不能辩之于早，罢其兵权，犹使之帅师也，是以及钟巫之祸。《春秋》于此去其“公子”，以谨“履霜”之戒。

会宋公、陈侯、蔡人、卫人伐郑。

《春秋》立义至精，词极简严而不赘也。若曰“翚帅师，会伐郑”，岂不白乎？再序四国，何其词费不惮烦也？言之重，词之复，其中必有大美恶焉。四国合党，翚复会师，同伐无罪之邦，欲定弑君之贼，恶之极也！言之不足而再言，圣人之情见矣。大地造物，化工运其神；《春秋》讨贼，圣笔写其意。再序四国，而诛讨乱臣之法严矣。

九月，卫人杀州吁于濮。

伐郑称“人”，责词也；杀州吁称“人”，众词也。知然者，伐郑之役，公孙文仲为主将，而变文称“人”，则是指国人听州吁号令，从文仲而南行者也，故曰“责词”。其杀州吁，则石碏谋之，而使右宰醜莅也，变文称“人”，则是人皆有欲讨贼之心，亦夫人之所得讨也，故曰“众词”。《公羊子》曰：“称‘人’者何？讨贼之辞也。”其义是矣。“于濮”者，悯卫国之人，著诸侯之罪也。卫人失贼，而曰“著诸侯之罪”，何也？夫州吁二月弑君，而不能即讨者，缘四国连兵欲定其位，故久然后能杀之于濮耳，非诸侯之罪而何？夫以讨贼许众人，而以失贼罪邻国，与贼者寡矣。故曰：“《春秋》成而乱臣贼子惧。”

冬，十有二月，卫人立晋。

“人”，众辞；“立”者，不宜立也。晋虽诸侯之子，内不承国于先君，上不禀命于天子，众谓宜立而遂自立焉，可乎？故《春秋》于卫人，特书曰“立”，所以著擅置其君之罪；于晋，绝其公子，所以明专有其国之非。以此垂法，而父子君臣之义明矣。未有为子而不受之父也，未有为诸侯而不受之王也。

五年。春，公观鱼于棠。

齐景公问于晏子：“吾欲观于转附、朝舞，遵海而南，放于琅琊，吾何修而可以比于先王观也？”对曰：“天子适诸侯，曰巡狩，巡所守也；诸侯朝于天子，曰述职，述所职也。无非事者。春省耕而补不足，秋省敛而助不给。”是故诸侯非王事则不出，非民事则不出。今隐公慢弃国政，远事逸游，僖伯之忠言不见纳亦已矣，又从而为之辞，是纵欲而不能自克之以礼也，能无钟巫之及乎？特书“观鱼”，讥之也。

夏，四月，葬卫桓公。

卫乱，是以缓。鲁往会，故书。圣人存而弗削者，弑逆之贼讨矣。谥者，行之迹，所以纪实德、垂劝戒也。“名之曰‘幽’‘厉’，虽孝子慈孙，百世不能改”。失位而见弑，何以为“桓”？列爵惟五，皆王命也，卫本侯爵，何以称“公”？见臣子不请于王而私自谥尔。程氏曰：“正终，大事也。必于正寝，而不殁于妇人之手，岂苟然乎？死而加之不正之谥，知忠孝者不忍为也。”《春秋》于邦君薨，正以王法而书卒；至于葬，则从其私谥而称公。或革或因，前以贬不臣顺之诸侯，后以罪不忠孝之臣子。词显而义微，皆所以遏人欲、存天理，大居正也。

秋，卫师入郕。

称“师”者，纪其用众而立义不同。有矜其盛而称“师”者，如齐师、宋师、曹师城邢之类是也；有著其暴而称“师”者，楚灭陈、蔡，公子弃疾主兵，而曰楚师之类是也；有恶其无名不义而称“师”者，次于郎以俟陈、蔡，及齐围郕之类是也。卫宣继州吁暴乱之后，不施德政，固本恤民，而毒众临戎，入人之国，失君道矣。书“卫师入郕”，著其暴也。

九月，考仲子之宫。

“考”者，始成而祀也。其称“仲子”者，惠公欲以爱妾为夫人，隐公欲以庶弟为嫡子。圣人以为诸侯不再娶，于礼无二适。孟子入惠公之庙，仲子无祭享之所，为别立宫以祀之，非礼也。故因其来赗而正名之，曰“仲子之赗”；因其考宫而正名之，曰“仲子之宫”，而夫人众妾之分定矣，隐公摄让之实辨矣，桓公篡弑之罪昭矣。存则以氏系姓，以姓系号；殁则以谥系号，以姓系谥者，夫人也。存不称号，殁不称谥，单举姓字者，妾也。凡宫庙，非志灾、失礼，则不书。

初献六羽。

“初献六羽”者，始用六佾也。不谓之“佾”，而曰“羽”者，“佾”，干、羽之总称也。“羽”以象文德，“干”以象武功。妇人无武事，则独奏文乐，故谓之“羽”，而不曰“佾”也。“初”者，事之始。鲁僭天子之礼乐，旧矣，是成王过赐，而伯禽受之非也。用于太庙以祀周公，已为非礼，其后群公皆僭用焉。仲子以别宫故，不敢同群庙，而降用六羽。书“初献”者，明前此用八之僭也。诸侯僭于上，大夫僭于下，故其末流，季氏“八佾舞于庭”，而“三家者以《雍》彻”，上下无复辨矣。圣人因事而书，所以正天下之大典也。

邾人、郑人伐宋。

按，《左氏》：“宋人取邾田，邾人告于郑曰：‘请君释憾于宋，敝邑为道。’”则主兵者，邾也，故虽附庸小国而序乎郑之上。凡班序上下，以国之小大，从礼之常也，而盟会、征伐以主者先，因事之变也。然则卫州吁告于宋以伐郑，事与此同，而圣人以宋为主者何？此《春秋》拨乱之大法也。凡诛乱臣、讨贼子，必深绝其党。

螟。

虫食苗心曰螟，食叶曰螣，食节曰贼，食根曰蟊。国以民为本，民以食为天。《诗》云“螟螣”，害稼也；《春秋》书

"螟"，记灾也。圣人以是为国之大事也，故书。而近世王安石乃称为人牧者不必论奏灾伤之事，亦独何哉？甚矣！其不讲于圣人之经，以欺当年，而误天下与来世也！

冬，十有二月辛巳，公子彄卒。

按，《左氏》："臧僖伯卒，公曰：'叔父有憾于寡人，寡人弗敢忘。'葬之加一等。"以《公羊》三世考之，则所传闻之世也，而书日，见恩礼之厚，明矣。公将如棠观鱼者，僖伯谏而不听，则称疾不从，可谓忠臣矣。葬之加一等，夫是之谓称。然隐公不敢忘其忠而不能听其言，与郭公善善而不能用至于亡国，一也，其及宜矣！

宋人伐郑，围长葛。

"围"者，环其城邑。绝其往来之使，禁其樵采之途，城守不下，至于经年而不解。诛乱臣、讨贼子可也。长葛，郑邑，何罪乎？书"围"于此，而书"取"于后，宋人之恶彰矣。

六年。春，郑人来输平。

"输"者，纳也；"平"者，成也。郑人曷为纳成于鲁？以利相结，解怨释仇，离宋、鲁之党也。公之未立，与郑人战于狐壤，止焉。元年，及宋盟于宿；四年，遇于清；其秋，会师伐郑，即宋、鲁为党，与郑有旧怨，明矣。五年，郑人伐宋，入其郛，宋来告命，鲁欲救之，使者失辞，公怒而止。其冬，宋人伐郑，围长葛，郑伯知其适有用间可乘之隙也，是以来纳成耳。然则善之乎？曰："平者，解怨释仇，固所善也；输平者，以利相结，则贬矣。”曷为知其相结之以利也？后此郑伯使宛来归祊，而鲁入其地，会郑人伐宋，得郜及防，而鲁又取其二邑，是知“输平”者，以利相结，乃贬之也。诸侯修睦以蕃王室，所主者，义尔。苟为以利，使为人臣者怀利以事其君，为人子者怀利以事其父，为人弟者怀利以事其兄，诸侯必曰“何以利吾国”，大夫必曰“何以利吾家”，士庶人必曰“何以利吾身”，“上下交征利”，不至于篡弑夺攘则不厌矣，故特称“输平”，以明有国者必“正其义，不谋其利”，杜亡国败家之本也。

夏，五月辛酉，公会齐侯盟于艾。

秋，七月。

四德备而后为乾，故《易》曰：“乾，元、亨、利、贞。”一德不备，则乾道熄矣；四时具而后成岁，故《春秋》虽无事，首时过则书，一时不具，则岁功亏矣。既书时，又书月者，时，天时也；月，王月也。书时又书月，见天人之理合也。《易》不云乎：“君子行此四德者，故曰：‘乾，元、亨、利、贞。’”若夫上下异致，天人殊观，圣学不传，而《春秋》之义隐矣。

冬，宋人取长葛。

宋人恃强围邑，久役大众，取非所有，其罪著矣。在王朝不能施九伐之威，在列国不能修连帅之职。郑人土地，天子所命，先祖所受，不能保有而失之也，是上无天王，下无方伯，而郑亦无君也。宋人强取，以王法言，不可胜诛；以天理言，不善之积著矣。初，穆公属国于与夷，使其子冯出居于郑，殇公既立，忌冯而伐郑，不亦逆天理乎？《春秋》序宋主兵，以殇公之罪重也。明年，郑人伐宋，序郑为首，以郑伯之罪轻也。至是宋又举兵伐郑，而围其邑，肆行暴虐，不善之积已著而不可解矣。其见弑于乱臣，岂一朝一夕之故哉？凡此类皆直书于策，按其行事，而善恶之应可考而知，天理之不诬者也。

七年。春，王三月，叔姬归于纪。

“叔姬”，伯姬之娣，非夫人也，则何以书？古者，诸侯一娶九女，必格之同时者，所以定名分，窒乱源也。今叔姬待年于宗国，不与嫡俱行，则非礼之常，所以书也。眉山苏辙以谓：“书叔姬，贤之也。”若贤不得书，必贵而后书，则是以位而蔑德也。小国无大夫，至于接我则书，是位不可以废事也。位不可以废事，而独可以废贤乎？如叔姬不归宗国而归于酅，以全妇道，贤可知矣。贤而得书，亦《春秋》之法也。

滕侯卒。

滕侯书“卒”，何以不葬？怠于礼、弱其君而不葬者，滕侯、宿男之类是已。古者，邦交有常制，不以国之强弱而有谨慢也，不以情之疏密而有厚薄也。春秋之时则异于是。晋，北国也；楚，南邦也，地非同盟而亲往俟其葬。滕，邻境也；宿，同盟也，讣告虽及而鲁不之恤，岂非以其壤地褊小乎？怠于礼而不往，弱其君而不会，无其事而阙其文，此鲁史之旧也。圣人无加损焉，存其卒，阙其葬，义自见矣。卒自外录，不卒，非外也；葬自内录，不葬，非内也。

夏，城中丘。

程氏曰："为民立君，所以养之也。养民之道，在爱民力。民力足则生养遂，教化行，风俗美，故为政以民力为重也。《春秋》，凡用民必书，其所兴作，不时害义，固为罪矣；虽时且义，亦书，见劳民为重事也。人君而知此义，则知慎重于用民力矣。"凡书"城"者，完旧也；书"筑"者，创始也。"城中丘"，使民不以时，非人君之心也。

齐侯使其弟年来聘。

兄弟，先公之子，不称"公子"，贬也；书"盟"、书"帅师"而称兄弟者，罪其有宠爱之私；书"出奔"、书"归"而称兄弟者，责其薄友恭之义。考于事，而《春秋》之情可见矣。年者，齐僖公母弟也。程氏谓："先儒说母弟者，盖缘礼有立嫡子同母弟之文。其曰'同母'，盖为嫡耳，非以为加亲也。"此义不明久矣。僖公私于同母，宠爱异于他弟，施及其子，犹与嫡等，而襄公绌之，遂成篡弑之祸。故圣人于"年来聘"，特变文书"弟"，以示贬焉。郑语来盟，黑背帅师，皆罪其私也。《书》云："于弟弗念天显，乃弗克恭厥兄，兄亦不念鞠子哀，大不友于弟。天惟与我民彝大泯乱。"陈光奔楚而称"弟"，"不念鞠子哀"矣；盗杀卫絷而称"兄"，其亦"不念天显"矣。秦鍼、宋辰皆责其薄也。仁人于兄弟，绝偏系之私，笃友恭之义，人伦正而天理存，其《春秋》以训天下与来世之意也。

秋，公伐邾。

奉词致讨曰伐。按，《左氏》："公伐邾，为宋讨也。"宋人先取邾田，故邾人入其郛，鲁与仪父则元年盟于眛矣，邾人何罪可声？特托为辞说以伐之尔。《经》之书“伐”，非主兵者皆有言可执，见伐者皆有罪可讨也。《传》曰：“欲加之罪，何患无词？”鲁为宋讨，非义甚矣！而称“伐邾”，所谓“欲加之罪”者也，而不知渝昧之盟，不待贬而自见矣。

冬，天王使凡伯来聘。戎伐凡伯于楚丘以归。

国而曰伐，此一人而曰“伐”，见其以徒众也。“楚丘”，卫地；“以归”，易辞也。“于楚丘”者，罪卫不救王臣之患；“以归”者，罪凡伯失节，不能死于位也。周之秩官：“敌国宾至，关尹以告，候人为导，司徒具徒，司寇诘奸，佃人积薪，火师监燎。其贵国之宾至，则以班加一等，益虔。至于王吏，则以官正莅事。”今凡伯承王命以为过宾于卫，而戎得伐之以归，是蔑先王之官而无君父也。故《旄丘》录于《国风》，见卫不能修方伯之职也。“戎伐凡伯于楚丘以归”，见卫不救王臣之患也。为狄所灭，则有由矣。

卷三

隐公下

八年。春，宋公、卫侯遇于垂。

三月，郑伯使宛来归祊。庚寅，我入祊。

郑伯欲以泰山之祊易许田，前此来“输平”者，以言请之矣，未入地也。至是“来归祊”者，其地既输矣，未易许也。周制：六年五服一朝，故于天子之郊有朝宿之地；又六年，王乃时巡，诸侯各朝于方岳，故于泰山之旁有汤沐之邑。诸侯于王畿之内、方岳之下，皆有是乎？成王以周公有大勋劳，故特赐之许田为朝宿之地，如皆有焉，尽天子之郊，不足为其地矣；宣王以郑伯母弟懿亲，故特赐之祊田为汤沐之邑，如皆有焉，尽泰山之旁，不足为其邑矣。祊近于鲁，许邻于郑，各以其近者相易，何以不可乎？用是见郑有无君之心，而谓天王不复能巡狩矣；用是见郑有无亲之心，而敢与人以先祖所受之邑矣。其言“我入祊”者，祊非我有也。“入”者，不顺之词，义不可而强入之也。

夏，六月己亥，蔡侯考父卒。辛亥，宿男卒。

天王崩，告于诸侯则不名；诸侯薨，以名赴而自别于太上，礼也。古者，死而不谥，不以名为讳。周人以谥易名，于是乎有讳礼，故君薨赴于他国，则曰“寡君不禄，敢告执事”。春秋之时，遵用此礼，凡赴者，皆不以名矣。《经》书其终，虽五霸强国，齐桓、晋文之盛，莫不以名者，是仲尼笔之也。赴不以名而书其名者，与鲁通也，已通而不名者，旧史失之尔；未通而名者，有所证矣。故传此义者，记于《礼》篇曰：“诸侯不生名。”夫生则不名，死而名之，别于太上，示君臣尊卑之等，盖礼之中也。诸侯薨，赴不以名，而仲尼革之，必以名书，变周制矣。《春秋》，鲁史，圣人修之也，而孟子谓之“作”，以此类也。

秋，七月庚午，宋公、齐侯、卫侯盟于瓦屋。

程氏曰：“宋为主，盟，与郑绝也。”大道隐而家天下，然后有诰誓；忠信薄而人心疑，然后有诅盟；盟诅烦而约剂乱，然后有交质子。至是倾危之俗成，民不立矣。《春秋》革薄从忠，于参盟书日，谨其始也。周官设司盟，掌盟载之法，凡邦国有疑，则请盟于会同，听命于天子，亦圣人待衰世之意耳。德又下衰，诸侯放恣，其屡盟也，不待会同，其私约也，不繇天子，口血未干，而渝盟者有矣。其末至于交质子，犹有不信者焉。《春秋》谨参盟，善胥命，美萧鱼之会，以信待人而不疑也，盖有志于天下为公之世。凡此类，亦变周制矣。

八月，葬蔡宣公。

九月辛卯，公及莒人盟于浮来。

“莒”，小国；“人”，微者。而公与之盟，故特言“及”，以讥失礼，且明非大夫之罪也。《易》曰：“谦尊而光，卑而不可逾。”隐公可谓谦矣，何以讥之为失礼？曰：

"'谦，亨，君子以裒多益寡，称物平施'，屈千乘之尊，下与小国之大夫盟，岂'称物平施'之谓乎？太卑而可逾，非谦德矣！"

螟。

冬，十有二月，无骇卒。

"无骇"书名，未赐族也。诸侯之子为大夫，则称"公子"；其孙也而为大夫，则称"公孙"。公孙之子与异姓之臣，未赐族而身为大夫，则称名，无骇、侠之类是也；已赐族而使之世为大夫，则称族，如仲孙、叔孙、季孙之类是也。古者，置卿必求贤德，不以世官。春秋之初，犹为近古，故无骇与侠皆书名耳。其后官人以世，无不赐之族，或以字，或以谥，或以官，或以邑，而先王之礼亡矣。至于三家专鲁，六卿分晋，诸侯失国出奔者相继，职此由也。按《礼》，天子寰内诸侯，世其禄而不嗣。然则诸侯所置大夫，嗣其位而不易，岂礼也哉？观《春秋》所书，而是非之迹著矣，治乱之效明矣。

九年。春，天王使南季来聘。

按，《周礼·行人》："王者待诸侯，有时聘以结好，间问以谕志。"而《穀梁子》何以独言"聘诸侯，非正也"？古者，诸侯于天子，比年一小聘，三年一大聘，五年一朝，天子于诸侯不可以若是恝，故亦有聘问之礼焉。隐公即位九年于此，而史策不书遣使如周，则是未尝聘也；亦不书公如京师，则是未尝朝也。一不朝则贬其爵，再不朝则削其地，如隐公者，贬爵、削地可也。刑则不举，遣使聘焉，其斯以为不正乎？《经》书公如京师者一，朝于王所者二，卿大夫如京师者五，举鲁一国，则天下诸侯怠慢不臣可知矣；书天王来聘者七，锡命者三，归脤者一，赗葬者四，则问于他邦及齐、晋、秦、楚之大国又可知矣。王之不王如此，征伐安得不自诸侯出乎？诸侯之不臣如此，政事安得不自大夫出乎？君臣上下之分易矣。陪臣执国命，夷狄制诸夏矣，其原皆自天王失威福之柄也。《春秋》于此，盖有不得已焉尔矣。

三月癸酉，大雨，震电。庚辰，大雨雪。

“震电”者，阳精之发；“雨雪”者，阴气之凝。周三月，夏之正月也，雷未可以出，电未可以见，而“大震电”，此阳失节也；雷已出，电已见，则雪不当复降，而“大雨雪”，此阴气纵也。夫阴阳运动，有常而无忒，凡失其度，人为感之也。今阳失节而阴气纵，公子翚之谗兆矣，钟巫之难萌矣。《春秋》，灾异必书，虽不言其事应，而事应具存，惟明于天人相感之际，响应之理，则见圣人所书之意矣。

挟卒。

夏，城郎。

“城”者，御暴保民之所，而城有制，役有时，大都不过三国之一，邑无百雉之城，制也。鲁尝城费、城郈，其后复堕焉，则越礼而非制矣。凡土功，龙见而戒事，火见而制用，水昏正而栽，日至而毕，时也。隐公城中丘、城郎，而皆以夏，则妨农务而非时矣。城不逾制，役不违时，又当分财用，平板干，称畚筑，程土物，议远迩，略基址，揣厚薄，仞沟洫，具糇粮，度有司，量功命日，不愆于素，然后为之可也。况失其时制，妄兴大作，无爱养斯民之意者，其罪之轻重见矣。

秋，七月。

冬，公会齐侯于防。

《周官·行人》曰："时会以发四方之禁。"此谓非时而合诸侯，以禁止天下之不义也。列国何为有此名？凡书"会"，皆讥也，谓非王事相会聚尔。《左氏》称："宋公不王，郑伯以王命讨之，使来告命，会于防，谋伐宋也。于中丘，为师期也，亦谓之非王事，可乎？"曰："以王命讨宋，而听征讨之禁于王都，虽召陵之举，不是及矣。始则私相会，为谋于防；中则私相盟，为师期于邓；终则乘败人而深为利，以取二邑归诸已。奉王命讨不庭者，果如是乎？《经》之书'会'、书'伐'，而不异其文以此。"

十年。春，王二月，公会齐侯、郑伯于中丘。

夏，翚帅师会齐人、郑人伐宋。

"翚"不氏，先期也。始而会宋以伐郑，固请而行，今而会郑以伐宋，先期而往，不待钟巫之变，知其有无君之心矣。夫乱臣贼子积其强恶，非一朝一夕之故，及权势已成，威行中外，虽欲制之，其将能乎？故去其"公子"，以戒兵柄下移，制之于未乱也。

六月壬戌，公败宋师于菅。辛未，取郜。辛巳，取防。

内大恶，其词婉；小恶，直书而不隐。夫诸侯分邑，非其有而取之，盗也，曷不隐乎？于取之中，犹有重焉者，若成公取鄟、襄公取邿、昭公取鄫，皆覆人之邦而绝其嗣，亦书曰“取”，所谓犹有重焉者，此也，故“取郜”“取防”直书而不隐也。其不言“战”而言“败”，败之者为主，彼与战而此败之也，皆陈曰“战”，诈战曰“败”。

秋，宋人、卫人入郑。宋人、蔡人、卫人伐戴。郑伯伐取之。

称“伐”、称“取”，兼之也。或疑郑人兵力不能取戴，兼三国之师，非矣。什围伍攻，正也；以寡覆众，奇也。庄公盖尝克叔段、败王师、困州吁而入许，能以奇胜可知矣，故驻师于郊，多方以误之也。四国已斗，起乘其弊，一举而兼取之，卞庄子之术也，然则可乎？孟子曰：“善战者服上刑。”称“伐取”者，其以郑庄公残民之甚，当此刑矣。

冬，十月壬午，齐人、郑人入郕。

《左氏传》云：“宋公不王，郑伯以王命致讨，而郕人不会，齐、郑入郕，讨违王命也。”程氏谓：“宋本以公子冯在郑，故二国交恶。《春秋》不见其为王讨也，王臣不行，王师不出，矫假以逞私忿耳。”此说据《经》为合。若讨违王命，则不书“入”矣。“入”者，不顺之词也。苟以为难词，则齐、郑大国，于讨郕何难哉？

十有一年。春，滕侯、薛侯来朝。

诸侯朝于诸侯，礼乎？孔子曰：“邦君为两君之好，有反坫。”《周礼·行人》：“凡诸侯之邦交，殷相聘，世相朝也。”然谓之“殷”，则得中而不过；谓之“世”，则终诸侯之世而一相朝，其为礼亦节矣。周衰，典礼大坏，诸侯放恣，无礼义之交，惟强弱之视。以鲁事观焉，或来朝而不报其礼，或屡往而不纳以归，无合于中聘、世朝之制矣。且列国于天子，述所职者，盖阙如也，而自相朝聘，可乎？凡大国来聘，小国来朝，一切书而不削，皆所以示讥。滕、薛二君不特言者，又讥旅见也。非天子，不旅见，诸侯偃然受之而不辞，亦以见隐公之志荒矣。

夏，公会郑伯于时来。

秋，七月壬午，公及齐侯、郑伯入许。

书“会”，则伐许者，本郑志也；书“及”，则入许者，公所欲也。隐公即位十有一年，天王遣使来聘者再，而未尝朝于京师，罪一也；平王崩，不奔丧会葬，至使武氏子来求赙，罪二也；礼乐征伐自天子出，而擅兴兵甲，为宋而伐郲，为郑而伐宋，罪三也；山川土田，各有封守，上受之天王，下传之先祖，而取郜及防，入祊易许，罪四也；今又入人之国而逐其君，罪五也。凡此五不韪者，人臣之大恶，而隐公兼有之。然则不善之殃，岂特始于惠，成于桓？而隐之积，亦不可得而掩矣。使隐公者，为国以礼而自强于善，岂有钟巫之难乎？是故《春秋》所载，以人事言，则是非善恶之迹设施于前，而成败吉凶之效见于后；以天道言，则感应之理明矣，不可不察也。

冬，十有一月壬辰，公薨。

致隐让国，立不以正，惠公之罪也；致桓弑君，几不早断，隐公之失也。既有谗人交乱其间，忧虞之象著矣，而曰“使营菟裘，吾将老焉”，是犹豫留时，辨之弗早辨也，其及也宜。隐公见弑，鲁史旧文必以实书；其曰“公薨”者，仲尼亲笔也。古者，史官以直为职，而不讳国恶，仲尼笔削旧史，断自圣心，于鲁君见弑，削而不书者。盖国史，一官之守；《春秋》，万世之法，其用固不同矣。不书弑，示臣子于君父有隐避其恶之礼；不书地，示臣子于君父有不没其实之忠；不书葬，示臣子于君父有讨贼复仇之义。非圣人莫能修，谓此类也。夫贼不讨、仇不复而不书葬，则服不除，寝苫枕戈，无时而终事也。以此法讨贼，至严矣。故曰：“《春秋》成而乱臣贼子惧。”

右隐公十有一年，书于《经》者，其事七十有六。以为经世之典，拨乱反正之书，百王不易之大法，其详可得闻乎？

谓一为“元”，则知祖述宪章，以体元为人主之职；谓周正为“春”，则知立制度、改正朔，以夏正为可行之时；谓正月为“王正”，则知天下之定于一也；隐公不书“即位”，则知父子君臣之大伦不可废也；与邾仪父、宋人盟，而皆书曰“及”，则知以忠信诚悫为先，而盟誓不足贵也；大叔出奔共，而书曰“郑伯克段”，则知以亲爱为主，而恩义之轻重不可偏也；来赗仲子而冢宰书名，则知夫妇，人伦之本，而嫡妾之名分不可乱也；祭伯朝鲁，直书曰“来”，则知人臣义无私交，而朋党之原不可长也；公子益师书“卒”，则知《春秋》贵大臣，而恩礼之哀荣不可恝也。

“元”者何？仁是也。仁者何？心是也。建立万法，酬酢万事，帅驭万夫，统理万国，皆此心之用也。尧、舜、禹以天下相授，尧所以命舜，舜亦以命禹，首曰“人心惟危，道心惟微”。周公称乃考文王，“惟克厥宅心，乃克立兹常事”，故一心定而万物服矣。

“春”之为夏正，何也？夫斗指寅，然后谓之春；建巳，然后谓之夏，故《易》曰：“兑，正秋也。”以兑为正秋，则坎为正冬，必矣。今以冬为春，则四时易其位，《春秋》，正名之书，岂其若是哉？故程氏谓：“周正月，非春也，假天时以立义耳。”商人以建丑革夏正，而不能行之于周；周人以建子革商正，而不能行之于秦；秦人以建亥为正，固不可行矣。自汉世改用夏时，经历千载，以至于今，卒不能易，谓为百王不易之大法，指此一事可知矣。仲尼岂以欺后世哉？

“王正月”之定于一，何也？天无二日，土无二王，家无二主，尊无二上，道无二致，政无二门。故议常经者，黜百家，尊孔氏，诸不在六艺之科者，勿使并进，此道术之归于一也；言致理者，欲令政事皆出中书，而变礼乐、革制度，则流放窜殛之刑随其后，此国政之归于一也。若乃辟私门、废公道，各以便宜行事，是人自为政，缪于《春秋》大一统之义矣。

“盟于眛”而书“及”，公所欲也；“盟于宿”而书“及”，公立而求成焉。非若小国之于大国，不得已而要盟者。后七年，为宋而伐邾，眛之盟，其刑牲歃血，果何为也？后十年，为郑而伐宋，宿之盟，要质鬼神，又安在乎？比事以观，而盟不足贵亦审矣。

世衰道隐，民彝泯乱，若宋殇之于冯也，卫侯郑之于叔武、瑕也，皆为利争，不胜计也，而庄公独以顺母为辞，养成段恶。夫“中也养不中，才也养不才，故人乐有贤父兄也”，“仁人之于兄弟，不藏怒焉，不宿怨焉，亲爱之而已矣”，“象忧亦忧，象喜亦喜”，恩掩义也；使吏治其国，而象不得有为，义胜恩也。恩义并立，而中持衡焉。段虽凶逆，焉攸乱？此《春秋》责庄公之意也。

太宰，建邦六典以佐王治邦国者也，而承命以赗诸侯之妾。不知其不可，是为不智；知其不可而不言，是为不忠。不忠、不智之人，而可以居百寮之长乎？故贬而书名，贱之也。或曰："安知咺之不言，如其不用何？"言而不用，则辞其位而不居，礼也。今奉命而来，则知其阿谀顺旨，无体国爱君之义矣。其贬而书名，非宰也。夫危而不持，颠而不扶，则将焉用彼相？若以其尝为冢宰，不论功罪，而曲以礼貌加之，非《春秋》责相之意矣。

君子有更相汲引交好以为公，小人有互相朋党比周以为私，其迹虽同而情异，不可不察也。祭伯朝鲁，安知其为私而不与乎？隐公之立，未尝请命，王法所当治也。祭伯为王卿士，不能诏王以正典刑而远来朝之，其为阿私审矣。故尹氏来讣不称爵，祭叔来聘不言使，皆以明人臣之义、杜朋党之原耳。

大夫书"卒"，见君臣之义也；不书"葬"，明尊卑之等也；或日或不日，著礼貌之差也；名而不书氏者，身自为卿而非世也；其称"公子"，以贵戚故使为卿也；不书官者，不请于王而自命也。其有将兵而会战，奉使而出疆，名姓已登于史册，如公子翚者，而不书"卒"，何也？迷国误朝，躬行弑逆，则有天讨之刑矣。公子遂之罪亦同，而书"卒"，何也？因事之变以明卿卒不绎之礼，而义不系于遂也。季孙意如无事之变，而书"卒"，独何欤？《春秋》有变例，定、哀多微词。季氏逐昭公、杀务人而立宋，若有汉高帝之公，不赏私劳，则三家退听，公室张矣。定公幸于祸而忘其仇，诱于利而忘其辱，以意如为大夫而不讨先君之贼也，天理灭矣。是故比事以观，其异同可见；触类而长，其指意无穷。以一年之事考之，则二百四十二年之行事皆可见矣。以为经世之典，拨乱反正之书，百王不易之大法，岂不信夫？

卷四

桓公上

元年。

“元年”，即位之始年也。自是累数，虽久而不易，此前古人君记事之例。《春秋》祖述为编年法，及汉文帝惑方士之言，改后元年，始乱古制。夫在位十有六载矣，复称“元年”，可乎？孝武又因事别建年号，历代因之，或五六年，或四三年，或一岁再更，使记注繁芜，莫之胜载。夫历世无穷而美名有尽，岂记久明远可行之法也？必欲传久，当以《春秋》编年为正。

春，王正月，公即位。

桓公与闻乎，故而书“即位”，著其弑立之罪，深绝之也。美恶不嫌同辞。或问：“桓非惠公之嫡子乎？嫡子当立而未能自立，是故隐公摄焉，以俟其长而授之位。久摄而不归，疑其遂有之也，是以至于见弑，而恶亦有所分矣。《春秋》曷为深绝桓也？”曰：“古者，诸侯不再娶，于礼无二嫡，惠公元妃既卒，继室以声子，则是摄行内主之事矣。仲子安得为夫人？母非夫人，则桓乃隐之庶弟，安得为嫡子谓当立乎？桓不当立，则国乃隐公之国，其欲授桓，乃实让之，非摄也。”“摄、让，异乎？”曰：“非其有而居之者，摄也，故周公即政而谓之摄；推己所有以与人者，让也，故尧、舜禅授而谓之让。惠无嫡嗣，隐公，继室之子，于次居长，礼当嗣世，其欲授桓，所谓推己所有以与人者也，岂曰‘摄’之云乎？以其实让而桓乃弑之，《春秋》所以恶桓，深绝之也。”“然则，《公羊》所谓‘桓幼而贵，隐长而卑，子以母贵’者，其说非欤？”曰：“此徇惠公失礼而为之词，非《春秋》之法也。仲子有宠，惠公欲以为夫人，母爱者子抱，惠公欲以桓为嫡嗣，礼之所不得为也。礼不得为，而惠公纵其邪心而为之，隐公又探其邪心而成之，《公羊》又肆为邪说而传之，汉朝又引为邪议而用之，夫妇之大伦乱矣。《春秋》明著桓罪，深加贬绝，备书终始讨贼之义，以示王法，正人伦，存天理，训后世，不可以邪汩之也。”

三月，公会郑伯于垂。郑伯以璧假许田。

“许田”，所以易祊也。郑既归祊矣，又加璧者，祊薄于许故也。鲁，山东之国，与祊为邻；郑，畿内之邦，许田，近地也。以此易彼，各利于国，而圣人乃以为恶而隐之，独何欤？曰：“利者，人欲之私，放于利，必至夺攘而后厌；义者，天理之公，正其义，则推之天下国家而可行。《春秋》恶易许田，孟子极陈利国之害，皆拔本塞源，杜篡弑之渐也。汤沐之邑，朝宿之地，先王所锡，先祖所受，私相贸易而莫之顾，是有无君之心，而废朝觐之礼矣；是有无亲之心，而弃先祖之地矣，故圣人以是为国恶而隐之也。”其不曰“以璧易田”，而谓之“假”者，夫易则已矣，言“假”则有归道焉，又以见许人改过迁善自新之意，非止隐国恶而已也。其垂训之义大矣。

夏，四月丁未，公及郑伯盟于越。

垂之会，郑为主也，故称“会”；越之盟，鲁志也，故称“及”。郑人欲得许田以自广，是以为垂之会；桓公欲结郑好以自安，是以为越之盟。夫弑逆之人，凡民罔弗憝，即孟子所谓“不待教命，人得而诛之者”也，而郑与之盟，以定其位，是肆人欲、灭天理，变中国为夷狄，化人类为禽兽。圣人所为惧，《春秋》所以作，无俟于贬绝而恶自见矣。

秋，大水。

“大水”者，阴逆而与怨气并之所致也。桓行逆德而致阴沴，宜矣。或问：“尧之时，岂有致之者，而曰‘洚水警予’，何也？”曰：“尧之水，非有以致之。开辟已来，水之行未得其所归，故尧有忧焉，使禹治之，然后人得平土而居尔。若曰‘洪水者，积雨之所成，时旸而熄矣，奚待乎九年、十有三载之治也，山谷之所泄欤？’自禹功既施，疏凿决排以至于今，而其流不减，何也？是知天非为尧有洪水之灾，至禹而后水由地中行尔。后世有人为不善，感动天变，召水溢之灾者，必引尧为解，误矣。”

冬，十月。

二年。春，王正月戊申，宋督弑其君与夷，

桓无王，而元年书“春，王正月”，以天道王法正桓公之罪也；桓无王，而二年书“春，王正月”，以天道王法正宋督之罪也。程氏曰：“弑逆者，不以王法正之，天理灭矣。督虽无王，而天理未尝亡也。”其说是矣。《穀梁子》以二年书“王”，“正与夷之卒”，其义一尔。以为诸侯之卒，天子所隐痛，故书“王”以正之，误矣。

及其大夫孔父。

按，《左氏》：“宋殇公立，十年十一战，民不堪命。”孔父为司马，无能改于其德，非所谓格君心之非者，然君弑死于其难，处命不渝，亦可以无愧矣。“父”者，名也，著其节而书“及”，不失其官而书“大夫”，是《春秋》之所贤也。贤而名之，何也？故侍读刘敞以谓“既名其君于上，则不得字其臣于下，此君前臣名，礼之大节也”。督将弑殇公，孔父生而存，则不可得而弑，于是乎先攻孔父而后及其君，能为有无，亦庶几焉。凡乱臣贼子畜无君之心者，必先剪其所忌而后动于恶，不能剪其所忌，则有终其身而不敢动也。华督欲弑君而惮孔父，刘安欲叛汉而惮汲直，曹操欲禅位而惮孔融，此数君子者，义形于色，皆足以卫宗社而忤邪心，奸臣之所以惮也。不有君子，其能国乎？《春秋》贤孔父，示后世人主崇奖节义之臣，乃天下之大闲，有国之急务也。

滕子来朝。

隐公末年，滕称侯爵，距此三岁尔，乃降而称“子”者，先儒谓为时王所黜也。使时王能黜诸侯，《春秋》岂复作乎？又有言其在丧者，终春秋之世不复称侯，无说矣。然则云何？《春秋》为诛乱臣、讨贼子而作，其法尤严于乱贼之党。使人人知乱臣贼子之为大恶而莫之与，则无以立于世；无以立于世，则莫敢劝于为恶，而篡弑之祸止矣。今桓公弟弑兄，臣弑君，天下之大恶。凡民，罔弗憝也，己不能讨，又先邻国而朝之，是反天理、肆人欲，与夷狄无异，而《春秋》之所深恶也，故降而称“子”，以正其罪。四夷虽大，皆曰“子”，其降而称“子”，狄之也。或曰：“非天子不制度，不议礼，不考文，仲尼岂以匹夫专进退诸侯，乱名实哉？”则将应之曰：“仲尼固不以匹夫专进退诸侯，乱名实矣，不曰‘《春秋》，天子之事乎’，‘知我罪我者，其惟《春秋》乎’。世衰道微，暴行交作，仲尼有圣德无其位，不得如黄帝、舜、禹、周公之伐蚩尤、诛四凶、戮防风、杀管蔡，行天子之法于当年也，故假鲁史，用五刑，奉天讨，诛乱贼，垂天子之法于后世。其事虽殊，其理一耳。何疑于不敢专进退诸侯，以为乱名实哉？夫奉天讨，举王法以黜诸侯之灭天理、废人伦者，此名实所由定也，故曰：‘《春秋》成而乱臣贼子惧。’”

三月，公会齐侯、陈侯、郑伯于稷，以成宋乱。

按《左氏》，“为赂故”，立华氏也。邾定公时，有弑父者，公瞿然失席，曰：“是寡人之罪也，尝学断斯狱矣。臣弑君，凡在官者，杀无赦；子弑父，凡在官者，杀无赦。杀其人，坏其室，洿其宫而潴焉。盖君逾月而后举爵。”华督，弑君之贼，凡民，罔不憝也，而桓与诸侯会而受赂以立华氏，使相宋公，甚矣！故特书其所为，而曰“成宋乱”。夫臣为君隐，子为父隐，礼也。此其目言之何？桓恶极矣。臣子欲尽隐之，而不可以欺后世，其曰“成宋乱”，而不书“立华氏”，犹为有隐乎耳。《春秋》列会，未有言其所为者，独此与襄公末年会于澶渊，各书其事者。桓弑隐，督弑殇，般弑景，皆天下大恶，圣人所为惧，《春秋》所以作也。一则受宋赂而立华氏，一则谋宋灾而不能讨，故特书其事，以示贬焉。然澶渊之会，既不书鲁卿，又贬诸国之大夫而称“人”，此则书“公”，又序诸侯之爵，何也？澶渊之会，欲谋宋灾而不讨弑君之贼，虽书曰“宋灾故”，而未能表其诛责之意也，必深讳鲁卿而重贬诸国之大夫，然后足以启问者、见是非也。稷之会，前有宋督弑君，后有取宋鼎之事，书曰“成宋乱”，则其责已明，不必讳公与贬诸侯之爵次，然后见其罪矣。

夏，四月，取郜大鼎于宋。戊申，纳于大庙。

“取”者，得非其有之称；“纳”者，不受而强致之谓。弑逆之贼，不得致讨，而受其赂器，置于大庙，以明示百官，是教之习为夷狄禽兽之行也。公子牙、庆父、仲遂、意如之恶，又何诛焉？圣人为此惧，而作《春秋》，故直载其事，谨书其日，垂训后世，使知宠赂之行，保邪废正，能败人之国家也，亦或知戒矣。

秋，七月，杞侯来朝。

公、穀、程氏，皆以“杞”为“纪”。桓弟弑兄，臣弑君，天下之大恶。王与诸侯不奉天讨，反行朝聘之礼，则皆有贬焉，所以存天理、正人伦也。纪侯来朝，何独无贬乎？当是时，齐欲灭纪，纪侯求鲁为之主，非为桓立而朝之也。

蔡侯、郑伯会于邓。

按，《左氏》曰：“始惧楚也。”其地以国，邓亦与焉。楚自西周，已为中国之患，宣王盖尝命将南征矣，及周东迁，僭号称王，凭陵江、汉。此三国者，地与之邻，是以惧也。其后卒灭邓，虏蔡侯，而郑以王室懿亲，为之服役，终春秋之世，圣人盖伤之也。夫天下莫大于理，莫强于信义，循天理，惇信义，以自守其国家，荆楚虽大，何惧焉？不知本此，事丑德齐，莫能相尚，则以地之大小、力之强弱分胜负矣。观春秋会盟离合之迹，而夷夏盛衰之由可考也；观《春秋》进退、与夺、抑扬之旨，则知安中夏、待四夷之道矣。

九月，入杞。

公及戎盟于唐。冬，公至自唐。

凡为人子者，出必告，反必面，事亡如事存，故君行必告庙，反必奠而后入，礼也。出必告行，反必告至，常事尔，何以书？或志其去国逾时之久也，或录其会盟侵伐之危也，或著其党恶附奸之罪也。桓公弑君而立，尝列于中国诸侯之会，而不书“至”，同恶也；今远与戎盟，而书“至”者，危之也。程氏所谓“居夷浮海之意”，是矣。《语》不云乎：“夷狄之有君，不如诸夏之亡也！”

三年。春，正月。

桓公三年而后，《经》不书“王”，有以为周不班历者。昭公末年，王室有子朝之乱，岂暇班历？而《经》皆书“王”，非不班历，明矣。又有以为此阙文也。安得一公之内，凡十四年皆不书“王”，其非阙文亦明矣。然则云何？桓公弑君而立，至于今三年，而诸侯之丧事毕矣，是入见受命于天子之时也。而王朝之司马不施残执之刑，邻国之大夫不闻有沐浴之请，鲁之臣子义不戴天，反面事仇，曾莫之耻，使乱臣贼子肆其凶逆，无所忌惮，人之大伦灭矣，故自是而后不书“王”者，见桓公无王，与天王之失政而不王也。桓公无王而行，归罪于天子，可乎？齐景公问政，子曰：“君君，臣臣，父父，子子。”君不君，则臣不臣；父不父，则子不子。

公会齐侯于嬴。

夏，齐侯、卫侯胥命于蒲。

《公羊》曰：“胥命者，相命也；相命，近正也；古者不盟，结言而退。”人爱其情，私相疑贰，以成倾危之俗，其所由来渐矣。有能相命而信谕，岂不独为近正乎？故特起“胥命”之文，于此有取焉。圣人以信易食，答子贡之问；君子以信易生，重桓王之失，信去则民不立矣，故荀卿言：“《春秋》善胥命。”

六月，公会杞侯于郕。

秋，七月壬辰，朔，日有食之，既。

《穀梁》曰：“既，尽也。言日言朔，食正朔也。”言朔不言日，食既朔也；言日不言朔，食晦日也；不言日，不言朔，夜食也。何以知其夜食？曰：“王者朝日。”王者朝日，则何以知其夜食乎？日始出而有亏伤之处，未之复也，则知其食于夜矣。日者，众阳之宗，人君之象，而有食之既，则其为变大矣。先儒以为荆楚僭号，郑拒王师之应。

公子翚如齐逆女。

娶妻必亲迎，礼之正也。若夫邦君，以爵则有尊卑，以国则有小大，以道途则有远迩，或迎之于其国，或迎之于境上，或迎之于所馆，礼之节也。纪侯于鲁，以小大言，则亲之者也，而使履緰来；鲁侯于齐，以远迩言，则亲之者也，而使公子翚往。是不重大昏之礼，失其节矣，故书。

九月，齐侯送姜氏于讙。公会齐侯于讙。夫人姜氏至自齐。

古者，昏礼必亲迎，则授受明。后世，亲迎之礼废，于是有父母兄弟越境而送其女者。以公子翚往逆，则既轻矣，为齐侯来，乃逆而会之于讙，是公之行，其重在齐侯而不在姜氏，岂礼也哉？不言“以至”者，既得见乎公也。不能防闲，于是乎，在《敝笱》之刺兆矣。礼者，所以别嫌明微，制治于未乱，不可不谨也。娶夫人，国之大事，故详。

冬，齐侯使其弟年来聘。

有年。

旧史灾异与庆祥并记，故有年、大有年得见于《经》。若旧史不记，圣人亦不能附益之也。然十二公多历年所，有务农重谷，闵雨而书雨者，岂无丰年？而不见于《经》，是仲尼于他公皆削之矣，独桓“有年”、宣“大有年”，则存而弗削者。缘此二公获罪于天，宜得水旱凶灾之谴。今乃“有年”，则是反常也，故以为异，特存耳。然则，天道亦僭乎？桓、宣享国十有八年，独此二年书“有年”，他年之歉可知也，而天理不差，信矣！此一事也，在不修《春秋》则为庆祥，君子修之，则为变异，是圣人因鲁史旧文，能立兴王之新法也，故史文如画笔，经文如化工。尝以是观，非圣人莫能修之，审矣。有年、大有年，自先儒说《经》者多列于庆瑞之门，至程氏发明奥旨，然后以为记异，此得于言意之表者也。

四年。春，正月，公狩于郎。

何以书？讥远也。戎、祀，国之大事，狩所以讲大事也。用民以训军旅，所以示之武而威天下；取物以祭宗庙，所以示之孝而顺天下。故中春教振旅遂以蒐，中夏教茇舍遂以苗，中秋教治兵遂以狝，中冬教大阅遂以狩。然不时则伤农，不地则害物。田狩之地，如郑有原圃，秦有具囿，皆常所也。违其常所，犯害民物，而百姓苦之，则将闻车马之音，见羽旄之美，举疾首蹙頞而相告，可不谨乎？以非其地而必书，是《春秋》谨于微之意也。每谨于微，然后王德全矣。

夏，天王使宰渠伯纠来聘。

“宰”，冢宰也；“渠”，氏；“伯”，爵；“纠”，其名也。王朝公卿书爵，大夫书字，上士、中士书名，下士书人，例也。纠位六卿之长，降从中士之例而书名，贬也。于纠，何贬乎？在周制，大司马九伐之法，诸侯而有贼杀其亲则正之，放弑其君则残之。桓公之行，当此二者，舍曰不讨，而又聘焉，失天职矣。操刑赏之柄以御下者，王也；论刑赏之法以诏王者，宰也。以经邦国则有治典，以安邦国则有教典，以平邦国则有政典，以诘邦国则有刑典。治、教、政、刑，而谓之典，明此天下之大常也。大宰所掌而独谓之建，以此典大宰之所定也，乃为乱首，承命以聘弑君之贼乎？故特贬而书名，以见宰之非宰也。聘于弑君之贼而名其宰，则桓公没，王使荣叔来锡命矣。荣叔何以书字而不名也？始而来聘，冢宰书名以见贬；终而追锡，王不称天以示讥，其义备矣。夫咺赗仲子，纠聘桓公，其事皆三纲之所系也。然咺独书官、纠兼称爵，何也？如咺者，岂初得政犹未受封，而纠则或以诸侯入相，或既相而已封者乎？汉初命相，必择列侯为之，后用公孙，因相而得封，盖欲仿古重其任也。任之重，则责益深矣。嫡妾之分，君臣之义，天下之大伦，无所轻重，纠以既封，故兼称爵，见《春秋》责相之意也。

卷五

桓公中

五年。春，正月，甲戌，己丑，陈侯鲍卒。

夏，齐侯、郑伯如纪。

按，《左氏》："齐、郑朝纪，欲以袭之，纪人知之。"夫"如"者，朝词也。尊不朝乎卑，大不朝乎小，纪之为纪，微乎微者也。齐在东州，尊则方伯，郑亦大国也，并驱而朝纪，乃怀诈谖之谋欲以袭之，而不虞纪人之觉也，其志憯矣。此外相如尔，何以书？纪人主鲁，故来告其事，鲁史承告，故备书于策。夫子修《经》，存而不削者，以小国恃大国之安靖己，而乃包藏祸心以图之，亦异于兴灭国、继绝世之义矣，故存而弗削，以著齐人灭纪之罪，明纪侯去国之由。刘敞《意林》所谓"圣人诛意之效"是也。

天王使仍叔之子来聘。

"仍叔之子"云者，讥世官，非公选也。帝王不以私爱害公选，故仕者世禄而不世官。任之不以其贤也，使之不以其能也，卿大夫子弟，以父兄故而见使，则非公选，而政由是败矣。上世有自耕野钓渭擢居辅相，而人莫不以为宜；伊陟象贤，复相太戊，丁公世美，入掌兵权，不以世故疑之也；崇伯殛死，禹作司空，蔡叔既囚，仲为卿士，亦不以其父故废之也，惟其公而已矣。及周之衰，小人得政，视朝廷官爵为己私，援引亲党，分据要途，施及童稚，贤者退处于荜门，老身而不用，公道不行，然后夷狄侵陵，国家倾覆，虽有智者，不能善其后矣。《春秋》书“武氏”“仍叔之子”云者，戒后世人主徇大臣私意，而用其子弟之弱者居公选之地，以败乱其国家，欲其深省之也。

葬陈桓公。

城祝丘。

秋，蔡人、卫人、陈人从王伐郑。

按，《左氏》：“王夺郑伯政，郑伯不朝王，以诸侯伐郑。郑伯御之，战于繻葛，王卒大败。”《春秋》书王，必称“天”者，所章则天命也，所用则天讨也。王夺郑伯政，而怒其不朝，以诸侯伐焉，非天讨也，故不称“天”。或曰：“郑伯不朝，恶得为无罪？”曰：“桓公弑君而自立，宋督弑君而得政，天下大恶，人理所不容也，则遣使来聘而莫之讨。郑伯不朝，贬其爵可也，何为愤怒自将以攻之也？”“移此师以加宋、鲁，谁曰非天讨乎？”“《春秋》，天子之事，述天理而时措之也，既讥天王以端本矣。三国以兵会伐，则言‘从王’者，又以明君臣之义也。君行而臣从，正也。战于繻葛而不书‘战’，王卒大败而不书‘败’者，又以存天下之防也。三纲，军政之本，圣人寓军政于《春秋》，而书法若此，皆裁自圣心，非国史所能与也。”

大雩。

“大雩”者，雩于上帝，用盛乐也。诸侯雩于境内之山川尔，鲁，诸侯，而郊褅大雩，欲悉书于策，则有不胜书，故雩祭则因旱以书，而特谓之“大”，郊褅亦因事以书，而义自见，此皆国史所不能与，君子以谓性命之文是也。诸侯不得祭天地，大夫不得祭山川，士庶人不敢以他人祖祢祭于己之寝，礼也。故季氏旅于泰山，子曰：“呜呼！曾谓泰山不如林放乎？”明乎《春秋》所书郊褅大雩之义，则知圣人治国“如指诸掌”之说矣。

螽。

冬，州公如曹。

按，《左氏》：“淳于公如曹，度其国危，遂不复。”天子三公称公，王者之后称公。“州公”，诸侯而称“公”者，昔毕高以父师而保厘东土，卫武以列国而入相于周，盖与后世出入均劳之意同，此其所以称“公”也。外相如不书，此何以书？将有其末，故先录其本。

六年。春，正月，寔来。

按，《左氏》：“自曹来朝，书曰‘寔来’，不复其国也。”“寔”者，州公名也。《春秋》之法，诸侯不生名，失地灭同姓则名。正名，经世之本，名正而天下定矣。或曰：“诸侯失国而后托于诸侯，孟子以为礼也。今州公来朝，将以诸侯之礼接之乎？则《春秋》乃书其名，将以匹夫之贱畜之乎？孟子乃以托国为礼，将何处而可？”曰：“世衰道微，诸侯放恣，强陵弱，众暴寡，天子不能正，方伯不能治，其有壤地褊小，迫乎大国之间而失国，是不幸焉，非其罪也，则以诸侯之礼接之可也。

若谭子在莒、弦子在黄、温子在卫，虽失国出奔而《春秋》不名，义可见矣。若夫不能修道以正其国，或弃贤保佞，或骄奢淫纵，或用兵暴乱，自底灭亡，如蔡献舞、邾益、曹阳、州寔之徒，皆其自取焉耳，则待之以初，乃礼之过也。观《春秋》名与不名，则知所以处寓公之礼，与强为善，自暴弃者之劝戒矣。”

夏，四月，公会纪侯于郕。

秋，八月壬午，大阅。

“大阅”，简车马也。周制：大司马中冬大阅，教众庶，修战法。独详于三时者，为农隙故也。书“八月”，不时矣。以鼓，则王执路鼓，诸侯执贲鼓；以旗，则王载太常，诸侯载旗；以杀，则王下大绥，诸侯下小绥，其礼固亦不同也。书“大阅”，非礼矣。先王寓军政于四时之田，训民御暴，其备豫也。惧郑忽，畏齐人，不因田狩而阅兵车，厉农失政甚矣，何以保其国乎？《春秋》非特以不时非礼书也，乃“天未阴雨，彻彼桑土，绸缪牖户”之意。

蔡人杀陈佗。

佗弑太子而代其位，至是逾年，不成之为君者，以贼讨也。书“蔡人”以善蔡，书“陈佗”以善陈。善蔡者，以蔡人知佗之为贼；善陈者，以陈国不以佗为君。知其为贼，故称“人”，称“人”，讨贼之词也；不以为君，故称名，称名，当讨之贼也。鲁桓弑君而郑伯与之盟，宋督弑君而四国纳其赂，则不知其为贼矣。齐商人弑君者，及其见杀则称位；蔡般弑父者，及其见杀则称爵，是齐、蔡国人皆以为君矣。圣人于此，抑扬与夺，遏人欲于横流，存天理于既灭，见诸行事，可谓深切著明矣。篡弑之贼，外则异国皆欲致讨而不赦，内则国人不以为君而莫之与，谁敢劝于为恶？故曰："孔子成《春秋》而乱臣贼子惧。"

九月丁卯，子同生。

嫡冢始生，即书于策，与子之法也。唐、虞禅，夏后、殷、周继。《春秋》兼帝王之道，贤可禅，则以天下为公，而不拘于世及之礼；子可继，则以天下为家，而不必于让国之义，万世之通道也。与贤者贵于得人，与子者定于立嫡。传子以嫡，天下之达礼也，故有君薨而世子未生之礼，植遗腹，朝委裘，而天下不乱者，以名分素明而民志定也。《经》书"子同生"，所以明与子之法，正国家之本，防后世配嫡夺正之事，垂训之义大矣。此世子也，其不曰世子，何也？天下无生而贵者，誓于天子，然后为世子。

冬，纪侯来朝。

按，《左氏》："会于郕，咨谋齐难也；冬来朝，请王命以求成于齐也，公告不能。"孟子曰："观近臣以其所为主，观远臣以其所主。""主"者，成败之机，荣辱之本也。昭公弃晋主齐，至于客死；郑伯逃齐主楚，终以乞盟。观其所主，而荣辱成败见矣。鲁桓者，弑君之贼，人人之所同恶，夫人得而讨之也，而主之以求援，其能国乎？然则，何以免于贬？志不在于朝桓也。

七年。春，二月己亥，焚咸丘。

“咸丘”，地名也。《易》称“王用三驱”。在《礼》，“天子不合围，诸侯不掩群”，夫子“钓而不纲，弋不射宿”，皆爱物之意也。推此心以及物，至于鸟兽，若草木裕，无淫猎之过矣。书“焚咸丘”，所谓焚林而田也。

夏，穀伯绥来朝，邓侯吾离来朝。

《春秋》之法，诸侯不生名。穀伯、邓侯，何以名？桓，天下之大恶也，执之者无禁，杀之者无罪。穀伯、邓侯，越国逾境，相继而来朝，即大恶之党也，故特贬而书名，与失地灭同姓者比焉。《经》于朝桓者，或贬爵，或书名，或称人，以深绝其党，拨乱之法严矣。诛止其身，而党之者无罪，则人之类不相贼杀为禽兽也几希。四时具，然后成岁，故虽无事必书首时，今此独于秋冬阙焉，何也？立天之道，曰阴阳，阳居春夏，以养育为事，所以生物也，王者继天而为之子则有赏；阴居秋冬，以肃杀为事，所以成物也，王者继天而为之子则有刑。赏以劝善，非私与也，故五服、五章谓之天命；刑以惩恶，非私怒也，故五刑、五用谓之天讨。古者，赏以春夏，刑以秋冬，象天道也。桓，弟弑兄，臣弑君，而天讨不加焉，是阳而无阴，岁功不能成矣，故特去秋冬二时，以志当世之失刑也。独于四年、七年阙焉，何也？按周制：《大司马》：“诸侯而有贼杀其亲则正之，放弑其君则残之。”桓弑隐公而立，大司马九伐之法虽未之举，犹有望也。及使冢宰下聘，恩礼加焉，则天下之望绝矣，故四年宰纠书名而去秋冬二时，以见天王之不复能用刑也。陈恒弑其君，孔子请讨之，以从大夫之后，不敢不告也。桓弑隐公而立，虽方伯连帅环视而未之恤，犹有望也，及穀、邓二国自远来朝，则天下诸侯莫有可望者矣，故七年，穀伯、邓侯各书其名而去秋冬二时，以见诸侯之不复能修其职也。然则见之行事，不亦深切著明矣乎！故曰：“《春秋》成而乱臣贼子惧。”

八年。春，正月己卯，烝。

按，《周官·大司马》：“烝以中冬。”今鲁烝以春正月，其不同，何也？《周书》有周月以纪政，而其言曰：“夏数得天，百王所同，其在商、周，革命改正，示不相沿。至于敬授民时，巡狩烝享，犹自夏焉。”然则，司马中冬教大阅，献禽以享烝，所谓自夏，而鲁之烝祭在春正月，见《春秋》用周正纪鲁事也。而《穀梁子》乃曰：“烝，冬事也，春兴之，志不时也。”是以闭蛰而烝为是，与周制异矣。《春秋》非以不时志也，为再烝见渎书也。

天王使家父来聘。

下聘弑逆之人而不加贬，何也？既名冢宰于前，其余无责焉，乃同则书重之义，以此见《春秋》任宰相之专而责之备也。《虞史》以人主、大臣为一体，《春秋》以天王、宰相为一心。以为一体，故帝庸作歌，则曰：“股肱喜哉！元首起哉！百工熙哉！”皋陶赓歌，则曰：“元首明哉！股肱良哉！庶事康哉！”而垂、益九官之徒不与也。以为一心，故归赗仲子，会葬成风，则宰咺书名于前，而王不称天于后；来聘桓公，锡桓公命，则宰纠书名以正其始，王不称天以正其终，而荣叔、家父之徒不与也，故人主之职，在论相而已矣。

夏，五月丁丑，烝。

《春秋》之文，有一句而包数义者，有再书而一贬者。“戎伐凡伯于楚丘以归”之类，一句而包数义；“春，正月己卯，烝”，“夏五月丁丑，烝”，再书而一贬。

秋，伐邾。

冬，十月，雨雪。

祭公来，遂逆王后于纪。

刘敞曰：“祭公，王之三公也，曷为不称使？不与王之使祭公也，师傅之官，坐而论道，其任重矣；今其来鲁，乃命鲁侯以婚姻之事者也，若是则大夫可矣，何必三公？任之重，使之轻，故祭公缘此义，得专命不报，遂行如纪，而王以轻使为失，祭公以遂行为罪矣。”此说是也。为之节者，宜使卿往逆，公监之，则于礼得矣。使祭公命鲁主婚姻之事，则曰不可，卿往而公监之，何以可乎？命鲁，轻矣；卿往公监之，重矣。官师从单靖公逆王后于齐，刘夏非卿而书，靖公合礼则不书，故先儒以为使卿逆，公监之，礼也。

九年。春，纪季姜归于京师。

往逆，则称“王后”。既归，何以书“季姜”？自逆者而言，则当尊崇其匹，内主六宫之政，使妃妾不得以上僭，故从天王所命，而称“王后”，示天下之母仪也；自归者而言，则当樛屈逮下，使夫人嫔妇皆得进御于君，而无嫉妒之心，故从父母所子，而称“季姜”，化天下以妇道也。其词之抑扬、上下、进退、先后，各有所当而不相悖，皆正始之道，王化之基，《春秋》之所谨也。“京师”者，众大之称。

夏，四月。

秋，七月。

冬，曹伯使其世子射姑来朝。

按，《周官·典命》：“凡诸侯之嫡子，誓于天子而摄其君，则下其君之礼一等；未誓则以皮帛继子男。”世子固有出会朝聘之仪矣，然摄其君、继子男者，谓诸侯朝于天子，有时而不敢后，故老疾者使世子摄己事以见天子，急述职也。诸侯间于王事则相朝，其礼本无时。曹伯既有疾，何急于朝桓而使世子摄哉？大位，奸之窥也；危病，邪之伺也；世子，君之贰也。君疾而储副出，启窥伺之心，危道也。当享而射姑叹，逾月而终生卒，其有疾明矣，而使世子来，终生之过也。世子将欲已乎，则方命矣。曰：“孝子尽道以事其亲者也，不尽道而苟焉以从命为孝，又焉得为孝？”故《尸子》曰：“夫已多乎道。”

十年。春，王正月。

桓无王，今复书“王”，何也？“十”者，盈数也。天道，十年则亦周矣；人事，十年则亦变矣，故《易》称守贞者，十年而必反；《传》论远恶者，十年而必弃。桓公至是，其数已盈，宜见诛于天人矣。“十年”，书“王”，纪常理也。有习于《穀梁子》而不得其传者，见二年书“王”，以为正与夷之卒，此年书“王”，而曹伯适薨，遂附益之，以为正终生之卒，误矣。果正诸侯之卒，不缘篡弑者，陈侯鲍在五年之正月，曷不书“王”以正其卒乎？

庚申，曹伯终生卒。

夏，五月，葬曹桓公。

秋，公会卫侯于桃丘，弗遇。

“弗”者，迂词，恶失信也。卫初约鲁会于桃丘，至是中变而从齐、郑，于是乎有郎之师，其战于郎，直书曰“来”，盟于恶曹，俱夺其爵，则桃丘之“弗遇”也，盖恶卫侯之失信矣。“桃丘”，卫地。

冬，十有二月丙午，齐侯、卫侯、郑伯来战于郎。

《春秋》加兵于鲁众矣，未有书“来战”者，此独不称“侵伐”，而以“来战”为文，何也？兵，凶器；战，危事，圣人之所重也。诛暴禁乱，敌加于己，盖有不得已而应之者矣，未有悖道纵欲，得已不已而先之者也。鲁桓弑立，天下大恶，人人之所得讨也。郑伯则首盟于越以定其位，齐侯则继会于稷以济其奸，曾不能修方伯之职，驻师境上，声罪致讨，伸天下之大义也。今特以私忿小怨，亲帅其师，战于鲁境，尚为知类也哉？此《春秋》之所必诛而不以听也，故以三国为主，而书“来战于郎”，郑人主兵而首齐，犹卫州吁主兵而先宋。

卷六

桓公下

十有一年。春，正月，齐人、卫人、郑人盟于恶曹。

盟、会，皆君臣之礼，故微者之盟、会，不志于《春秋》。凡《春秋》所志，必有君与贵大夫居其间者也。恶曹之盟，即三国之君矣，既不以道兴师为郎之战，又结怨固党为恶曹之盟，故前书其爵而以“来战”著罪，后书此盟而以夺爵示贬。

夏，五月癸未，郑伯寤生卒。

郑庄公志杀其弟，使糊其口于四方，自以为保国之计得也，然身没未几，而世嫡出奔，庶孽夺正，公子五争，兵革不息。忽、仪、亹、突之际，其祸憯矣。乱之初生也，起于一念之不善，后世则而象之，至于兄弟相残，国内大乱，民人思保其室家而不得，不亦酷乎！有国者所以必循天理，而不可以私欲灭之也，庄公之事，可以为永鉴矣。

秋，七月，葬郑庄公。

九月，宋人执郑祭仲。

“祭仲”，郑相也，见执于宋，使出其君而立不正，罪较然矣，何以不名？命大夫也。命大夫而称字，非贤之也，乃尊王命，贵正卿，大祭仲之罪以深责之也。其意若曰：以天子命大夫为诸侯相，而执其政柄，事权重矣，固将下庇其身，而上使其君保安富尊荣之位也。今乃至于见执，废绌其君，而立其非所立者，不亦甚乎！任之重者责之深，祭仲无所逃其罪矣。《春秋》美恶不嫌同辞，突之书名，则本非有国，由祭仲立之也；若忽则以世嫡之正，至于见逐，不能立乎其位，贵贱之分亡矣。凡此类抑扬其词，皆仲尼亲笔，非国史所能与，而先儒或以从赴告而书者，殊误矣。或曰："孔父贤而书名，则曰礼之大节也，今此则名其君于下，而字其臣于上，何以异乎？"曰："《春秋》者，轻重之权衡也。变而不失其正之谓权，常而不过于中之谓正。宋殇、孔父，道其常；祭仲、昭公，语其变，惟可与权者，其知之矣。"

突归于郑。

突不称"公子"，绝之也。小白入于齐，则曰"齐小白"，突归于郑，何以不称"郑突"乎？以小白系之齐者，明桓公之宜有齐也，不以突系之郑者，正厉公不当立也。突不当立，何以书"归于郑"乎？《春秋》书"归"，有二义，一易词也，一顺词也；其书"入"，亦有二义，一难词也，一逆词也。突以庶夺正，固为不顺矣，然内则权臣许之立，外则大国为之援，而世子忽之才不能以自固也，则其归无难，故《穀梁子》曰："归，易词也。"

郑忽出奔卫。

“忽”以国氏，正也。出奔而名，不能君也。考于《诗》：“《有女同车》，刺无大国之助也；《山有扶苏》，所美非美然也；《萚兮》，君弱臣强，不唱而和也；《狡童》，不能与贤臣图事，权臣擅命也。”夫以狡童目其君，圣人犹录其诗，所以见忽之失国，亦其自取，非独仲之罪矣。或曰：“诗人刺忽之不昏于齐，至于见逐，欲固其位者，必待大国之援乎？”曰：“此独为郑忽言也，如忽之为人，苟无大援则不能立尔。若夫志士仁人，卓然有以自立者，进退之权在我矣。郑自五霸之后，益以侵削，他日子产相焉，驰词执礼以当晋、楚，至于坏诸侯之馆垣，却逆女之公子于野，皆变其常度。以晋、楚之强，卒莫能屈，亦待大国之助乎！然则仲见胁，忽出奔，咸其自取焉尔。《春秋》书法如此，欲人自强于为善也。”

柔会宋公、陈侯、蔡叔盟于折。公会宋公于夫钟。

冬，十有二月，公会宋公于阚。

臣与宋公盟于折，君与宋公会于夫钟、于阚、于虚、于龟，皆存而不削，何其词费也？曰：“盟者，《春秋》所恶，而屡盟以长乱；会者，诸侯所不得，而数会以厚疑，圣人皆存而不削，于以见屡盟而卒叛，数会而卒离，其事可谓著明矣。是故《春秋》之志，在于天下为公，讲信修睦，不以会、盟为可恃也。”

十有二年。春，正月。

夏，六月壬寅，公会杞侯、莒子盟于曲池。

秋，七月丁亥，公会宋公、燕人盟于穀丘。

八月壬辰，陈侯跃卒。

公会宋公于虚。

冬，十有一月，公会宋公于龟。

丙戌，公会郑伯盟于武父。

丙戌，卫侯晋卒。

十有二月，及郑师伐宋。丁未，战于宋。

既书“伐宋”，又书“战于宋”者，责赂于郑而无厌。屡盟于鲁而无信者，宋也。二国声其罪以致讨，故书曰“伐”。夫宋人之罪，则固可伐矣；然取其赂以立督者，鲁桓也；资其力以篡国者，郑突也。无诸已，然后可以非诸人，《春秋》之义，用贤治不肖，不以乱易乱也，故又书曰“战于宋”。来战者，罪在彼，“战于郎”是也；往战者，罪在内，“战于宋”是也。

十有三年。春，二月，公会纪侯、郑伯。己巳，及齐侯、宋公、卫侯、燕人战。齐师、宋师、卫师、燕师败绩。

《左氏》以为郑与宋战，《公羊》以为宋与鲁战，《穀梁》以为纪与齐战。赵匡考据经文，内兵则以纪为主，而先于郑；外兵则以齐为主，而先于宋，独取《穀梁》之说。盖齐、纪者，世仇也。齐人合三国以攻纪，鲁、郑援纪而与战。战而不地，于纪也。不然，纪惧灭亡不暇，何敢将兵越国，助鲁、郑以增怨乎？齐为无道，恃强陵弱，此以纪为主，何也？彼为无道，加兵于己，必有引咎责躬之事，礼义辨喻之文，犹不得免焉，则亦固其封疆，效死以守，上诉诸天子，下告诸方伯连率与邻国之诸侯，其必有伸之者矣。不如是而愤然与战，岂已乱之道乎？力同度德，动则相时，小国仇大国而幸胜焉，祸之始也。息伐郑而亡，郑胜蔡而惧，蔡败楚而灭。今纪人不度德，不量力，不征词，轻与齐战，而为之援者，弑君之贼、篡国之人也。不能保其国，自此战始矣。《春秋》以纪为主，省德相时，自治之意也。

三月，葬卫宣公。

“葬”，自内录也，既与卫人战，曷为葬宣公？怨不弃义，怒不废礼，是知古人以葬为重也。《礼》，丧在殡，“孤无外事”，卫宣未葬，朔乃即戎，已为失礼，又不称子，是以吉服从金革之事，其为恶，大矣。凡此类据事直书，年月具存，而恶自见也。

夏，大水。

秋，七月。

冬，十月。

十有四年。春，正月，公会郑伯于曹。

无冰。

按，《豳风·七月》，周公陈王业之诗也，其词曰：“二之日，凿冰冲冲。三之日，纳于凌阴。四之日，其蚤，献羔祭韭。”《周官》凌人之职，颁冰于夏，其藏之也，固阴冱寒，于是乎取；其出之也，宾食丧祭，于是乎用。藏之周，用之遍，亦理阴阳，天地之一事也。今在仲冬之月，燠而无冰，则政治纵弛不明之所致也，故书于策。夫《春秋》所载，皆经邦大训，而书法若此，其察于四时寒暑之变详矣。

夏五。

“夏五”，传疑也。疑而不益，见圣人之慎也，故其自言曰：“吾犹及史之阙文也。”其语人曰：“多闻阙疑，慎言其余，则寡尤。”而世或以私意改易古书者有矣，盍亦视此为鉴可也。然则，《春秋》何以谓之“作”？曰：“其义则断自圣心，或笔或削，明圣人之大用，其事则因旧史有可损而不能益也。”

郑伯使其弟语来盟。

来盟称“使”，则前定之盟也。其不称使，如楚屈完、齐高子，则权在二子，盟不盟，特未定也。诸侯之兄弟例以字通，而书名者，罪其有宠爱之私，非友于之义也。

秋，八月壬申，御廪灾。

门观灾而新作，则书。“御廪”，粢盛之所藏，其新必矣，何以不书？营宫室以宗庙为先，重本也。御廪灾而新则不书，常事也。以为常事而不书，垂教之意深矣。知其说者，然后知有国之急务，为政之后先，虽勤于工筑而民不怨劳，与妄兴土木困民力以自奉者异矣。

乙亥，尝。

“尝”，祭。时事之常，则何以书？志不时与不敬也。《春秋》纪事，用周月，而以八月尝，则不时也；御廪灾于壬申，而尝以乙亥，是不改卜，而供未易灾之余，则不敬也。礼以时为大，施于事则不时；礼以敬为本，发于心则不敬，故书。

冬，十有二月丁巳，齐侯禄父卒。

宋人以齐人、蔡人、卫人、陈人伐郑。

师而曰“以”者，能左右之以行己意也。宋怨郑突之背己，故以四国伐郑；鲁怨齐人之侵己，故以楚师伐齐；蔡怨囊瓦之拘己，故以吴子伐楚。蔡弱于吴，鲁弱于楚，宋与蔡、卫、陈敌而弱于齐，乃用其师以行己意，故特书曰“以”。列国之兵有制，皆统乎天子，而敢私用之，与私为之，用以伐人国，大乱之道也。故《穀梁子》曰：“以者，不以者也。”

十有五年。春，二月，天王使家父来求车。

遣使需索之谓“求”。王畿千里，租税所入，足以克费，不至于有求；四方诸侯，各有职贡，不至于来求。以丧事而求货财，已为不可，况车服乎？《经》于求赙、求车、求金，皆书曰“求”，垂后戒也。夫上有好者，下必有甚焉者矣。王者有求，下观而化，诸侯必将有求以利其国，大夫必将有求以利其家，士庶人必将有求以利其身，皇皇焉唯恐不足，未至于篡弑夺攘则不厌矣。古之君人者，必昭俭德以照临百官，尊卑登降各有度数，示等威，明贵贱，民志既定之后，皆安其分而无求，兵刑寝矣。及侈心一动，莫为防制，必至于亢不衷，官失德，廉耻道丧，宠赂日章，沦于危亡而后止也。观《春秋》所书，则见王室衰乱之由，而知兴衰拨乱之说矣。

三月乙未，天王崩。

夏，四月己巳，葬齐僖公。

五月，郑伯突出奔蔡。

按，《左氏》：“祭仲专，郑伯患之，使其婿雍纠杀之，雍姬知之，以告仲；仲杀雍纠，公出奔蔡。”是祭仲逐之也，没而不书，其义何也？陆淳曰："逐君之臣，其罪易知也；君而见逐，其恶甚矣。圣人之教，在乎端本清源，故凡诸侯之奔，皆不书所逐之臣，而以自奔为名，所以警乎人君。"其说是也。夫君实有国而出于臣，乃其自取焉耳。本正而天下之事理矣。

郑世子忽复归于郑。

忽尝嗣位君其国，归而独称"世子"，则亡其君位明矣。其称"复归"者，谓既绝而复归也。然诸侯失国出奔，归而称"复"则可，大夫失位出奔，归而称"复"则不可。古者，诸侯世国，大夫不世官。或曰："复，厌词也。"

许叔入于许。

"许"，大岳之裔。先王建国，迫于齐、郑，不得奉其社稷，未闻可灭之罪也，则当伸大义，以直词上告诸天王，下赴诸方伯，求复其国，粪除宗庙，孰能与之争？今乃因乱窃入，则非复国之义，故书"入于许"。"入"云者，难词也。

公会齐侯于艾。

邾人、牟人、葛人来朝。

《公羊》曰："皆何以称人？夷狄之也。"其狄之何？天王崩，不奔丧，而相率朝弑君之贼，故皆贬之。

秋，九月，郑伯突入于栎。

《经》于厉公复国削而不书，独书"入于栎"，何也？夫制邑之死虢君，共城之叛大叔，皆庄公所亲戒也。今又城栎而置子元焉，使昭公不立，何谋国之误也？卫有蒲、戚而出献公，楚有陈、蔡、不羹而叛弃疾，末大必折，有国之害也。故夫子行乎季孙曰："古者，家不藏甲，邑无百雉之城。"遂堕三都以张公室。于厉公复国削而不书者，若曰：既入于栎，则其国已复矣，于以明居重驭轻，强干弱枝，以身使臂之义，为天下与来世之鉴也，为国者可不谨于礼乎？《春秋》此义，皆小康之事、衰世之意也。

冬，十有一月，公会宋公、卫侯、陈侯于袲，伐郑。

《左氏》曰："将纳厉公也，弗克而还。"《穀梁》曰："地而后伐，疑词，非其疑也。"昭公与突之是非邪正亦明矣。然昭公虽正，其才不足以君一国之人，复归于郑，日以微弱；厉公虽篡，其智足以结四邻之援，既入于栎，日以盛强。诸侯不顾是非而计其强弱，始疑于辅正，终变而与邪。《穀梁》所谓"非其疑"者，非其疑于为义，而果于为不义，相与连兵动众，纳篡国之公子也。故详书其会地，而后言"伐"，以讥之也。

十有六年。春，正月，公会宋公、蔡侯、卫侯于曹。

夏，四月，公会宋公、卫侯、陈侯、蔡侯伐郑。

春，正月，会于曹，蔡先于卫；夏，四月，伐郑，卫先于蔡。《王制》，诸侯之爵次，其后先固有序矣。在《周官·大司马》，"设仪辨位，以等邦国"，犹天建地设，不可乱也。及春秋时，礼制既亡，霸者以意之向背为升降，诸国以势之强弱相上下。蔡尝先卫，今序陈下者，先儒以为后至也。以至之先后易其序，是以利率人而不要诸礼也，岂所以定民志乎？后世有以醲赏诱人之趋事赴功，以重罚沮人之奉公守正，意亦如此。夫乱之所由生也，则仪位以为阶。《春秋》防微杜渐，尤严于名分，考其所书，意自见矣。

秋，七月，公至自伐郑。

“伐郑”，则致罪之也，曷为罪之？以纳突也。诸侯失国，诸侯纳之，正也。伐郑以纳突，非正也，故书“至”，以罪桓之上无王法，恣为不义，而莫之禁也。

冬，城向。

十有一月，卫侯朔出奔齐。

十有七年。春，正月丙辰，公会齐侯、纪侯盟于黄。

二月丙午，公会邾仪父盟于趡。

夏，五月丙午，及齐师战于奚。

六月丁丑，蔡侯封人卒。

秋，八月，蔡季自陈归于蔡。

“季”，字也；“归”，顺词。蔡季之去，以道而去者也；其归，以礼而归者也。公子不去国，季何以去？权也。既归，何以不有国？献舞立矣。若季者，刘敞所谓“智足以与权而不乱，力足以得国而不居，远而不携，迩而不迫”者也，是以见贵于《春秋》。

癸巳，葬蔡桓侯。

啖助曰：“蔡桓何以称侯？盖蔡季之贤，知请谥也。”人亦多爱其君者，莫能爱君以礼，而季能行之，此贤者所以异于众人也。或曰："葬未有不称'公'者，其称'侯'，传失之尔，臣子之于君，极其尊而称之，礼也。"其说误矣。孔子疾，子路使门人为臣，子曰："无臣而为有臣，吾谁欺？欺天乎？"曾子疾革而易箦，曰："吾得正而毙焉，斯已矣。"故终而必安于正。人子不以非所得而加之于父，是为孝；人臣不以非所得而加之于君，是为忠。"极其尊而称之"，不正之大者，而可以为礼哉？或曰："鲁君生而称'公'，亦非礼乎？"曰："生而称'公'为虚位，礼之文也；没而系谥为定名，礼之实也。"《春秋》，诸侯虽伯、子、男，葬皆称"公"，志其失礼之实，为后世戒，欲其以正终也，其垂训之义大矣。

及宋人、卫人伐邾。

冬，十月，朔，日有食之。

十有八年。春，王正月。

是年，桓公已终，复书"王"者，春秋之时，诸侯放恣，弑君篡国者已列于会，则不复致讨。故鲁宣杀恶及视以取国，赂齐请会，而《传》曰"会于平州，以定公位"；曹伯负刍杀太子自立，见执于晋，而曹人请之曰："若为有罪，则君列诸会矣。"孔子为此惧，作《春秋》。于十八年，复书"王"者，明弑君之贼，虽身已没，而王法不得赦也。又，据桓十五年，天王崩，至是新君嗣立，三年之丧毕矣，明弑君之贼虽在前朝，而古今之恶一也。然则篡弑者，不容于天地之间，身无存没，时无古今，皆得讨而不赦，圣人之法严矣。已列于会，则不致讨，可乎？故曰："《春秋》成而乱臣贼子惧。"

公会齐侯于泺。

公与夫人姜氏遂如齐。

“与”者，许可之词。曰“与”者，罪在公也。按，《齐诗》恶鲁桓微弱，不能防闲文姜，使至淫乱，为二国患，而其词曰：“敝笱在梁，其鱼唯唯；齐子归止，其从如水。”言公于齐姜，委曲从顺，若水从地，无所不可。故为乱者，文姜，而《春秋》罪桓公，治其本也。《易》曰：“夫夫妇妇，而家道正。”夫不夫，则妇不妇矣。乾者，夫道也，以乘御为才；坤者，妇道也，以顺承为事。《易》著于乾坤述其理，《春秋》施于桓公见其用。

夏，四月丙子，公薨于齐。丁酉，公之丧至自齐。

鲁公弑而薨者，则以不地见其弑，今书“桓公薨于齐”，岂不没其实乎？前书“公与夫人姜氏如齐”，后书“夫人孙于齐”，去其姓氏，而庄公不书“即位”，则其实亦明矣。

秋，七月。

冬，十有二月己丑，葬我君桓公。

《公羊》曰：“贼未讨，何以书葬？仇在外也。”《穀梁子》曰：“仇在外者，不责逾国而讨于是也。”夫桓公之仇在齐，则外也；隐公之仇在鲁，则内也。在外者，不责其逾国，固有任之者矣；在内者，讨于是。此《春秋》之法也。故十八年书“王”，而桓公书“葬”，惟可与权者，其知之矣。

卷七

庄公上

元年。春，王正月。

不书“即位”，内无所承，上不请命也。或曰：“庄公嫡长，其为储副明矣。虽内无所承，上不请命，独不可以享国而书‘即位’乎？”曰：“诸侯之嫡子必誓于王。庄虽嫡长而未誓，安得为国储君副称世子也？夫为世子必誓于王，为诸侯可以内无所承，上不请命，擅有其国，即诸侯之位耶？《春秋》绌而不书，父子君臣之大伦正矣。”

三月，夫人孙于齐。

“夫人”，文姜也。桓公之弑，姜氏与焉。为鲁臣子者，义不共戴天矣。嗣君，夫人所出也，恩如之何？徇私情，则害天下之大义；举王法，则伤母子之至恩，此国论之难断者也。《经》书“夫人孙于齐”，而恩义之轻重审矣。梁人有继母杀其父者，而其子杀之。有司欲当以大逆，孔季彦曰：“文姜与弑鲁桓，《春秋》去其姜氏，《传》谓：‘绝不为亲，礼也。’夫‘绝不为亲’，即凡人耳。方诸古义，宜以非司寇而擅杀当之，不得以逆论也。”人以为允。故通于《春秋》，然后能权天下之事矣。

“孙”者，顺让之词。使若不为人子所逐，以全恩也。哀姜去而弗返，文姜即归于鲁，例以“孙”书，何也？与闻弑桓之罪已极，有如去而弗返，深绝之也，然则恩轻而义重矣。《河广》之诗，其词何取？而圣人录于《国风》者，明宋襄公之重本，亦此义也。其垂训远矣。

夏，单伯逆王姬。

“单伯”者，吾之命大夫也。“逆王姬”，使我为之主也。其不言“如”者，《穀梁子》以为：“义不可受于京师也。躬君弑于齐，使之主婚姻，与齐为礼，其义固不可受也。”此明忘亲释怨，则无以立人之道矣。

秋，筑王姬之馆于外。

鲁于王室为懿亲，其主王姬，亦旧矣。馆于国中，必有常处。今特筑之于外者，《穀梁子》以为：“仇雠之人，非所以接婚姻也；衰麻，非所以接弁冕也。”知其不可，故特筑之于外也。筑之于外，得变之正乎？曰：“不正。有三年之丧，天王于义不当使之主；有不戴天之仇，庄公于义不可为之主。筑之于外之为宜，不若辞而弗主之为正也，是以君子贵端本焉。”或曰：“天王有命，固不可辞，使单伯逆于京师，上得尊周之义；为之筑馆于外，下未失居丧之礼。奚为不可？”曰：“以常礼言之，可也。今庄公有父之仇，方居苫块，此礼之大变也，而为之主婚，是废人伦、灭天理矣。《春秋》于此事，一书再书，又再书者，其义以复仇为重，示天下后世臣子不可忘君亲之意。故虽筑馆于外，不以为得礼，而特书之也。”

冬，十月乙亥，陈侯林卒。

王使荣叔来锡桓公命。

啖助曰：“不称天王，宠篡弑以渎三纲也。”《春秋》书王必称“天”，所履者，天位也；所行者，天道也；所赏者，天命也；所刑者，天讨也。今桓公弑君篡国，而王不能诛，反追命之，无天甚矣。桓无王，王无天，其失非小恶也，与葬成风引为夫人，使妾并嫡无以异，故其文一施之。范宁乃以出居于郑、来聘、求车三事为证，而谓“非义之所存”，误矣。

王姬归于齐。

鲁主王姬之嫁，旧矣。在他公时，常事不书。此独书者，以归于齐故也。逆于京师，筑馆于外，而不书“归于齐”，则无以见其罪之在也。书“归于齐”，而后忘亲释怨之罪著矣。《春秋》复仇之义明矣。

齐师迁纪郱、鄑、郚。

“郱”“鄑”“郚”者，纪三邑也。邑不言迁，迁不言师。其以“师”迁之者，见纪民犹足与守，而齐人强暴，用大众以迫之为己属也。凡书“迁”者，自是而灭矣。《春秋》兴灭国、继绝世，则迁国邑者，不再贬而罪已见矣。

二年。春，王二月，葬陈庄公。

夏，公子庆父帅师伐於馀丘。

按二《传》，“於馀丘”，邾邑也。国而曰“伐”，此邑尔，其曰“伐”，何也？志庆父之得兵权也。庄公幼年即位，首以庆父主兵，卒致子般之祸。“於馀丘”，法不当书，圣人特书以志乱之所由，为后戒也。鲁在《春秋》中见弑者，三君，其贼未有不得鲁国之兵权者。公子翚再为主将，专会诸侯，不出隐公之命；仲遂擅兵两世，入杞伐邾，会师救郑，三军服其威令之日久矣。故翚弑隐公，而寪氏不能明其罪；庆父弑子般，而成季不能遏其恶；公子遂杀恶及视，而叔仲惠伯不能免其死。夫岂一朝一夕之故哉？《春秋》所书，为戒远矣。

秋，七月，齐王姬卒。

内女嫁为诸侯妻，则书“卒”。王姬，何以书？比内女为之服也。故《檀弓》曰：“齐告王姬之丧，鲁庄公为之大功。”或曰：“由鲁嫁，故为之服姊妹之服。”夫服，称情而为之节者也。庄公于齐王姬厚矣，如不共戴天之念何？此所谓“不能三年之丧，而缌、小功之察”也。特“卒”王姬，以著其罪。

冬，十有二月，夫人姜氏会齐侯于禚。

妇人无外事，送迎不出门，见兄弟不逾阈，在家从父，既嫁从夫，夫死从子。今“会齐侯于禚”，是庄公不能防闲其母，失子道也。故赵匡曰：“姜氏、齐侯之恶著矣，亦所以病公也。”曰：“子可以制母乎？”夫死从子，通乎其下，况于国君？君者，人神之主，风教之本也。不能正家，如正国何？若庄公者，哀痛以思父，诚敬以事母，威刑以督下，车马仆从莫不俟命，夫人徒往乎？夫人之往也，则公威命之不行，哀戚之不至尔。

乙酉，宋公冯卒。

三年。春，王正月，溺会齐师伐卫。

《穀梁子》曰："此公子溺也，其不称公子，何也？恶其会仇雠伐同姓，故贬而名之也。"有父之仇而释怨，其罪大矣。况与合党兴师伐人国乎？

夏，四月，葬宋庄公。

五月，葬桓王。

《左氏》曰："缓也。天子七月而葬，同轨毕至；诸侯五月，同盟至；大夫三月，同位至；士逾月，外姻至。"王崩，至是盖七年矣。先儒或言"天子不志葬"，又以为"不言葬者，常也"。夫事，孰有大于葬天子者而可以不志乎？死生终始之际，人道之大变，岂以是为常事而不书也？

秋，纪季以酅入于齐。

大夫不得用地，公子不当去国。盗地以下敌，弃君以避患，非人臣也。故《春秋》之义，私逃者必书"奔"，有罪者必加贬。今季不书"奔"，则非窃地也；不书名，则非贬也。诸侯兄弟，贬则书名，宋辰、秦鍼之类是也；不贬则书字，蔡季、许叔之类是也。纪季所以不书"奔"者，有纪侯之命矣；所以不书名者，天下无道，强众相陵，天子不能正，方伯不能伐。屈己事齐，请后五庙，其亦不得已而为之者，非其罪也，所以无贬乎。"入"云者，难词也。

冬，公次于滑。

《穀梁子》曰："次，止也，有畏也。欲救纪而不能也。"《春秋》纪兵，伐而书"次"，以次为善；救而书"次"，以次为讥。"次于滑"，讥之也。鲁、纪有婚姻之好，当恤其患。于齐有父之仇，不共戴天。苟能救纪抑齐，一举而两善并矣。见义不为而有畏也，《春秋》之所恶，故书"公次于滑"，以讥之也。或言："夫子意在刺无王命，若讥其怯懦，则当褒其勇者，《春秋》乃鼓乱之书。"为此言者，误矣。《易》于《谦》之六五，则曰："利用侵伐。"《师》之六四，则曰："左次，无咎。"进退、勇怯，顾义如何尔，岂可专以勇为鼓乱而不与乎？

四年。春，王二月，夫人姜氏享齐侯于祝丘。

"享"者，两君之礼，所以训共俭也。两君相见，享于庙中，礼也。牺象不出门，嘉乐不野合。非两君相见，又去其国而享诸侯，甚矣。

三月，纪伯姬卒。

夏，齐侯、陈侯、郑伯遇于垂。

苏辙曰："郑伯，子仪也；桓十五年书'突出奔蔡''忽归于郑'，是年九月，突入于栎；十七年，高渠弥弑忽，立子亹；十八年，齐襄公杀子亹，郑人立子仪；庄十四年，突使傅瑕弑子仪而入，则遇于垂者，子仪也。然则，郑有二君，可乎？春秋有一国而二君者，郑突与仪、卫衎与剽是也，突、衎始终为君，子仪君郑十有四年，剽君卫十有一年，皆能君者也，故《春秋》因其实而君之。然则孰与？曰：皆不与也。突之入以篡，衎之出以恶，仪、剽虽国人所立，而突、衎在焉，非所以为安也，故四人者，《春秋》莫适与也，皆不没其实耳。君子不幸而处此，如子臧、季札可也；不如是，则乱不止。”为此说者，善矣。然而，郑伯，实厉公也，非子仪也。

纪侯大去其国。

凡大阅、大雩、大蒐，而谓之大者，讥其僭也。大无者，志仓廪之竭也；大去者，土地人民、仪章器物，悉委置之而不顾也。或曰：“以争国为小而不为，以去国为大而为之者也。夫守天子之土疆，承先祖之祭祀，义莫重焉，委而去之，无贬欤？”曰：“有国家者，以义言之，世守也，非身之所能为，则当效死而勿去；以道言之，不以其所以养人者害人，亦可去而不守。于斯二者，顾所择如何尔。”“然则，拟诸太王去邠之事，其可以无愧矣？”曰：“太王去邠，从之者如归市；纪侯去国，日以微灭，则何太王之可拟哉？故圣人与其不争而去，而不与其去而不存。与其不争而去，是以异于失地之君而不名；不与其去而不存，是故书‘叔姬归酅’，而不录‘纪侯之卒’，明其为君之末矣。”

六月乙丑，齐侯葬纪伯姬。

“葬纪伯姬”，不称“齐人”，而目其君者，见齐襄迫逐纪侯，使之去国，虽其夫人在殡而不及葬，然后襄公之罪著矣。或曰：“葬之，礼也，而以为著其罪。何也？”“弑鲁君，灭其婚姻之国而葬其女，是犹加刃于人以手抚之也，而可以为礼乎？斥言齐侯，贱之也。”或曰：“恶其诈也。如纪似礼，存纪似义，葬伯姬似仁。恶似而非者，恶莠，恐其乱苗也。”

秋，七月。

冬，公及齐人狩于禚。

《穀梁子》曰：“齐人者，齐侯也。其曰人，何也？卑公之敌，所以卑公也。何为卑公？不复仇而怨不释，刺释怨也。”父母之仇，不共戴天；兄弟之仇，不与同国；九族之仇，不同乡党；朋友之仇，不同市朝。今庄公于齐侯，不与共戴天，则无时焉可通也，而与之狩，是忘亲释怨，非人子矣。夫狩者，驰骋田猎，其为乐，下主乎己，一为乾豆，其事上主乎宗庙，以为有人心者，宜于此焉变矣。故齐侯称“人”，而鲁公书“及”，以著其罪。

五年。春，王正月。

夏，夫人姜氏如齐师。

“师”者，众多之地。按《齐诗·载驱》，刺襄公无礼义，盛其车服，疾驱于通道大都，与文姜淫之诗也。其三章曰：“汶水汤汤，行人彭彭，鲁道有荡，齐子翱翔。”“彭彭”者，多貌也。其四章曰：“汶水滔滔，行人儦儦，鲁道有荡，齐子游敖。”“儦儦”者，众貌也。曰“会”曰“享”，犹为之名也。至是“如齐师”，羞恶之心亡矣，夫人之行不可复制矣。《春秋》书此，以戒后世，谨礼于微，虑患于早之意也。

秋，郳黎来来朝。

“郳”，国也；“黎来”，名也。国何以名？夷狄之附庸也。中国附庸，例书字，邾仪父、萧叔是也；夷狄附庸，例书名，郳黎来、介葛卢是也。能修朝礼，故特书曰“朝”。其后王命以为小邾子，盖于此已能自进于礼矣。

冬，公会齐人、宋人、陈人、蔡人伐卫。

《穀梁子》曰：“是齐侯、宋公也。其曰人，何也？人诸侯，所以人公也。其人公，何也？逆王命也。”桓公十六年，卫侯朔出奔齐，《经》书其名者，以王命绝之也，又党有罪以纳之，故贬而称“人”。

六年。春，王正月，王人子突救卫。

“王人”，微者；“子突”，其字也。以下士之微，超从大夫之例而书字者，褒救卫也。朔陷其兄，使至于死，罪固大矣，然其父所立，诸侯莫得而治也。王治其旧恶而废之，可也。又借诸侯之力，抗王命以入国，是故四国之君贬而称“人”，王人之微，嘉而书字。或曰：“子突，王之子弟也。用兵，大事，而委诸子弟，使无成功，故书‘人’以讥之。”必若此言，是《春秋》以成败论事而不计理也。使诸侯苟顾逆顺之理，子突虽微，自足以申王命矣。彼既肆行莫之顾也，虽天子亲临，将有请从如祝聃者，况其下乎？子突不胜五国，使之得入也，其亦不幸焉尔矣。幸不幸，命也；守义循理者，法也。君子行法以俟命，故其褒贬如此。

夏，六月，卫侯朔入于卫。

秋，公至自伐卫。

“入”有二义，一难词也，一逆词也。朔借诸侯之力，连五国之师，距王官之微者，以复归于卫，其势宜无难矣。而书

“入”者，逆王命也。《春秋》大义，在于天下为公。选贤与能，而不拘大人世及之礼，虽以正取国，未之贵也，况杀其兄，又逆王命乎？故卫朔书名书“入”，以著其恶；王人书字书“救”，以著其善。外则诸侯书“人”，内则庄公书“至”，而《春秋》之情见矣。

螟。

冬，齐人来归卫俘。

“俘”者，二《传》以为宝。按，《商书》称：“遂伐三朡，俘厥宝玉。”则“俘”者，正文也，宝者，释词也。言齐归卫宝，则知四国皆受朔之赂矣。《春秋》特书此事，结正诸侯之罪也。夫以弟弑兄，臣弑君，篡居其位，上逆天王之命，人理所不容矣。彼诸侯者，岂其弗察而援之甚力？则未有以验其丧心失志，迷惑之端也。及书“齐人归宝”，然后知其有欲货之心，而后动于恶也。世衰道微，暴行交作，徇于货宝，贿赂公行，使君臣父子兄弟终去仁义，怀利以相与，不至于篡弑夺攘则不厌也。《春秋》书此，结正诸侯之罪，垂戒明矣。

七年。春，夫人姜氏会齐侯于防。

夏，四月辛卯，夜，恒星不见。夜中，星陨如雨。

“恒星”者，列星也；“如雨”者，言众也。人事感于下，则天变动于上。前此者，五国连衡，旅拒王命；后此者，齐桓、晋文更霸中国，政归盟主，而王室遂虚其为，法度废绝，威信陵迟之象著矣。汉成帝永始中亦有星陨之异，而五侯擅权，贼莽居摄，汉之宗支扫荡几尽。天之示人，显矣！《春秋》谨于天象，至矣！

秋，大水。无麦苗。

书“大水”，畏天灾也；“无麦苗”，重民命也。畏天灾，重民命，见王者之心矣。忽天灾而不惧，轻民命而不图，国之亡无日矣。《春秋》所以谨之也。

冬，夫人姜氏会齐侯于穀。

“防”，鲁地也；“穀”，齐地也。初会于禚，次享于祝丘，又次如齐师，又一岁而再会焉，其为恶益远矣。明年，无知弑诸兒，其祸淫之明验也。

八年。春，王正月，师次于郎，以俟陈人、蔡人。

用大众，曰“师”。“次”，止也。伐而次者，有整兵慎战之意，其次，善之也，遂伐楚，次于陉是也；救而次者，有缓师畏敌之意，其次，讥之也，次于匡、于聂北、于雍榆是也；俟而次者，有无名妄动之意，次于郎，以俟陈人、蔡人是也。何俟乎陈、蔡？或曰：“陈、蔡将过我，俟而邀之也。”或曰：“鲁将与陈、蔡有事于邻国，而陈、蔡不至，故次于郎以待之也。”若是，皆非义矣。其曰“次”，曰“以俟”者，深贬之也。

甲午，治兵。

此治兵于郎也。俟而不至，暴师露众，役久不用，则有失伍离次，逃亡溃散之虞，故复申明军法以整齐之。其志，非善之也，讥黩武也。

夏，师及齐师围郕，郕降于齐师。

书“及齐师”者，亲仇雠也；“围郕”者，伐同姓也。“郕降于齐师”者，见伐国无义而不能服也，于是庄公之恶著矣。

秋，师还。

书“师还”，讥役久也。按《左氏》，仲庆父请伐齐师，庄公不可，是国君上将亲与围郕之役也。然其次、其及、其还，皆不称公者，重众也。《春秋》正例，君将不称帅师，则以君为重。今此不称公，又以为重众。何也？轻举大众，妄动久役，俟陈、蔡而陈、蔡不至，围郕而郕不服，历三时而后还，则无名黩武，非义害人，未有如此之甚也，至是师为重矣。义系于师，故不书“公”，以著劳民毒众之罪，为后戒也。《春秋》于王道轻重之权衡，此类是矣。

冬，十有一月癸未，齐无知。

“无知”，曷为不称“公孙”，而以国氏？罪僖公也。弑君者，无知，于僖公何罪乎？不以公孙之道待无知，使恃宠而当国也。按，无知者，夷仲年之子。年者，僖公母弟也。私其同母异于他弟，施及其子，衣服礼秩如嫡，此乱本也。故于年之来聘，特以“弟”书，于无知之弑不称“公孙”，著其有宠而当国也，垂戒之义明矣。古者，亲亲与尊贤，并行而不相悖，故尧亲九族，必先明峻德而后九族睦；周封同姓，必庸康叔、蔡仲而后王室强。徒知宠爱亲属，而不急于尊贤，使为仪表，以明亲亲之道，必有篡弑之祸矣。

弑其君诸兒。

按，《左氏》：“齐侯游于姑棼，遂田于贝丘。徒人费遇贼于门，先入，伏公出而斗，死。石之纷如死于阶下。”是能死节者也。《春秋》重死节之臣，而法有特书，其不见于《经》，何也？如费等，所谓便嬖私昵之臣，逢君之恶，田猎毕弋，而不修民事，使百姓苦之者也，与大臣孔父、仇牧，义形于色，不畏强御，以身死其职则异矣。当是时，管仲、隰朋、鲍叔皆沉于下寮，不见庸也，而徒人费、石之纷如乃得居左右，襄公之所疏远亲信者如此。故以齐国之强大一也，桓公用之，则九合诸侯，不以兵车，由亲贤人，远小人，所以兴也；襄公用之，不能保其身，死于户下，由亲小人，远贤人，所以亡也。此二人虽死于难，与自经于沟渎而莫之知者，犹不逮焉，乃致乱之臣，死不偿责，又何取乎？

卷八

庄公中

九年。春，齐人杀无知。

“杀无知”者，雍廪也，而曰“齐人”者，讨贼之词也。弑君之贼，人人之所恶，夫人之所得讨，故称“人”。“人”者，众辞也。无知不称君，已不能君，齐人亦莫之君也。

公及齐大夫盟于蔇。

“及”者，内为志。大夫不名者，义系于齐，而不系于大夫之名氏也。曰“公及齐大夫盟”者，讥公之释父怨，亲仇雠也。或曰：“以德报怨，宽身之仁，何以讥之也？”曰：“德有轻重，怨有深浅，怨莫甚乎父母之仇，而德莫重乎安定其国家，而图其后嗣也。有父之仇而不知怨，乃欲以重德报之也，则人伦废、天理灭矣。”然则，如之何？“以直报怨，以德报德”。

夏，公伐齐，纳纠。齐小白入于齐。

《左氏》书“子纠”，二《传》曰“伐齐，纳纠”，君子以《公》《穀》为正。“纳”者，不受而强致之称。“入”者，难词。纠不书“子”者，明纠不当立也；以小白系齐者，明小白宜有齐也。所以然者？襄公见杀，纠与小白皆以庶子出奔；而纠，弟也，又未尝为世子。按，史称“周公诛管、蔡以安周，齐桓杀其弟以反国”，是纠幼而小白长，其有齐宜矣。宜则何以不称“公子”？内无所承，上不禀命，故以王法绝之也。桓公于王法虽可绝，视子纠则当立，故管仲相桓为徙义，而圣人称之曰：“微管仲，吾其被发左衽矣。”召忽死于子纠为伤勇，比诸匹夫匹妇之谅，自经于沟渎而莫之知也。

秋，七月丁酉，葬齐襄公。

八月庚申，及齐师战于乾时，我师败绩。

内不言败，此其言败者，为与仇战，虽败亦荣也。按，《左氏》：“战于乾时，公丧戎路，传乘而归。”则败绩者，公也。能与仇战，虽败亦荣，何以不言公？贬之也。公本忘亲释怨，欲纳仇人之子，谋定其国家，不为复仇与之战也，是故没公以见贬。若以复仇举事，则此战为义战，当书“公”冠于败绩之上，与沙随之不得见，平丘之不与盟为比，以示荣矣。惟不以复仇战也，是故讳公以重贬其忘亲释怨之罪，其义深切著明矣。

九月，齐人取子纠，杀之。

“取”者，不义之词。前书“纳纠”不称“子”者，明不当立也；此书“杀纠”复称“子”者，明不当杀也。或夺或予，于义各安，《春秋》精意也。仁人之于兄弟，不藏怒焉，不宿怨焉，亲爱之而已。纠虽争立，越在他国，置而勿问可也，必请于鲁，杀之然后快于心，其不仁亦甚矣。后世以传让为名，而取国者必杀其主，以为一人心，防后患，意与此同。流毒岂不远哉？故孟子曰："五伯，三王之罪人也。仲尼之徒，无道桓、文之事者。"

冬，浚洙。

固国以保民为本。轻用民力，妄兴大作，邦本一摇，虽有长江巨川，限带封域，洞庭、彭蠡、河、汉之险，犹不足凭，而况洙乎？书"浚洙"，见劳民于守国之末务而不知本，为后戒也。

十年。春，王正月，公败齐师于长勺。

齐师伐鲁，《经》不书"伐"，意责鲁也。诈战曰"败"，败之者为主。或曰："长勺，鲁地，而齐师至此，所谓敌加于己，不得已而后应者也，疑若无罪焉，何以见责乎？"善为国者不师，善师者不阵，善阵者不战，故行使则有文告之词，而疆埸则有守御之备。至于善阵，德已衰矣，而况兵刃相接，又以诈谋取胜乎？故书鲁为主以责之，皆已乱之道，寡怨之方，王者之事也。

二月，公侵宋。

三月，宋人迁宿。

其曰"迁宿"者，宿非欲迁，为宋人之所迁也。怀土，常物之大情。迁国，重事也，虽违害就利，去危即安，犹或恐沉于众，不肯率从。而况迫于横逆，非其所欲，弃久宅之田里，刈新徙之蓬藋，道途之勤，营筑之劳，起怨谘，伤和气，岂不恻然有隐乎？肆行莫之顾也，其不仁亦甚矣！凡书"迁"，不再贬而恶已见矣。

夏，六月，齐师、宋师次于郎。公败宋师于乘丘。

齐、宋轻举大众，深入他境，肆其报复之心，诚有罪也。鲁人若能不用诈谋，奉其辞令，二国去矣。偷得一时之捷，而积四邻之忿，此小人之道。故次者不以其事，胜者不以其理，交讥之。

秋，九月，荆败蔡师于莘，以蔡侯献舞归。

蔡侯何以名？绝之也。凡书“败”、书“灭”、书“入”，而以其君归，皆名者，为其服为臣虏，故绝之也，若蔡献舞、潞婴儿、沈嘉、许斯、顿牂、胡豹、曹阳、邾益之类是矣。国君死社稷，正也；逃之虽罪，犹有耻焉；虏，甚矣。楚人灭夔，以夔子归，独不名者，夔子以无罪见讨。虽国灭，身为臣虏，其义直，其辞初不服也，是以独假之爵而不名也。《春秋》之法，诸侯不生名，失地则生而名之，比于贱者，欲使有国之君战战兢兢，长守富贵，无危溢之行也。

冬，十月，齐师灭谭，谭子奔莒。

“灭”而书“奔”，责不死位也。不书“出”，国亡无所出也。国灭身奔而不能守其富贵，何以书爵乎？己无取灭之罪，为横逆所加而力不能胜，至于出奔，则亦不幸焉尔矣，其义盖未绝也。按，《左氏》：“齐侯之出也，过谭，谭不礼焉；及其入也，诸侯皆贺，谭又不至。”责其失事大之礼，可矣。坐此见灭，可乎？齐师灭谭，谭子奔莒；楚人灭弦，弦子奔黄；狄灭温，温子奔卫。三国所以皆存其爵，不比于失地之君而名之也。

然则，吴灭徐，徐子章羽奔楚，何以独名？按，《左氏》："吴伐徐，徐子断其发，携其夫人，以逆吴子。"既已屈服而后奔，岂有兴复之志乎？独书名，所以绝之也。《春秋》之义，虽在于抑强扶弱，又责弱者之不自强于为善也，故其书法如此。

十有一年。春，王正月。

夏，五月戊寅，公败宋师于鄑。

秋，宋大水。

凡外灾，告则书。所谓灾者，害及民物，如水火、兵戎之寇是也。诸侯于四邻，有恤病救急之义，则告为得礼，而不可以不吊。故四国同灾，许人不吊，君子以是知许之先亡也。凡志灾，见《春秋》有谨天戒、恤民隐之心，王者之事也。

冬，王姬归于齐。

按，周制：王姬嫁于诸侯，车服不系其夫，下王后一等，礼亦隆矣。《春秋》之义，尊君抑臣。其书王姬下嫁，曷为与列国之女同辞而不异乎？曰："阳唱而阴和，夫先而妇从，天理也。述天理，训后世，则虽以王姬之贵，其当执妇道，与公侯、大夫、士、庶人之女何以异哉？"故舜为匹夫，妻帝二女，而其书曰"嫔于虞"。西周王姬嫁于齐侯，亦执妇道，成肃雍之德，其诗曰"曷不肃雍，王姬之车"。自秦而后，尤欲尊君抑臣为治，而不得其道，至谓列侯尚公主，使男事女，夫屈于妇，逆阴阳之位。故王阳条奏世务，指此为失，而长乐王回亦以其弊至父母不敢畜其子，舅姑不敢畜其妇。原其意，虽欲尊君抑臣为治，而使人伦悖于上，风俗坏于下，又岂所以为治也？其流至此，然后知

《春秋》书王姬、侯女同辞而不异，垂训之义大矣。

十有二年。春，王三月，纪叔姬归于酅。

庄公四年，纪侯去国。叔姬至此，始“归于酅”者，纪侯方卒，故叔姬至此，然后归尔。“归”者，顺词，以宗庙在酅，归奉其祀也。鲁为宗国，妇人有来归之义，纪既亡矣，不归于鲁，所谓全节守义，不以亡故而亏妇道者也。鲁人高其节义，恩礼有加焉，是故其归于酅、其卒、其葬，史册悉书。夫子修《经》，存而弗削，使与卫之共姜同垂不朽，为后世劝。若夏侯令女，曹爽之弟妇也，寡居守志，父母欲夺而嫁之，誓而弗许，而曰：“曹氏全盛之时尚欲保终，况今衰亡，何忍弃之？”闻者为之感动，其闻叔姬之风而兴起者乎？

夏，四月。

秋，八月甲午，宋万弑其君捷，及其大夫仇牧。

君弑而大夫死于其难，《春秋》书之者，其所取也。大夫死于弑君之难而有不书者，故知孔父、牧、息皆所取也。夫仇牧可谓不畏强御矣，然徒杀其身，不能执贼，无益于事也，亦足取乎！食焉不避其难，义也。徒杀其身，不能执贼，亦足为求利焉而逃其难者之训矣，何名为无益哉？夫审事物之重轻者，权也；权重轻而处之得其宜者，义也。太宰督亦死于闵公之难，削而不书者，身有罪也；惠伯死于子恶之难，亦削而不书者，非君命也；召忽死于子纠之难，孔子比于匹夫匹妇之谅，自经于沟渎而莫之知者，所事不正也。崔杼弑君，晏平仲曰：“人有君而人弑之，吾焉得死之，而焉得亡之？”君子不以是罪晏子者，齐庄公不为社稷死，而晏子非其私昵之臣也。若仇牧、荀息立乎人之本朝，执国之政，而君见弑不以其私也，虽欲勿死，焉得而勿死？圣人书而弗削，以为求利焉而逃其难者之劝也。惟此义不行，然后有视弃其君犹土梗弁髦，曾莫之省，而三纲绝矣。

冬，十月，宋万出奔陈。

按，《左氏》："宋万弑闵公于蒙泽，奔陈；宋人请万于陈，以赂，陈人使妇人饮之酒，而以犀革裹之，宋人醢万。"然则，贼已讨矣，曷为不书"陈人杀万，而葬闵公"乎？夫天下之恶，一也，陈人不以万为贼而纳之，又受宋人之赂，而使妇人饮之酒，是与贼为党，非政刑也。特书"万出奔陈"，而闵公不葬，以著陈人与贼为党之罪，而不能正天讨，其法严矣。故曰："《春秋》成而乱臣贼子惧。"

十有三年。春，齐侯、宋人、陈人、蔡人、邾人会于北杏。

桓何以及四国之微者会？是宋公、邾子也。然则，何以称"人"？春秋之世，以诸侯而主天下会盟之政，自北杏始，其后宋襄、晋文、楚庄、秦穆交主夏盟，迹此而为之者也。桓非受命之伯，诸侯自相推戴，以为盟主，是无君矣。故四国称"人"，以诛始乱，正王法也。齐侯称爵，其与之乎？上无天子，下无方伯，有能会诸侯安中国，而免民于左衽，则虽与之，可也。诛诸侯者，正也；与桓公者，权也。或曰："桓公始平宋乱，遂得诸侯，故四国称'人'，言众与之也。"

夏，六月，齐人灭遂。

灭国之与见灭，罪孰为重？取国而书“灭”，夺人土地，使不得有其民人；毁人宗庙，使不得奉其祭祀，非至不仁者，莫之忍为。见灭而书“灭”，亡国之善词，上下之同力也，其亦不幸焉尔。《语》有之曰：“兴灭国，继绝世，天下之民归心焉。”今乃灭人之国而绝其世，罪莫重矣。“齐人灭遂”，其称“人”，微者尔。凡书“灭”者，不待再贬而恶已见。

秋，七月。

冬，公会齐侯盟于柯。

始及齐平也。世仇而平，可乎？于《传》有之：“敌惠敌怨，不在后嗣。”鲁于襄公有不共戴天之仇，当其身则释怨不复，而主王姬，狩于禚，会伐卫，同围郕，纳子纠，故圣人详加讥贬，以著其忘亲之罪。今易世矣，而桓公始合诸侯，安中国，攘夷狄，尊天王，乃欲修怨怒邻而危其宗社，可谓孝乎？故长勺之役，专以责鲁；而柯之盟，公与齐侯皆书其爵，则以为释怨而平可也。或称齐襄公复九世之仇而《春秋》贤之，信乎？以仲尼所书柯之盟，其辞无贬，则复九世之仇而《春秋》贤之者，妄矣。其诸传者，借襄公事以深罪鲁庄当其身而释怨耶！

十有四年。春，齐人、陈人、曹人伐宋。

宋人背北杏之会，诸侯伐宋。其称“人”者，将卑师少也。齐自管仲得政，灭谭之后，二十年间，未尝遣大夫为主将，亦未尝动大众出侵伐，盖以制用兵而赋于民薄矣。故能南摧强楚，西抑秦、晋，天下莫能与之争也。或以为贬齐称“人”，误矣。

夏，单伯会伐宋。

隐公四年，诸侯伐郑，翚帅师会伐，则再举宋、陈、蔡、卫四国之名。今诸侯伐宋而单伯会伐，不复再举三国之名，何也？宋人背北杏之会，合诸国而伐之者，齐桓公也。会伐者，无贬焉，故其辞平。主谋伐郑，而欲求宠于诸侯以定其位者，州吁也。会之者，党逆贼矣，故其辞繁而不杀，疾之也。再举而列书者，甚疾四国之词也。言之不足，故再言之，而圣人之情见矣。

秋，七月，荆入蔡。

冬，单伯会齐侯、宋公、卫侯、郑伯于鄄。

十有五年。春，齐侯、宋公、陈侯、卫侯、郑伯会于鄄。

夏，夫人姜氏如齐。

秋，宋人、齐人、邾人伐郳。

伯者之先诸侯，专征也；非伯者而先诸侯，主兵也。此齐桓之师，何以序宋下？犹未成乎伯也。二十七年，同盟于幽，天下与之，然后成乎伯矣。

郑人侵宋。

侵伐之义，三《传》不同。《左氏》曰："有钟鼓曰伐，无钟鼓曰侵。"先儒或非其说，以为"声罪致讨曰伐，无名行师曰侵"，未有以易之者也。然考诸五经，皆称"侵伐"。在《易·谦》之六五，曰："利用侵伐，征不服也。"《书》之《太誓》，曰："我武惟扬，侵于之疆。"《诗》之《皇矣》，曰："依其在京，侵自阮疆。"《周官·大司马》以九伐之法正邦国，而曰："贼贤害民则伐之，负固不服则侵之。"而以为无名行师，可乎？然则，或曰“侵”，或曰“伐”，何也？声罪致讨曰伐，潜师掠境曰侵。声罪者，鸣钟击鼓，整众而行，兵法所谓正也；潜师者，衔枚卧鼓，出人不意，兵法所谓奇也。

冬，十月。

十有六年。春，王正月。

夏，宋人、齐人、卫人伐郑。

秋，荆伐郑。

冬，十有二月，会齐侯、宋公、陈侯、卫侯、郑伯、许男、滑伯、滕子同盟于幽。

“会”者，公也，不书“公”，讳也。其讳公，何也？程氏曰：“齐桓始霸，仗义以盟，而鲁首叛盟，故讳不称公。”恶失信也。其曰“同盟”，何也？程氏曰：“上无明王，下无方伯，列国交争，桓公始霸，天下与之，故书‘同盟’。”志同欲也。自古皆有死，民无信不立。故圣人以信易食，答子贡之问；君子以信易生，重桓王之失。《春秋》之讳公与是盟也，岂不以信之重于生与食乎？先儒或以为“不书公者，讳与仇盟”，误矣。果以桓为仇而讳与盟者，曷不于柯之盟讳之也？

郳子克卒。

十有七年。春，齐人执郑詹。

书“齐人执詹”，恶齐之词也。郑既侵宋，又不朝齐，詹为执政，盖用事之臣也，其见执，宜矣，而以恶齐，何也？以责人之心责己，则尽道；以爱己之心爱人，则尽仁，此《春秋》待齐之意也。

夏，齐人歼于遂。

“歼”，尽也。齐灭遂，使人戍之，遂之余民，饮戍者酒而杀之，齐人歼焉。《春秋》书此者，见齐人灭遂，恃强陵弱，非伐罪吊民之师。遂人书“灭”，乃亡国之善词，上下之同力也。夫以亡国余民，能歼强齐之戍，则申胥一身，可以存楚；楚虽三户，可以亡秦，固有是理。足为强而不义之戒，而弱者亦可省身而自立矣。

秋，郑詹自齐逃来。

《穀梁子》曰：“逃义曰逃。”“逃”者，匹夫之事。詹之见执，若其有罪，虽死可也；倘曰无罪，苟见免焉，请从惠于会，使诸侯闻之，则不辱君命矣。不能以理自明也，而反效匹夫之行，遁逃苟免，越在他国，不亦贱乎？特书曰“逃”，以著其幸免而不知命之罪也。齐桓始霸，同盟于幽，而鲁首叛盟，受其逋逃，亏信义矣。书“自齐逃来”，又以罪鲁也。

冬，多麋。

“麋”，鲁所有也，多则为异，以其又害稼也，故书。此亦禹放龙蛇、周公远犀象之意也，害稼则及人矣。

十有八年。春，王三月，日有食之。

夏，公追戎于济西。

此未有言侵伐者，而书“追戎”，是不觉其来，已去而追之也。为国无武备，启戎心而不知警，危道也。《春秋》之意，其必未雨而彻桑土，闲暇而明政刑。

秋，有蜮。

“蜮”，鲁所无也，故以“有”书。夫以含沙射人，其为物至微矣。鲁人察之，以闻于朝，鲁史异之以书于策，何也？山阴陆佃曰：“蜮，阴物也；麋，亦阴物也。是时庄公上不能防闲其母，下不能正其身，阳淑消而阴慝长矣，此恶气之应。”其说是也。然则，《箫韶》作而凤凰来仪，《春秋》成而麟出于野，何足怪乎？《春秋》书物象之应，欲人主之慎所感也。世衰道微，邪说作，正论消，小人长，善类退，天变动于上，地变动于下，禽兽将食人而不知惧也，亦昧于仲尼之意矣。

冬，十月。

十有九年。春，王正月。

夏，四月。

秋，公子结媵陈人之妇于鄄，遂及齐侯、宋公盟。

“媵”，浅事；“陈人”，微者。公子往焉，是以所重临乎礼之轻者也；“齐侯”，伯主；“宋公”，王者之后。“盟”，国之大事也，大夫辄与焉，是以所轻当乎礼之重者也。礼者，不失己亦不失人，失己与人，寇之招也。是故结书“公子”，而曰“媵陈人之妇”，讥其重以失己也；齐、宋书爵，而曰“遂”，讥其轻以失人也。“遂”者，专事之词。《聘礼》：“大夫受命不受辞，出境有可以安社稷、利国家，则专之可也。”谓本有此命，得以便宜从事，特不受专对之辞尔。若违命行私，虽有利国家、安社稷之功，使者当以矫制请罪，有司当以擅命论刑，何者？终不可以一时之利乱万世之法，是《春秋》之旨也。

夫人姜氏如莒。

冬，齐人、宋人、陈人伐我西鄙。

奉词曰伐。其称“人”，将卑师少也。结方与二国盟，则其来伐我，何也？齐桓始霸，责鲁不恭，所谓失己与人以招寇也。或以结能为鲁设免难之策，为齐、宋画讲好之计，身在境外而权其国家，为《春秋》予之，故称“公子”，非矣。

卷九

庄公下

二十年。春，王二月，夫人姜氏如莒。

十有五年，夫人姜氏如齐，至是再如莒而《春秋》书者。礼义，天下之大防也，其禁乱之所由生，犹坊止水之所自来也。卫女嫁于诸侯，父母终，思归宁而不得，故《泉水》赋；许穆夫人闵卫之亡，思归唁其兄而阻于义，故《载驰》作。圣人录于《国风》，以训后世，使知男女之别，自远于禽兽也。今夫人如齐，以宁其父母，而父母已终；以宁其兄弟，又义不得。宗国犹尔，而况如莒乎？妇人，从夫者也，夫死从子，而庄公失子之道，不能防闲其母，禁乱之所由生。故初会于禚，次享于祝丘，又次如齐师，又次会于防、于穀，又次如齐，又再如莒，此以旧坊为无所用而废之者也，是以至此极。观《春秋》所书之法，则知防闲之道矣。

夏，齐大灾。

秋，七月。

冬，齐人伐戎。

二十有一年。春，王正月。

夏，五月辛酉，郑伯突卒。

杜预称："庄公四年，郑伯遇于垂者，乃子仪也，而以为厉公者。"按，《春秋》，突归于郑之后，其出奔蔡，入于栎，皆以名书，犹系于爵，虽篡而实君，虽君而实篡，不没其实也。忽虽世子，其出奔犹不得称"子"，其复归犹不得称"伯"，以其实不能君也。而况子仪虽乘间得立，其为君微矣。岂敢轻去国都与诸侯会于外乎？故知遇于垂者，乃厉公也。其始终书爵，不没其实也，亦可以为居正不能保者之戒矣。

秋，七月戊戌，夫人姜氏薨。

冬，十有二月，葬郑厉公。

二十有二年。春，王正月，肆大眚。

"肆眚"者，荡涤瑕垢之称也。《舜典》曰："眚灾肆赦。"《易》于《解》卦曰："君子以赦过宥罪。"《吕刑》曰："五刑之疑有赦，五罚之疑有赦。"《周官》司刺掌赦宥之法："一宥曰不识，再宥曰过失，三宥曰遗忘；一赦曰幼弱，再赦曰老耄，三赦曰惷愚。"未闻"肆大眚"也。"大眚"皆"肆"，则废天讨，亏国典，纵有罪，虐无辜，恶人幸以免矣。后世有姑息为政，数行恩宥，惠奸轨，贼良民，而其弊益滋，盖流于此。故诸葛孔明曰："治世以大德，不以小惠。"其为政于蜀，军旅数兴，而赦不妄下，蜀人久而歌思，犹周人之思召公也，斯得《春秋》之旨矣。"肆眚"而曰"大眚"，讥失刑也。

癸丑，葬我小君文姜。

文姜之行，甚矣，而用小君之礼，其无讥乎？以书"夫人孙于齐”，不称“姜氏”，及书“哀姜薨于夷，齐人以归”考之，则讥小君典礼，当谨之于始而后可正也。文姜已归为国君母，臣子致送终之礼，虽欲贬之，不可得矣。

陈人杀其公子御寇。

公子之重视大夫，杀而或称君，或称国，或称人，何也？称君者，独出于其君之意，而大夫、国人有不与焉，如晋侯杀其世子申生之类是也。称国者，国君、大夫与闻其事，而不请于天子，如郑杀其大夫申侯之类是也。称人者，有二义，其一国乱无政，众人擅杀而不出于其君则称人，如陈人杀其公子御寇之类是也；其一弑君之贼，人人所得讨，背叛之臣，国人之所同恶，则称人，如卫人杀州吁、郑人杀良霄之类是也。考于《传》之所载，以观《经》之所断，则罪之轻重见矣。

夏，五月。

秋，七月丙申，及齐高傒盟于防。冬，公如齐纳币。

微者，名姓不登于史册。“高傒”，齐之贵大夫也，曷为就吾之微者盟？盖公也。其不言公，讳与高傒盟也。来议结昏，娶仇人女，大恶也。娶者，其为吉，下主乎己，上主乎宗庙，以为有人之心者，宜于此焉变矣。公亲如齐纳币，则不待贬也。

二十有三年。春，公至自齐。

祭叔来聘。

《穀梁子》曰：“其不言使，天子之内臣也，不正其外交，故不与使也。”祭伯来朝而不言朝，祭叔来聘而不言使，尹氏、王子虎、刘卷来讣而不书其爵秩，皆所以正人臣之义也。人君而明此，不容下比之臣；人臣而明此，不为交私之计，党锢之祸息矣。

夏，公如齐观社。

庄公将如齐观社，曹刿谏曰："齐弃太公之法，而观民于社，君为是举而往观之，非故业也。天子祀上帝，诸侯会之受命焉；诸侯祀先公，卿大夫佐之受事焉。不闻诸侯之相会祀也。君举必书，书而不法，后嗣何观？"

公至自齐。

荆人来聘。

荆自庄公十年始见于《经》，十四年入蔡，十六年伐郑，皆以州举者，恶其猾夏不恭，故狄之也。至是来聘，遂称"人"者，嘉其慕义自通，故进之也。朝聘者，中国诸侯之事，虽蛮夷而能修中国诸侯之事，则不念其猾夏不恭而遂进焉，见圣人之心，乐与人为善矣。后世之君，能以圣人之心为心，则与天地相似。凡变于夷者，叛则惩其不恪而威之以刑，来则嘉其慕义而接之以礼。迩人安，远者服矣。《春秋》谨华夷之辨，而荆、吴、徐、越，诸夏之变于夷者，故书法如此。

公及齐侯遇于穀。萧叔朝公。

"穀"，齐地；"萧叔"，附庸之君也。为礼必当其物与其所，而后可以言礼。大夫宗妇觌而用币，则非其物也；萧叔朝公在齐之穀，则非其所也。嘉礼不野合，而朝公于外，是委之于野矣。故礼非其所，君子有不受，必反之于正而后止，此亦《春秋》拨乱之意也。

秋，丹桓宫楹。

冬，十有一月，曹伯射姑卒。

十有二月甲寅，公会齐侯盟于扈。

程氏曰："遇于穀，盟于扈，皆为要结姻好也。"传称男子二十而冠，冠而列丈夫。三十而不娶，则非礼矣。然天子诸侯十五而冠者，以娶必先冠，而国不可久无储贰，欲人君早有继体，故因以为节也。鳏者，老而无妻之称。舜方三十未娶，而师锡帝尧,已曰"有鳏在下矣"，妻帝之二女，则不告于父母，以为告则不得娶，而废人之大伦，尧亦不告而妻焉，其欲及时而无过如此也。今庄公生于桓公之六年，至是三十有六载矣，以世嫡之正，诸侯之贵，尚无内主同任社稷之事，何也？盖为文姜所制，使必娶于母家，而齐女待年未及，故庄公越礼不顾。如此其急，齐人有疑；如此其缓，而遇于穀、盟于扈，要结之也。娶夫人，奉祭祀，为宗庙之主，而母言是听，不以大义裁之，至于失时，不孝甚矣。《春秋》详书于策，为后戒也。

二十有四年。春，王三月，刻桓宫桷。

公将逆姜氏，丹桓宫之楹，刻其桷，为盛饰以夸示之，此非特有童心而已。御孙谏曰："俭，德之共也；侈，恶之大也。先君有共德而君纳诸大恶，无乃不可乎？"自常情观之，丹楹刻桷宜若小失，而《春秋》详书于策，御孙以为大恶，何也？桓公见杀于齐，则不能复，而盛饰其宫，夸示仇人之女，乃有乱心，废人伦，悖天道，而不知正者也，御孙知为大恶而不敢尽言。《春秋》谨礼于微，正后世人主之心术者也。故书于策，斥言桓宫以恶庄，为后鉴也。

葬曹庄公。

夏，公如齐逆女。

秋，公至自齐。

《穀梁子》曰：“亲迎，常事也，不志，此其志，何也？不正其亲迎于齐也。”或曰：“常事不志。岁事之常也，亲迎可以常乎？”则其说误矣。所谓常者，其事非一，有月事之常，则视朔是也；有时事之常，则蒐狩是也；有岁事之常，则郊祀、雩祭之类是也；有合礼之常，则婚姻纳币、逆女至归之类是也。凡此类，合礼之常则不志矣。其志，则于礼不合，将以为戒者也。若夫崩、薨、卒、葬、即位之类，不以礼之合否而皆书，此人道始终之大变也，其于亲迎异矣。

八月丁丑，夫人姜氏入。

何以不致？不可见乎宗庙也。“姜氏”，齐襄公之女。“入”者，不顺之词，以宗庙为弗受也。昏义以正始为先，而公不与夫人皆至，姜氏不从公而入，已失夫妇之正，弑闵、孙邾之乱，兆矣。庄公不胜其母，越礼逾时，俟仇人之女，荐舍于宗庙，以成好合，卒使宗嗣不立，弑逆相仍，几至亡国。故《春秋》详书其事，以著庄公不孝之罪，为后戒也。

戊寅，大夫、宗妇觌，用币。

礼，夫人至，大夫郊迎，明日执贽以见。“宗妇”，大夫之妻也。公事曰见，私事曰觌。见夫人，礼也，曷为以私言之？夫人不可见乎宗庙，则不可以临群臣，故以私言之也。“觌，用币”，何以书？男贽，大者玉帛，小者禽鸟，以章物也；女贽，不过榛栗枣脩，以告虔也。今男女同贽，是无别也，公子牙、庆父之乱兆矣。《春秋》详书，正始之道也。

大水。

冬，戎侵曹，曹羁出奔陈，赤归于曹。

杜预谓：“羁，盖曹世子也。”曹伯已葬，犹不称爵者，以微弱不能君，故为戎所逐尔。“赤”者，曹之庶公子。“归”，易词也。宋人执郑祭仲而忽出突归，权在宋也；戎侵曹而羁出赤归，制在戎也。使郑忽、曹羁明而能断，虽有宋、戎之众，突、赤之孽何缘而起？以国储君副，不能自定其位，于谁责而可？故虽以国氏，皆不书爵，为居正者之戒。

郭公。

此“郭公”也，义不可晓。而先儒或以为“郭亡”者，于传有之。齐桓公之郭，问父老曰：“郭何故亡？”曰：“以其善善而恶恶也。”公曰：“若子之言，乃贤君也，何至于亡？”父老曰：“郭君善善不能用，恶恶不能去，所以亡也。”考其时与事，谓之“郭亡”，理或然也。夫“善善而不能用”，则无贵于知其善；“恶恶而不能去”，则无贵于知其恶。未之或知者，犹有所觊也；夫既或知之矣，不能行其所知，君子所以高举远引，小人所以肆行而无忌惮也。然则，非有能亡郭者，郭自亡尔。

二十有五年。春，陈侯使女叔来聘。

夏，五月癸丑，卫侯朔卒。

六月辛未，朔，日有食之。鼓，用牲于社。

按，《礼》："诸侯旅见天子，入门不得终礼者四，而日食与焉。"古者，固以是为大变，人君所当恐惧修省以答天意，而不敢忽也。故《夏书》曰："乃季秋月朔，辰弗集于房，瞽奏鼓，啬夫驰，庶人走。"《周官·鼓人》："救日月，则诏王鼓。"《大仆》："凡军旅、田役，赞王鼓，救日月，亦如之。"诸侯用币于社，伐鼓于朝，退而自责，皆恐惧修省以答天意，而不敢忽也。然则"鼓，用牲于社"何以书？讥不鼓于朝而鼓于社，又用牲，则非礼矣。

伯姬归于杞。

其不言逆，何也？逆者，非卿，其名姓不登于史策，则书"归"，以志礼之失也。大夫来逆，名姓已登于史策，足以志其失矣，犹书"归"者，以别于大夫之自逆者也。犹书"归"者，纪伯姬是也；自逆者，莒庆、齐高固是也。

秋，大水。鼓，用牲于社、于门。

冬，公子友如陈。

二十有六年。春，公伐戎。

夏，公至自伐戎。

曹杀其大夫。

称国以杀者，国君、大夫与谋其事，不请于天子而擅杀之也。义系于杀，则止书其官，曹杀其大夫，宋人杀其大夫是也；义系于人，则兼书其名氏，楚杀其大夫得臣，陈杀其大夫泄冶之类是也。然杀大夫，而曰“大夫与谋其事”，何也？“与谋其事”者，用事之大夫也；见杀者，不得于君之大夫也。所谓“义系于杀”者，罪在于专杀，而见杀者之是非有不足纪也，故止书其官而不录其名氏也。古者，诸侯之卿、大夫、士，命于天子，而诸侯不敢专命也。其有罪则请于天子，而诸侯不敢专杀也。及春秋时，国无大小，卿、大夫、士皆专命之，而不以告于王朝，有罪无罪皆专杀之，而不以归于司寇，无王甚矣！五伯，三王之罪人，而葵丘之会，犹曰“无专杀大夫”，故《春秋》明书于策，备天子之禁也。凡诸侯之大夫，方其交政中华，会盟征伐，虽齐、晋上卿，止录其名氏；至于见杀，虽曹、莒小国，亦书其官。或抑或扬，或夺或予，圣人之大用也，明此然后可以司赏罚之权矣。

秋，公会宋人、齐人伐徐。

按，《书》：“伯禽尝征徐戎。”则戎在徐州之域，为鲁患，旧矣。是年春，公伐戎，秋，又伐徐者，必戎与徐合兵，表里为鲁国之患也。故虽齐、宋将卑师少，而公独亲行。其不致者，役不淹时，而齐人同会，则无危殆之忧矣。

冬，十有二月癸亥，朔，日有食之。

二十有七年。春，公会杞伯姬于洮。

《左氏》曰：“会于洮，非事也。天子非展义不巡守，诸侯非民事不举，卿非君命不越境。”“伯姬”，庄公之女，非事而特会于洮，爱其女之过，而不能节之以礼，此《春秋》之所禁也。惟不节之以礼，然后有使自择配，如僖公之于季姬，而典训亡矣。

夏，六月，公会齐侯、宋公、陈侯、郑伯同盟于幽。

同盟之例，有恶其反复而书“同盟”，有诸侯同欲而书“同盟”。此盟，郑伯之所欲而书“同盟”者也。凡盟，皆小国受命于大国，不得已而从焉者也。其有小国愿与之盟，非出于勉强者，则书“同盟”，所以志同欲也。前此郑伯尝贰于齐矣，至是齐桓强盛，有伯中国、攘夷狄之势，诸侯皆归之。郑伯于是焉有畏服之心，其得与于盟，所欲也，故特书“同”。《穀梁子》所谓“于是而后授之诸侯”是也。其“授之诸侯”，齐侯得众也，视他盟为愈矣。

秋，公子友如陈，葬原仲。

“公子友如陈，葬原仲”，私行也。人臣之礼，无私交，大夫非君命不越境，何以通季子之私行，而无贬乎？曰：“《春秋》，端本之书也；京师，诸夏之表也。祭伯以寰内诸侯而来朝，祭叔以王朝大夫而来聘，尹氏以天子三公来告其丧，诬上行私，表不正矣。是故季子违王制委国事，越境而会葬，齐高固、莒庆以大夫即鲁而图婚。其后陈庄子死，赴丧于鲁，鲁人欲勿哭，缪公召县子而问焉，曰：‘古者，大夫束脩之问不出境，虽欲哭，焉得而哭诸？今之大夫交政于中国，虽欲勿哭，焉得而勿哭？末流可知矣。’《春秋》深贬王臣，以明始乱，备书诸国大夫而无讥焉，则以著其效也。凡此，皆正其本之意。”

冬，杞伯姬来。

《左氏》曰："归宁也。"《礼》："父母在，岁一归宁。"若归而合礼，则常事不书。其曰"杞伯姬来"者，不当来也。女子有行，远父母兄弟，春会于洮矣，冬又归鲁。故知其不当来也，来而必书。《春秋》于男女往来之际，严矣。

莒庆来逆叔姬。

"莒庆"，莒大夫也；"叔姬"，庄公女也。何以称字？大夫自逆则称字，为其君逆则称女，尊卑之别也。何以书？诸侯嫁女于大夫，而公自主之，非礼也。

杞伯来朝。

公会齐侯于城濮。

二十有八年。春，王三月甲寅，齐人伐卫。卫人及齐人战，卫人败绩。

《春秋》纪兵，"及"者为主。齐人举兵而伐卫，卫人见伐而受兵，则其以卫"及"之，何也？按，《左氏》："卫尝伐周立子颓，至是王使召伯廖赐齐侯命，且请伐卫，则齐人举兵，乃奉王命，声卫立子颓之罪以讨之也。"为卫计者，诚有是罪，则当请归司寇服刑可也。若惠邀康叔，不泯其社稷，使得自新，亦唯命，则可以免矣。今不征词请罪，而上逆王命，下拒方伯之师，直与交战，则是卫人为志乎此战，故以卫主之也。战不言伐，伐不言日，而书日者，战之日也。见齐人奉辞伐罪，方以是日至，而卫人不请其故，直以是日与之战，所以深疾之也，而圣人之情见矣。齐称“人”，将卑师少也。

夏，四月丁未，邾子琐卒。

秋，荆伐郑。公会齐人、宋人救郑。

按，《左氏》：“楚令尹子元无故以车六百乘伐郑，入自纯门。”是陵弱暴寡之师也，故以州举，狄之也。郑人将奔桐丘，诸侯救之，楚师夜遁，是得救急恤邻之义也，故书“救郑”，善之也。齐、宋称“人”，将卑师少。桓公主兵，攘夷狄、安中国之事见矣。

冬，筑郿。

“郿”，邑也。凡用功，大曰“城”，小曰“筑”，故馆则书“筑”，台则书“筑”，囿则书“筑”。郿邑而书“筑”者，创作邑也。其志不视岁之丰凶，而轻用民力于其所不必为也，则非人君之心矣。

大无麦禾。

麦熟于夏，禾成在秋，而书于冬者，庄公惟宫室台榭是崇是饰。费用浸广，调度不充，有司会计岁入之多寡虚实，然后知仓廪之竭也，故于岁杪而书曰“大无麦禾”。“大无”者，仓廪皆竭之词也。古者，三年耕，余一年之食；九年耕，余三年之食。今庄公享国二十八年，当有九年之积，而虚竭如此，所谓寄生之君也。民事，古人所急；食者，养民之本。不敦其本而肆侈心，何以为国？故下书“臧孙告籴”以病公，而戒来世为国之不知务也。

臧孙辰告籴于齐。

刘敞曰："不言'如齐告籴'，而曰'告籴于齐'者，言'如齐'则其词缓，'告籴于齐'则其情急，所以讥大臣任国事，治名而不治实之蔽也。鲁人悦其名，而以急病让夷为功；君子责其实，而以不能务农重谷、节用爱人为罪。"

二十有九年。春，新延厩。

言"新"者，有故也。何以书？昔韩昭侯作高门，屈宜臼曰："不时。所谓时者，非时日也。人固有利、不利时，前年秦拔宜阳，今年旱，君不以此时恤民之急而顾益奢，此所谓时诎举赢者也。"故《穀梁子》曰："古之君人者，必时视民之所勤。民勤于力，则功筑罕；民勤于财，则贡赋少；民勤于食，则百事废矣。'大无麦禾''告籴于齐''冬筑郿''春，新延厩'，以其用民力为已悉矣。"

夏，郑人侵许。

秋，有蜚。

冬，十有二月，纪叔姬卒。

纪已灭矣，其卒之何？见纪侯去国，终不能自立，异于古公亶父之去，故特书"叔姬卒"，而不卒纪侯，以明其不争而去则可，能使其民从而不释则微矣。

城诸及防。

三十年。春，王正月。

夏，师次于成。

秋，七月，齐人降鄣。

“降”者，胁服之词。前书“郕降于齐师”，意责鲁也；此言“齐人降鄣”，专罪齐也。“鄣”者，纪之附庸，微乎微者也。齐人不道，肆其强力，胁使降附，不书“鄣降”，而曰“降鄣”者，以齐之强，故罪之深；以鄣之微，故责之薄。《春秋》之法，扶弱抑强，明道义也；霸者之政，以强临弱，急事功也。故曰：“五伯，三王之罪人。仲尼之徒，无道桓、文之事者。”

八月癸亥，葬纪叔姬。

灭国不葬，此何以葬？贤叔姬也。纪侯既卒，不归宗国而归于酅，所谓秉节守义，不以亡故而睽妇道者也，故系之于纪而录其卒、葬。先儒谓“贤而得书”是也。“贤而得书”，所以为后世劝也。

九月庚午，朔，日有食之。鼓，用牲于社。

冬，公及齐侯遇于鲁济。

齐人伐山戎。

“齐人”者，齐侯也，其称“人”，讥伐戎也。自管仲得政，至是二十年，未尝命大夫为主将，亦未尝兴大众出侵伐，故鲁庄十一年而后，凡用兵，皆称“人”者，以将卑师少尔。今此安知其非将卑师少，而独以为齐侯，何也？以“来献戎捷”称“齐侯”，则知之矣。夫北戎病燕，职贡不至，桓公内无因国，外无从诸侯，越千里之险，为燕辟地，可谓能修方伯连帅之职，何以讥之乎？桓不务德，勤兵远伐，不正王法，以讥其罪，则将开后世之君劳中国而事外夷，舍近政而贵远略，困吾民之力，争不毛之地，其患有不胜言者，故特贬而称“人”，以为好武功而不修文德者之戒也。然则，伐楚之役，何以美之？其谓退师召陵，责以大义，不务交兵，而强楚自服乎！观此，可以见圣人强本治内、柔服远人之意矣。

三十有一年。春，筑台于郎。

何以书？厉民也。天子有灵台以候天地，诸侯有时台以候四时。去国筑台于远，而不缘占候，是为游观之所，厉民以自乐也。厉民自乐而不与民同乐，则民欲与之偕亡。虽有台，岂能独乐乎？

夏，四月，薛伯卒。

筑台于薛。

六月，齐侯来献戎捷。

军获曰捷。凡诸侯有四夷之功，则献于王，王以警于夷，中国则否，诸侯不相遗俘。“献”者，下奉上之辞。齐伐山戎，以其所得躬来夸示。书“来献”者，抑之也。后世宰臣有不赏边功，以沮外徼生事之人，得《春秋》抑“戎捷”之意。

秋，筑台于秦。

冬，不雨。

三十有二年。春，城小榖。

夏，宋公、齐侯遇于梁丘。

秋，七月癸巳，公子牙卒。

牙有今将之心，而季子杀之。其不言刺者，《公羊》以为："善之也。季子杀母兄，何善尔？诛不得避兄，君臣之义也。曷为不直诛而鸩之？使托若以疾死然，亲亲之道也。"陆淳曰："季子恩义俱立，变而得中。夫子书其自卒，以示无讥也。"得之矣。

八月癸亥，公薨于路寝。

赵匡曰："君终必于正寝，就公卿也。大位，奸之窥也；危病，邪之伺也。若蔽于隐，是女子小人得行其志矣。"然则，庄公以世嫡承国，不为不贵；周公之后，奄有龟蒙，不为不强；即位三十有二年，不为不久；薨于路寝，不为不正。而嗣子受祸，几至亡国，何也？大伦不明而宗嗣不定，兵柄不分而主威不立，得免其身，幸矣。

冬，十月己未，子般卒。

初，公筑台，临党氏，见孟任，生子般焉。般尝鞭圉人荦。公薨，般即位。次于党氏，庆父使荦贼般，成季奔陈，立闵公。昔舜不告而娶，恐废人之大伦，以怼父母，君子以为犹告也。庄公过时越礼，谬于《易》基《乾》《坤》，《诗》始《关雎》，大舜不告而娶之义，甚矣。而子般乃孟任之所出也，胡能有定乎？虽享国日久，获终路寝，而嗣子见弑，几至亡国。有国者可不以为戒哉？

公子庆父如齐。

子般之卒，庆父弑也，宜书"出奔"，其曰"如齐"，见庆父主兵自恣，国人不能制也。昔成王将终，命大臣相康王，方是时，掌亲兵者，太公望之子伋也，宰臣召公奭命仲桓、南宫毛取二千戈，虎贲百人于伋，以逆嗣子。伋虽掌兵，非有宰臣之命，不敢发也；召公虽制命，非二诸侯将命以往，伋亦不承也。兵权散主，不偏属于一人，可知矣。今庄公幼年即位，专以兵权授之庆父，岁月既久，威行中外，其流至此，故於馀丘法不当书，而圣人特书“庆父帅师”，以志得兵之始。而卒书“公薨”“子般卒”“庆父如齐”，以见其出入自如，无敢讨之者，以示后世，其垂戒之义明且远矣。

狄伐邢。

卷十

闵公

元年。春，王正月。

不书“即位”，内无所承，上不请命也。庄公薨，子般卒，庆父、夫人利闵公之幼而得立焉，是内不承国于先君也。按，周制：王哭诸侯，则大宗伯为上相。未有诸侯之薨而不告于王者也，职丧掌诸侯之丧，以国之丧礼莅其禁令，序其事，凡国有司以王命有事焉，则诏赞主人，未有诸侯之子主丧而王不遣使者也。今鲁有大故，不告于周，闵既主丧，而王不遣使，是上不请命于天子也。内无所承，上不请命，故不书“即位”，正人道之大伦也。

齐人救邢。

凡书“救”者，未有不善之也。救在京师，则罪列国，子突救卫是也；救在夷狄，则罪诸侯，狄救齐、吴救陈是也；救在远国，则罪四邻，晋阳处父帅师伐楚以救江是也；救而不速救者，则书所次以罪其慢，叔孙豹救晋次于雍榆是也；救而不敢救者，则书所至以罪其怯，齐侯伐我北鄙围成，公救成至遇是也。兵者，《春秋》之所甚重。卫灵公问陈，孔子对曰：“俎豆之事，则尝闻之矣。军旅之事，未之学也。”独至于救兵，而书法若此，圣人之情见矣。其称“人”，将卑师少也。

夏，六月辛酉，葬我君庄公。

秋，八月，公及齐侯盟于落姑。季子来归。

按，《左氏》：“盟于落姑，请复季友也。”其曰“季子”，贤之也；其曰“来归”，喜之也。自外至者为归。是尝出奔矣，何以不书？庄公薨，子般弑，庆父主兵，势倾公室，季子力不能支，避难而出奔，耻也。鲁国方危，内贼未讨，国人思得季子以安社稷，而公为落姑之盟以请于齐，则是贤也。《春秋》欲没其耻，故不书“奔”；欲旌其贤，故特称“季子”，圣人之情见矣。隐恶而扬善，舜也；乐道人之善，恶称人之恶，孔子也；为尊者讳，为亲者讳，为贤者讳，《春秋》也。明此可以畜纳污之德，乐与人为善矣。其不称“公子”，见季友自以贤德为国人所与，不缘宗亲之故也。尧敦九族，而急亲贤、退嚚讼；周厚本枝，而庸旦、仲，黜蔡、鲜。义皆在此。而亲亲之杀、尊贤之等著矣。此义行，则内无贵戚任事之私，外无弃亲用羁之失，而国不治者，未之有也。此《春秋》待来世之意。

冬，齐仲孙来。

“仲孙”，齐大夫也，其不称“使”，而曰“来”者，略其君臣之常词，以见桓公使臣不以礼，仲孙事君不以忠也。按，《左氏》：“齐侯忧鲁，使仲孙来省难。”何以言使臣不以礼也？邻有弑逆，则当声罪戒严，修方伯之职以奉天讨，而更使计谋之士窥觇虚实，有乘乱取国之心，则使臣非以礼矣。仲孙归曰：“不去庆父，鲁难未已，君其务宁鲁难而亲之。”何以言事君不以忠也？陈恒弑简公，孔子沐浴而朝，告于哀公，请讨焉，岂曰齐人方强，姑少待之也？不劝其君急于讨贼，而俟其自毙，则事君非以忠矣。使庆父稔恶，闵公再弑，则桓公与仲孙始谋不臧之所致耳。直书曰“齐仲孙来”，交讥之也。

二年。春，王正月，齐人迁阳。

夏，五月乙酉，吉禘于庄公。

程氏曰：“天子曰禘，诸侯曰祫，其礼皆合祭也。禘者，禘其所自出之帝，为东向之尊，其余皆合食于前，此之谓禘。诸侯无所出之帝，则止于太祖之庙，合群庙之主以食，此之谓祫。”天子禘，诸侯祫，大夫享，庶人荐，上下之杀也。鲁，诸侯尔，何以有禘？成王追念周公有大勋劳于天下，赐鲁公以天子礼乐，使用诸太庙以上祀周公，鲁于是乎有禘祭。《春秋》之中，所以言“禘”不言“祫”也。然则可乎？孔子曰：“鲁之郊禘，非礼也，周公其衰矣。”禘，言吉者，丧未三年，行之太早也。“于庄公”者，方祀于寝，非宫庙也。一举而三失礼焉，《春秋》之所谨也。四时之祭，有禘之名，盖礼文交错之失。

秋，八月辛丑，公薨。

按，《左氏》：“初，公傅夺卜田，公不禁。庆父使卜贼公于武闱。”鲁史旧文必以实书，其曰“公薨”，不地者，仲尼亲笔也。观于删《诗》，在诸国则变风皆取，在鲁则独编史克之颂。或问：“吾党有直躬者，其父攘羊，而子证之。”则曰：“吾党之直者异于是。父为子隐，子为父隐，直在其中矣。”后世缘此，制为五服相容隐之条，以缀骨肉之恩，《春秋》有讳，义盖如此。《礼记》称鲁之君臣未尝相弑者，盖习于《经》文，而不知圣人书薨不地之旨，故云尔。然则，讳而不言弑也，何以传信于将来？曰：“书薨以示臣子之情，不地以存见弑之实，何为无以传信也？”凡君终，必书其所，独至于见弑，则没而无所，其情厚矣，其事亦白矣，非圣人能修之乎？后世记言之士，欲讳国恶，则必失其实，直书无隐，又非臣子所当施之于君父也，而《春秋》之法不传矣。

九月，夫人姜氏孙于邾。

夫人称“孙”，闻乎故也，不去姓氏，降文姜也。庄公忘亲释怨，无志于复仇，《春秋》深加贬绝，一书再书又再书，屡书而不讳者，以谓三纲，人道所由立也。忘父子之恩，绝君臣之义，国人习而不察，将以是为常事，则亦不知有君之尊、有父之亲矣。庄公行之而不疑，大臣顺之而不谏，百姓安之而无愤疾之心也，则人欲必肆、天理必灭。故叔牙之弑械成于前，庆父之无君动于后，圉人荦、卜之刃，交发于党氏、武闱之间，哀姜以国君母，与闻乎故而不忌也。当是时，鲁君再弑，几至亡国，其应不亦憯乎？《春秋》以复仇为重，而书法如此，所谓治之于未乱，保之于未危，不可不察也。

公子庆父出奔莒。

公子出奔，讥失贼也。闵公立而季子归，何以见弑？庆父主兵日久，其权未可遽夺也；季子执政日浅，其谋未得尽行也。设以圣人处之，期月而已可矣。季子贤人而当此，能必克乎。及闵公再弑，庆父罪恶贯盈，而疾之者愈众；季子忠诚显著，而附之者益多。外固强齐之援，内协国人之情，正邪消长之势判矣。然后，夫人不敢安其位，庆父不得肆其奸，此明为国者，不知图难于其易，为大于其细，虽有智者，亦不能善其后矣。世儒或言：“用鲁之众，因齐之力，以戮庆父，其势甚易，而季子不能，故书‘夫人孙邾’‘庆父奔莒’，所以深恶其缓不讨贼。”则非也。以绛侯勃之果，陈平之无误，将相交欢，而内有朱虚，外连齐、楚，以制诸吕庸人，宜易于反手。然太尉已入北军，士皆左袒，犹恐不胜，未敢诵言诛之也。况于庆父巨奸，七百里之侯国，革车千乘，而三十年执其兵柄，其植根深矣，其耳目广矣，其用物弘矣，而以为戮之，其势甚易，此未察乎难易迟速之几者也。《经》书庄公忘亲，无复仇之志，使百官则而象之，亦不知有君父也，而又使庆父主兵，失驭臣之道，是以至此极，故书“孙邾”“奔莒”，为后世永鉴也。

冬，齐高子来盟。

“高子”，齐大夫也。“子”者，男子之美称。其称“子”，贤之也。何贤乎高子？庄公薨，子般卒，闵公弑，庆父、夫人乱乎内，鲁于是旷年无君。齐桓公使将南阳之甲至鲁而谋其国，其命高子，必曰：“鲁可取，则兼其国以广地；鲁可存，则平其乱以善邻。”非有安危继绝一定不可易之计也。高子至，则平鲁难，定僖公，鲁人赖焉，以为美谈，至于久而不绝，曰：“犹望高子也。”圣人美其明人臣之义，得奉使之宜，特称“高子”以著其善，其不曰“齐侯使之”者，权在高子也。

十有二月，狄入卫。

“卫”，康叔之后，盖北州大国，狄何以能入乎？臣昔尝谓河南刘弈曰："史氏记繁而志寡，如班固书载诸王淫乱等事，尽削之可也。"弈曰："必若此言，仲尼删诗，如《墙有茨》《鹑之奔奔》《桑中》诸篇，何以录于《国风》而不削乎？"臣不能答。后以问延平杨时，时曰："此载卫为戎狄所灭之因也，故在定之方中之前。"因以是说考于历代，凡淫乱者，未有不至于杀身败家而亡其国者也，然后知古诗垂戒之大。而近世有献议，乞于经筵不以《国风》进读者，殊失圣经之旨矣。

郑弃其师。

按，《郑诗·清人》，刺文公也。高克好利而不顾其君，文公恶之而不能远，使克将兵御狄于境，陈其师旅，翱翔河上，久而不召，众散而归，高克奔陈。公子素恶高克进之不以礼，文公退之不以道，危国亡师之本，故作是诗。观此，则"郑弃其师"可知矣。或曰："高克进不以礼，曷不书其出奔以贬克，为人臣之戒？而独咎郑伯，何也？"曰："人君擅一国之名宠，杀生予夺，惟我所制尔。使克不臣之罪已著，按而诛之可也；情状未明，黜而远之可也；爱惜其才，以礼驭之可也。乌有假以兵权，委诸境上，坐视其失伍离散而莫之恤乎？""然则，弃师者，郑伯，乃以国称，何也？""二三执政，股肱心膂，休戚之所同也。不能进谋于君，协志同力，黜逐小人，而国事至此，是谓'危而不持，颠而不扶，则将焉用彼相矣'。晋出帝时，景延广专权，诸藩擅命，及桑维翰为相，出延广于外，一制书所敕者，十有五镇，无敢不从者。以五季之末，维翰能之，而郑国二三执政，畏一高克，不能退之以道，何政之为？书曰'郑弃其师'，君臣同责也。"

卷十一

僖公上

元年。春，王正月。

不书“即位”，内无所承，上不请命也。闵公薨，夫人孙于邾，庆父出奔莒，公于是焉以成风所属而季子立之，内无所承也；嗣子定位于初丧，而鲁使不告于周，明年正位改元，而周使亦不至于鲁，又明年服丧已毕，而不见于京师，上不请命也。承国于先君者，父子之伦；请命于天王者，君臣之义。今僖公内无所承，上不请命，不书“即位”，正王法也。是故有四海而即天王之位者，受之于天者也；有一国而即诸侯之位者，受之于王者也。受之于天者，必奉若天道而后能保天下；受之于王者，必谨守王度而后能保其国。

齐师、宋师、曹师次于聂北，救邢。

三国称“师”，见兵力之有余也。“聂北”书“次”，讥救邢之不速也。《春秋》大义，伐而书“次”，其次为善。遂伐楚，次于陉，美之也；救而书“次”，其次为贬，救邢，次于聂北，讥之也。圣人之情见矣。故救患分灾，于礼为急，而好攻战、乐杀人者，于罪为大。

夏，六月，邢迁于夷仪。齐师、宋师、曹师城邢。

书“邢迁于夷仪”，见齐师次止，缓不及事也。然邢以自迁为文，而再书“齐师、宋师、曹师城邢”者，美桓公志义，卒有救患之功也。不以王命兴师，亦圣人之所与乎？中国衰微，夷狄猾夏，天子不能正，至于迁徙奔亡，诸侯有能救而存之，则救而存之可也。以王命兴师者正，能救而与之者权。

秋，七月戊辰，夫人姜氏薨于夷，齐人以归。

夫人薨不地，其曰“薨于夷”故也，桓公召而杀之也；其曰“齐人以归”者，以其丧归于鲁也。齐为盟主，义得举法，是伯者之所以行乎诸侯也。既诛其人，又归其丧，何居？鲁欲拒而勿受乎，则子无仇母之义；受而葬之乎，已绝者复得享小君之礼，典刑紊矣，故特书“以归”，而不曰“归夫人之丧”。“以”者，不以者也。

楚人伐郑。

楚称“人”，浸强也。庄公十年，败蔡师，虏献舞，固已强矣，然独举其号者，始见于《经》，则本其僭窃之罪，正其夷狄之名，著王法也。二十三年，来聘，嘉其慕义，乃以“人”书；二十八年，伐郑，恶其猾夏，复以号举。至是，又伐郑也，亦书“人”者，岂许其伐国而人之乎？会中华，执盟主，朝诸侯，长齐、晋，其所由来者，渐矣。

八月，公会齐侯、宋公、郑伯、曹伯、邾人于柽。

九月，公败邾师于偃。

柽之会，谋救郑，而公与邾人咸与焉，则是志同而谋协也。今既会邾人于柽，又败邾师于偃，于此责公无攘夷狄、安中国之诚矣。凡此类，皆直书其事而义自见也。诈战曰败，败之者为主。

冬，十月壬午，公子友帅师败莒师于郦，获莒挐。

按，《公羊》："庆父走莒，莒人逐之，将由乎齐，齐人不纳，却反舍于汶水之上，使奚斯入请，不可而死。莒人曰：'吾已得子之贼。'以求赂乎鲁，鲁人弗与，为是兴师而来伐。"然则，罪在莒也，而以季友主此战，何也？抑锋止锐，喻以词命，使知不缩而引去，则善矣。今至于兵刃既接，又用诈谋擒其主将，此强国之事，非王者之师、《春秋》之志。故以季友为主，而书"败""获"，责之备也。

十有二月丁巳，夫人氏之丧至自齐。

夫人预弑二君，几于亡国，大义已绝，不可复入宗庙矣。书"孙于邾""薨于夷"者，绝哀姜也；书"齐人以归""夫人氏之丧至自齐"者，讥桓公也。不称姓者，杀于齐；不去氏者，受于鲁。

二年。春，王正月，城楚丘。

"楚丘"，卫邑，桓公帅诸侯城之而封卫也。不书桓公，不与诸侯专封也。《木瓜》美桓公而夫子录之，意岂异乎？不与专封，正王法也；《木瓜》有取焉，善卫人之情也。曷为善之？报者，天下之利，以德报德，则民有所劝矣。城楚丘，略而不书；城邢，词繁而不杀，何也？按，周制：凡封国，大宗伯傧，司几筵，设黼扆，内史作册命。是天子大权，非诸侯所得擅而行之者也。卫人渡河，野处曹邑，许穆夫人闵其亡而《载驰》赋；文公徙居楚丘，而后百姓悦，则其国固尝亡灭而不存矣。“城楚丘”，是擅天子之大权而封国也。邢迁于夷仪，《经》以自迁为文，则其迁出于己意，其国未尝灭也。诸侯城邢，是谓“同恶相恤，以从简书”，故词繁而不杀，美救患也。桓公封卫，而卫国忘亡，其有功于中华甚大，为利于卫人甚博，宜有美词发扬其事。今乃微之若此者，正其义，不谋其利；明其道，不计其功。略小惠，存大节，《春秋》之法也。故曰：“五伯，三王之罪人。仲尼之徒，无道桓、文之事者。”

夏，五月辛巳，葬我小君哀姜。

虞师、晋师灭下阳。

按，《孟子》：“晋人以垂棘之璧与屈产之乘，假道于虞以伐虢，宫之奇谏，百里奚不谏。”然则，晋人造意，以虞首恶，何也？贪得重赂，遂其强暴，灭兄弟之国，以及其身，而亡其社稷，所以为首乎。《春秋》，圣人律令也，观此义，可以见法矣。唐高宗赐其臣长孙无忌金宝缯锦，欲以立武昭仪，虽无忌终不顺旨，君子犹讥其没于利而不反君赐也。矧受他人之赂遂其强暴者乎？国而曰“灭”，“下阳”，邑尔，其书“灭”，何也？“下阳”，虞、虢之塞邑，犹秦有潼关、蜀有剑岭，皆国之门户也。潼、剑不守则秦蜀破，下阳既举而虞、虢亡矣。《春秋》此义，以天下为家，以城郭沟池为固，以山川丘陵为险，设之以守国，而待暴客者也。其衰世之意邪。

秋，九月，齐侯、宋公、江人、黄人盟于贯。

按，《左氏》："盟于贯，服江、黄也。"荆楚，天下莫强焉。江、黄者，其东方之与国也。二国来定盟，则楚人失其右臂矣。乐毅破齐，先结韩、赵；孔明伐魏，申好江东。虽武王牧野之师，亦誓友邦，远及庸、蜀、彭、濮八国之人，共为掎角之势也。桓公此盟，其服荆楚之虑，周矣；其攘夷狄、免民于左衽之义，著矣。盟，虽《春秋》所恶，然诸侯皆在，独言远国者，许是盟也。

冬，十月，不雨。

楚人侵郑。

三年。春，王正月，不雨。

夏，四月，不雨。

《穀梁子》曰："不雨者，勤雨也。每时而一书，闵雨也。闵雨者，有志乎民者也。历时而总书，不忧雨也。不忧雨者，无志乎民者也。"按，《诗》称"僖公俭以足用，宽以爱民，务农重谷"，则诚贤君也，其有志乎民，审矣。故冬不雨而书，春不雨而书，夏不雨而书，以著其勤也。文公以练祭则缓于作主，以宗庙则世室屋坏，以赋政则四不视朔，以邦交则三不会盟，其无志乎民，亦审矣。故自十有二月不雨，至于秋七月而书；自正月不雨，至于秋七月而书，以著其慢也。

徐人取舒。

六月，雨。

“雨”云者，喜雨也。闵雨与民同其忧，喜雨与民同其乐，此君国子民之道也。观此义，则知《春秋》有惧天灾、恤民隐之意。遇天灾而不惧，视民隐而不恤，自乐其乐，而不与民同也，国之亡，无日矣。

秋，齐侯、宋公、江人、黄人会于阳穀。

按，《左氏》：“谋伐楚也。”或曰：“侵蔡次陉之师，诸侯皆在，江、黄独不与焉，则安知其为谋伐楚乎？”曰：“兵有聚而为正，亦有分而为奇。诸侯之师同次于陉，所谓聚而为正也；江人、黄人各守其地，所谓分而为奇也。次陉，大众厚集其阵，声罪致讨，以震中国之威，江人、黄人各守其境，按兵不动，以为八国之援，此克敌制胜之谋也。退于召陵而盟礼定，循海以归而涛涂执，然后及江人、黄人伐陈，则知侵蔡次陉而二国不会，自为犄角之势明矣。此大会而末言者，善是谋也。”

冬，公子友如齐莅盟。

楚人伐郑。

四年。春，王正月，公会齐侯、宋公、陈侯、卫侯、郑伯、许男、曹伯侵蔡。蔡溃，遂伐楚，次于陉。

潜师掠境曰侵，“侵蔡”者，奇也；声罪致讨曰伐，“伐楚”者，正也。“遂”者，继事之词而有专意。“次”，止也。楚贡包茅不入，王祭不供，无以缩酒，桓公是征，而楚人服罪，师则有名矣。孟子何以独言“《春秋》无义战”也？譬之杀人者。或曰：“人可杀欤？”曰：“可。”“孰可以杀之？”曰：

“为士师，则可以杀之矣。”“国可伐欤？”曰：“可。”“孰可以伐之？”曰：“为天吏，则可以伐之矣。”楚虽暴横，凭陵上国，齐不请命，擅合诸侯，岂所谓为天吏以伐之乎？《春秋》以义正名，而乐与人为善。以义正名，则君臣之分严矣。书“遂伐楚”，讥其专也；乐与人为善，苟志于善，斯善之矣。书“次于陉”“楚屈完来盟于师，盟于召陵”，序其绩也。

夏，许男新臣卒。

刘敞曰：“诸侯卒于外者，在师则称师，在会则称会。今许男一无称者，此去师与会而复归其国之验也。召陵地在颍川，是以许男复焉。古者，国君即位而为椑，岁一漆之，出疆必载椑。卒于师曰师，卒于会曰会，正也。许男新臣卒，非正也，其为人君不知命者也，不知命则必畏死，畏死则必贪生，贪生则必乱于礼矣，而后有容身苟免之耻，而后有淫祀非望之惑。”此说是也。夫知死生之说，通昼夜之道者，亦岂有以异于人哉？苟得正而毙焉，则无求矣。

楚屈完来盟于师，盟于召陵。

楚大夫未有以名氏通者，其曰“屈完”，进之也；其不称使，权在完也。“来盟于师”，嘉服义也；“盟于召陵”，序桓绩也。桓公帅八国之师，侵蔡而蔡溃，伐楚而楚人震恐，兵力强矣。责包茅之不贡则诺，问昭王之不复则辞，徼与同好则承以寡君之愿，语其战胜攻克则对以用力之难。然而，桓公退师召陵，以礼楚使，卒与之盟而不遂也。于此见齐师虽强，桓公能以律用之而不暴；楚人已服，桓公能以礼下之而不骄，庶几乎王者之事矣。故春秋之盟，于斯为盛，而杨子称之曰“齐桓之时缊，而《春秋》美召陵”是也。

齐人执陈辕涛涂。

秋，及江人、黄人伐陈。

八月，公至自伐楚。

葬许穆公。

冬，十有二月，公孙兹帅师，会齐人、宋人、卫人、郑人、许人、曹人侵陈。

杨子《法言》：“或问：‘为政有几？’曰：‘思斁。昔在周公，征于东方，四国是王，其思矣夫。齐桓公欲径陈，陈不果纳，执辕涛涂，其斁矣夫。’”桓公识明而量浅，管仲器不足而才有余。方楚人未帖而齐以为忧也。致勤于郑，振中夏之威；会于阳穀，惇远国之信；按兵于陉，修文告之词；退舍召陵，结会盟之礼，何其念之深，礼之谨也！存此心以进善，则桓有王德，而管氏为王佐矣。“尧、舜，性之也；汤、武，身之也；五伯，假之也。久假而不归，乌知其非有？”惜乎！桓公假之不久而遽归也。楚方受盟，志已骄溢，陈大夫一谋不协，其身见执，其国见伐、见侵，而怒犹未怠也，桓德于是乎衰矣。“爱人不亲，反其仁；治人不治，反其智；礼人不答，反其敬。行有不得者，皆反求诸己，其身正而天下归之”，曾可厚以责人不自反乎？原其失，在于量浅而器不宏也。魏武才得荆州，而张松见忽；唐庄宗自矜取汴，而高氏不朝；成汤胜夏，抚有万方，乃曰：“兹朕未知获戾于上下，栗栗危惧，若将陨于深渊。其尔万方有罪，在予一人；予一人有罪，无以尔万方。”人之度量相越，岂不远哉？

《春秋》称“人”以执，罪齐侯也；称“侵陈”者，深责之也。故孟子曰：“仲尼之徒，无道桓、文之事者。”“管仲，曾西之所不为也，而子为我愿之乎？”

五年。春，晋侯杀其世子申生。

《公羊子》曰：“杀世子、母弟，直称君者，甚之也。”申生进不能自明，退不能违难，爱父以姑息而陷之不义，谗人得志，几至亡国，先儒以为大仁之贼也。而目晋侯斥杀，专罪献公，何也？《春秋》，端本清源之书也。内宠并后，嬖子配嫡，乱之本也。骊姬宠，奚齐、卓子嬖，乱本成矣。尸此者，其谁乎？是故目晋侯斥杀，专罪献公，使后世有欲紊妃妾之名，乱嫡庶之位，纵人欲、灭天理以败其家国者，知所戒焉。以此防民，犹有以“尧母”名门，使奸臣逆探其意，有危皇后、太子之心，以成巫蛊之祸者。

杞伯姬来朝其子。

夏，公孙兹如牟。

公及齐侯、宋公、陈侯、卫侯、郑伯、许男、曹伯会王世子于首止。

“及”以“会”，尊之也。以王世子而下会诸侯则陵，以诸侯而上与王世子会则抗。《春秋》，抑强臣扶弱主，拨乱世反之正，特书“及”以“会”者，若曰：“王世子在是，诸侯咸往会焉，示不可得而抗也。”后世论其班位，有次于三公宰臣之下，亦有序乎其上者，则将奚正？自天王而言，欲屈远其子，使次乎其下，示谦德也；自臣下而言，欲尊敬王世子，则序乎其上，正分义也。天尊地卑而其分定，典叙礼秩而其义明，使群臣得伸其敬，则贵有常尊，上下辨矣。《经》书宰周公祇与王人同序于诸侯之上，而不得与殊会同书，此圣人尊君抑臣之旨也，而班位定矣。

秋，八月，诸侯盟于首止。

无中事复举诸侯，会、盟同地，再言“首止”者，书之重，词之复，其中必有大美恶焉。首止之盟，美之大者也。王将以爱易世子，桓公有忧之，控大国，扶小国，会于首止以定其位。太子践阼，是为襄王，一举而父子君臣之道皆得焉。故夫子称之曰：“管仲相桓公，一匡天下，民到于今受其赐。微管仲，吾其被发左衽矣。”中国之为中国，以有父子君臣之大伦也。一失则为夷狄矣，故曰：“首止之盟，美之大者也。”

郑伯逃归，不盟。

事有恶者，不与为幸；其善者，不与为贬。平丘之盟，恶也，请鲁无勤，是以为幸，故直书曰“公不与盟”；首止之盟，善也，犯众不盟，是以为贬，故特书曰“郑伯逃归”。“逃”者，匹夫之事，以诸侯之尊，下行匹夫之事，虽悔于终，病而乞盟，如所丧何？其书“逃归，不盟”，深贬之也。或曰：“首止之会，非王志也，王恶齐侯定世子，而使周公召郑伯，曰：‘吾抚汝以从楚，可以少安。’郑伯喜于王命而畏齐，故逃归，不盟。然则，何罪乎？”曰：“《春秋》，道名分，尊天王，而以大义为主。夫义者，权名分之中而当其可之谓也。诸侯会王世子，虽衰世之事，而《春秋》与之者，是变之中也；郑伯虽承王命，而制命非义，《春秋》逃之者，亦变之中也。天下之大伦，有常有变，舜之于父子，汤、武之于君臣，周公之于兄弟，皆处其变者也。贤者守其常，圣人尽其变。会首止，逃郑伯，处父子君臣之变，而不失其中也。噫！此《春秋》之所以为《春秋》，而非圣人莫能修之者矣。”

楚人灭弦，弦子奔黄。

九月戊申，朔，日有食之。

冬，晋人执虞公。

《公羊子》曰：“虞已灭矣，其言执何？不与灭也。灭者，亡国之善词，上下之同力也。”若夫虞公，地之缊于晋久矣，晋命行乎虞民信矣，其曰“晋人执之”者，犹众执独夫耳。贵为天子，富有四海，而身为独夫，商纣是也；贵为诸侯，富有一国，而身为独夫，虞公是也。其曰“公”者，非存其爵，犹下执之之词也。不言“以归”，验其为匹夫之实也。书“灭下阳”于始，而记“执虞公”于后，可以见弃义趋利、渎货无厌之能亡国败家，审矣。

六年。春，王正月。

夏，公会齐侯、宋公、陈侯、卫侯、曹伯伐郑，围新城。

秋，楚人围许，诸侯遂救许。

冬，公至自伐郑。

齐自召陵之后，兵服四夷，威动诸夏。今合六国之师，围新造之邑，宜若振槁然，围而不举，有遗力者矣。及楚人攻许，即解新城之围，移师救许，是又得讨罪分灾救急之义也，故特书曰："楚人围许，诸侯遂救许。"凡书"救"者，未有不善之也。其曰"遂救许"，善之尤者也。善之尤，则何以致？久也。

七年。春，齐人伐郑。

夏，小邾子来朝。

郑杀其大夫申侯。

将卑师少称人，声罪致讨曰伐。郑伯背华即夷，南与楚合而未离也，故桓公复治之。孔叔言于其君，请下齐以救国，郑伯曰："吾知其所由来矣，姑少待我。"于是杀申侯以说于齐。称国以杀者，罪累上也。不知自反，内忌听谗，而擅杀其大夫，信失刑矣。如申侯者，其见杀，何也？专利而不厌，则足以杀其身而已矣。

秋，七月，公会齐侯、宋公、陈世子款、郑世子华盟于宁母。

曹伯班卒。

公子友如齐。

冬，葬曹昭公。

八年。春，王正月，公会王人、齐侯、宋公、卫侯、许男、曹伯、陈世子款盟于洮。郑伯乞盟。

"王人"，下士也。内臣之微者，莫微于下士；外臣之贵者，莫贵于方伯公侯。今以下士之微，序乎方伯公侯之上，外轻内重，不亦偏乎？《春秋》之法，内臣以私事出朝者，直书曰"来"；以私好出聘者，不称其使；以私情出讣者，止录其名，不以其贵故尊之也。以王命行者，虽下士之微，序乎方伯公侯之上，不以其贱故轻之也。然则，班列之高下，不在乎内外，特系乎王命耳，圣人之情见矣，尊君之义明矣。“乞”者，卑逊自屈之词，欲与是盟，而未知其得与否也。始而逃归，今则乞盟，于以见举动人君之大节，不可不慎也。

夏，狄伐晋。

秋，七月，禘于太庙，用致夫人。

按，《礼》：“大禘，升歌《清庙》，下而管《象》，朱干玉戚以舞《大武》，八佾以舞《大夏》。”此天子之礼乐也。践其位，则行其礼，奏其乐，故《雍》禘大祖，《周颂》也，而其诗曰：“相维辟公，天子穆穆。”周公，人臣，不践其位；鲁，侯国，而用天子之礼，乱名犯分，莫大乎是。故夫子志之曰：“郊社之礼，所以事上帝也；宗庙之礼，所以祀乎其先也。”鲁，侯国，而以王礼祀太庙，是诬伪不诚，而非所以事乎其先矣，故夫子伤之，曰：“禘，自既灌而往者，吾不欲观之。”夫灌以降神，乃祭之始而已，不欲观，是自始至终皆非礼矣。“用”者，不宜用也；“致”者，不宜致也；“夫人”者，风氏也。初，成风闻季友之繇，遂事之而属僖公焉，故季子立之。公赐季子汶阳之田及费，又生而命之氏，俾世其卿，而私门强矣。于成风，则举大事于始祖之庙，立以为夫人，而嫡妾乱矣。以私劳宠其臣而卑公室，以私恩崇其母而轻宗庙，皆越礼之罪也。《经》书“夫人”，而不称姓氏，其贬深矣。

冬，十有二月丁未，天王崩。

九年。春，王三月丁丑，宋公御说卒。

夏，公会宰周公、齐侯、宋子、卫侯、郑伯、许男、曹伯于葵丘。

其曰“宰周公”者，以冢宰兼三公也。古者，三公无其人，则以六卿之有道者，上兼师保之任；冢宰或阙，亦以三公下行端揆之职。禹自司空进宅百揆，又曰“作朕股肱耳目”，是以宰臣上兼师保之任也；周公为师，又曰“位冢宰，正百工”，是以三公下行端揆之职也。所以然者，三公与王坐而论道，固难其人，而冢宰统百官、均四海，亦不易处也。夫以冢宰兼三公，其职任重矣，而不殊会之，何也？人臣则有进退之节，出入均劳之义，非王世子贵有常尊之可比矣。

秋，七月乙酉，伯姬卒。

九月戊辰，诸侯盟于葵丘。

会、盟同地，再言葵丘，何也？书之重，辞之复，其中必有大美恶焉。葵丘之盟，美之大者也。初命曰：“诛不孝，无易树子，无以妾为妻。”再命曰：“尊贤育材，以彰有德。”三命曰：“敬老慈幼，无忘宾旅。”四命曰：“士无世官，官事无摄，取士必得，无专杀大夫。”五命曰：“无曲防，无遏籴，无有封而不告。”曰：“凡我同盟之人，既盟之后，言归于好。”以是为尽禁矣。诸侯咸喻乎桓公之志，盖束牲载书而不歃血也，是故会、盟同地，而再言葵丘，美之也。观孟子所载此盟初命之辞，则知桓公翼戴襄王之事，信矣。

甲子，晋侯诡诸卒。

冬，晋里克杀其君之子奚齐。

《穀梁子》曰：“‘其君之子’云者，国人不子也，不正其杀申生而立之也。”人君擅一国之名宠，为其所子则当子矣，国人何为不子也？民至愚而神，是非好恶，靡不明且公也。其所子而弗子者，莫能使人弗之子也；非所子而子之者，莫能使人之亦子也。周幽王尝黜太子宜臼，子伯服矣，而犬戎杀其身；晋献公亦杀世子申生，立奚齐矣，而大臣杀其子。《诗》不云乎：“天生烝民，有物有则，民之秉彝，好是懿德。”此言天理根于人心，虽以私欲灭之，而有不可灭也。《春秋》书此，以明献公之罪，抑人欲之私，示天理之公，为后世戒，其义大矣。以此防民，犹有欲易太子而立赵王如意，致夫人之为人彘者。

十年。春，王正月，公如齐。

狄灭温，温子奔卫。

晋里克弑其君卓，

国人不君奚齐、卓子，而曰“里克弑其君卓”，何也？是里克君之也。“克”者，世子申生之傅也。骊姬将杀世子而难里克，使优施饮之酒，而告之以其故，里克听其谋，乃欲以中立自免，称疾不朝，居三旬而难作，是谓持禄容身，速献公杀嫡立庶之祸者。故成其君臣之名，以正其弑逆之罪。克虽欲辞而不受，其可得乎？使克明于大臣之义，据经庭诤以动其君，执节不贰，固太子以携其党，多为之故以变其志，其济则国之福也，其不济而死于其职，亦无歉矣。人臣所明者，义，于功不贵幸而成；所立者，节，于死不贵幸而免。克欲以中立祈免，自谓智矣，而终亦不能免，等死耳。不死于世子而死于弑君，其亦不知命之蔽哉！《语》曰：“不知命，无以为君子也。”为人臣而不知《春秋》之义者，必陷于篡弑诛死之罪，克之谓也。

及其大夫荀息。

“荀息”者，奚齐、卓子之傅也。君弑而死于难，书“及”，所以著其节；书“大夫”，不失其官也。于荀息，何取焉？若息者，可谓不食其言矣。或曰：“息既从君于昏，不食其言，庸足取乎？”世衰道微，人爱其情，私相疑贰，以成倾危之俗，至于刑牲歃血，要质鬼神，犹不能固其约也。孰有可以托六尺之孤，寄百里之命，临死节而不可夺如息者哉？“自古皆有死，民无信不立”，故圣人以信易食，而君子以信易生。息不食言，其可少乎？

夏，齐侯、许男伐北戎。

晋杀其大夫里克。

里克弑二君与一大夫，不以讨贼之词书者，惠公杀之不以其罪也。杀之不以其罪，奈何？里克所为弑者，为重耳也。夷吾曰：“是又将杀我也？”则谓克曰：“尔既杀夫二孺子矣，又将图寡人，为尔君者，不亦病乎？”里克对曰：“不有废也，君何以兴？欲加之罪，何患无词！臣闻命矣。”伏剑而死。若惠公既立，而谓克曰：“先君命大夫为世子傅，世子死非其罪，而大夫不之恤。若奚齐者，既有先君之命矣，而大夫又杀之，以及卓。大夫虽杀之，独不念先君之命乎？”则克必再拜而死，不复有言矣。惠公乃曰“又将图寡人”，是杀之不以其罪也。故称国以杀而不去其官。

秋，七月。

冬，大雨雪。

十有一年。春，晋杀其大夫丕郑父。

按《左氏》，丕郑言于秦伯，请出晋君。则郑有罪矣，曷为称国以杀而不去其官？惠公以私意杀里克，故其党皆惧，郑之有此谋，由杀里克致之也。《春秋》以大义公天下为诛赏，故书法如此。其称国者，兼罪用事大夫，不能格君心之非，至于多忌滥刑，危其国也。

夏，公及夫人姜氏，会齐侯于阳穀。

襄陵许翰曰："先乎阳穀之会，为大雨雪；后乎阳穀之会，为大雩。"僖公，贤君，不能礼佐齐桓，儆其怠忽，而更与之俱肆于宠乐，是以见戒于天如此。以公、夫人阳穀之会观之，齐桓霸业怠矣，故楚人伐黄不能救。凡此类，属词比事，直书于策，而义自见者也。

秋，八月，大雩。

冬，楚人伐黄。

按，《穀梁子》曰："贯之盟，管仲言于桓公：'江、黄远齐而近楚，楚为利之国也。若伐而不能救，则无以宗诸侯矣。'桓公不听，遂与之盟。管仲死，楚伐江、灭黄，桓公不能救，故君子闵之也。"远国慕义，背夷即华，所谓"出自幽谷，迁于乔木"，《春秋》之所取也。被兵城守，更历三时，告命已至，而援师不出，则失救患分灾、攘夷狄、安与国之义矣。灭弦、灭温，皆不书"伐"，灭黄而书"伐"者，罪桓公既与会盟而又不能救也。

卷十二

僖公中

十有二年。春，王三月庚午，日有食之。

夏，楚人灭黄。

《春秋》，灭人之国，其罪则一，而见灭之君，其例有三：以归者，既无死难之节，又无克复之志，贪生畏死，甘就执辱，其罪为重，许斯、顿牂之类是也；出奔者，虽不死于社稷，有兴复之望焉，托于诸侯，犹得寓礼，其罪为轻，弦子、温子之类是也；若夫国灭死于其位，是得正而毙焉者矣，于礼为合，于时为不幸，若江、黄二国是也。其书“灭”者，见夷狄之强，罪诸夏之弱，责方伯连帅之不修其职，使小国贤君困于强暴，不得其所，《公羊子》所谓“亡国之善词，上下之同力”者也。

秋，七月。

冬，十有二月丁丑，陈侯杵臼卒。

十有三年。春，狄侵卫。

齐桓公为阳穀之会，是肆于宠乐，其行荒矣；楚人伐黄而救兵不起，是忽于简书，其业怠矣。然后狄人窥伺中国，今年侵卫，明年侵郑，近在王都之侧，淮夷亦来病杞而不忌也。伯益戒于舜，曰："无怠无荒，四夷来王。"此至诚无息，帝王之道，《春秋》之法也。齐桓、晋文，若此类者，其事则直书于策，其义则游圣门者默识于言意之表矣。故曰："仲尼之徒，无道桓、文之事者。"

夏，四月，葬陈宣公。

公会齐侯、宋公、陈侯、卫侯、郑伯、许男、曹伯于咸。

秋，九月，大雩。

冬，公子友如齐。

十有四年。春，诸侯城缘陵。

齐桓公城三国而书词不同：城楚丘，则没诸侯而不书；城缘陵，则书诸侯而不序；城邢，则再序三国之师。何也？邢以自迁为文，故再列三师，而书"城邢"者，美其得救患、分灾之义，无封国之嫌也；淮夷病杞，诸侯会于咸，城缘陵而迁杞焉，则其事专矣，故前目后凡，直书诸侯而不序也；卫为狄灭，东徙渡河，野处曹邑，桓公使公子无亏戍以甲士，归其祭服乘马，凡为国之用，其力尤勤，其功尤大，其事尤专，而《春秋》责之尤重，曰："城楚丘，而不书诸侯，正王法也。"是故以功言之，则楚丘为大；以义言之，则城邢为美。《春秋》之法，"明其道，不计其功；正其义，不谋其利"者也。详著城邢之师，而深没楚丘之迹，贵王贱霸，羞称桓、文，以正待人之体也。明此，则知曾西不为管仲、深畏仲由之说矣。

夏，六月，季姬及鄫子遇于防，使鄫子来朝。

《春秋》，内女适人者，明有所从，则系诸国，若杞伯姬是也；其未适人者，欲有所别，则书其字，若子叔姬是也。季姬，书字而未系诸国，其女而非妇，亦明矣。“及”者，内为志，内女而外与诸侯遇，讥鲁也。朝不言“使”，言“使”非正。鄫子，国君，而季姬使之朝，病鄫也。鲁秉周礼，男女之际，岂其若是之甚乎？盖鲁公钟爱其女，使自择配，故得与鄫子遇于防，而遂以季姬归之尔。有孟光之德，有伯鸾之贤，变而不失礼之正，则犹可矣。不然，非所以为爱而厚其别也。故称“及”、称“遇”、称“使”，罪鲁与鄫，以正男女之礼，为后世戒也。

秋，八月辛卯，沙鹿崩。

“沙鹿”，晋地也。卜偃曰：“期年必有大咎，国几亡。”《诗》称“百川沸腾，山冢崒崩”，言西周之将亡也。书“沙鹿崩”于前，书“获晋侯”于后，虽不指其事应，而事应具存，此《春秋》畏物之反常为异，使人恐惧修省之意也，其垂戒明矣。

狄侵郑。

冬，蔡侯肸卒。

十有五年。春，王正月，公如齐。

楚人伐徐。三月，公会齐侯、宋公、陈侯、卫侯、郑伯、许男、曹伯盟于牡丘，遂次于匡。公孙敖帅师及诸侯之大夫救徐。

楚都于郢，距徐亦远，而举兵伐徐，暴横凭陵之罪著矣。徐在山东，与齐密迩，以封境言之，不可以不速救；以形势言之，非有馈粮越险之难也。今书“盟于牡丘”，见诸侯救患之不协矣；书“次于匡”，见霸主号令之不严矣；书大夫帅师而诸侯不行，见桓德益衰，而御夷狄、安中国之志怠矣。凡兵而书“救”，未有不善之也；救而书“次”，则尤罪其当速而故缓，失用师之义矣。《中庸》曰：“至诚无息，不息则久。”《春秋》谨始卒，欲有国者敦“不息”之诚也。始勤而终怠，则不能久，而无以固其国矣。

夏，五月，日有食之。

秋，七月，齐师、曹师伐厉。

八月，螽。

九月，公至自会。

季姬归于鄫。

己卯，晦，震夷伯之庙。

“震”者，雷电击夷伯之庙也。不曰“夷伯之庙震”，而曰“震夷伯之庙”者，天应之也，天人相感之际微矣。“夷伯”者，鲁大夫也。大夫既卒不名，《穀梁》以为“因此见天子至于士皆有庙，天子七庙，诸侯五，大夫三，士二，故德厚者流光，德薄者流卑，是以贵始，德之本也。始封必为祖”。

冬，宋人伐曹。

楚人败徐于娄林。

十有一月壬戌，晋侯及秦伯战于韩，获晋侯。

秦伯伐晋，而《经》不书“伐”，专罪晋也；获晋侯以归，而《经》不书“归”，免秦伯也。书“伐”、书“及”者，两俱有罪，而以“及”为主；书“获”、书“归”者，两俱有罪，而以“归”为甚。今此专罪晋侯之背施幸灾、贪爱怒邻，而恕秦伯也。然则，秦战义乎？“《春秋》无义战，彼善于此，则有之矣”。其不言“师败绩”，何也？君获不言师败绩，君重于师也。大夫战而见获，必书“师败绩”，师与大夫敌也。君为重，师次之，大夫敌，《春秋》之法也。与孟子之言何以异？孟子为时君牛羊用人，莫之恤也，故以民为贵，君为轻。《春秋》正名定分，为万世法，故以君为重，师次之。尧以天下命舜，舜亦以命禹，必称元后为先，此经世大常，而仲尼盖祖述之者也。惟此义不行，然后叛逆之党有托以为民，轻弃君亲而不顾者矣。

十有六年。春，王正月戊申，朔，陨石于宋五。是月，六鹢退飞，过宋都。

“陨石”，自空凝结而陨也。“退飞”，有气逆驱而飞也。“石陨”，“鹢飞”，而得其数与名。在春秋时，凡有国者，察于物象之变亦审矣。此宋异也，何以书于鲁史？亦见当时诸国有非所当告而告者矣。何以不削乎？圣人因灾异以明天人感应之理，而著之于《经》，垂戒后世，如石陨于宋，而书曰“陨石”，此天应之也。和气致祥，乖气致异，人事感于下，则天变应于上，苟知其故，恐惧修省，变可消矣。宋襄公以亡国之余，欲图霸业，五石陨，六鹢退飞，不自省其德也。后五年有盂之执，又明年有泓之败，天之示人，显矣。圣人所书之义，明矣！可不察哉？

三月壬申，公子季友卒。

“季”者，其字也；“友”者，其名也。大夫卒而书名，则曷为称字？闻诸师曰：“春秋时，鲁卿有生而赐氏者，季友、仲遂是也。”“生而赐氏者”何？命之世为卿也。季子忠贤，在僖公有翼戴之勤；襄仲弑逆，在宣公有援立之力。此二君者，不胜私情，欲以异赏报之也，故皆生而赐氏，俾世其官。《经》于其卒，各以氏书者，志变法乱纪之端，贻权臣窃命之祸，其垂戒远矣。

夏，四月丙申，鄫季姬卒。

内女嫁于诸侯则尊同，尊同则记其卒，记其卒则必记其葬。然而，有不记者，此笔削之旨，非可以例求者也。宋伯姬在家为淑女，既嫁为贤妇，死于义而不回，此行之超绝卓异者，既书其葬，又载其谥。僖公钟爱季姬，使自择配，季姬不能自克以礼，恃爱而行，虽书其卒，因夺其葬，所以谨夫妇之道，正人伦之统，明王教之始也。以此防民，犹有嫁殇立庙，举朝素衣，亲临祖载，如魏明帝之厚其女者。

秋，七月甲子，公孙兹卒。

冬，十有二月，公会齐侯、宋公、陈侯、卫侯、郑伯、许男、邢侯、曹伯于淮。

十有七年。春，齐人、徐人伐英氏。

夏，灭项。

按，《左氏》：“淮之会，公有诸侯之事，未归而取项，齐人以为讨而止公。”然则，灭项者，鲁也，二《传》以为桓公灭之，孰信乎？考于《经》，未有书外灭而不言国者，如齐师灭谭是也。亦未有书内取而直言鲁者，如取鄟、取邿、取鄫是也。由此，知项为鲁灭无疑矣。然圣人于鲁事，有君臣之义，凡大恶必隐避其辞而为之讳。今此灭项，其恶大矣，曷不讳乎？曰：“事有隐讳，臣子施之于君父者也，故成公取鄟、襄公取邿、昭公取鄫，皆不言‘灭’而书‘取’，程氏以为‘在君则当讳’是也。若夫灭项，则僖公在会，季孙所为耳。执政之臣，擅权为恶，而不与之讳，此《春秋》尊君抑臣、不为朋党比周之意也。”

秋，夫人姜氏会齐侯于卞。

九月，公至自会。

冬，十有二月乙亥，齐侯小白卒。

十有八年。春，王正月，宋公、曹伯、卫人、邾人伐齐。

夏，师救齐。五月戊寅，宋师及齐师战于甗，齐师败绩。狄救齐。

伐齐之丧，奉少夺长，其罪大，故其责详。书“师救齐”者，善鲁也。救者善，则伐者恶矣。凡书“救”者，未有不善之也。书“狄救齐”者，许狄也，许夷狄，则罪诸夏矣。许之，曷为不称“人”？深著中国诸侯之罪也。凡伐者为客，受伐者为主。今齐人受伐，以宋为主者，曲在宋也。凡师，直为壮，曲为老。书“齐师败绩”者，责齐臣也。或曰：“桓公、管仲尝属孝公于宋襄公，以为世子矣，则何以不可立乎？”曰：“不能制命，虽天王欲抚郑伯以从楚，《春秋》犹以大义裁之而不与也。桓公君臣乃欲以私爱乱长幼之节，其可哉？独不见宣王与仲山甫争鲁侯戏、括之事，其后如之何也。《春秋》深罪宋公，大义明矣。”

秋，八月丁亥，葬齐桓公。

桓公九合诸侯，不以兵车，威令加乎四海，几于改物，虽名方伯，实行天子之事。然而，不能慎终如始，付托非人，柩方在殡，四邻谋动其国家而莫之恤，至于九月而后葬，以此见功利之在人浅矣。《春秋》明道正义，不急近功，不规小利，于齐桓、晋文之事，有所贬而无过褒以此。

冬，邢人、狄人伐卫。

狄称“人”，进之也。慕义而来，进之可也。以夷狄伐卫而进之，可乎？伐卫所以救齐也。卫尝亡灭，东徙渡河，无所控告，齐桓公攘戎狄而封之，使卫国忘亡，谁之赐也？桓公方没，不念旧德，欲厚报之，遽伐其丧，亦太甚矣。以直报怨，圣人之公也；以怨报怨，天下之私也；以德报怨，宽身之仁也；以怨报德，刑戮之民也。至是，人理亡矣。桓公攘夷狄、安中国，免民于左衽，诸侯不念其赐，而于卫为尤。先书“狄救齐”，以著中国诸侯之罪，再书“狄人伐卫”，所以见救齐之善，功近而德远矣。

十有九年。春，王三月，宋人执滕子婴齐。

执之是非，决于称人与称爵；而见执者，则以名与不名，知其罪之在也。《经》书见执于人者，悉皆不名，而滕子独名，是亦有罪焉尔。夫以齐桓之盛，九合诸侯，不以兵车，虽江、黄远国，犹相继来盟，而滕介齐、宋之间，不与衣裳之会者，三十有七年，及宋襄继起，又不尊事大国，其见执则有由矣。书名，著其罪也。苟为有罪，其见执固宜，宋何以称“人”？不得为伯讨乎！执虽以罪，不归于京师，则称“人”，恶其专也；归于京师，而执非其罪则称“人”，恶其滥也。

夏，六月，宋公、曹人、邾人盟于曹南。鄫子会盟于邾。己酉，邾人执鄫子，用之。

秋，宋人围曹。

“盟于曹南”，口血未干，今复“围曹”者，讨不服也。“爱人不亲，反其仁；治人不治，反其智”。襄公不能内自省德，而急于合诸侯。执婴齐，非伯讨，不足以示威；盟曹南，非同志，不足以示信。卒于兵败身伤，不知反求诸己，欲速、见小利之过也。汉景削七国而吴、楚叛，东都疾横议而党锢兴，唐文宗切于除奸而训、注用。故子夏为莒父宰，问政，子曰：“无欲速，无见小利。欲速则不达，见小利则大事不成。”《经》书襄公不越数端，而知其操心之若此者。仲尼笔削，推见至隐，如化工赋像，并其情不得遁焉，非特画笔之肖其形耳。故《春秋》者，化工也，非画笔也。

卫人伐邢。

冬，会陈人、蔡人、楚人、郑人盟于齐。

盟、会，皆君之礼也。微者盟、会，不志于《春秋》。凡所志者，必有君与贵大夫居其间也。然则，为此盟者，乃公与陈、蔡、楚、郑之君，或其大夫矣，曷为内则没公，外则人诸侯与其大夫？讳是盟也。楚人之得与中国会盟，自此始也。庄公十年，荆败蔡师，始见于《经》，其后入蔡伐郑，皆以号举，夷狄之也。僖公元年，改而称楚，《经》亦书“人”，于是乎浸强矣。然终桓公世，皆止书“人”，而不得与中国盟会者，以齐修霸业，能制其强故也。桓公既没，中国无霸，郑伯首朝于楚，其后遂为此盟。故《春秋》没公，人陈、蔡诸侯，而以郑列其下，盖深罪之也。又二年，复盟于鹿上，至会于盂，遂执宋公以伐宋，而楚于是乎大张，列位于陈、蔡之上而书爵矣。圣人书此，岂与之乎？所以著夷狄之强，伤中国之衰，莫能抗也，故深讳此盟，一以外夷狄，二以恶诸侯之失道，三以谨盟、会之始也。

梁亡。

陆淳曰："秦肆其暴，取人之国，没而不书，其义安在？曰：'乘人之危，恶易见也；灭人之国，罪易知也。自取亡灭者，其事微矣。《春秋》之作，圣人所以明微也。'"梁本侯国，鱼烂而亡，何哉？《易》曰："天行健，君子以自强不息。"古者，诸侯朝修其禁令，昼考其国职，夕省其典刑，夜儆其百工，无使慆淫，而后即安。故克勤于邦，荒度土功者，禹也；栗栗危惧，检身若不及者，汤也；自朝至于日中昃，不遑暇食，用咸和万民者，文王也。凡有国家者，土地虽广，人民虽众，兵甲虽多，城郭虽固，而不能自强于政治，则日危月削，如火销膏，以至灭亡而莫觉也，而况好土功、轻民力、湎于酒、淫于色，心昏而出恶政者乎？其亡可立而待矣。

二十年。春，新作南门。

言"新"者，有故也；言"作"者，创始也；其曰"南门"者，南非一门也。库门，天子皋门；雉门，天子应门。书"新作南门"，讥用民力于所不当为也。鲁人为长府，闵子骞曰："仍旧贯，如之何，何必改作？"孔子曰："夫人不言，言必有中。”《春秋》，凡用民力，得其时制者，犹书于策，以见劳民为重事，而况轻用于所不当为者乎？然僖公尝修泮宫，复宫矣，奚斯董其役，史克颂其事，而《经》不书者，宫庙以事其祖考，学校以教国之子弟，二者为国之先务，虽用民力，不可废也。其垂教之意深矣。

夏，郜子来朝。

五月乙巳，西宫灾。

郑人入滑。

秋，齐人、狄人盟于邢。

冬，楚人伐随。

二十有一年。春，狄侵卫。

宋人、齐人、楚人盟于鹿上。

夏，大旱。

秋，宋公、楚子、陈侯、蔡侯、郑伯、许男、曹伯会于盂，执宋公以伐宋。

“执宋公”者，楚子也，何以不言楚子执之？分恶于诸侯也。诸侯皆在会，而蛮夷执其会主，拱手以听而莫之敢违，其不勇于为义亦甚矣，故特列楚子于陈、蔡之上，而以同执为文。夫以楚之强，岂能胜秦？五国之众，何弱于赵？然渑池之会，蔺相如一奋其气，威信敌国，秦虽虎狼，犹不敢动，况以五国之君，而不能得志于荆楚乎？宋以乘车之会往，而楚伏兵车以执之，则宋直楚曲，其义已明。虽以匹夫，自反而缩，犹不可耻，矧南面之君也哉？然《春秋》为贤者讳，宋公见执，不少隐之，何也？夫盟主者，所以合天下之诸侯，攘夷狄、尊王室者也。宋公欲继齐桓之烈，而与楚盟会，岂攘夷狄、尊王室之义乎？故人宋公于鹿上之盟，而盂之会，直书其事而不隐，所以深贬之也。

冬，公伐邾。

楚人使宜申来献捷。

不曰“来献宋捷”，为鲁讳也。诸侯从楚伐宋，而鲁独不与，故楚来献捷以胁鲁。为鲁计者，拒其使而不受可也，请于天王而讨之可也。宋公，先代之后，作宾王家，方修盟会，而伏兵车执之于坛坫之上，又以军获遗献诸侯，其横逆甚矣。拒其使而不受，声其罪而致讨，不患无词，鲁于是时，曾不能申大义，以攘荆楚、尊中国，故不曰“宋捷”，特为鲁讳之也。

十有二月癸丑，公会诸侯盟于薄，释宋公。

会不书其所为。独会于稷，书“成宋乱”者，为受郜鼎、立华督也；会于澶渊，言“宋灾故”者，为葬蔡侯，不讨般也。盟不书所为。而盟于薄，言“释宋公”者，宋方主会，而蛮夷执而伐之，以其俘获来遗，是夷狄反为中国主，禽兽将逼人而食之矣，此正天下大变，《春秋》之所谨也。鲁既不能申大义以抑其强暴，使宋公见释出自天王与中国，而顾与歃血要言，求楚子以释之，是操纵大权自蛮夷出，其事已偾甚矣。故书“会”、书“盟”、书“释”，皆不言“楚子”，为鲁讳以深贬之也。《穀梁》谓“不与楚专释”是已，或以为嘉我公之救患，误矣。

二十有二年。春，公伐邾，取须句。

按，《左氏》：“须句，风姓，实司太皞与有济之祀。邾人灭之，须句子来奔，因成风也。公伐邾，取须句，而反其君焉。”审如是，固得崇明祀、保小寡之礼，何以书“取”乎？不请于王命，而专为母家报怨，谋动干戈于邦内，擅取人国而反其君，是以乱易乱，非所以为礼也，与收夺者无以异矣。

夏，宋公、卫侯、许男、滕子伐郑。

秋，八月丁未，及邾人战于升陉。

“邾人以须句故出师。公卑邾，不设备，战于升陉，我师败绩。邾人获公胄，县诸鱼门。”《记》称“邾娄复之以矢，盖自‘战于升陉’始也”。鲁既败绩，邾亦几亡。轻用师徒害及两国，亦异于诛暴禁乱之兵矣，故讳不言“公”，而书“及”，内以讳为贬。

冬，十有一月己巳，朔，宋公及楚人战于泓，宋师败绩。

“泓”之战，宋襄公不厄人于险，不鼓不成列。先儒以为至仁大义，虽文王之战，不能过也，而《春秋》不与，何哉？物有本末，事有终始，顺事恕施者，王政之本也。襄公伐齐之丧，奉少夺长，使齐人有杀无亏之恶，有败绩之伤，此晋献公之所以乱其国者，罪一也；桓公存三亡国以属诸侯，义士犹曰薄德，而一会虐二国之君，罪二也；曹人不服，盍姑省德，无阙然后动，而兴师围之，罪三也。凡此三者，不仁非义，襄公敢行，而独爱重伤与二毛，则亦何异盗跖之以分均出后为仁义，陈仲子以避兄离母居於陵为廉乎？夫计末遗本，饰小名妨大德者，《春秋》之所恶也，故词繁不杀，而宋公书“及”，以深贬之也。

二十有三年。春，齐侯伐宋，围缗。

齐，霸国之余业也。宋襄公既败于泓，荆楚之势益张矣。齐侯既无尊中国、攘夷狄、恤患灾、畏简书之意，又乘其约而伐之，此尤义之所不得为者也，故书伐国而言围邑以著其罪。然则，桓公伐郑围新城，何以不为贬乎？郑与楚合，凭陵中国，桓公伐之，攘夷狄也；宋与楚战，兵败身伤，齐侯伐之，残中夏也。其事异矣，美恶不嫌同词。

夏，五月庚寅，宋公兹父卒。

秋，楚人伐陈。

冬，十有一月，杞子卒。

按，《左氏》："杞成公卒，书曰'子'，杞，夷也。"杜预以谓"杞实称伯，而书曰'子'者，成公始行夷礼终其身，故仲尼于其卒以文贬之"，此说是也。或曰："信斯言，是《春秋》黜陟诸侯爵次以见褒贬，不乱名实乎？"曰："《春秋》，固天子之事也，而尤谨于华夷之辨。中国之所以为中国，以礼义也，一失则为夷狄，再失则为禽兽，人类灭矣。鲁桓篡弑，滕首朝之，贬而称'子'，治其党也；夷不乱华，成公变之，贬而称'子'，存诸夏也。"

二十有四年。春，王正月。

夏，狄伐郑。

秋，七月。

冬，天王出居于郑。

按，《左氏》："郑人入滑，王为滑请，郑不听命，王怒，使颓叔出狄师伐郑，而德狄人，立其女隗氏为后；富辰谏，不听，大叔带通于隗氏，王绌狄女，颓叔惧狄之怨已，遂奉叔带以狄师攻王，王适郑，处于汜。”自周无出，特书曰“出”者，言其自取之也。夫郑伯不王，固有罪矣，襄王不知自反，念其制命之未顺也。忍小忿、昵懿亲，以捍外侮，而弃德崇奸，遂出狄师，是用夷制夏，如木之植，拔其本也，不亦慎乎？王者以天下为家，京师为室，而四方归往，犹天之无不覆也。东周降于列国，既不能家天下矣，又毁其室而不保，则是寄生之君耳，贬而书“出”，以为后戒。唐资突厥之兵以伐隋，而世有戎狄之祸；晋借契丹之力以取唐，而卒有播迁之辱。许翰以谓“不讲于《春秋》，戒襄王之所以出”，其言信矣，而华夷之辨可不谨夫？“居”者，宅其所有之称。“出”而曰“居”者，若曰“普天之下，莫非王土”，拨乱反正，存天理之意也。

晋侯夷吾卒。

二十有五年。春，王正月丙午，卫侯毁灭邢。

卫侯何以名？灭同姓也。《春秋》之法，诸侯不生名。灭同姓则名者，谓其绝先祖之裔，蔑骨肉之恩，故生而书名，示王法不容诛也。圣人与天地合德，灭人邦国而绝其祀，同姓与异姓奚别焉？而或名或否，何也？正道理一而分殊，异端二本而无分。分殊之弊，私胜而失仁；无分之罪，兼爱而失义。《春秋》之法，由仁义行，而人道立者也，可以无差等乎？然则，晋灭虞、楚灭夔，亦同姓也，曷为不名？曰：“诸侯灭同姓则名，其常也；有名有不名，例之变也。邢虽与狄伐卫，而《经》无讥文者，为能救齐也。卫人曾不反思而迁怒于邢，又遣礼至昆弟往仕焉，诱其守而杀之于外，与虞公贪璧马，以易邻国及其身者，其情异矣。《春秋》原情定罪，而卫毁独名，盖轻重之权衡也。若荆楚则僭号称王，圣人比诸夷狄，于灭夔乎何诛？”

夏，四月癸酉，卫侯毁卒。

宋荡伯姬来逆妇。

“伯姬”，公女也，而配荡氏，其往嫁不见于《经》者，国君不与大夫敌也。今来逆妇，而史策书之，见公失礼，下主大夫之昏，是慢宗庙、卑朝廷。姑自逆妇，其失明矣。

宋杀其大夫。

秋，楚人围陈，纳顿子于顿。

“围陈”，“纳顿子”也。“纳”云者，不与纳也。诸侯失国，诸侯纳之，正也，何以不与乎？夫陈先代之后，不能以礼安靖邻国，保恤寡小，中国诸侯又不能修方伯连帅之职，而使楚人纳之，是夷狄仗义正诸夏也，故书曰“楚人围陈，纳顿子于顿”。其责中国深矣，此亦正本自治之意也。

葬卫文公。

冬，十有二月癸亥，公会卫子、莒庆盟于洮。

二十有六年。春，王正月己未，公会莒子、卫宁速盟于向。

齐人侵我西鄙，公追齐师至酅，弗及。

书“人”、书“侵”、书“师”，罪齐也；书“追”、书“至酅，弗及”，罪鲁也。潜师入境曰侵，少则称人，众则称师。前书“齐人”，是见其弱以诱鲁也；后书“齐师”，是伏其众以邀鲁也，其为谖明矣。凡书“追”者，在境内则讥其不预，追戎于济西是也；在境外则讥其深入，追齐师至酅是也。“酅”者，齐地。“至”者，言远也。“弗”者，迂辞也，有畏而弗敢及之也。齐、鲁，皆私愤之兵，而非正也，故交讥之。

夏，齐人伐我北鄙。卫人伐齐。公子遂如楚乞师。

卫人报德以怨，伐齐之丧，助少凌长，又迁怒于邢而灭其国，不义甚矣！公既与其君盟于洮，又与其臣盟于向，是党卫也。故齐人既侵其西，又伐其北，齐师固亦非义矣，而僖公不能省德自反，深思远虑，计安社稷，乃乞楚师与齐为敌，是以蛮夷残中国也，于义可乎？其书“公子遂如楚乞师”，而恶自见矣。

秋，楚人灭夔，以夔子归。

《春秋》灭国，以其君归，无有不名者，而夔何以独不名？按，《左氏》：“夔子不祀祝融与鬻熊，楚人让之，对曰：‘我先君熊挚有疾，鬼神弗赦，自窜于夔，是以失楚，又何祀焉？’”诸侯之祀，无过其祖者，而夔祖熊挚，是不得祀祝融与鬻熊也，而楚反以是灭之，非其罪矣，故特存其爵而不名也。然则，楚灭同姓，何以不名？人而不名，《春秋》待夷狄之体也。

冬，楚人伐宋，围缗。

公以楚师伐齐，取穀。公至自伐齐。

楚强鲁弱，而能用其师，进退在己，故特书曰“以”。“以”者，不以者也。夫背华即夷，取人之邑为己有，失正甚矣。患之起必自此始，其致危之也。

卷十三

僖公下

二十有七年。春，杞子来朝。

夏，六月庚寅，齐侯昭卒。

秋，八月乙未，葬齐孝公。

乙巳，公子遂帅师入杞。

冬，楚人、陈侯、蔡侯、郑伯、许男围宋。十有二月甲戌，公会诸侯盟于宋。

楚称“人”，贬也。宋公，先代之后，作宾王家，非有篡弑之恶，楚人无故搂诸侯以围之，何名也？故黜而称“人”，以著其罪。诸侯信夷狄伐中国，独无贬乎？“人”楚子，所以“人”诸侯也。公与楚结好，故往会盟，其地以宋者，宋方见围，无嫌于与盟，而公之罪亦著矣。

二十有八年。春，晋侯侵曹，晋侯伐卫。

按，《左氏》：“初，公子重耳之出亡也，曹、卫皆不礼焉。至是，侵曹、伐卫，再称‘晋侯’者，讥复怨也。”春秋之时，用兵者，非怀私复怨，则利人土地耳。《诗》云：“百尔君子，不知德行，不忮不求，何用不臧？”“不忮”则能惩忿，

“不求”则能窒欲，然后贪愤之兵亡矣。或曰：“曹、卫，背华即夷，于是乎致武，奚为不可？”曰：“楚人搂诸侯以围宋，陈、蔡、郑、许举兵而同会，鲁公与会而同盟。楚虽得曹，新昏于卫，然其君不在会，其师不与围，以方诸国，不犹愈乎？又况卫已请盟，而晋人弗之许也。《书》曰：‘必有忍，其乃有济；有容，德乃大。’文公能忍于奄竖里凫须矣，何独不能忍于曹、卫乎？再称‘晋侯’者，甚之也。下书‘楚人救卫’，则讥晋深矣。《春秋》责备贤者，而乐与人改过。责备贤者，故再称‘晋侯’；乐与人改过，故卫已请盟，不当拒而绝之也。”

公子买戍卫，不卒戍，刺之。

按，《左氏》：“买为楚戍卫，楚人救卫，不克；公惧于晋，杀买以说焉，谓楚人曰：‘不卒戍也。’”内杀大夫，称“刺”者，若曰“刺审其情，与众弃之”，而专杀之罪则一耳。《周官》有三刺：一刺曰讯群臣，再刺曰讯群吏，三刺曰讯万民。刺未有书其故者，而以“不卒戍，刺之”，则知买为无罪矣。孟子曰：“无罪而杀士，则大夫可以去；无罪而戮民，则士可以徙。”今乃杀无罪之主将，以苟说于强国，于是乎不君矣，故特书其故以贬之也。

楚人救卫。

三月丙午，晋侯入曹，执曹伯，畀宋人。

古者，觌文匿武，修其训典，序成而不至，于是乎有攻伐之兵，故孟子谓万章曰：“子以为有王者作，将比今之诸侯而诛之乎？其教之不改而后诛之乎？”曹伯，羸者，未狎晋政，莫知所承，晋文不修词令，遽入其国，既执其君，又分其田，暴矣；欲致楚师与之战，而以曹伯畀宋人，谲矣。虽一战胜楚，遂主夏盟，举动不中于礼亦多矣，徒乱人上下之分，无君臣之礼，其功虽多，道不足尚也。故曰："五伯，三王之罪人。仲尼之徒，无道桓、文之事者。"

夏，四月己巳，晋侯、齐师、宋师、秦师及楚人战于城濮，楚师败绩。

楚称"人"，贬也。战而言"及"，主乎是战者也。当是时，晋师避楚三舍，请战者，得臣也，而《经》之书"及"，何以在晋？得臣虽从晋师，然初告于晋曰："请复卫侯而封曹，臣亦释宋之围。"是未有必战之意也。及先轸献谋，许曹、卫以携其党，拘宛春以激其怒，而后得臣之意决矣。故楚虽请战而"及"在晋侯，诛其意也。荆楚恃强，凭陵诸夏，灭黄而霸主不能恤，败徐于娄林而诸大夫不能救，执中国盟主而在会者不敢与之争。今又成穀逼齐，合兵围宋，战胜中国，威动天下，非有城濮之败，则民其被发左衽矣。宜有美辞称扬其绩，而《春秋》所书如此其略，何也？仁人明其道，不计其功；正其义，不谋其利。文公一战胜楚，遂主夏盟，以功利言，则高矣；语道义，则三王之罪人也。知此说，则曾西不为管仲，而仲尼、孟子虽老，于行而不悔，其有以夫。

楚杀其大夫得臣。

按，《左氏》："晋师既克曹、卫，楚子入居于申，使申叔去穀，使子玉去宋，曰：'晋侯在外十九年，而果得晋国，险阻艰难，备尝之矣；民之情伪，尽知之矣；天假之年，而除其害，其可废乎？’子玉使伯棼请战，楚子怒，少与之师，惟西广、东宫与若敖之六卒实从之，而不止也；子玉从晋师，文公退三舍避之，楚众欲止，子玉不可，战于城濮，楚师败绩。”夫得臣，信有罪矣，而楚子知其不可敌，不能使之勿敌，而“少与之师”，又以一败杀之，是以师为重，而弃其将以与之也。是晋再克而楚再败也，故称国以杀而不去其官。以仲尼书“郑弃其师”与“楚杀得臣”之事观之，可为来世之永鉴矣。

卫侯出奔楚。

诸侯失国出奔，未有不名者，卫侯何以不名？著文公之罪也。卫侯失守社稷，背华即夷，于文公何罪乎？卫之祸，文公为之也。初，齐、晋盟于敛盂，卫侯请盟，晋人不许，是塞其向善之心，虽欲自新改辙，而其道无由也。高帝一封雍齿而功臣不竞，世祖烧弃文书而反侧悉安，使文公释怨，许卫结盟，南向诸侯，弃楚而归晋矣。忿不思难，惟怨是图，必使诸侯窜身无所，奔于荆蛮，归于京师，兄弟相残，君臣交讼，谁之咎也？夫心不外者，乃能统大众；智不凿者，乃能处大事。文公欲主夏盟，取威定霸，而举动烦扰，若不胜任者，惟凿智自私而心不广也。《春秋》于卫侯失国出奔，不以其罪名之，而重文公之咎，盖端本议刑，责备贤者之意也。

五月癸丑，公会晋侯、齐侯、宋公、蔡侯、郑伯、卫子、莒子盟于践土。

践土之会，天王下劳晋侯，削而不书，何也？周室东迁，所存者，号与祭耳，其实不及一小国之诸侯。晋文之爵，虽曰侯伯，而号令天下，几于改物，实行天子之事，此《春秋》之名实也。与其名存实亡，犹愈于名实俱亡。是故天王下劳晋侯于践土，则削而不书，去其实以全名，所谓君道也、父道也；晋侯以臣召君，则书“天王狩于河阳”，正其名以统实，所谓臣道也、子道也，而天下之大伦尚存而不灭矣。卫侯奔楚，不书名者，未绝其位也；叔武受盟，而称“卫子”者，立以为君也。此见圣人深罪晋文报怨行私，专权自恣，废置诸侯之意。

陈侯如会。

公朝于王所。

朝不言所，言所，非其所也。朝于庙，礼也；于外，非礼也。有虞氏五载一巡狩，群后四朝。周制：十有二年，王乃时巡，诸侯各朝于方岳，亦何必于京师、于庙，然后为礼乎？古者，天子巡狩于四方有常时，诸侯朝于方岳有常所，其宫室道途可以预修，故民不劳；其供给调度可以预备，故国不费。今天王下劳晋侯，公朝于王所，则非其时与地矣。自秦而后，巡游无度，至有长吏以仓卒不办被诛，民庶以烦劳不给生厌，盖《春秋》之义不行故也。然则天子在是，其可以不朝乎？天子在是，而诸侯就朝，礼之变也。《春秋》不以诸侯就朝为非，而以王所非其所为贬，正其本之意也。

六月，卫侯郑自楚复归于卫。卫元咺出奔晋。

卫侯失国出奔则不名，复归得国，何以名？杀叔武也。叔武者，卫侯之弟也。晋文公有憾于卫侯而不释怨，于是逐卫侯立叔武，叔武辞立而他人立，则恐卫侯之不得反也，于是己立乎其位，治反卫侯。卫侯得反而疑其弟，则曰："叔武篡我。"元咺争之曰："叔武无罪。"卫侯不信其言，终杀叔武。是不念鞠子哀，而以争国为心，乱民彝，灭天理，其为罪大矣，此其所以名也，元咺由是走之晋而讼其君。然卫侯初归则称"复"，再归何以不称"复"乎？《春秋》立法甚严，而待人以恕。郑之初归，虽杀叔武，既名之矣，犹意其或出于误而能革也，是以称"复"。及其再归，又杀元咺及公子瑕，则是终以争国为心，长恶不悛，无自艾之意矣，是以不称"复"。其曰"归于卫"者，易词也。诸侯嗣，故称"复"者，继之也；不称"复"者，绝之也，而国非其国矣。

陈侯款卒。

秋，杞伯姬来。

公子遂如齐。

冬，公会晋侯、齐侯、宋公、蔡侯、郑伯、陈子、莒子、邾子、秦人于温。

天王狩于河阳。

按，《左氏》："晋侯召王，以诸侯见。仲尼曰：'以臣召君，不可以训。'故书曰：'天王狩于河阳。'"以尊周而全晋也。啖助谓："以常礼言之，晋侯召君，名义之罪人也，其可训乎？若原其自嫌之心，嘉其尊王之意，则请王之狩，忠亦至焉，故夫子特书'狩于河阳'，所谓原情为制，以诚变礼者也。"夫践土之会，王实自往，非晋罪也，故为王讳而足矣；温之会，晋则有罪，而其情顺也，故既为王讳之，又为晋解之，于以见《春秋》忠恕也。

壬申，公朝于王所。

晋人执卫侯，归之于京师。卫元喧自晋复归于卫。

其言“归之于”者，执不以正之辞也。古者，君臣无狱，诸侯不专杀，为臣执君，故卫侯不名而元晅称“复”。大夫不世，其称“复”，绝之也。“自晋”者，晋有奉焉，因其力也。“归”者，易词。以文公为之主，故其归无难，而方伯之罪亦明矣。是以执而称“人”，不得为伯讨也。

诸侯遂围许。

诸侯比再会，天子再至，皆朝于王所，而许独不会，以其不臣也，故诸侯围许。按，古者，巡狩，诸侯各朝于方岳；今法，天子行幸，三百里内亦皆问起居。许距河阳、践土近矣，而可以不会乎？其称“遂”，继事之词也。

曹伯襄复归于曹，遂会诸侯围许。

曹伯襄何以名？其归之道，非所以归也。晋侯有疾，使其竖侯獳货筮史，曰：“以曹为解。”晋侯恐，于是反曹伯。夫以赂得国，而《春秋》名之，比于失地灭同姓之罪，以此知圣人严于义利之别，以正性命之理，其说行而天下定矣，岂曰小补之哉？

二十有九年。春，介葛卢来。

公至自围许。

夏，六月，会王人、晋人、宋人、齐人、陈人、蔡人、秦人盟于翟泉。

按，《左氏》："公会王子虎、晋狐偃、宋公孙固、齐国归父、陈辕涛涂、秦小子慭，盟于翟泉。"则皆列国之贵大夫与王子，而公与会也，其贬而称"人"，讳不书公，何也？翟泉近在洛阳王城之内，而王子虎于此下与列国盟，是谓上替；诸侯大夫入天子之境，虽贵曰士，而于此上盟王子虎，是谓下陵。而无君之心著矣，故以为大恶。讳公而不书，诸国之卿贬称"人"，而王子亦与焉者，此正其本之义也。

秋，大雨雹。

《正蒙》曰："凡阴气凝聚，阳在内者不得出，则奋击而为雷霆；阳在外者不得入，则周旋不舍而为风。和而散，则为霜雪雨露；不和而散，则为戾气曀霾。阴常散缓，受交于阳，则风雨调，寒暑正。""雹"者，戾气也，阴胁阳，臣侵君之象。当是时，僖公即位日久，季氏世卿，公子遂专权，政在大夫，萌于此矣。

冬，介葛卢来。

三十年。春，王正月。

夏，狄侵齐。

《左氏》曰："晋人伐郑，以观其可攻与否，狄间晋之有郑虞也，遂侵齐。"《诗》不云乎："戎狄是膺，荆舒是惩。"四夷交侵，所当攘斥。晋文公若移围郑之师以伐之，则方伯连率之职修矣。上书"狄侵齐"，下书"围郑"，此直书其事而义自见者也。

秋，卫杀其大夫元咺，

元咺讼君为恶，君归则己出，君出则己归，无人臣之礼，信有罪矣。则称国以杀，而不去其官，何也？《春秋》之法，躬自厚而薄责于人，君子之道譬诸射，失诸正鹄，反求诸己。卫侯之躬，无乃有阙，盍亦省德而内自讼乎？夫称国以杀者，君与大夫专杀之也。卫侯在外，其称国以杀，何也？《穀梁子》曰："待其杀而后入也。""待其杀而后入"，是志乎杀咺、瑕者也。兵莫憯于志，镆为下。卫侯未入，称国以杀，此《春秋》诛意之效也。然则，大臣何与焉？从君于恶而不能止，故并罪之也。

及公子瑕。

公子瑕未闻有罪而杀之，何也？元咺立以为君，故卫侯忌而杀之也。然不与卫剽同者，是瑕能拒咺，辞其位而不立也；不与陈佗同者，是瑕能守节，不为国人之所恶也。故《经》以"公子"冠瑕，而称"及"，见瑕无罪，事起元咺。以咺之故，延及于瑕，而卫侯忌克专杀滥刑之恶著矣。

卫侯郑归于卫。

卫侯出奔于楚则不名，见执于晋则不名。今既归国，复有其土地矣，何以反名之乎？不名者，责晋文公之以小怨妨大德；名之者，罪卫侯郑之以忮害戕本枝。古者，天下为公，选贤与能，不以为异，况于戚属，岂有疑间猜忌之心哉？末世，隆怨薄恩，趋利弃义，有国家者，恐公族之轧己，至于网罗诛杀，无以芘其本根，而社稷倾覆，如六朝者，众矣。卫侯始归而杀叔武，再归而及公子瑕，是葛藟之不若，而《春秋》之所恶也，故再书其名为后世戒。此义苟行，则六朝之君或亦少省矣。

晋人、秦人围郑。

按，《左氏传》："晋侯、秦伯围郑，以其无礼于晋。"而《经》书"晋人、秦人"者，贬之也。于秦、晋，何贬乎？初，晋公子重耳出亡过郑，而郑文公亦不礼焉，为是兴师而围郑。孟子曰："有人于此，待我以横逆，则君子必自反也：'我必不仁、无礼与不忠欤？'仁且有礼而忠矣，其横逆犹是也，此亦妄人耳矣。"而君子盖终不之校也，故行有不得者，皆反求诸己而已矣。今郑伯之于晋公子，特不能厚将迎赠送之礼，而未尝以横逆加之也，坐此见围，为列国者，不亦难乎？故晋侯、秦伯贬称"人"者，晋文以私忿勤民动众，围人之国；秦伯惟利为向背，从烛之武之言，不以义举也。而二国结衅连兵，暴骨原野，自此始矣。

介人侵萧。

冬，天王使宰周公来聘。

公子遂如京师，遂如晋。

大夫出疆，有以二事出者，有以一事出而专继事者，其书皆曰"遂"。公子遂如周及晋，与祭公自鲁逆王后，皆所谓以二事出者也；公子结往媵而及齐、宋盟，则专继事者也。是非得失，则存乎其事矣。冢宰上兼三公，其职任为至重，而来聘于鲁，天王之礼意莫厚焉。鲁侯既不朝京师，而使公子遂往，又以二事出，夷周室于列国，此大不恭之罪。履霜坚冰之渐，《春秋》之所诛而不以听者也，则何以无贬乎？有不待贬绝而罪恶见者，不贬绝以见罪恶。

三十有一年。春，取济西田。

《公羊》曰：“取之曹也。晋侯执曹伯，班其所侵地于诸侯。”不系国者，吾故田也。复吾故田而谓之“取”，何也？《春秋》之法，不以乱易乱。

公子遂如晋。

夏，四月，四卜郊。

记《礼》者曰：“祭帝于郊，所以定天位也。礼行于郊，而百神受职焉。”鲁，诸侯，何以有郊？成王以周公有大勋劳于天下，命鲁公世世祀周公以天子之礼乐，是故鲁君孟春乘大辂，载弧，旗十有二旒。日月之章，祀帝于郊，配以后稷，天子之礼也。以人臣而用天子之礼，可乎？是成王过赐，而鲁公伯禽受之，非也。杨子曰：“天子之制，诸侯庸节。节莫差于僭，僭莫重于祭，祭莫重于地，地莫重于天。”诸侯而祀天，其僭极矣。圣人于《春秋》，欲削而不存，则无以志其失，为后世戒；悉书之乎，则岁事之常有不胜书者，是故因礼之变而书于策，或以卜，或以时，或以望，或以牲，或以牛，于变之中又有变焉者，悉书其事，而谓言偃曰：“鲁之郊禘，非礼也，周公其衰矣！杞之郊也，禹也；宋之郊也，契也；是天子之事守也。”言杞、宋，夏、商之后，受命于周，作宾王家，统承先王，修其礼物，其得行郊祀而配以其祖，非列国诸侯之比也。是故“天子祭天地，诸侯祭社稷，祝嘏莫敢易其常古”，易则乱名犯分，人道之大经拂矣。故曰：“郊社之礼，所以事上帝也；宗庙之礼，所以祀乎其先也。明乎郊社之礼，禘尝之义，治国其如指诸掌乎！”夫庶人之不得祭五祀，大夫之不得祭社稷，诸侯之不得祭天地。非欲故为等衰，盖不易之定理也。知其理之不可易，则安于分守，无欲僭之心矣，为天下国家乎何有？

不从，乃免牲。

古者，大事决于卜，故《洪范》稽疑，独以龟为主。卜而不从，则不郊矣，故“免牲”。

犹三望。

“望”，祭也。有虞氏受终而望因于类，巡守而望因于柴，皆天子之事也。今鲁不郊而望，故特书曰“犹”。“犹”者，可以已之辞。其言“三望”，何也？天子有方望，无所不通，诸侯非名山大川在其封内者，则不祭。鲁得用重礼，视王室则杀，故望止于三，比诸侯则隆，故河海虽不在其封而亦祭，然非诸侯之所得为也。

秋，七月。

冬，杞伯姬来求妇。

荡伯姬来逆妇而书者，以公自为之主，失其班列，书也。杞伯姬，敌矣，其来求妇，曷为亦书？见妇人之不可预国事也。王后之诏命，不施于天下；夫人之教令，不施于境中。婚姻，大事也，杞独无君乎，而夫人主之也，故特书于策，以为妇人乱政之戒。母为子求妇，犹曰不可，况于他乎？此义行，无吕、武之祸矣。

狄围卫。十有二月，卫迁于帝丘。

“帝丘”，东郡濮阳，颛顼之虚，亦卫地也。狄尝迫逐黎侯，黎侯寓于卫，而卫不能修方伯连帅之职；戎尝伐凡伯于楚丘，而卫不能救王臣之患，其后遂为狄人所灭，东徙渡河矣。齐桓公攘戎狄封之，而卫国忘亡。今又为狄所围，其迁于帝丘，避狄难也。而中国衰微，夷狄强盛，卫侯不能自强于政治，晋文无却四夷、安诸夏之功，莫不见矣。

三十有二年。春，王正月。

夏，四月己丑，郑伯捷卒。

卫人侵狄。秋，卫人及狄盟。

按，《左氏》：“狄有乱，卫人侵狄，狄请平焉，卫人及狄盟。”其不地者，盟于狄也。再书“卫人”而称“及”者，所以罪卫也。盟会，中国诸侯之礼，衰世之事，已非《春秋》之所贵，况与戎狄豺狼即其庐帐，刑牲歃血以要之哉？

冬，十有二月己卯，晋侯重耳卒。

按，《左氏》载，秦伯纳晋文公，及杀怀公于高梁，其事甚详，而《春秋》不书者，以为不告也。徐邈曰：“诸侯有朝聘之礼，赴告之命，所以敦交好，通忧虞；若邻国相望而情志否隔，存亡祸福不以相关，则他国之史无由得书；鲁政虽陵，典刑犹在，史策所录，不失常法，其文足证；仲尼修之，事仍本史，有可损而不能益也。”

三十有三年。春，王二月，秦人入滑。

齐侯使国归父来聘。

夏，四月辛巳，晋人及姜戎败秦于殽。

按，《书序》："秦穆公伐郑，晋襄公帅师败诸殽。"而《经》书"晋人败秦于殽"，是皆仲尼亲笔，其词何以异乎？《书序》专取穆公悔过自誓之言，止于劝善，其词恕；《春秋》备书秦、晋无道，用兵之失，兼于惩恶，其法严，此所以异也。晋襄亲将，绌不称君者，俯逼葬期，忘亲背惠，墨衰绖而即戎，其恶甚矣。视秦犹狄，其罪云何？客人之馆而谋其主，因人之信己而逞其诈，利人之危而袭其国，越人之境而不哀其丧，叛盟失信，以贪勤民而弃其师，狄道也。夫杞子、先轸之谋，偷见一时之利，侥幸其成，自以为功者也。二君皆过听焉而贪其利，是使为人臣者怀利以事其君，为人子者怀利以事其父，君臣父子去仁义，怀利以相与，利之所在，则从之矣，何有于君父？故一失则夷狄，再失则禽兽，而大伦灭矣。《春秋》人晋子而狄秦，所以立人道、存天理也。

癸巳，葬晋文公。

狄侵齐。

公伐邾，取訾娄。秋，公子遂帅师伐邾。

按，《左氏》："公伐邾，取訾娄，报升陉之役。邾人不设备，襄仲复伐之。"此皆不胜忿欲，报怨贪得，恃强陵弱，不义之兵也，直书其事而罪自见矣。或曰："取须句、訾娄，有为为之也，伐邾至于再三，念母勤矣。"夫念母者，必当止乎礼义。平王不抚其民，而远屯戍于母家，诗人刺之，夫子录焉。僖公以成风之有功于己也，越礼以尊其身，违义以报其怨，残民动众，取人之邑，曾是以为可乎？

晋人败狄于箕。

冬，十月，公如齐。

十有二月，公至自齐。

乙巳，公薨于小寝。

《左氏》曰："即安也。"周制："王宫六寝，路寝一，小寝五。君日出而视朝，退适路寝听政，使人视大夫，大夫退，然后适小寝释服。"是"路寝"，治事之所也，而"小寝"，燕息之地也。《公羊》以西宫为小寝，鲁子以诸侯有三宫，则列国之制盖降于王，其以路寝为正，则一尔。君终不于路寝，则非正矣。曾子曰："吾得正而毙，又何求哉！"古人贵于得正乃如此，凡此直书而义自见矣。

陨霜不杀草，李、梅实。

哀公问于仲尼曰："《春秋》记'陨霜不杀草'，何为记之也？"曰："此言可杀也。"夫宜杀而不杀，则李、梅冬实。天失其道，草木犹干犯之，而况君乎？是故以天道言，四时失其序，则其施必悖，无以统万象矣；以君道言，五刑失其用，则其权必丧，无以服万民矣。哀公欲去三桓，张公室，问社于宰我，古者用命赏于祖，不用命戮于社。宰我对以"使民战栗"，盖劝之断也。仲尼则曰："成事不说，既往不咎。"其自与哀公言，乃以为可杀，何也？在圣人则能处变而不失其常，在贤者则有"小贞吉，大贞凶"之戒矣。其论"陨霜不杀草"，则李、梅冬实，盖除恶于微，虑患于早之意也。

晋人、陈人、郑人伐许。

卷十四

文公上

元年。春，王正月，公即位。

“即位”者，告庙临群臣也。国君嗣世，定于初丧，必逾年然后改元。书“即位”者，缘始终之义，一年不二君，缘民臣之心不可旷年无君。按，《书》载舜、禹受终传位之事，在舜则曰“月正元日，格于文祖”，在禹则曰“正月朔旦，受命于神宗，率百官若帝之初”。夫于文祖、神宗，则告庙也；率百官若帝之初，则临群臣也。自古通葬三年，其以凶服则不可入宗庙，其以吉服则斩焉在衰绖之中，不可既成而又易之也，如之何而可？子张问于孔子：“高宗谅阴，三年不言，何谓也？”子曰：“何必高宗？古之人皆然。君薨，百官总己以听于冢宰三年。”则告庙临群臣，固有摄行之礼矣。按，《商书》称“太甲元年，伊尹祠于先王”，则摄而告庙之证也；“百官总己以听冢宰”，则摄而临群臣之证也。其曰“祗见厥祖”者，言伊尹以奉嗣王之事，祗见太甲之祖也；“至三祀十有二月，伊尹以冕服奉嗣王”，则免丧从吉之证也。然《顾命》《康诰》记成王之崩，其君臣皆冕服，何也？当是时，成王方崩就殡，犹未成服，故用麻冕黼裳入受顾命；已受命诰诸侯，而后释冕反丧服者，于是成服而宅忧也。或以为康王释服离次而即吉，则误矣。

二月癸亥，日有食之。

天王使叔服来会葬。

凡崩、薨、卒、葬，人道始终之大变也，不以得礼为常事而不书。其或失礼而害于王法之甚者，圣人则有削而不存以示义者矣。

夏，四月丁巳，葬我君僖公。

天王使毛伯来锡公命。

诸侯终丧入见，则有锡；岁时来朝，则有锡；能敌王所忾，则有锡。黼冕圭璧，因其终丧入见而锡之者也，《礼》所谓“丧毕以士服见天子，已见，赐之黼冕圭璧，然后归”是已。车马衮黼，因其岁时来朝而锡之者也，《诗》所谓“君子来朝，何锡予之？虽无予之，路车乘马；又何予之？玄衮及黼”是已。彤弓玈矢，因其敌忾献功而锡之者也，《诗》所谓“彤弓弨兮，受言藏之；我有嘉宾，中心贶之；钟鼓既设，一朝享之”是已。今文公继世，丧制未毕，非初见继朝而献功也，何为来锡命乎？故《穀梁子》曰：“礼有受命，无来锡命。来锡命，非正也。”

晋侯伐卫。

叔孙得臣如京师。

卫人伐晋。

秋，公孙敖会晋侯于戚。

冬，十月丁未，楚世子商臣弑其君頵。

书“世子弑君”者，有父之亲，有君之尊，而至于弑逆，此天理大变，人情所深骇。《春秋》详书其事，欲以起问者察所由，示惩诫也。唐世子弘受《左氏春秋》，至此，废书叹曰："经籍，圣人垂训，何书此耶？"郭瑜对曰："《春秋》，义存褒贬，以善恶为劝戒，故商臣千载而恶名不灭。"弘曰："非惟口不可道，故亦耳不忍闻，愿受他书。"瑜请读《礼》，世子从之。呜呼！圣人大训不明于后世，皆腐儒学《经》不知其义者之罪耳。夫乱臣贼子，虽陷阱在前，斧钺加于颈而不避，顾谓身后恶名，足以系其邪志而惩于为恶，岂不谬哉！持此晓人，可谓茅塞其心意矣，若语之曰："为人君父，而不通于《春秋》之义者，必蒙首恶之名；为人臣子，而不通于《春秋》之义者，必陷篡弑诛死之罪。圣人书此者，使天下后世察于人伦，知所以为君臣父子之道，而免于首恶之名、诛死之罪也。"则世子弘而闻此，必将悚然畏惧，知《春秋》之不可不学矣。学于《春秋》，必明臣子之义，不至于奏请佛旨而见鸩矣。传者，案也；经者，断也。考于传之所载，可以见其所由致之渐，岂隐乎？嫡妾必正，而楚子多爱；立子必长，而楚国之举常在少者；养世子不可不慎也，而以潘崇为之师；侍膳问安，世子职也，而多置宫中。降而不憾，憾而能昣者，鲜矣。乃欲黜兄而立其弟，谋及妇人，宜其败也。而使江芊知其情，是以不仁处其身，而以不孝处其子也，其及宜矣。楚頵僭王，凭陵中国，战胜诸侯，毒被天下，然昧于君臣父子之道，祸发萧墙而不之觉也。不善之积，岂可掩哉？君不君，则臣不臣；父不父，则子不子。《春秋》书"世子弑其君"者，推本所由而著其首恶，为万世之大戒也。然则，商臣无贬矣？曰："弑父与君之贼，其恶犹待于贬而后著乎？"

公孙敖如齐。

二年。春，王二月甲子，晋侯及秦师战于彭衙，秦师败绩。

战而言“及”者，主乎是战者也。夫敌加于己，不得已而起者，谓之应兵；争恨小故，不忍忿怒者，谓之忿兵。按，《左氏》：“秦孟明帅师伐晋，报殽之役。”此所谓忿兵，疑罪之在秦也，而以晋侯主之，何哉？处己息争之道，远怨之方也。然则，敌加于己，纵其侵暴，将不得应乎？曰：“敌加于己，而己有罪焉，引咎责躬，服其罪则可矣；己则无罪，而不义见加，谕之以辞命，犹不得免焉，亦告于天子方伯可也。若遽然兴师而与战，是谓以桀攻桀，何愈乎？故以晋侯为主者，处己息争之道、寡怨之方，王者之事也。”

丁丑，作僖公主。

“作主”者，造木主也。既葬而反虞，虞主用桑，期年而练祭，练主用栗。用栗者，藏主也，何以书？僖公薨，至是十有五月，然后作主，慢而不敬甚矣。夫慢而不敬，积恶之原也。以为无伤而不去，至于恶积而不可掩，所以谨之也。

三月乙巳，及晋处父盟。

“及处父盟”者，公也；其不地，于晋也；讳不书“公”者，抑大夫之抗，不使与公为敌，正君臣之分也。适晋不书，反国不致，为公讳耻，存臣子之礼也。凡此类，笔削鲁史之旧文，众矣。

夏，六月，公孙敖会宋公、陈侯、郑伯、晋士縠盟于垂陇。

自十有二月，不雨，至于秋七月。

书“不雨，至于秋七月”，而不曰“至于秋七月，不雨”者，盖后言不雨，则是冀雨之词，非文公之意也。夫书“不雨，至于秋七月”而止，即八月尝雨矣。然而，不书“八月雨”者，见文公之无意于雨，不以民事系忧乐也。其怠于政事可知，而鲁衰自此始矣。

八月丁卯，大事于大庙，跻僖公。

有事者，时祭。大事，祫也。合群庙之主，食于大庙，升僖于闵之上也。闵、僖二公，亲则兄弟，分则君臣。以为逆祀者，兄弟之不先君臣，礼也。君子不以亲亲害尊尊，故《左氏》则曰：“祀，国之大事，而逆之，可乎？子虽齐圣，不先父食久矣。”《公羊》则曰：“其逆祀，先祢而后祖也。”《穀梁》则曰：“逆祀，则是无昭穆也；无昭穆，则是无祖也。”闵、僖非祖祢，而谓之祖祢者何？臣子一例也。夫有天下者事七世，诸侯五世。说《礼》者曰：“世指父子，非兄弟也。”然三《传》同以闵公为祖，而臣子一例，是以僖公父视闵公为礼。而父死子继，兄亡弟及，名号虽不同，其为世一矣。

冬，晋人、宋人、陈人、郑人伐秦。

按，《左氏》：“四国伐秦，报彭衙之役。”则皆国卿也，其贬而称“人”者，晋人再胜秦师，在常情亦可以已矣，而复兴此役，结怨勤民，是全不务德，专欲力争，而报复之无已也，以致济河焚舟之师，故特贬而称“人”。

公子遂如齐纳币。

婚姻常事，不书。其书“纳币”者，丧未终而图婚也。夫娶在三年之外矣，则何讥乎？《春秋》论事，莫重乎志，志敬而节具，与之知礼；志和而音雅，与之知乐；志哀而居约，与之知丧。非虚加之也，重志之谓也。此皆使人私欲不行，闲邪复礼之意。

三年。春，王正月，叔孙得臣会晋人、宋人、陈人、卫人、郑人伐沈，沈溃。

按，《左氏》：“伐沈，以其服于楚也。”“沈溃”，民逃其上也。五国皆称“人”，将非命卿也。沈在汝南平舆县北，未尝与中国会盟而南服于楚。师入其境而民人逃散，虽非义举，比于报复私怨之兵，则有间矣，故其辞无褒贬。凡此类，欲示后世用师者，知权而本之以正也。

夏，五月，王子虎卒。

王子虎不书爵，讥之也，天子内臣无外交。或曰：“礼，称情而为之节文者也。叔服新使乎我，则宜有恩礼矣。仲尼脱骖于旧馆，虽卒叔服可也。”夫“脱骖于旧馆”，恶夫涕之无从而为之者，非礼之经也。天子内臣无外交，而以新使乎我致恩礼焉，是以私情害公义，失轻重之权矣。

秦人伐晋。

按，《左氏》：“秦伯伐晋，济河焚舟，封殽尸而还。”其称“人”，何也？圣人作《易》，以“惩忿窒欲”为《损》卦之象，其辞曰："损，德之修也。"春秋诸侯之知德者，鲜矣，穆公初听杞子之请，违蹇叔之言，其名为贪兵，是欲而不能窒也。及败于殽，归作《秦誓》，庶几能改，将窒其欲矣。复起彭衙之师，报殽函之役，其名为愤兵，是忿而不能惩也。今又济河取郊，"人"之称斯师也，何义哉？晋人畏秦而不出，穆公逞其忿而后悔，自是见伐不报，始能践自誓之言矣。是故于此贬而称"人"，备责之也。

秋，楚人围江。

雨螽于宋。

冬，公如晋。

十有二月己巳，公及晋侯盟。

晋阳处父帅师伐楚以救江。

"以"者，不以者也。"救江"，善矣，其书"以"何？楚尝伐郑矣，齐桓公远结江、黄，合九国之师于召陵，然后伐郑之谋罢；又尝围宋矣，晋文公许复曹、卫，会四国之师于城濮，然后围宋之役解。今江国，小而弱，非能与宋、郑比，楚人围之，必不待彻四境屯戍守御之众与宿卫尽行也。当是时，楚有覆载不容之罪，晋主夏盟，宜合诸侯，声罪致讨，命秦甲出武关，齐以东兵略陈、蔡而南，处父等军方城之外，楚必震恐，而江围自解矣。计不出此，乃独遣一军远攻强国，岂能济乎？故书"伐楚以救江"，言救江虽善，而所以救之者，非其道矣，此《春秋》纪用兵之法也。

四年。春，公至自晋。

夏，逆妇姜于齐。

“逆”皆称“女”，以未成妇，而女者，在父母家之所称也。往逆而称“妇”，入国不书“至”，何哉？此《春秋》诛意之效也。禫制未终，思念娶事，是不志哀而居约矣。方逆也，而已成为妇；未至也，而如在国中，原其意而诛之也。不称“夫人姜氏”者，亦与有贬焉。妇人不专行，何以与有贬？父母与有罪也。文公不知敬其伉俪，违礼而行，使国乱子弑；齐人不能鉴微知著，冒礼而往，使其女不允于鲁，皆失于不正，其始之过也。夫妇之际，人伦之首，礼不可不谨也，故交贬之，以为后鉴。

狄侵齐。

秋，楚人灭江。

晋侯伐秦。

晋人三败秦师，见报乃常情耳，而穆公济河焚舟，则贬而称“人”。秦取王官及郊，未至结怨如晋师之甚也，襄公又报之，于常情过矣，而得称爵，何也？圣人以常情待晋襄，而以王事责秦穆，所以异乎！襄公忘亲背惠，大败秦师，败狄伐许，怒鲁侯之不朝也，而以无礼施之，是专尚威力，先事加人，莫知省德而后动也。今又报秦，不足罪矣。穆公初败于殽，悔过自誓，增修德政，宜若过而知悔，悔而能改，又有济河之役，则非誓言之意，所以备责之也。然晋襄见伐而报，犹无讥焉，秦穆至是见伐而不报，善可知矣。不讥晋侯，所以深善秦伯。《春秋》大改过，嘉释怨，王者之事也。故仲尼定《书》，列《秦誓》于百篇之末，以见悔过能改而不责人，虽圣贤诰命，不越此矣。

卫侯使宁俞来聘。

冬，十有一月壬寅，夫人风氏薨。

“风氏”，僖公之母，庄公妾也，而称“夫人”，自是嫡妾乱矣。《语》曰：“邦君之妻，邦人称之曰‘君夫人’，称诸异邦曰‘寡小君’。”盖敌体之称也。若夫妾媵，则非敌矣，其生亦以夫人之名称号之，其没亦以夫人之礼卒葬之，非所以正其分也。以妾媵为夫人，徒欲尊宠其所爱，而不虞卑其身；以妾母为夫人，徒欲崇贵其所生，而不虞贱其父。卑其身则失位，贱其父则无本。越礼至是，不亦悖乎？夫礼，庶子为君，为其母无服，不敢贰尊者也。《春秋》于成风记其卒葬，各以实书，不为异辞者，谨礼之所由变也。

五年。春，王正月，王使荣叔归含且赗。

珠玉曰含，车马曰赗。“归含且赗”者，厚礼妾母也；不称“天王”者，弗克若天也。《春秋》系王于天，以定其名号者，所履则天位也；所治则天职也；所敕而惇之者，则天之所叙也；所自而庸之者，则天之所秩也；所赏所刑者，则天之所命而天之所讨也。夫妇，人伦之本，王法所尤谨者。今成风以妾僭嫡，王不能正，又使大夫归含、赗焉，而成之为夫人，则王法废，人伦乱矣。是谓弗克若天而悖其道，非小失耳，故特不称“天”，以谨之也。

三月辛亥，葬我小君成武。

仲子虽聘，非惠公之嫡也。春秋之初，尚以为疑，故别为立宫，而羽数特异。此虽非礼之正，然不祔于姑，犹有辨焉。至是成风书“葬”，乃有二夫人祔庙，而乱伦易纪，无复辨矣。故礼之失，自成风始也。

王使召伯来会葬。

王臣下聘桓公，冢宰书名示贬，而大夫再聘，则无讥焉，或以为从同同也，或以为同则书重也。成风薨，“王使荣叔归含且赗”，既不称“天”矣。及“使召伯来会葬”，又与贬焉，何也？归含且赗，施于妾母已稠叠矣，又使卿来会葬，恩数有加焉，是将祔之于庙也，而致礼于成风，尽矣。聘一也，含赗而又葬，则其事益隆，乱人伦、废王法，甚矣。再不称“天”者，圣人于此尤谨其戒而不敢略也。

夏，公孙敖如晋。

秦人入鄀。

秋，楚人灭六。

冬，十月甲申，许男业卒。

六年。春，葬许僖公。

夏，季孙行父如陈。

秋，季孙行父如晋。

八月乙亥，晋侯驩卒。

冬，十月，公子遂如晋，葬晋襄公。

晋杀其大夫阳处父。晋狐射姑出奔狄。

《公羊子》曰：“晋杀其大夫阳处父，则狐射姑曷为出奔？射姑杀也。射姑杀，则其称国以杀何？君漏言也。”《易》曰：

“不出户庭，无咎。”何谓也？子曰：“乱之所生，则言语以为阶。君不密则失臣，臣不密则失身，几事不密则害成，是以君子慎密而不出也。”凡书“杀”者，在上则称君，在下则称氏，在众则称人，在微则称盗，君与臣同杀则称国。今杀处父者，射姑耳，君独以漏言故，亦预杀焉，所以为后世戒也。或以处父为侵官，非欤！曰：“人君用人失当，则其国必危。凡立于朝者举当谏君，况身为晋国之太傅耶？若以为侵官，将相大臣非其人，百官有司失其职，在位者当拱默自全，阴听人主之所为，至于颠危而不救，则将焉用彼相乎？率天下臣子为持禄容身不忠之行，以误朝迷国者，必此侵官之说夫！”

闰月，不告月，犹朝于庙。

“不告月”者，不告朔也。不告朔，则曷为不言“朔”也？因月之亏盈而置闰，是主乎月而有闰也，故不言“朔”而言“月”。占天时则以星，授民事则以节，候寒暑之至则以气，百官修其政于朝，庶民服其事于野，则主乎是焉耳矣。闰不可废乎？曰：“迎日推策，则有其数；转玑观衡，则有其象。归奇于扐以象闰，数也；斗指两辰之间，象也。象数者，天理也，非人所能为也。故以定时成岁者，唐典也；以诏王居门终月者，周制也。班告朔于邦国，不以是为附月之余而弗之数也。”“犹朝于庙”者，幸其不已之词。子贡欲去告朔之饩羊，子曰：“尔爱其羊，我爱其礼。”

七年。春，公伐邾。

三月甲戌，取须句，遂城郚。

夏，四月，宋公王臣卒。

宋人杀其大夫。

书“宋人”者，国乱无政，非君命而众人擅杀之也。大夫不名，义系于杀大夫，而其名不足纪也。

戊子，晋人及秦人战于令狐。晋先蔑奔秦。

按，《左氏》：“襄公卒，太子幼，晋人欲立长君；赵孟使先蔑如秦逆公子雍，秦康公以师纳之，襄夫人日抱太子以啼于朝，曰：‘舍嫡嗣不立，而外求君，将焉置此？’诸大夫畏逼，乃背先蔑立灵公。赵盾将中军以御秦，潜师夜起，败秦师于令狐，先蔑奔秦。”程氏以为：“晋不谢秦，秦纳不正，皆罪也，故称‘人’；晋惧秦之不肯，已而击之，是晋人为志乎是战者也，故书‘及’。”其贬之如此者，使后世臣子慎于废立之际，不可忽也。治乱存亡，系国君之废立，事莫重于此矣，而可以有误乎？弈者举棋不定，不胜其耦，况置君而可以不定乎？

狄侵我西鄙。

秋，八月，公会诸侯、晋大夫盟于扈。

诸侯会晋赵盾盟于扈，为晋侯立也。赵盾内专，废置其君，外强诸侯为此盟。其不名者，见大夫之强也；诸侯不序，见公之不及于会也。文公怠惰，事多废缓，既约晋盟而复后至，故隐其不及，罪公之不能自强于政治，鲁自是日益衰矣。

冬，徐伐莒。公孙敖如莒莅盟。

八年。春，王正月。

夏，四月。

秋，八月戊申，天王崩。

冬，十月壬午，公子遂会晋赵盾盟于衡雍。乙酉，公子遂会雒戎盟于暴。

《春秋》记约而志详，其书“公子遂盟赵盾”及“雒戎”，何词之赘乎？曰：“圣人谨华夷之辨，所以明族类、别内外也。雒邑，天地之中，而戎丑居之，乱华甚矣。再称‘公子’，各日其会，正其名与地，以深别之者，示中国夷狄终不可杂也。自东汉已来，乃与戎杂处而不辨，晋至于神州陆沉，唐亦世有戎狄之乱。许翰以为谋国者不知学《春秋》之过，信矣。”

公孙敖如京师，不至而复。丙戌，奔莒。

按，《左氏》：“公孙敖奔莒，从己氏也。”男女，人之大欲存焉。寡欲者，养心之要。欲而不行，可以为难矣。然欲生于色而纵于淫，色出于性，目之所视，有同美焉，不可掩也；淫出于气，不持其志，则放僻趋蹶，无不为矣。敖如京师，其书“不至而复”者，言敖无入使于周之意，惟己氏之欲从也。夫以志徇气，肆行淫欲，而不能为之帅，至于弃其家国，出奔而不顾，此天下之大戒也。《春秋》谨书其事，于敖与何诛？使后人为鉴，必持其志，修窒欲之方也。

螽。

宋人杀其大夫司马。宋司城来奔。

初，宋昭公将去群公子，乐豫以为不可，遂舍司马以让公子卬，则卬固昭公之党，欲专宋政，而昭公固欲以其弟卬自卫也。夫司马，掌兵之官，不选众举贤，以素有威望为国人所畏服者，使居其任，乃欲宠其私昵，鲜有不亡者矣。公子卬、荡意诸，皆以官举者，见主兵者不能其官，至于见杀；守土者不能其官，至于出奔，而其君不免失身见弑之祸，宜矣。

卷十五

文公下

九年。春，毛伯来求金。

“毛伯”，天子大夫，何以不称使？当丧未君也。逾年即位矣，何以言未君？古者，谅阴三年，百官总己以听于冢宰。夫百官总己以听，则是冢宰独专国政之时，托于王命以号令天下，夫岂不可而不称使？《春秋》之旨，微矣，非特谨天下之通丧，所以示后世大臣，当国秉政，不可擅权之法戒也。跋扈之臣假仗主威，胁制中外，凡有所行，动以诏书从事，盖未有以《春秋》此义折之耳。

夫人姜氏如齐。

二月，叔孙得臣如京师。

辛丑，葬襄王。

晋人杀其大夫先都。

三月，夫人姜氏至自齐。

夫人与君敌体，同主宗庙之事，出必告行，反必告至，则书于策。然适他国者，或曰享，或曰会，或曰如，众矣。未有致之者，则其行非礼，以不致见其罪也。出姜如齐，以宁父母，于礼得行矣。其致者，非特以告庙书耳。夫人初归，岂其不告？为文公越礼，故削而不书，示诛意之法矣。今此书“至”者，又以见小君之重也。夫承祭祀以为宗庙主，一国之母仪，而可以摇动乎？出姜至是盖不安于鲁，故至而特书，以示防微杜渐之意，其为世虑深矣。

晋人杀其大夫士縠，及箕郑父。

杀先都、士縠，国也，其称“人”以杀者，国乱无政，众人擅杀之称也。何以知其非讨贼之词？书“杀其大夫”，则知之矣。三大夫，皆强家也，求专晋不得，挟私怨以作乱，而使贼杀其中军佐，则固有罪矣，曷为不去其官？当是时，晋灵初立，主幼不君，政在赵盾，而中军佐者，盾之党也。若狱有所归，则此三人者，独无可议从末减乎？而皆杀之，是大夫专生杀，而政不自人主出也，故不称国讨，不去其官。而箕郑父书“及”，示后世司赏罚者，必本忠恕，无有党偏之意，其义精矣。

楚人伐郑。公子遂会晋人、宋人、卫人、许人救郑。

按，《左氏》：“范山言于楚子曰：‘晋君少，不在诸侯，北方可图也。’楚子师于狼渊以伐郑。”则是贪得无故，凭陵诸夏之兵也，故楚子亲将，贬而称“人”。晋、宋、卫，则赵盾、华、孔，皆国卿也，何以贬而称“人”？救而不及楚师，欲以惩不恪也。晋主夏盟，不在诸侯，以启戎心，谁之过乎？故书“救”而称“人”，以罪赵盾之不能折冲消患，为夷狄之所窥也。

夏，狄侵齐。

秋，八月，曹伯襄卒。

九月癸酉，地震。

冬，楚子使椒来聘。

楚僭称王，《春秋》之始，独以号举，夷狄之也；中间来聘，改而书“人”，渐进之矣；至是其君书爵，其臣书名而称使，遂与诸侯比者，是以中国之礼待之也。所谓“谨华夷之辨，内诸夏而外四夷”，义安在乎？曰：“吴、楚，圣贤之后，见周之弱，王灵不及，僭拟名号，此以夏而变于夷者也，圣人重绝之。夫《春秋》立法谨严，而宅心忠恕。严于立法，故僭号称王则深加贬黜，比之夷狄，以正君臣之义；恕以宅心，故内虽不使与中国同，外亦不使与夷狄等。思善悔过，向慕中国，则进之而不拒，此慎用刑、重绝人之意也。”噫！《春秋》之所以为《春秋》，非圣人莫能修之者乎！

秦人来归僖公成风之禭。

秦人归禭，而曰“僖公成风”者，非兼禭也，亦犹平王来赗仲子，而谓之“惠公仲子”尔。仲子，惠公之妾也。然则，风氏亦庄公之妾，曷不书曰“来归庄公成风之禭”乎？曰：“宠爱仲子，以妾为妻者，惠公也，故书‘惠公仲子’，所以正后世之为人夫者，当明夫道，不可乱嫡妾之分；以卑其身，尊崇风氏，立为夫人者，僖公也，故书‘僖公成风’，所以正后世之为人子者，当明子道，不可行僭乱之礼以贱其父。圣人垂诫之义明矣。”

葬曹共公。

十年。春，王三月辛卯，臧孙辰卒。

夏，秦伐晋。

说者谓“‘秦伐晋’，以戎狄书。盖阙文者”。据《左氏》，少梁、北徵之师，两国相攻，无他得失言之也。然晋取少梁，事不经见，固未可据。秦以狄书者，程氏以谓“晋舍嫡嗣而外求君，罪也；既而悔之，正矣。秦不顾义理是非，惟以报复为事，则夷狄之道也。”以此狄秦，义固然矣。或者犹有深许晋人悔过能改，终不遂非之意，故重贬秦伯以见乎。

楚杀其大夫宜申。

按，《左氏》：“宜申与仲归谋弑穆王而诛。”则是讨弑君之贼也，曷为称国以杀，又书其官，而不曰“楚人杀宜申”乎？曰：“穆王者，即楚世子商臣也，而《春秋》之义微矣。”

自正月不雨，至于秋七月。

及苏子盟于女栗。

冬，狄侵宋。

楚子、蔡侯次于厥貉。

楚灭江、六，平陈与郑，于是乎为伐宋之举，“次于厥貉”。凡伐而次者，其次为善；次而伐者，其次为贬。齐师次陉，修文告以威敌，善之也，故上书“伐楚”以著其美；楚次厥貉，藏祸心以凭夏，贬之也，故下书“伐麋”以著其罪。当是时，陈、郑、宋，皆从楚矣，独书“蔡侯”，何哉？郑失三大夫，俟救而不及；陈获公子茷而惧；宋方有狄难，盖有不得已者，非所欲也。蔡无四竟之虞，则是得已不已，志在从夷狄矣。故削三国，书“蔡侯”，见其弃诸夏之恶也。

十有一年。春，楚子伐麇。

夏，叔彭生会晋郤缺于承匡。

秋，曹伯来朝。

公子遂如宋。

狄侵齐。

冬，十月甲午，叔孙得臣败狄于咸。

《左氏》称此“长狄”也，而刘敞以为非。夫《春秋》，正名之书，其称狄也，或曰狄，或曰白狄，或曰赤狄；其称戎也，或曰戎，或曰山戎，或曰姜戎，或曰陆浑之戎。不别其种类，书之于策，后亦无所考矣。

十有二年。春，王正月，郕伯来奔。

杞伯来朝。

二月庚子，子叔姬卒。

夏，楚人围巢。

秋，滕子来朝。

秦伯使术来聘。

冬，十有二月戊午，晋人、秦人战于河曲。

秦伯亲将，晋上卿赵盾御之，其称“人”何？为令狐之役故也。秦纳不正，遂非积忿，晋不谢秦，潜师御之，是以暴兵连祸，至此极也。凡战，皆以主人及客者，处己之道，寡怨之方，王者之事，其不书“晋及”，何也？前年秦师来伐晋，不言战者，晋已服矣，故狄秦而免晋。今又为此役，则秦曲甚矣，故不以晋为主。惟动大众从秦师，不奉词令以止之也，故贬而称“人”，此轻重之权衡也。

季孙行父帅师，城诸及郓。

十有三年。春，王正月。

夏，五月壬午，陈侯朔卒。

邾子蘧蒢卒。

自正月不雨，至于秋七月。世室屋坏。

“世室”，鲁公之庙也。周公称太庙，鲁公称世室，群公称宫。书“世室屋坏”，讥久不修也。何以知久乎？自正月不雨，则无坏道也。不雨凡七月，而先君之庙坏，不恭甚矣。凡此皆志文公怠慢，不谨事宗庙，以致鲁国衰削之由，垂戒切矣。

冬，公如晋。

卫侯会公于沓。

狄侵卫。

十有二月己丑，公及晋侯盟。

公还自晋。

郑伯会公于棐。

十有四年。春，王正月，公至自晋。

邾人伐我南鄙。叔彭生帅师伐邾。

夏，五月乙亥，齐侯潘卒。

六月，公会宋公、陈侯、卫侯、郑伯、许男、曹伯、晋赵盾。癸酉，同盟于新城。

“同盟于新城”，同外楚也。其曰“同”者，志诸侯同欲，非强之也。而宋公、陈侯、郑伯在焉，则知楚次厥貉，三国虽从，诚有弗获已者，削而不书，盖恕之也。蔡不与盟，果有背华即夷之实矣。夷考晋、楚行事，未有以大相远也，而《春秋》予夺如此者，荆楚僭王，若与同好，陵蔑中华，是将代宗周为共主，君臣之义灭矣，可不谨乎？

秋，七月，有星孛入于北斗。

“孛”者，恶气所生，暗乱不明之貌也。“入于北斗”者，斗有环域，天之三辰，纲纪星也。宋，先代之后；齐、晋，天子方伯，中国纪纲。彗者，所以除旧布新也。祯祥妖孽，随其所感，先事而著。后三年，宋弑昭公；又二年，齐弑懿公；又二年，晋弑灵公。此三君者，皆违道失德而死于乱。符叔服之言，天之示人显矣，史之有占明矣。

公至自会。

晋人纳捷灾于邾，弗克纳。

邾文公元妃齐姜生定公，二妃晋姬生捷灾。文公卒，邾人立定公，捷灾奔晋。赵盾以诸侯之师八百乘，纳捷灾于邾，邾人辞曰：“齐出貜且长。”宣子曰：“非吾力不能纳也，义实不尔克也。”引师而去之。故君子善之，而书曰“弗克纳”也。在《易·同人》之九四，曰：“乘其墉，弗克攻，吉。”《象》曰：“乘其墉，义弗克也。其吉，则困而反则也。”其赵盾之谓矣。圣人以改过为大，过而不改，将文过以遂非，则有怙终之刑；过而能悔，不贰过以远罪，则有迁善之美。其曰“弗克纳”，见私欲不行，可以为难矣。然则，何以称“人”？大夫而置诸侯，非也，闻义能徙，故为之讳。内以讳为贬，外以讳为善。

九月甲申，公孙敖卒于齐。

齐公子商人弑其君舍。

州吁弑君，则以国氏，商人独称“公子”，何也？以国氏者，累及乎上；称公子者，诛止其身。夫州吁宠爱，有匹嫡夺正之渐，庄公养成其恶而莫之禁，至于弑逆，则有以致之矣，故曰“以国氏者，累及乎上”。按，《左氏》：“鲁叔姬妃齐昭公，生舍。叔姬无宠，舍无威。”商人心知其孤危寡恃，可以取而代也，于是“骤施于国，而多聚士”。然则，商人弑逆，出于其身之所为，而非昭公有以致之也，故曰“称公子者，诛止其身”。舍未逾年，而成之为君者，《穀梁子》曰：“成舍之为君，所以重商人之弑也。”

宋子哀来奔。

宋昭公无道，高哀为萧封人以为卿，不义宋公而出，遂来奔。书曰“子哀”，贵之也。《易》曰：“几者，动之微，吉之先见者也。君子见几而作，不俟终日。”宋子哀有焉。昔微子去纣，列于三仁之首，子哀不立于危乱之邦，而《春秋》书字，谓能贵爱其身以存道也。若偷生避祸而去国出奔，亦何取之有？

冬，单伯如齐。齐人执单伯。

齐君舍，鲁之甥也，商人弑舍，固忌鲁矣。鲁使单伯如齐，齐人意欲辱鲁，故执单伯并子叔姬，而诬之以罪。不称行人，《公羊》所谓“以己执之”者也。

齐人执子叔姬。

“子叔姬”者，齐君舍之母也。弑其君，执其母，皆商人所为，而以为齐人执之，何也？商人弑君之罪已显，而齐人党贼之恶未彰，商人“骤施于国，而多聚士”，是以财诱齐国之人而济其恶也。齐人怀商人之私惠，忘君父之大伦，弑其君而不能讨，执其母而莫之救，则是举国之人皆有不赦之罪也。假有人焉，正色而立于朝，谁敢致难其君与执其母而不之顾也？故圣人书曰“齐人执子叔姬”，所以穷逆贼之党与而治之也，其讨罪之旨严矣，故曰：“《春秋》成而乱臣贼子惧。”

十有五年。春，季孙行父如晋。

三月，宋司马华孙来盟。

“司马”，主兵之官。称“华孙”者，自督弑殇公，诸侯受赂，失贼不讨，使秉宋政，及其后世，继掌兵权，《春秋》之所禁者，故《传》载其“承命亚旅”之词，而《经》书曰“宋司马华孙来盟”。其曰“华孙”，犹季孙、叔孙、仲孙、臧孙之类，不书名者，义不系于名也；不称使，以是专行为无君矣。孟子曰：“所谓故国，非谓其有乔木，有世臣之谓也。”《春秋》此义，其欲后世以贤者之类、功臣之胄为世臣，然后委之以政乎！

夏，曹伯来朝。

齐人归公孙敖之丧。

“公孙敖”，庆父之后，行又丑矣，出奔他国，其卒与丧归，皆书于策者，许翰以谓：“文伯、惠叔二子之哀，诚无已也，故鲁人从其请，国史记其事，仲尼因而不革者，以敖著教也。《易》曰：‘有子考，无咎。’周公命蔡仲曰：‘尔尚盖前人之愆。’”

六月辛丑，朔，日有食之，鼓，用牲于社。

单伯至自齐。

“单伯”，天子之命大夫也，故逆王姬、会伐宋、使于齐，皆书其字，致而不名，与意如、婼异者，无所书而不尊王命，谨臣礼也。

晋郤缺帅师伐蔡。

戊申，入蔡。

秋，齐人侵我西鄙。

季孙行父如晋。

冬，十有一月，诸侯盟于扈。

“盟于扈”者，晋侯、宋公、卫、蔡、陈、郑、曹、许八国之君也，何以不序？略之也。《春秋》于夷狄，君臣同词而不分爵号，说者以为略之也。八国曷为略之？等于夷狄乎。齐人弑君，不能致讨，受赂而退，奚以贤于狄矣？不曰“晋人会诸侯盟于扈”，而曰“诸侯盟”者，分恶于诸侯也。陈恒弑其君，孔子沐浴而朝，告于哀公，请讨之。弑君之贼，夫人之所得讨也，而况于诸侯乎？况于邻国乎？略诸侯而不序，以其欲讨齐罪而复不能也，况于邻壤，初不与盟会者乎？鲁君之罪亦可知矣。

十有二月，齐人来归子叔姬。

不言“齐子叔姬来归”，而曰“齐人来归子叔姬”者，见子叔姬无罪，齐人自绝而归之尔。《春秋》深罪齐人以商人为君，而不知其恶，故其执、其归与弑其君，商人皆称“齐人”，深责之也。

齐侯侵我西鄙，遂伐曹，入其郛。

十有六年。春，季孙行父会齐侯于阳穀，齐侯弗及盟。

夏，五月，公四不视朔。

天子班朔于诸侯，诸侯每月奉以告庙，出视朝政。文公“四不视朔”，《公羊子》以为“有疾也。不言疾，自是公无疾不视朔也”，此见圣人所书之意，若后复视朔者，必于此书“公有疾”，与昭公如晋之事比矣。文公厌政，备见于《经》，闰不告，朔不视，无雨不闵，会同不与，庙坏不修，作主不时，事神治民之怠也，则其心放而不知求，久矣。

六月戊辰，公子遂及齐侯盟于郪丘。

秋，八月辛未，夫人姜氏薨。

毁泉台。

先祖为之非矣，然台之存毁，非安危治乱之所系也。虽勿居，可也，而必毁之，是暴扬其失，有轻先祖之心。此履霜之渐，弑父与君之萌，《春秋》之所谨也，故书。

楚人、秦人、巴人灭庸。

楚大饥，戎与麇、濮交伐之，而庸人幸其弱，帅群蛮以叛楚，此取灭之道也。楚人谋徙于阪高，蔿贾曰："不可。我能往，寇亦能往，不如伐庸。"亦见其谋国之善矣。故列书三国，而楚不称师，减楚之罪词也。

冬，十有一月，宋人弑其君杵臼。

此襄夫人使甸杀之也，而书"宋人"者，昭公无道，国人之所欲弑也。君无道而弑之，可乎？诸侯杀其大夫，虽当于罪，若不归诸司寇，犹有专杀之嫌，以为不臣矣，况于北面归戴奉之以为君也？故曰："人臣无将，将而必诛。"昭公无道，圣人以弑君之罪归宋人者，以明三纲，人道之大伦，君臣之义，不可废也。然则，有土之君可以肆于民上而无诛乎？诸侯无道，天子方伯在焉，臣子国人其何居？死于其职，而明于去就从违之义，斯可矣。荡意诸亦死职，《春秋》削之，不得班于孔父、仇牧、荀息，何也？三子闲其君而见杀，《春秋》之所取也。意诸知国人将弑其君而不能止，知昭公之将见杀而不能正，坐待其及而死之，所谓匹夫匹妇自经于沟渎而莫之知也，奚得与死于其职者比乎？圣人所以独取高哀之去，而书字以褒之也。

十有七年。春，晋人、卫人、陈人、郑人伐宋。

列国之卿，其君所与共天位、治天职者。宋有弑君之乱，欲行天讨而伐宋，乃其职也。复不能讨而成其乱，是不足为国卿，失其职矣，故皆贬而称"人"。大夫帅师称名氏，贱者穷诸人。其称"人"，贱之也。陈恒弑简公，孔子请讨，曰："以吾从大夫之后，不敢不告也。”

夏，四月癸亥，葬我小君声姜。

齐侯伐我西鄙。

六月癸未，公及齐侯盟于穀。

诸侯会于扈。

宋昭公虽为无道，人臣将而必诛。《春秋》正宋人为弑君之罪，所以明人道之大伦也。故大夫无沐浴之请，则贬而称“人”；诸侯无讨贼之功，则略而不序。不然，是废君臣之义，人欲肆而天理灭矣。故曰：“《春秋》成而乱臣贼子惧。”

秋，公至自穀。

冬，公子遂如齐。

十有八年。春，王二月丁丑，公薨于台下。

秦伯罃卒。

夏，五月戊戌，齐人弑其君商人。

按，《左氏》：“齐懿公即位，刖邴歜之父，而使歜仆；纳阎职之妻，而使职骖乘。”二人者，实弑懿公，然则，于法宜书曰“盗”，而特变其词以为“齐人”，何也？乱臣贼子之动于恶，必有利其所为而与之者。人人不利其所为而莫之与，则孤危独立，无以济其恶，篡弑之谋熄矣。惟利其所为而与之者众，是以能济其恶，天下胥为禽兽而莫之遏。公子商人骤施于国而多聚士，尽其家而贷于公有司，是以财诱齐国之人也。齐人贪公子一时之私施，不顾君臣万世之大伦，弑其国君，则靦面以为之臣而不能讨；执其君母，则拱手以听其所为而不能救。故于懿公见杀，特不书“盗”，反以弑君之罪归诸齐人，以诛乱贼之党，弭篡弑之渐，所谓拔本塞源，惩祸乱之所由也。故曰：“《春秋》成而乱臣贼子惧。”

六月癸酉，葬我君文公。

秋，公子遂、叔孙得臣如齐。

使举上客，将称元帅，此《春秋》立文之常体也。其有变文书介副者，欲以起问者，见事情也。子赤，夫人之子，今卒于弑，不著其实，是为国讳恶，无以传信于将来，而《春秋》之大义隐矣。故上书“大夫并使”，下书“夫人归于齐”，中曰“子卒”，则见祸乱邪谋发于奉使之日，而公子遂弑立其君之罪著矣。

冬十月，子卒。

诸侯在丧称“子”，继世不忍当也。既葬不名，终人子之事也。逾年称君，缘民臣之心也。“子卒”，何以不日？遇弑不忍言也。既葬而不名，不名而遇弑者，不日以见其弑，子赤是也；逾年而称君，称君而遇弑者，不地以见其弑，闵公是也。何以知其贼乎？上书“大夫并使”，下书“子卒”“夫人归”，则知罪之在公子遂矣。“孙于邾”“出奔莒”，则知罪之在夫人与庆父矣。继世之恩，终事之重，情文之节，隐恶之礼，记事之信，诛乱臣讨贼子之义，亦备矣。

夫人姜氏归于齐。

书“夫人”，则知其正；书“姜氏”，则知其非见绝于先君；书“归于齐”，则知其无罪，异于“孙于邾”者。而鲁国臣子杀嫡立庶，敬嬴、宣公不能事主君、存嫡母，其罪不书而并见矣。

季孙行父如齐。

莒弑其君庶其。

卷十六

宣公上

元年。春，王正月，公即位。

宣公为弑君者所立，受之而不讨贼，是亦闻乎弑也，故如其意焉而书“即位”，以著其自立之罪而不嫌于同词。美一也，有小大，则褒辞异；恶一也，有小大，则贬辞异。一美一恶，无嫌于同。

公子遂如齐逆女。

鲁秉周礼，丧未期年，遣卿逆女，何亟乎？太子赤，齐出也。仲遂杀子赤及其母弟，而立宣公，惧于见讨，故结昏于齐为自安计，越典礼以逆之，如此其亟而不顾者，必敬嬴、仲遂请齐立接之始谋也。其后滕文公定为三年丧，父兄百官皆不欲，曰：“吾宗国鲁先君莫之行也。”丧纪浸废，夫岂一朝一夕之故，自文、宣莫之行矣。此所谓不待贬绝而罪恶见者也。

三月，遂以夫人妇姜至自齐。

有不待贬绝而罪恶见者，不贬绝以见恶。夫人与有罪焉，则待贬而后见，故不称“氏”。夫人其如何？知恶无礼，如《野有死麕》；能以礼自防，如《草虫》；愆期有待，如《归妹》之九四，则可免矣。凡称“妇”者，其词虽同，立义则异。“逆妇姜于齐”，病文公也；“以妇姜至自齐”，责敬嬴也。敬嬴，嬖妾，私事襄仲，以其子属之，杀世嫡兄弟，出主君夫人，援成风故事，即以子贵为国君母。斩焉在衰服之中，请昏纳妇，而其罪隐而未见也。故因夫人至，特称“妇姜”以显之。此乃《春秋》推见至隐，著妾母当国用事，为后世鉴者也。概指为有姑之词而不察其旨，则精义隐矣。

夏，季孙行父如齐。

《经》书“行父如齐”，而不言其故，谓纳赂以请会者，《传》也。《经》有不待《传》而著者，比事以观，斯得矣。下书“公会齐侯于平州”，则知此会行父请之也；又书“齐人取济西田”，则知其请盖以赂也。虽微《传》，其事著矣。诸侯立卿为公室辅，犹屋之有楹也，而谋国如此，亦不待贬绝而恶自见者也。不然，以行父之勤劳恭俭，相三君而无私积，必能以其君显，名与晏婴等矣。

晋放其大夫胥甲父于卫。

“放”，犹羁置毋去其所。比于专杀者，其罪薄乎云尔。或以为近正，非矣。大夫当官，既不请于天子而自命，以为有罪，又不告于司寇而擅刑，犹不远于正乎？秦、晋战于河曲，挠臾骈之谋者，赵穿也。若讨其不用命，则当以穿为首，止治军门之呼，偕贬可也。而独放胥甲父，则以赵盾当国。穿，其族子，而盾庇之也。桃园之罪，其志固形于此矣。故称国以“放”，见晋政之在私门而成上浸，为后戒也。

公会齐侯于平州。

按，《左氏》曰："会于平州，以定公位。"鲁宣篡立，逾年，举国臣子既从之矣，若之何位犹未定，而有待于平州之会也？春秋以来，弑君篡国者已列于诸侯之会，则不复致讨，故曹人以此请负刍于晋。夫篡弑之贼，毁灭天理，无所容于天地之间，身无存没，时无古今，其罪不得赦也。以列于会而不复讨，是率中国为戎夷，弃人类为禽兽，此仲尼所为惧，《春秋》所以作也。然欲定其位者，鲁宣公，宜称"及齐"，而曰"会"者，讨贼之法也。凡讨乱臣贼子，必深绝其党，而后为恶者孤也。

公子遂如齐。

宣公篡立之罪，仲遂主谋为首恶。初请于齐，遂为上客，而并书介使者，罪叔孙得臣不能为有无，亦从之也。大夫有以死争者矣，然削而不书者，以叔仲惠伯死非君命，失其所也。遂及行父，则一再见于《经》矣，如齐拜成，虽削之可也，又再书于策者，于以著其始终成就弑立之谋，以戒后世人臣。或内交宫禁以固其宠，或外结藩镇以为之援，至于杀生废置皆出其手，而人主不悟者，其虑深矣。凡此皆直书于策，而义自见者也。

六月，齐人取济西田。

鲁人致赂以免讨，而书"齐人取田"者，所以著齐罪。《春秋》讨贼，尤严于利其为恶而助之者，所以孤其党。夫齐，鲁邻国，盟主之余业也。子恶弑，出姜归，而宣公立，不能声罪致讨，务宁鲁乱，首与之会，是利其为恶而助之也。弑君篡国，人道所不容，而货赂公行，免于诸侯之讨，则中国胥为戎夷，人类灭为禽兽，其祸乃自不知以义为利，而以利之可以为利而为之也。孟子为梁王极言利国者，必至于弑夺而后餍，盖得《经》书取田之意。举法如此，然后人知保义弃利，乱臣贼子孤立无徒，而乱少弭矣。

秋，邾子来朝。

楚子、郑人侵陈，遂侵宋。

楚书爵而“人”郑者，贬之也。郑伯本以宋人弑君，晋不能讨，受赂而还，以此罪晋为不足与也，遂受盟于楚。今乃附楚以亟病中国，何义乎？书“侵陈，遂侵宋”者，以见潜师掠境，肆为侵暴，非能声宋罪而讨之也。既正此师为不义，然后中国之师可举矣。

晋赵盾帅师救陈。

郑在王畿之内，而附蛮夷。陈，先代帝王之后，而见侵逼，此门庭之寇，利用御之者也。晋能救陈，则存诸夏、攘夷狄之师，故特褒而书“救”。凡书“救”者，未有不善之也，如解倒悬、如拯民于涂炭之中。知此义，则知《春秋》用兵之意矣。《传》称“师救陈、宋”，《经》不书“宋”，此非阙文，乃圣人削之也。前方以不能讨宋，上卿贬而称“人”，诸侯会而不序，今若书“救宋”，则典刑紊矣。

宋公、陈侯、卫侯、曹伯会晋师于棐林，伐郑。

列数诸侯而会晋赵盾，《穀梁子》以为“大赵盾之事，以其大之也，故曰‘师’”，此说非也。《春秋》立法，君为重，而大夫与师，其体敌。列数诸侯于帅师之下，而又书大夫之名氏，则臣疑于君而不可以为训，其曰“会晋师”，此乃谨礼于微之意也，其立义精矣。“棐林”，郑地也。前者地而后伐，以为疑词，此其地则以著其美者。一美一恶，无嫌于同。

冬，晋赵穿帅师侵崇。

“崇”在西土，秦所与也。晋欲求成于秦，不以大义动之，而伐其与国，则为谖已甚，比诸伐楚以救江，异矣。而《传》谓设此谋者，赵穿也。意者赵穿已有逆心，欲得兵权，托于伐国以用其众乎？不然，何谋之迂？而当国者亦不裁正而从之也。穿之名姓，自登史策，弑君于桃园，而上卿以志同受恶，其端又见于此。书“侵”，以见所以求成者，非其道矣。

晋人、宋人伐郑。

宋人弑君，既列于会，在春秋衰世，已免于诸侯之讨矣。论《春秋》王法，则其罪固在法所不赦也。而晋人与之合兵伐郑，是谓以燕伐燕，庸愈乎？其书“晋人、宋人”，非将卑师少，盖贬而“人”之也。以贬书“伐”者，若曰“声罪致讨”，而己有瑕，则何以伐人矣？

二年。春，王二月壬子，宋华元帅师及郑公子归生帅师，战于大棘。宋师败绩，获宋华元。

两军接刃，主将见获，其负明矣。又书“师败绩”，词不赘乎？此明大夫虽贵，与师等也。故将尊师少，称将不称师；师众将卑，称师不称将。将尊师众，并书于策者，示人君不可轻役大众，又重将帅之选，其义深矣。或曰："元帅，三军之司命，而轻重若是班乎？"自行师而言，则以元帅为司命；自有国而言，则以得众为邦本。郑使高克将兵，御狄于境，欲远克也，而不恤其师。楚以六卒实从得臣，恐丧师也，而不恤其将。故《经》以"弃师"罪郑，以"杀其大夫"责楚。明此义，然后知王者之道，轻重之权衡矣。

秦师伐晋。

按，《左氏》："以报崇也，遂围焦。"晋用大夫于崇，乃赵穿私意而无名也，故书"侵"。秦人为是兴师而报晋，则问其无名之罪也，故书"伐"。世岂有欲求成于强国，而侵其所与可以得成者乎？穿之情见矣。宣子当国，筭无遗策，独懵于此哉？其从之也，而盾之情亦见矣。《春秋》书事，笔削因革，必有以也。一"侵"一"伐"，而不书"围焦"，所以诛晋卿上侵之意，其所由来者渐矣。

夏，晋人、宋人、卫人、陈人侵郑。

按，《左氏》："晋赵盾及诸侯之师侵郑，以报大棘之役。"初，郑归生受命于楚以伐宋，《经》不书"伐"，而以宋华元主大棘之战者，盖楚人有词于宋矣。师之老壮在曲直，晋主夏盟，盾既当国，合诸侯之师，何畏乎楚？何避乎鬭椒？然力非不足而去之者，以理曲也，故卿不氏而称"人"，师书"侵"而不言"伐"。《易》于《讼》卦之《象》曰："君子作事谋始。”始而不谋，将至于兴师动众，有不能定者矣。晋惟取赂，释宋而不讨，至以中国之大，不能服郑，不竞于楚，可不慎乎？《春秋》行事，必正其本，为末流之若此也，其垂戒明矣。

秋，九月乙丑，晋赵盾弑其君夷皋。

赵穿手弑其君，董狐归狱于盾，其断盾之狱词曰：“子为正卿，亡不越境，反不讨贼。”以是书断，而盾也受其恶而不敢辞。仲尼因其法而不之革，其义云何？曰：“正卿，当国任事之臣也。国事莫酷于君见弑，不于其身而谁责乎？亡而越境，谓去国而不还也，然后君臣之义绝；反而讨贼，谓复仇而不释也，然后臣子之事终。不然，是盾伪出而实闻乎故也。假令不与闻者而纵贼不讨，是有今将之心，而意欲穿之成乎弑矣，恶莫惨乎意，今以此罪盾，乃闲臣子之邪心，而谨其渐也。盾虽欲辞而不受，可乎？以高贵乡公之事观焉，抽戈者，成济；唱谋者，贾充；而当国者，司马昭也。为天吏者，将原司马昭之心而诛之乎？亦将致辟成济而足也？故陈泰曰：‘惟斩贾充，可以少谢天下耳。’昭问其次，意在济也，泰欲进此，直指昭也。然则，赵穿弑君，而盾为首恶，《春秋》之大义明矣。微夫子推见至隐，垂法后世，乱臣贼子皆以诡计获免，而至愚无知如史太、邓扈乐之徒，皆蒙归狱而受戮焉。君臣父子不相夷，以至于禽兽也，几希。故曰：‘《春秋》成而乱臣贼子惧。’”

冬，十月乙亥，天王崩。

三年。春，王正月，郊牛之口伤，改卜牛。牛死，乃不郊。

“乃不郊”，为“牛之口伤”；“改卜牛”，而牛又死也，不然，郊矣。《礼》，“为天王服斩衰”，周人告丧于鲁，史策已书而未葬也。祀帝于郊，夫岂其时？而或谓不以王事废天事，礼乎？春秋已来，丧纪浸废，有不奔王丧而远适他国，有不修吊礼而自相聘问，固将以是为可举而不废也。卒至汉文，以日易月，后世不能复，其所由来渐矣。《春秋》备书，其义自见。

犹三望。

“三望”者，《公羊》曰：“祭太山、河、海。”夫天子有天下，凡宇宙之内，名山大川，皆其所主也，故得祭天而有方“望”，无所不通；诸侯有一国，则境外之山川，他人所主者，而可以“望”乎？季氏旅于太山，冉求不能救，而夫子责之者，为太山，鲁侯所主也，大夫何与焉？季氏不得旅太山，则河、海，非鲁之封内，其不得祭亦明矣。“犹”者，可已不当为之词。

葬匡王。

四月而葬，王室不君，其礼略也。微者往会，鲁侯不臣，其情慢也。或曰：“宣公，亲之者也，而常事不书。”非矣。崩葬始终之大变，岂以是为常事而不书也？

楚子伐陆浑之戎。

夷狄相攻不志，此其志，何也？为陆浑在王都之侧，戎夏杂处，族类之不分也。楚又至洛，观兵于周疆，问鼎之大小轻重焉，故特书于策，以谨华夷之辨，禁滑夏之阶。

夏，楚人侵郑。

按，《左氏》："晋侯伐郑，郑及晋平。"而《经》不书者，仲尼削之也。郑本以晋灵不君，取赂释贼为不足与，似也，而往从楚，非矣。今晋成公初立，背僭窃伪邦而归诸夏，则是反之正也。《春秋》大改过，许迁善，书"楚人侵郑"者，与郑伯之能反正也，故独著楚人侵掠诸夏之罪尔。郑既见侵于楚，则"及晋平"可知矣。

秋，赤狄侵齐。

宋师围曹。

按，《左氏》："宋文公即位，尽逐武、穆之族，二族以曹师伐宋。"然不书于《经》者，二族以见逐而举兵，非讨罪也。及"宋师围曹"，报武氏之乱，而《经》书之者，端本清源之意也。武、穆二族与曹之师，奚为至于宋哉？不能反躬自治，恃众强以报之，兵革何时而息也？宋惟有不赦之罪，莫之治也，故书法如此。

冬，十月丙戌，郑伯兰卒。

葬郑穆公。

四年。春，王正月，公及齐侯平莒及郯。莒人不肯，公伐莒，取向。

心不偏党之谓"平"。以此心平物者，物必顺；以此心平怨者，怨必释。惟小人不能宅心之若是也，虽以势力强之，而有不获成者矣。夫以齐、鲁大国，平郯、莒小邦，宜其降心听命，不待文告之及也。然而莒人不肯，则以宣公心有所私系。失平怨之本耳，故书"及"、书"取"以著其罪。"及"，所欲也；

“平”者，成也；“取”者，盗也；“不肯”者，心弗允从，莫能强之者也。以利心图成，虽强大者不能行之于弱小。《春秋》书此，戒后世之不知治其本者，故行有不得者，反求诸己斯可矣。

秦伯稻卒。

夏，六月乙酉，郑公子归生弑其君夷。

首谋弑逆者，公子宋也；惧谮而从之者，归生也。而以归生为首恶，何也？夫乱臣贼子欲动其恶而不从者，未有能全其身而不死也。故季子然问：“仲由、冉求，其从之者欤？”子曰：“弑父与君，亦不从也。”是以死节许二子矣。归生惧谮而从公子宋，特无求、路不可夺之死节耳，书为首恶，不亦过乎？曰：“归生与宋，并为大夫，乃贵戚之卿，同执国政，可以不从，一也；尝统大师与宋战，获其元帅，已得兵权，可以不从，二也；闻宋逆谋，登时而觉，先事诛之，犹反手耳。夫据杀生之柄，仗大义以制人，使人听己，犹犬羊之伏于虎也，何畏于人，惧其见杀而从之也哉？计不出此，顾以畜老惮杀比方君父，归生之心悖矣。故《春秋》舍公子宋，而以弑君之罪归之，为后世鉴。若司马亮、沈庆之等苟知此义，则能讨罪人，不至于失身，为贼所制矣。”

赤狄侵齐。

秋，公如齐。公至自齐。

君行告至，常事不书。宣公比年如齐而皆致者，危之也。夫以篡弑谋于齐而取国，以土地赂齐而请会，以卑屈事齐而求安，上不知有天王，下不知有方伯，惟利交是奉而可保乎？高固之事亦殆矣。故比年如齐而皆致，以戒后世之欲利有攸往者，惟义之与比为可安耳。

冬，楚子伐郑。

五年。春，公如齐。

夏，公至自齐。

秋，九月，齐高固来逆子叔姬。

按，《左氏》："公如齐，高固使齐侯止公，请叔姬焉。"书"夏，公至自齐""秋，齐高固来逆子叔姬"，罪宣公也。其曰"来"者，以公自为之主；称"子"者，或谓别于先公之女也。诸侯嫁女于大夫，主大夫以与之者，为体敌也，而公自为之主，压尊毁列，卑朝廷、慢宗庙矣。夫以郑国褊小，楚公子围之，贵骄强大，来娶于郑，子产辞而却之，使馆于外，欲野赐之，几不得抚有其室。而宣公以鲁国，周公之后，逼于高固，请婚其女，强委禽焉而不能止，惟不知以礼为守身之干，是以得此辱也。《春秋》详书，为后世鉴，欲人之必谨于礼以定其位。不然，卑巽妄说，不近于礼，奚足远耻辱哉？

叔孙得臣卒。

内大夫卒，无有不日者，以《春秋》鲁史也。其或不日，则见恩数之略尔。仲遂如齐，谋弑子赤，叔孙得臣与之偕行，在宣公固有援立之私，其恩数岂略而不书日？是圣人削之也。君臣、父子、妃妾、嫡庶，人道之大伦也。方仲遂以杀嫡立庶往谋于齐，而与得臣并使也，若懵然不知其谋，或知之而不能救，则将焉用彼相矣？《春秋》治子赤之事，专在仲遂，以其内交宫禁，外结强邻，大恶无所分也，而叔孙得臣有同使于齐之罪，故特不书日以贬之。若曰“大夫而不能为有无者，不足加以恩数”云尔。

冬，齐高固及子叔姬来。

《左氏》曰：“反马也”。礼，嫁女，留其送马，不敢自安，及庙，见成妇，遣使反马。则高固亲来，非礼也。又《礼》：“女子有行，远父母者，岁一归宁。”今见逆逾时，未易岁也，而叔姬亟来，亦非礼也，故书“及”、书“来”，以著齐罪也。大夫适他国，必有君命与公事，否则，礼法之所禁，而可犯乎？惠公许其臣越礼恣行而莫遏，高固委其君逾境自如而不忌，则人欲已肆矣。凡婚姻常事不书，而书此者，则以为非常，为后世戒也。

楚人伐郑。

六年。春，晋赵盾、卫孙免侵陈。

按，《传》称“陈及楚平”“荀林父伐陈”，《经》皆不书者，以下书“晋、卫加兵于陈”，即“陈及楚平”，可知矣；以赵盾、孙免书“侵”，即林父无词可称，亦可知矣。“爱人不亲，反其仁；治人不治，反其智”。晋尝命上将帅师救陈，又再与之连兵伐郑，今而即楚，无乃于己有阙，盍亦自反可也。不内省德，遽以兵加之，则非义矣。故林父不书“伐”，而盾、免书“侵”，以正晋人所以主盟，非其道也。

夏，四月。

秋，八月，螽。

《传》谓：“‘螽’为谷灾，虐取于民之效也。”先是公伐莒取向，后再如齐伐莱，军旅数起，赋敛既繁，戾气应之矣。夫善恶之感萌于心，而灾祥之应见于事。宣公不知舍恶迁善，以补前行之愆，而用兵不息，灾异数见，年谷不丰，国用空乏，卒至于改助法而税民，盖自此始矣。《经》于螽、螟，一物之变，必书于策，示后世天人感应之理不可诬，当慎其所感也。

冬十月。

卷十七

宣公中

七年。春，卫侯使孙良夫来盟。

“来盟”，为前定者，尝有约言矣。未足效信而释疑，又相歃血固结之尔。是盟，卫欲为晋致鲁，而鲁专事齐，初未与晋通也，必有疑焉，而卫侯任其无咎，故遣良夫来为此盟，而公卒见辱。盟，非《春秋》之所贵，义自见矣。

夏，公会齐侯伐莱。

秋，公至自伐莱。

大旱。

“及”者，内为志；“会”者，外为主。平莒及郯，公所欲也，故书“及”，继以取向，即所欲者可知矣。“伐莱”，齐志也，故书“会”，继以伐致，即师行之危亦可知矣。公与齐侯俱不务德，合党连兵，恃强凌弱，是以为此举也。军旅之后，必有凶年，言民以征役怨咨之气感动天变，而旱干作矣。其以“大旱”书者，或不雩，或虽雩而不雨也。不雩，则无恤民忧国之心；雩而不雨，格天之精意阙矣。

冬，公会晋侯、宋公、卫侯、郑伯、曹伯于黑壤。

会而不得见，不以不得见为讳；盟而不与盟，不以不与盟为讳。则曲不在公，而主会盟者之罪耳。与于会，不与于盟，而公有歉焉，非主会盟者之过也，则书“会”不书“盟”，若黑壤是也。晋侯之立，公既不朝，又不使大夫聘，而每岁适齐，是宣公行有不慊于心，而非晋人之咎矣。凡不直者，臣为君隐，子为父隐，于以养臣子爱敬之心，而不事盟主，又以赂免，则不直在己矣。

八年。春，公至自会。

夏，六月，公子遂如齐，至黄乃复。

“至黄乃复”，壅君命也。有疾亦不复，可乎？大夫以君命出，闻丧，徐行而不反，未致事而死，以尸将事。楚伐吴，陈侯使公孙贞子往吊，及良而卒，将以尸入，吴人辞焉。上介芋尹盖曰：“寡君使盖备使，吊君之下吏，无禄，使人逢天之戚，大命陨坠，绝世于良，废日供积，一日迁次。今君命逆，使人曰：‘无以尸造于门。’是我寡君之命委于草莽也，无乃不可乎！”吴人不敢辞，君子以为知礼。“乃”者，无其上之词，其曰“复”，事未毕也。

辛巳，有事于太庙。仲遂卒于垂。

“有事”，言时祭，此公子遂也。曷为书字？生而赐氏，俾世其官也。曷为书“卒”？以事之变，卒之也。古者，诸侯立家，大夫卒而赐氏，其后尊礼权臣宠遇贵戚而不由其道，于是乎有生而赐氏，其在鲁，则季友、仲遂是也。襄仲杀恶及视，援立宣公，而宣公深德之，故生而赐氏，使世大夫以答之也。《经》于其卒，书族，以志变法之端，为后世戒。

壬午，犹绎。万入，去籥。

“绎”者，祭之明日以宾尸也；“犹”者，可已之词；“万”，舞也，以其无声也，故入而遂用；“籥”，管也，以其有声也，故去而不作。是谓故知不可，存其邪心而不能格也。礼，大夫卒，当祭则不告，终事而闻则不绎。不告者，尽肃敬之诚于宗庙；不绎者，全始终之恩于臣子。今仲遂，国卿也，卒而“犹绎”，则失宠遇大臣之礼矣。《春秋》，虽隆君抑臣，而礼貌有加焉，则廉陛益尊而臣节砺。后世法家专欲隆君而不得其道，至以犬马国人相视，大伦灭矣。圣人书法如此，存君臣之义也。

戊子，夫人嬴氏薨。

敬嬴，文公妾也，何以称“夫人”？自成风闻季友之繇，事友而属其子，及僖公得国，立以为夫人，于是乎嫡妾乱矣。《春秋》于风氏，凡始卒，四贬之，则禘于太庙，秦人归禭，荣叔含赗，召伯会葬，去其姓氏，不称“夫人”，王再书而无天是也。敬嬴又嬖，私事襄仲而属宣公，不待致于太庙，援例以立，则从同同而无贬矣。其意若曰：“以义起礼为可继，苟出于私情而非义，后虽欲正，可若何？”

晋师、白狄伐秦。

晋主夏盟，纠合诸侯，攘夷狄，安诸夏，乃其职矣。秦人之怨，起自侵祟，其曲在晋，责己可也。既不知自反，释怨修睦，以补前过，已可咎矣。乃复兴师动众，会戎狄以伐之，独不恶伤其类乎？直书于策，贬自见矣。

楚人灭舒蓼。

按，《诗》称："戎狄是膺，荆舒是惩。"在周公所惩者，其自相攻灭，中国何与焉？然《春秋》书而不削者，是时楚人疆舒蓼，及滑、汭，盟吴、越，势益强大，将为中国忧，而民有被发左衽之患矣。经斯世者，当以为惧，有攘却之谋而不可忽，则圣人之意也。

秋，七月甲子，日有食之，既。

冬，十月己丑，葬我小君敬嬴。

成风薨以"夫人"，葬以"小君"，将祔于庙，而始有二夫人也，则四贬之以正其事。今敬嬴亦薨以"夫人"，葬以"小君"，使祔于庙，无贬以正之，从同同可也。而于宣公元年，即以所逆穆姜妇之，何也？曰："妇，有姑之词，见敬嬴遂以子贵，援例而亟立为夫人也。僖公享国八年，然后致成风，而敬嬴之亟也，虽云援例，鲁君臣之责亦可知矣。无贬而书法若此者，犹桓、宣弑君而书'即位'尔。"

雨，不克葬。庚寅，日中而克葬。

敬嬴以其子宣公属诸襄仲，杀太子及其母弟，虽假手于仲，实敬嬴之谋也。《经》书"子赤卒""夫人姜氏归于齐"，其文无贬，而读者有伤切之意焉，则以秉彝不可灭也。《传》谓"哭而过市，市人皆哭”，敬嬴逆天理、拂人心之状，惨矣！其于终事，“雨，不克葬”，著咎征焉，而谓无天道乎？此皆直书，以见人心与天理之不可诬者也。夫丧事即远，有进无退，浴于中霤，饭于牖下，小敛于户内，大敛于阼阶，殡于客位，迁于庙，祖于庭，塴于墓。以吊宾，则其退有节；以虞事，则其祭有时。不为雨止，礼也；“雨，不克葬”，丧不以制也。或曰：“卜葬先远日，所以避不怀也。”诸侯相朝与旅见天子，入门而雨，沾服失容，则废。矧送终大事，人情所不忍遽者，反可冒雨不待成礼而葬乎？潦车载蓑笠，士丧礼也，有国家者乃不能为雨备，何也？且公庭之于墓次，其礼意固不同矣，不得不可以为悦，无财不可以为悦。得之为有财，古之人皆用焉，而不能为之备，是俭其亲也，不亦薄乎？故《穀梁子》曰：“雨，不克葬，丧不以制也。”厚葬，古人之所戒，而墨之治丧也以薄，又君子之所不与，故丧事以制，《春秋》之旨也。

城平阳。

楚师伐陈。

九年。春，王正月，公如齐。公至自齐。

夏，仲孙蔑如京师。

以浅言之，“属辞比事”，《春秋》教也。当岁首月，公朝于齐；夏，使大夫聘于京师，此皆“比事”可考，不待贬绝而恶自见者也。宣公享国九年，于周才一往聘，其在齐则又再朝矣。《经》于如齐，每行必致，深罪之也。下逮战国，周衰甚矣，齐威王往朝于周，而天下皆贤之，况春秋时乎？而宣公不能也，故聘觐之礼废，则君臣之位失，诸侯之行恶，而倍畔侵陵之败起矣。此《经》书“君如齐”“臣如周”之意，而特书“王正月”以表之也。

齐侯伐莱。

秋，取根牟。

八月，滕子卒。

九月，晋侯、宋公、卫侯、郑伯、曹伯会于扈。晋荀林父帅师伐陈。

按，《左氏》：“讨不睦也。陈侯不会，荀林父以诸侯之师伐陈，晋侯卒，乃还。”则知《经》所书者，与晋罪陈之词也。“会于扈”以待陈，而陈侯不会，然后，林父以诸侯之师伐之也，则几于自反而有礼矣。不书“诸侯之师”，而曰“林父帅师”者，在会诸侯皆以师听命，而林父兼将之也，则其众辑矣。晋主夏盟，又尝救陈，所宜与也，而惟楚之即，夫岂义乎？

辛酉，晋侯黑臀卒于扈。冬，十月癸酉，卫侯郑卒。

晋成公何以不葬？鲁不会也；卫成公何以不葬？亦鲁不会也。卫成事晋甚谨，而鲁宣公独深向齐，卫欲为晋致鲁，故谋黑壤之会，而特使孙良夫来盟以定之也。及会于黑壤，而晋人止公，赂然后免，是以扈之会皆前日诸侯，而鲁独不往，二国继以丧赴，亦皆不会，此所谓无其事而阙其文者也。或曰：“二君皆有贬焉，故不书‘葬’。”误矣。鲁人不会，亦无贬乎？书“卒”而以私怨废礼忘亲，其罪已见。《春秋》文简而直，视人若日月之无私照也，曲生意义，失之远矣。

宋人围滕。

围国，非将卑师少所能办也，必动大众而使大夫为主帅，明矣。然而称“人”，是贬之也。滕既小国，又方有丧，所宜矜哀吊恤之不暇，而用兵革以围之，比事以观，知见贬之罪在不仁矣。

楚子伐郑，晋郤缺帅师救郑。

楚兵加郑，数矣，或称“人”，或称爵，何也？郑自晋成公初立，舍楚而从中国，正也，楚人为是兴师而加郑，不义矣，故宣公三年书“人”、书“侵”，罪之也。次年，郑公子归生弑其君，诸侯未有声罪致讨者，而楚师至焉，故特书爵，与之也。然兴师动众，贼则不讨，惟服郑之为事，则非义举矣。故又次年，《传》称“楚子伐郑”，而《经》书“人”，再贬之也。至是称爵，岂与之乎？按，《公羊》例，君将不言帅师，书其重者也。至此书爵，见其陵暴中华，以重兵临郑矣。何以知其非与之乎？曰：“下书‘晋郤缺帅师救郑’，则知非与之也。”由此观《春秋》书法，皆欲治乱贼之党，谨华夷之辨，以一字为褒贬，深切著明矣。

陈杀其大夫泄冶。

称国以杀者，君与用事大臣同杀之也。称“其大夫”，则不失官守，而杀之者有专辄之罪矣。泄冶无罪而书名，何也？冶以谏杀身者也。杀谏臣者，必有亡国弑君之祸，故书其名，为徵舒弑君、楚子灭陈之端，以垂后戒，此所谓义系于名而书其名者也。比干谏而死，子曰：“商有三仁焉。”泄冶谏而死，何独无褒词？夫语默死生，当其可而止尔。洩冶之尽言无隐，不愧乎史鱼之直矣，方诸比干自靖自献于先王，则未可同日而语也。冶虽效忠，其犹在宋子哀、鲁叔肸之后乎！故仕于昏乱之朝，若异姓者，如子哀洁身而去，可也；其贵戚耶，不食其禄，如叔肸，善矣。

十年。春，公如齐。公至自齐。

此亦如齐，亦致其至，而不书月。上九年亦如齐，亦致其至，而书月者，为是年夏，使仲孙蔑如京师，故特于岁首书“王正月”，以著宣公之罪，而君臣名分之际，谨严如此也。归田以为私惠，比于君臣名分之际，则大小不侔矣。

齐人归我济西田。

宣公于齐，顺其所欲，既以女妻其臣，又以兵会伐莱之举，又每岁往朝于齐廷，虽诸侯事天子，无是礼也，故惠公悦其能顺事己，而以所取济西田归之也。归讙及阐直书曰“归”，此独书“我”者，乃相亲爱惠遗之意，深著齐人助成弑逆之罪也。或谓济西，鲁之本封，故书“我”，则误矣。以柔巽卑屈事人，不以其道而得地，与悦人之柔巽卑屈事己，不以其道而归其地，皆人欲之私而非义矣。

夏，四月丙辰，日有食之。

己巳，齐侯元卒。齐崔氏出奔卫。

按，《左氏》：“崔杼有宠于惠公，高、国畏其逼也，公卒而逐之，奔卫。书曰‘崔氏’，以族奔也。”许翰以谓崔杼出而能反，反而能弑者，以其宗强，于此举氏，辨之早也。其说得矣。所谓讥世卿者，非《公羊》本旨，盖门弟子因尹氏、武氏称世卿，而附益之于此尔。《经》有事同而词异，亦有事异而词同，一视之，则泥而不通矣。

公如齐。五月，公至自齐。

文约而事详者，《经》也。春如齐朝惠公，夏如齐奔其丧，若是虽不致，可也，而皆致者，甚之也。天王之丧不奔，欲行郊礼，而汲汲于奔齐惠公之丧；天王之葬不会，使微者往，而公孙归父会齐惠公之葬，其不顾君臣、上下、尊卑之等，所谓肆人欲、灭天理而无忌惮者也。词繁而不杀，圣人之情见矣。

癸巳，陈夏徵舒弑其君平国。

陈灵公之无道也，而称大夫之名氏以弑，何也？祸莫大于拒谏而杀直臣，忠莫显于身见杀而其言验。泄冶所为，不惮斧钺，尽言于其君者，正谓灵公君臣通于夏徵舒之家，恐其及祸，不忍坐观，故昧死言之。灵公不能纳，又从而杀之，卒以见弑而亡其国，此万世之大戒也。特书“徵舒”之名氏，以见泄冶忠言之验，灵公见弑之由，使有国者必以远色修身，包容狂直，开纳谏诤为心也。以为罪不及民，故称大夫以弑者，非《经》意矣。

六月，宋师伐滕。

前围滕称“人”，刺伐丧也；此伐滕称“师”，讥用众也。宋，大国，爵上公，霸主之余业，力非不足也。今邻有弑逆，不能声罪致讨，乃用大众以伐所当矜恤之小邦，且滕不事已，无乃己德犹有所阙，而滕何尤焉？故特称“师”以著其罪，而汲汲于诛乱臣、讨贼子之意见矣。

公孙归父如齐，葬齐惠公。

“归父”，仲遂之子，贵而有宠，宣公深德齐侯之能定其位，而又以济西田归之也。故生则倾身以事之而不辞于屈辱，没则亲往奔丧而使贵卿会其葬，亦不顾天王之礼阙然莫之供也。比事考辞，义自见矣。

晋人、宋人、卫人、曹人伐郑。

按，《左氏》：“郑及楚平，诸侯伐郑，取成而还。”其称“人”，贬也。郑居大国之间，从于强令，岂其罪乎？不能以德镇抚而用力争之，是谓五十步笑百步，庸何愈于楚？自是责楚益轻，罪在晋矣。

秋，天王使王季子来聘。

《公羊传》曰：“王季子者，王之母弟也。”王有时聘以结诸侯之好，礼也。宣公享国，至是十年，不朝于周而比年朝齐，不奔王丧而奔齐侯丧，不遣贵卿会匡王葬，而使归父会齐侯之葬。纵未举法，勿聘焉，犹可也，而使王季子来，王灵益不震矣。自是王聘，《春秋》亦不书矣。

公孙归父帅师伐邾，取绎。

用贵卿为主将，举大众出征伐，不施于乱臣贼子，奉天讨罪，而陵弱侵小，近在邦域之中附庸之国，是为盗也。当此时，陈有弑君之乱，既来赴告，藏在诸侯之策矣，曾不是图而有事于邾，不亦慎乎？故四国伐郑，贬而称“人”；鲁人伐邾，特书“取绎”，以罪之也。

大水。

季孙行父如齐。冬，公孙归父如齐。

按，《左氏》：“行父如齐，初聘也；归父如齐，邾故也。”齐侯嗣立，宣公亲往奔其父丧，又使贵卿会葬矣，若待逾年，然后修聘，未晚也。而季孙亟行，归父继往，则以宣公君臣不知为国以礼，而谓妄悦取人之可以免于讨也。归父贪于取绎，畏齐而往，盖理曲则气必馁矣，能无畏乎哉？《春秋》备书而不削，以著其罪，为后世鉴也。

齐侯使国佐来聘。

葬之速也，太不怀也。又未逾年，而以君命遣使聘于邻国，则哀戚之情忘矣。孟子曰：“养生不足以当大事，惟送死可以当大事。”滕文公五月居庐，未有命戒。及至葬，颜色之戚，哭泣之哀，吊者大悦。而有愿为其氓者。盖礼义，人心之所同然也。齐顷公嗣位之初，举动如此，丧师失地，几见执获，岂特妇人笑客之罪哉？已失守身之本矣。

饥。

楚子伐郑。

《经》有词同而意异者，比事以观，斯得之矣。九年，楚子伐郑，称爵者，贬词也，若曰国君自将，恃强压弱，凭陵中夏之称也。知然者，以下书“晋郤缺帅师救郑”，则贬楚可知矣。此年，“楚子伐郑”，称爵者，直辞也，若曰以实属词，书其重者，而意不以楚为罪也。知然者，以《传》书“晋士会救郑，逐楚师于颍北”，而《经》削之，则责晋可知矣。此类兼以《传》为案者也。

十有一年。春，王正月。

夏，楚子、陈侯、郑伯盟于辰陵。

晋、楚争此二国，为日久矣。今陈、郑背晋从楚，盟于辰陵，而《春秋》书之无贬词者，岂与其下乔木入幽谷乎？中国而不能令，则夷狄进矣。《经》之大法，在诛乱臣，讨贼子。有乱臣，则无君；有贼子，则无父，无父与君，即中国变为夷狄，人类殄为禽兽，虽得天下，不能一朝居也。今鲁与齐方用兵伐莒，晋与狄方会于欑函，而不谋少西氏之逆也，而楚人能谋之，所谓“礼失而求之野”。“夷狄之有君，不如诸夏之亡也”，辰陵之盟，所以得书于《经》，而词无贬乎？圣人讨贼之意，可谓深切著明矣。

公孙归父会齐人伐莒。

秋，晋侯会狄于欑函。

《春秋》正法，不与夷狄会同，分类也。书“会戎”“会狄”“会吴”，皆外词也。内中国故详，外四夷故略。今中国有乱，天王不能讨，则方伯之责也，又不能讨，则四邻诸侯宜有请矣，而鲁方会齐伐莒，晋方求成于狄，是失肩背而养其一指，不能三年而缌、小功之察，不亦慎乎？凡此，直书其事，不待贬绝而义自见者也。

冬，十月，楚人杀陈夏徵舒。丁亥，楚子入陈。

称“人”者，众辞也。大恶，人人之所同恶，人人之所得讨。其称“楚人杀徵舒”，诸夏之罪自见矣。按，《左氏传》：“楚子为夏氏乱故，谓陈人无动，将讨于少西氏，遂入陈，杀徵舒，轘诸栗门。”而《经》先书“杀”，后书“人”者，与楚子之能讨贼，故先之也。讨其贼为义，取其国为贪，舜、跖之相去远矣，其分乃在于善与利耳。楚庄以义讨贼，勇于为善，舜之徒也；以贪取国，急于为利，跖之徒矣。为善与恶，特在一念须臾之间，而书法如此，故《春秋》，传心之要典，不可以不察者也。或曰：“圣人大改过，楚虽县陈，能听申叔时之说而复封陈，可谓能改过矣，犹书‘入陈’以贬之，何也？”曰：“楚庄意在灭陈，虽复封之，然乡取一人焉以归，谓之夏州，而又纳其乱臣，是制人之上下，使不得其君臣之道也。晋人以币如郑，问驷乞之立故，子产对曰：‘若寡君之二三臣，而晋大夫专制其位，是晋之县鄙也，何国之为？’辞客币而报其使，晋人舍之。他国非所当与也，而必欲纳其乱臣，存亡兴灭，其若是乎？仲尼重伤中国，深美其有讨贼之功，故特从末减。不称‘取陈’而书‘入’，虽曰与之，可矣。”

纳公孙宁、仪行父于陈。

此二臣者，从君于昏，宣淫于朝，诛杀谏臣，使其君见弑，盖致乱之臣也。肆诸市朝，与众同弃，然后快于人心。今乃诡辞奔楚，托于讨贼复仇以自脱其罪，而楚庄不能察其反复，又使陈人用之，是犹人有饮毒而死者，幸而复生，又强以毒饮之，可乎？故圣人外此二人于陈，而特书曰“纳”。“纳”者，不受而强纳之者也。为楚庄者，宜奈何？潴徵舒之宫，封洩冶之墓，尸孔宁、仪行父于朝，谋于陈众，定其君而去，其庶几乎！

卷十八

宣公下

十有二年。春，葬陈灵公。

讨贼者，非臣子也，何以书“葬”？天下之恶，一也。本国臣子或不能讨，而上有天王，下有方伯，又其次有四邻，有同盟，有方域之诸侯，有四夷之君长与凡民，皆得而讨之，所以明大伦、存天理也。徵舒，虽楚讨之，陈之臣子亦可以释怨矣，故得书“葬”，君子词也。

楚子围郑。

按，《公羊传》例，战不言伐，围不言战，入不言围，灭不言入，书其重者。楚子县陈，盖灭之矣，而《经》止书“入”；其于郑也，入自皇门，至于逵道，盖即其国都矣，而《经》止书“围”。曷为悉从轻典，不著其凭陵诸夏之罪乎？上无天王，下无方伯，天下诸侯，有臣弑君，子弑父，诸夏不能讨而夷狄能讨之。《春秋》取大节，略小过，虽如楚子凭陵上国，近造王都之侧，犹从末减，于以见诛乱臣，讨贼子，正大伦之为重也。

夏，六月乙卯，晋荀林父帅师及楚子战于邲，晋师败绩。

战而言“及”，主乎是战者也。按，《左氏》：“晋师救郑。”《经》既不以“救郑”书矣，又不言“楚、晋战于邲”，而使晋主之，何也？陈人弑君，晋不讨贼，而楚能讨之；楚人围郑，亦既退师与郑平矣，而又与之战，则非观衅之师也。故释楚不贬，而使晋主之。独与常词异乎？按邲之役，六卿并在，大夫司马皆具官，不欲剿民者，三帅也；违命济师者，先縠也，而独罪林父，何也？尊无二上，定于一也。古者，仗钺临戎，专制阃外，虽君命有所不受，况其属乎？栾书救郑，军帅之欲战者，八人，武子遂还，众不敢遏，偪阳之举，匄、偃二将皆请班师，荀罃令曰：“七日不克，必尔乎取之！”遂下偪阳。林父既知无及于郑，焉用之矣？诸帅又皆信然其策，先縠若独以中军佐济者，下令三军无得妄动，按军法而行辟，夫岂不可？既不能令，乃畏失属亡师之罪，而从韩献子分恶之言，知难而冒进，是弃晋师，于谁责乎？故后诛先縠，不去其官，此称“败绩”，特以林父主之也。

秋，七月。

冬，十有二月戊寅，楚子灭萧。

假于讨贼而灭陈，《春秋》以讨贼之义重也。末减而书“入”，恶其贰己而入郑，《春秋》以退师之情恕也。末减而书“围”，与人为善之德，宏矣。至是肆其强暴，灭无罪之国，其志已盈，虽欲赦之，不得也，故《传》称“萧溃”，《经》以“灭”书，断其罪也。孟子曰：“以力假仁者，霸，霸必有大国。”楚庄盖以力假仁，不能久假而遽归者也。建万国、亲诸侯者，先王之政；兴灭国、继绝世者，仲尼之法。今乃灭人社稷而绝其祀，亦不仁甚矣。萧既灭亡，必无赴者，何以得书于鲁史？楚庄县陈、入郑，大败晋师于邲，莫与校者，不知以礼制心，至于骄溢，克、伐、怨、欲，皆得行焉，遂以“灭萧”告赴诸侯，矜其威力以恐中国耳。孟子定其功罪，以五霸为三王之罪人。《春秋》，史外传心之要典，推此类求之，斯得矣。

晋人、宋人、卫人、曹人同盟于清丘。

书“同盟”，志同欲也。或以恶其反覆，而书“同盟”，非也。《春秋》不贵盟誓，自隐公始年，书“仪父盟蔑”“宋人盟宿”，已不实言矣，奚待清丘，然后恶其反覆乎？清丘载书，恤病讨贰，口血未干，败其盟好，所谓不待贬而恶见者也，又奚必“人”诸国之卿，然后知反覆之可罪乎？楚既入陈围郑，大败晋师，伐萧灭之，凭陵中国，甚矣。为诸侯计者，宜信任仁贤，修明政事，自强于为善，则可以保其国耳。曾不是图，而刑牲歃血，要质鬼神，蕲以御楚，谋之不臧，孰大于是？故国卿贬而称“人”，讥失职也。原縠违命丧师，乃晋国罪人，而主兹盟约，所信任者，皆可知矣。

宋师伐陈，卫人救陈。

陈有弑君之乱，宋不能讨，而楚能讨之，虽曰“县陈”，寻复封之，其德于楚而不贰，未足责也。宋人不能内自省德，遽以大众伐之，非义举矣。卫人救陈，背盟失信，而以“救”书者，见宋师非义，陈未有罪而受兵，为可恤也，且谋国失图，妄兴师旅，无休息之期，则乱益滋矣。其以“救”书，意在责宋也。若卫叛盟，则不待贬绝而恶自见矣。

十有三年。春，齐师伐莒。

夏，楚子伐宋。

楚人灭萧，将以胁宋，诸侯惧而同盟。为宋人计者，恤民固本，轻徭薄赋，使民效死亲其上，则可以待敌矣。计不出此，而急于伐陈，攻楚与国，非策也，故楚人有词于伐而得书爵。

秋，螽。

冬，晋杀其大夫先縠。

先縠违命，大败晋师，元帅不能用钺，已失刑矣。今又重有罪焉，晋人治其罪而戮之，义也。曷为称国以杀，而不去其官？夫兵者，安危所系，有国之大事也。将非其人则败；虽得其人，使亲信间之则败；以刚愎不仁者参焉，而莫肯用命则败。凡此三败，君之过也。河曲之战，赵穿独出，而臾骈之谋不用；济泾而次，栾黡欲东，而荀偃之令不行；今林父初将中军，乃以先縠佐之，使敌国谋臣知其从政者新，未能行令，谁之过欤？故称国以杀，不去其官，罪累上也。

十有四年。春，卫杀其大夫孔达。

杀大夫而书名氏，义不系于专杀也。孔达弃信以危社稷，卫人按其罪而诛之，可也，何以称国而不去其官？用人谋国，干犯盟主，至于见讨，谁之过欤？称国以杀，不去其官，罪累上也。《春秋》端本清源，故书法如此。

夏，五月壬申，曹伯寿卒。

晋侯伐郑。

按，《左氏传》：“为郲故也。”比事以观，知其为报怨复仇之兵，词无所贬者，直书其事而义自见矣。

秋，九月，楚子围宋。

宋人要结盟誓，欲以御楚，已非持国之道；轻举大众，剿民妄动，又非恤患之兵，特书“救陈”，以著其罪，明见伐之由也。国必自伐，然后人伐之。凡事，其作始也简，其将毕也必巨。《易》于《讼》卦曰：“君子以作事谋始。”始而不谋，必至于讼；讼而不竟，必至于师，若宋是矣。始谋不臧，至于见伐、见围，几亡其国，则自取之也。《春秋》端本，故责宋为深，若蛮夷围中国，则亦明矣。

葬曹文公。

冬，公孙归父会齐侯于穀。

夫礼，别嫌明微，致治于未乱，自天子出者也。列国之君，非王事而自相会聚，是礼自诸侯出矣。以国君而降班失列，下与外臣会，以外臣而抗尊出位，上与诸侯会，是礼自大夫出矣。君若赘旒，陪臣执命，岂一朝一夕之故？其所由来渐矣。故《易》于《坤》之初六曰：“驯致其道，至坚冰也。”《易》言其理，《春秋》见诸行事，若合符节，可谓深切著明矣。

十有五年。春，公孙归父会楚子于宋。

楚子不假道于宋，以启衅端而围之，陵蔑中华，甚矣。诸侯纵不能畏简书、攘夷狄，存先代之后，严兵固圉，以为声援，犹之可也。乃以周公之裔、千乘之国，谋其不免，至于荐贿，不亦鄙乎？若此类，圣人不徒笔之于《经》也。比事以观，则知中国、夷狄盛衰之由，《春秋》经世之略矣。

夏，五月，宋人及楚人平。

此华元、子反，二国之卿，其称“人”何？贬也。《春秋》贱欺诈，恶侵伐。二卿不爱其情，释怨解纷，使宋无亡国之忧，楚无灭国之罪，功亦大矣，宜在所褒，何以贬也？善则称君，过则称己，则民作忠。今二卿自以情实私相告语，取必于上以成平国之功，而其君不预知焉，非人臣之义也。世衰道微，暴行交作，君有听于臣，父有听于子，夫有听于妇，中国有听于夷狄，仲尼所为惧，《春秋》所以作也。故平以解纷，虽其所欲，而平者在下，则大伦紊矣。圣人明其道，不计其功，故褒贬如此。然则，臣而有安国家、利社稷者，专之不可乎？曰：“专之而可者，谓境外也。”子反在君之侧，无奏报之难，几会之失，奚急于平而专之若是哉？或曰：“子反攘善，则知其罪矣。华元救国急难，而纾其情实，何尤焉？”夫宋，先代之后，武王所封以备三恪，横见侵逼，非有可灭之罪也。若以大义责之曰：“子为上卿，不能恤小，助桀为虐，陵我郊保，围我城郭，欲灭我社稷，纵子得之，何面目见中华之士乎？”使子反果忠，楚庄果贤，必为义动，退师止众，结盟而反矣。何必轻见情实，蹈不测之险乎？后世羊、陆效其所为，交欢边境，而议者以为非纯臣也，知《春秋》之法矣。

六月癸卯，晋师灭赤狄潞氏，以潞子婴儿归。

其称日，谨之也。上卿为主将，略而称“师”者，著其暴也；灭而举号及氏者，减见灭之罪，著灭者之甚不仁也。潞婴儿不死社稷，比于中国而书爵者，免婴儿之责词也，然则攘夷狄、安诸夏，非耶？徐夷并兴，东郊不开，伯禽征之；猃狁孔炽，侵镐及方，宣王伐之；楚人侵郑，近在王畿，齐侯攘之，皆门庭之寇，不可纵而莫御者也。虽御之，亦不极其兵力，殄灭之无遗育也。今赤狄未尝侵掠晋境，非门庭之寇，而恃强暴以灭之，其不仁甚矣，《春秋》所以责晋而略狄也。又有异焉者，夫伐国之要，讨其罪人，斯止矣。按，《左氏》：“潞子夫人，晋景公之姊也。酆舒为政而杀之，又伤潞子之目。”则酆舒者，罪之在也。为晋计者，执酆舒，轘诸市，立黎侯，安定潞子，改纪其政而返，则诸狄服，疆域安矣。今乃利狄之土，灭潞氏，以其君归，何义乎？《春秋》所以责晋而略狄也。

秦人伐晋。

王札子杀召伯、毛伯。

王臣有书字而言“子”者，王季子是也；有书“子”而系名者，王子虎是也。此称“王札子”者，《穀梁》以为“当上之词也。其为当上之词者，矫王命以杀之也。为天下主者，天也；继天者，君也；君之所司者，命也。为人臣而侵其君之命，则不臣；为人君而假其臣以命，则不君。君不君，臣不臣，天下所以倾也”。邢侯专杀雍子于朝，叔向以杀人不忌为贼，请施邢侯，君子以为义。王札子之罪，当服此刑，而天王不能施之，无政刑矣。何以保其国而不替乎？

秋，螽。

人事感于此，则物变应于彼。宣公为国，虚内以事外，去实而务华，烦于朝会、聘问、赂遗之末，而不知务其本者也，故戾气应之。六年，螽；七年，旱；十年，大水；十有三年，又螽；十有五年，复螽。府库匮，仓廪竭，调度不给，而言利克民之事起矣。

仲孙蔑会齐高固于无娄。

礼之始失也。诸侯非王事而自相会也，无以正之，不自天子出矣；然后诸侯与大夫会，又无以正之，然后大夫与大夫会，礼亦不自诸侯出矣。田氏篡齐，六卿分晋，三家专鲁，理固然也。不能辨于早，后虽欲正之，其将能乎？

初税亩。

孟子曰："耕者，助而不税，则天下之农皆悦，而愿耕于其野矣。"书"初税亩"者，讥宣公废助法而用税也。殷制，公田为助，助者，藉也；周因其法为彻，彻者，通也，其实皆什一也。古者，上下相亲，上之于下，则曰"骏发尔私，终三十里"，惟恐民食之不给也；下之于上，则曰"雨我公田，遂及我私"，惟恐公田之不善也，故助法行而颂声作矣。世衰道微，上下交恶，民惟私家之利，而不竭力以奉公；上惟邦赋之入，而不恻怛以利下。水旱凶灾相继而起，公田之入薄矣，所以废助法而税亩乎！"初"者，志变法之始也，其后作丘甲，用田赋，至于二犹不足，则皆宣公启之也。故曰："作法于凉，其弊犹贪；作法于贪，弊将若何？"有国家者，必欲克守成法而不变，其必先务本乎！

冬，蝝生。

始生曰蝝，既大曰螽。秋，螽未息；冬，又生子，灾重及民也。而详志之如此者，急民事，谨天灾，仁人之心，王者之务也。遇天灾而不惧，忽民事而不修，而又为繁政重赋以感之，国之危无日矣。

饥。

春秋饥岁多矣，书于《经》者三，而宣公独有其二，何也？古者，三年耕，余一年之蓄；九年耕，余三年之食，虽有凶旱，民无菜色。是岁，虽螽、蝝，而遽至于饥者，宣公为国，务华去实，虚内事外，烦于朝会、聘问、赂遗之末，而不敦其本，府库竭矣，仓廪匮矣。水旱螽蝝，天降饥馑，亦无以赈业贫乏矣。《经》所以独两书“饥”，以示后世为国之不可不敦本也。

十有六年。春，王正月，晋人灭赤狄甲氏及留吁。

按，《左氏》：“董是役者，士会也。”上将主兵，其称“人”，贬词也。“甲氏”，潞之遗种；“留吁”，其残邑也。《春秋》于夷狄，攘斥之，不使乱中夏则止矣。伯禽征徐夷，东郊既开而止；宣王伐猃狁，至于太原而止；武侯征戎泸，服其渠帅而止。必欲尽殄灭之无遗种，岂仁人之心，王者之事乎？士会所以贬而称“人”也。

夏，成周宣榭火。

“成周”，天子之东都；“宣榭”，宣王之庙也。按，吕大临《考古图》，有郱敦者称“王格于宣榭，呼内史策命郱”，是知“宣榭”者，宣王之庙也。古者，爵有德，禄有功，必于太庙，示不敢专也。“榭”者，射堂之制，其堂无室，以便射事，故凡无室者，皆谓之榭。宣王之庙，谓之榭者，其庙制如榭也。“宣榭火”，何以书？以宗庙之重书之也。贵戚擅杀大臣，而天子不讨，王室不复能中兴矣。人火之，天所以见戒乎？

秋，郯伯姬来归。

按，《左氏》：“郯伯姬来归，出也。”内女出，书之策者，男女居室，人之大伦也。婚姻之礼废，则夫妇之道苦，淫辟之罪多矣。复相弃背，丧其配耦，《氓》之诗所以刺卫；日以衰薄，室家相弃，《中谷有蓷》所以闵周。《易》序《咸》《恒》为下经首，《春秋》内女出、夫人归，凡男女之际，详书于策，所以正人伦之本也，其旨微矣。

冬，大有年。

程氏曰：“大有年，记异也。”旱干水溢、饥馑荐臻者，灾也；山崩地震，彗孛飞流者，异也；景星甘露，醴泉芝草，百谷顺成者，祥也。“大有年”，上瑞矣，何以为记异乎？凡灾异庆祥，皆人为所感，而天以其类应之者也。人事顺于下，则天气和于上。宣公弑立，逆理乱伦，水旱螽蝝，饥馑之变，相继而作，史不绝书，宜也。独于是冬，乃“大有年”，所以为异乎！夫有年、大有年，一耳，古史书之则为祥，仲尼笔之则为异，此言外微旨，非圣人莫能修之者也。

十有七年。春，王正月庚子，许男锡我卒。丁未，蔡侯申卒。

夏，葬许昭公。葬蔡文公。

日卒书名，赴而得礼，记之详也。葬而不月，其略在内。宣公为国，务华而无忠信诚悫之心，计利而不知礼义邦交之实，哀死送终，独厚于齐，而利害不切其身者，皆阙如也。大则薄其君亲，次则忽于盟主，又其次若秦、若卫、若滕，虽来告讣，怠于礼而不会也。比事以观，义自见矣。

六月癸卯，日有食之。

己未，公会晋侯、卫侯、曹伯、邾子同盟于断道。

书“同盟”者，志同欲也。大国率之，小国畏威而从命，非同欲也；小国诉之，大国勉强而应焉，非同欲也。若断道之盟，诸侯同心，谋欲伐齐，释其愤怒，非有不得已而要之者也。或以为“会同，天子之事，筑宫为坛，设方明如方岳之盟，故书‘同’”，疑其说之误矣。

秋，公至自会。

冬，十有一月壬午，公弟叔肸卒。

称弟，得弟道也；称字，贤也。何贤乎叔肸？宣弑而非之也，非之则胡为不去也？兄弟无绝道，故虽非之而不去也。与之财，则曰：“我足矣。”终身不食宣公之禄，君子以是为通恩也。论情可以明亲亲，言义可以厉不轨，所以取贵乎《春秋》，书曰“公弟”而称字，以表之也。公子为正大夫，而书“卒”，贵也；不为大夫，而特书“卒”，贤也。或以为叔肸宠弟，在宣公有私亲之爱，故生而赐氏，俾世其卿，与季友、仲遂比，则其说误矣。诚使叔肸有宠，生而赐氏，则是贵戚用事之卿，岂有不见于《经》者？齐年、郑语，在外之见于《经》者；季友、仲遂，在内之见于《经》者，势必与闻政事，执国命矣。况宣公之时，烦于聘问会朝之礼，遂、蔑、季孙、归父，交于邻国，众矣，而独叔肸不与焉。其非生而赐氏，俾世其卿，亦明矣。

十有八年。春，晋侯、卫世子臧伐齐。

保国，以礼为本者也。齐顷公不谨于礼，自己致寇，所谓“国必自伐，而后人伐之”矣。诸侯上卿，皆执国命，取必于其君，以行其克、伐、怨、欲之私，故盟于断道，师于阳穀，大战于鞌，逞其志而后止。《春秋》详书于策，见伐与伐者之罪，皆可以为鉴矣。

公伐杞。

夏，四月。

秋，七月，邾人戕鄫子于鄫。

“戕”者，残贼而杀之也。“于鄫”者，刺臣子不能救君难也。夷貉无城郭宫室、百官有司，单车使者直造其庐帐，虏其酋长者，则有之矣。中国则重门击柝，廉陛等威，侍卫守御之严，奚至于坐使其君为邾人残贼杀之而莫御乎？邾人盖尝执鄫子用之，则不共戴天之世仇也。既不能复，又使邾人得造其国都而戕杀其君。曰“于鄫”者，所以深责鄫之臣子，至此极也！

甲戌，楚子旅卒。

楚僭称“王”，降而称“子”者，是仲尼笔之也；其不书“葬”者，恐民之惑而避其号也，是仲尼削之也。若楚、若吴、若徐，皆自王降而称“子”；若滕，自侯降而称“子”；若杞，自伯降而称“子”。四夷虽大，皆曰“子”。其降而称“子”者，狄之也。或谓“《春秋》不擅进退诸侯、乱名实”，则非矣。述天理，正人伦，此名实所由定也，奚名为乱哉？

公孙归父如晋。

宣公因齐得国，故刻意事之，虽易世犹未怠也。及顷公不能谨礼，怒晋、鲁上卿，而郤克当国，决策讨之。晋方强盛，齐少懦矣，于是背齐而事晋。其于邦交，以利为向背，无忠信诚悫之心者也。按，《左氏》：“归父欲去三桓，以张公室，与公谋而聘于晋，欲以晋人去之。”夫轻于背与国，易于谋大家，而不知其本，未有能成而无悔也。然则，公室不可张乎？务引其君当道，正心以正朝廷，礼乐刑政自己出也，其庶几乎！必欲倚外援以去之，是去疥疡而得腹心之疾也，庸愈哉？

冬，十月壬戌，公薨于路寝。归父还自晋，至笙，遂奔齐。

仲尼称：“孟庄子之孝，其不改父之臣与父之政，是难能也。”又曰：“三年无改于父之道，可谓孝矣。”夫仁人孝子，于其父之臣非有大不可，如晋悼公于夷羊五之属，必存始终进退之礼而不遽也。归父以君命出使，未反而君薨，在《聘礼》，有“执圭，复命于殡”之文，“升自西阶，子臣皆哭”，情亦戚矣。今宣公犹未殡，而东门氏逐，忍乎哉？书曰“归父还自晋”者，已毕事之词也。“至笙，遂奔齐”者，罪成公君臣死君而忘父，逐之亟也。《穀梁子》曰：“捐殡而奔其父之使者，是亦奔父也。”得《经》意矣。君薨家遣，方寸宜亦乱，而造次、颠沛不失礼焉，非志于仁者，弗能也。词繁而不杀，归父之善自著矣。比事以观，则见当国者有无君之心，此《春秋》所以作，不可不察也。

卷十九

成公上

元年。春，王正月，公即位。

二月辛酉，葬我君宣公。

无冰。

寒极而无冰者，常燠也。按，《洪范传》曰："豫，常燠若。"此政事舒缓，纪纲纵弛之象。成公幼弱，政在三家，公室不张，其象已见，故当固阴冱寒，而常燠应之。古者，日在北陆而藏冰，献羔而启，朝之禄位，宾食丧祭，冰皆与焉，此亦燮调愆伏之一事也。今既寒而燠，遂废凌人之职。然策书所载，皆经邦大训，人有微而不登其姓名，事有小而不记其本末，雨雹冰雪，何以悉书？天人一理也，万物一气也，观于阴阳寒暑之变，以察其消息盈虚，此制治于未乱，慎于微之意也。每慎于微，然后王事备矣。

三月，作丘甲。

"作丘甲"，益兵也。古者，九夫为井，四井为邑，四邑为丘，四丘为甸。甸，地方八里，旁加一里为成，所取于民者，出长毂一乘，此《司马法》一成之赋也。为齐难，"作丘甲"，益兵备敌，重困农民，非为国之道。其曰“作”者，不宜作也。唐太宗问李靖：“楚广与周制如何？”靖曰：“周制一乘，步卒七十二人，甲士三人，以二十五人为一甲；凡三甲，共七十五人。”然则一丘所出，十有八人，积四丘而具一乘耳。今“作丘甲”者，即丘出一甲，是一甸之中，共百人为兵矣，则未知其所作者，三甸而增一乘乎？每乘而增一甲乎？鲁至昭公时，尝蒐于红，革车千乘，则计甸而增乘，未可知也；楚人二广之法，一乘至用百有五十人，则鲁每乘而增一甲，亦未可知也。赋虽不同，其实皆为益兵，其数皆增三之一耳。先儒或言“甲非人人之所能为”，又以为“丘出，甸赋加四倍”者，误矣。

夏，臧孙许及晋侯盟于赤棘。

初，宣公谋以晋人去三桓，归父为是见逐而奔齐矣。今季孙当国，恨齐人之立宣公、纳归父，又惧晋侯之或见讨也，故往结此盟。“赤棘”，晋地也。其称“及”，鲁所欲也。盟非《春秋》所贵，而恶屡盟者，非惟长乱，亦国用民力所难给也。成公即位之初，方经大故，未有施舍、已责、逮鳏寡、救乏困之事也。为齐难，既作丘甲矣，闻将出楚师，又远与晋寻盟，岂固本保邦之道乎？书“及晋侯盟于赤棘”，非特备齐惧晋，盖三桓怀忿怼君父之心，将有事于齐，而汲汲欲之者，罪可见矣。

秋，王师败绩于茅戎。

程氏曰：“王师于诸侯不言败，诸侯不可敌王也；于夷狄不言战，夷狄不能抗王也。”不可敌、不能抗者，理也；其敌、其抗，王道之失也。桓王伐郑，兵败身伤，而《经》不书“败”，存君臣之义，立天下之防也；刘康公邀戎伐之，败绩于徐吾氏，而《经》不书“战”，辨华夷之分，立中国之防也。是皆圣人笔削，非鲁史之旧文也。然笔于《经》者，虽以尊君父、外戎狄为义，而君父所以尊、戎狄所以服，则有道矣。桓王不以讨贼兴师而急于伐郑，康公不以惇信持国而轻于邀戎，是失其所以君天下、御四夷之道也。书“败绩于茅戎”者，言自败也，其自反亦至矣。

冬，十月。

二年。春，齐侯伐我北鄙。

初，鲁事齐谨甚，虽易世而聘会不绝也。及与晋侯盟于断道，而后怨隙成，再盟于赤棘，而后伐吾北鄙。齐侯之兴是役，非义矣。鲁人为鞌之战，岂义乎？同曰愤兵，务相报复，而彼此皆无善者，则亦不待贬而罪自见矣。

夏，四月丙戌，卫孙良夫帅师及齐师战于新筑，卫师败绩。

齐师侵虐，而以卫主此战，何也？卫侯初与晋同盟于断道矣，又使世子臧与晋同伐齐矣，又使孙良夫、石稷将侵齐矣。及与齐师遇，石稷欲还，良夫不可，曰：“以师伐人，遇其师而还，将谓君何？若知不能，则如无出。今既遇矣，不如战也。”遂战于新筑。故齐师虽侵虐，而此战以卫主之也。《春秋》善解纷，贵远怨，而恶以兵刃相接，故书法如此。

六月癸酉，季孙行父、臧孙许、叔孙侨如、公孙婴齐帅师，会晋郤克、卫孙良夫、曹公子首及齐侯战于鞌。齐师败绩。

大国三军，次国二军。鲁虽大国，而四卿并将，是四军也。当此时，旧制犹存，尺地皆公室之土也，一民皆公室之兵也。上卿行父与侨如、婴齐各帅一军会战，而臧孙许如晋乞师，又逆晋师为之道，本不将兵，特往来晋、鲁两军之间，预谋议耳。成公初立，主幼国危，为季孙一怒，扫境内兴师，而四卿并出，肆其愤欲，虽无人乎？成公之侧，有不恤也，然后政自季氏出矣。将称元帅，略其副，属词之体也，而四卿皆书者，岂特为详内录哉？坚冰之戒，亦明矣。《经》之大例，受伐者为主，而此以四国及之者，以一笑之微，残民毒众，几获其君，而怒犹未怠。焚雍门之茨，侵车东至海，故以四国主之，为愤兵之大戒。见诸行事，深切著明矣。

秋，七月，齐侯使国佐如师。己酉，及国佐盟于袁娄。

“齐国佐如师”与“楚屈完来”，一也。然陉之役，则曰“来盟于师”“盟于召陵”；鞌之战，则曰“及国佐盟于袁娄”，何也？荆楚暴横，凭陵诸夏，齐桓公仗义声罪致讨，威行江汉之上，不待加兵而楚人帖服。其书“来盟于师”者，楚人自服而求盟也；“盟于召陵”者，桓公退舍礼与之盟也。在春秋时，斯为善矣。若夫袁娄，则异于是。齐虽侵虐，未若荆楚之暴也，诸国大夫含愤积怒，欲雪一笑之耻，至于杀人盈野，非有击强扶弱之心。“国佐如师”，将以赂免，非服之也。晋大夫又不以德命，使齐人尽东其亩，而以萧同叔子为质。夫萧同叔子，齐君之母也，则亦悖矣。由是国子不可，请合余烬，背城借一，揖而去之。郤克使鲁、卫之使，以其词为之请，逮乎袁娄而与之盟，则汲汲欲盟者，晋也，故反以晋人及之，若此类见曲直之绳墨矣。是故制敌莫如仗义，天下莫大于理，而强有力不与焉，亦可谓深切著明矣。

八月壬午，宋公鲍卒。

庚寅，卫侯速卒。

取汶阳田。

汶阳之田，本鲁田也。“取”者，得非其有之称。不曰“复”，而谓之“取”，何也？恃大国兵力，一战胜齐，得其故壤，而不请于天王，以正疆理，则取之不以其道，与得非其有奚异乎？然则，宜奈何？考于建邦土地之图，若在封域之中，则先王所锡，先祖所受，经界世守，不可乱矣。不然，侵小得之，《春秋》固有兴灭国、继绝世之义，必有处也。鲁在战国时，地方五百里，而孟氏语慎子曰：“如有王者作，在所损乎？在所益乎？”《经》于复其故田而书“取”，所损益亦可知矣。

冬，楚师、郑师侵卫。十有一月，公会楚公子婴齐于蜀。

按，《左氏》：“鲁、卫受盟于晋，从于伐齐，故楚为阳桥之役，令尹子重曰：‘师众而后可。’于是王卒尽行。”二国称“师”，著其众也；侵卫则书“侵”，我师于蜀，致赂纳质，没而不书，非讳也，书其重者。则莫重乎其以中国诸侯降班失列，下与夷狄之大夫会也。季孙行父为国上卿，当使其君尊荣，其民免于侵陵之患，而危辱至此，特起于忿忮，肆其褊心，而不知制之以礼也。《书》曰：“必有忍，乃其有济。”惩忿窒欲，德之修也；不忮不求，行之善也；躬自厚而薄责于人，远怨之方也。

季孙忿忮，弗能惩也，而辱逮君父，不亦僭乎？故《春秋》，史外传心之要典也，考其行事，深切著明，于以反求诸己，则亦知戒矣。

丙申，公及楚人、秦人、宋人、陈人、卫人、郑人、齐人、曹人、邾人、薛人、鄫人盟于蜀。

盟而鲁与，必先书公，尊内也；次书主盟者，众所推也。此书“公及楚人”，则知主盟者，楚也。公子婴齐、秦右说、宋华元、陈公孙宁、卫孙良夫、郑去疾，皆国卿也，何以称“人”？楚僭称王，《春秋》黜之，比诸夷狄。晋虽不竞，犹主夏盟。诸侯苟能任仁贤，修政事，保固疆圉，要结邻好，同心择义，坚事晋室，荆楚虽大，何畏焉？今乃西向服从而与之盟，不亦耻乎？古者，用夏服夷，未闻服于夷也！乃是之从，亦为不善择矣。《经》于鲁君盟会，不信则讳公而不书，不臣则讳公而不书，弃中国从夷狄则讳公而不书。蜀之盟，弃晋从楚，书公不讳，何也？事同而既贬，则从同同，正始之义也。从荆楚而与盟，既讳公于僖十九年齐之盟矣，是以于此不讳，而“人”诸国之大夫，以见意也。

三年。春，王正月，公会晋侯、宋公、卫侯、曹伯伐郑。

按，《左氏》：“诸侯伐郑，讨邲之役也。遂东侵，郑公子偃帅师御之，覆诸鄤，败诸丘舆。”夫“讨邲之役”，则复怨剿民，非观衅也；“遂东侵”，则潜师掠境，非以律也；“覆而败诸”，则专用诈谋，非正胜也。度彼参此，皆无善也；略而不纪，胜负微也。晋侯称爵，而以“伐”书，何也？初为是役，必以郑之从楚也。附蛮夷，扰中国，则盟主有词于伐耳。宋、卫未葬，曷为称爵？背殡越境，以吉礼从金革之事也。

辛亥，葬卫穆公。

二月，公至自伐郑。

甲子，新宫灾，三日哭。

庙灾而哭，礼也。得礼为常事，则何以书？缑氏刘绚曰："新宫者，宣宫也，不曰宣宫者，神主未迁也。知然者，丹楹刻桷，皆称桓宫，此不举谥，故知其未迁也。宫成而主未入，遇灾而哭，何礼哉？宣公薨，至是二十有八月，缓于迁主，可知矣。言'灾'，则不恭之致亦自见矣。"此说据《经》为合。或曰："《礼》称有焚其先人之室，则三日哭。新宫将以安神主也，虽未迁而哭，不亦可乎？"曰："先人之室，盖尝寝于斯，食于斯，会族属于斯，其居处笑语之所在，皆可想也。事死如事生，故有焚其室则哭之，礼也。神主未迁而哭，于人情何居？"

乙亥，葬宋文公。

按，《左氏》："文公卒，始厚葬，益车马，重器备。君子谓：'华元、乐举，于是乎不臣。'"考于《经》，未有以验其厚也。数其葬之月，则信然矣。天子七月，诸侯五月，大夫三月，士逾月，以降杀、迟速为礼之节，不可乱也。文公之卒，国家安靖，外无危难，曷为越礼逾时？逮乎七月而后克襄事哉？故知华元、乐举之弃君于恶而益其侈，无疑矣。夫礼之厚薄，称人情而为之者也。宋公在殡，而离次出境，从金革之事，哀戚之情忘矣，顾欲厚葬其君亲，此非有所不忍于死者，特欲夸耀淫侈无知之人耳。世衰道微，礼法既坏，无以制其侈心，至于秦、汉之间，穷竭民力以事丘陇，其祸有不可胜言者。《春秋》据事直书，而其失自见。此类是也，岂不为永戒哉？

夏，公如晋。郑公子去疾帅师伐许。公至自晋。

宣公薨，至是三年之丧毕矣，宜入朝京师，见天子，受王命，然后归而即政可也。嗣守社稷之重而不朝于周，以拜汶阳田之故而往朝于晋，其行事亦悖矣，此《春秋》所为作也。公行多不致，其书“公至自晋”何？其至也，必有以也。

秋，叔孙侨如帅师围棘。

按，《左氏》：“取汶阳之田，棘不服，故围之。”复故地而民不听，至于命上将，用大师，环其邑而攻之，何也？鲁于是时，初税亩，作丘甲，税役日益重矣。棘虽复归故国，所以不愿为之民也欤。成公不知薄税敛，轻力役，修德政以来之，而肆其兵力，虽得之，亦必失之矣。

大雩。

晋郤克、卫孙良夫伐廧咎如。

冬，十有一月，晋侯使荀庚来聘。卫侯使孙良夫来聘。丙午，及荀庚盟。丁未，及孙良夫盟。

刘敞曰：“诸侯有聘无盟。聘，礼也；盟，非礼也。庚与良夫，不务引其君当道，而生事专命，为非礼不信，以干先王之典，故不系于国，以见其遂事之辱，非人臣之操。”此说然也。其言“及”者，公与之盟，而不言公，见二卿之伉也。盟者，

《春秋》所恶，于恶之中，又有恶焉者，此类是也。

郑伐许。

称国以伐，狄之也。晋、楚争郑，郑两事焉，及邲之败，于是乎专意事楚，不通中华。晋虽加兵，终莫之听也。至此，一岁而再伐许，甚矣。夫利在中国则从中国，利在夷狄则从夷狄，而不择于义之可否以为去就，其所以异于夷者，几希。况又冯弱犯寡，一岁之中，而再动干戈于邻国，不既甚乎？《春秋》之法，中国而夷狄行者，则狄之，所以惩恶也。以为告辞略而从告，乃实录耳，一字为褒贬，义安在也？

四年。春，宋公使华元来聘。

三月壬申，郑伯坚卒。

杞伯来朝。

夏，四月甲寅，臧孙许卒。

公如晋。

葬郑襄公。

秋，公至自晋。

冬，城郓。

郑伯伐许。

前此郑襄公伐许，既狄之矣。今悼公又伐许，乃复称爵，何也？丧未逾年，以吉礼从金革之事，则忘亲矣。称爵，非美词，所以著其恶也。

五年。春，王正月，杞叔姬来归。

前书“杞伯来朝”，《左氏》以为“归叔姬”也。此书“杞叔姬来归”，则出也。《春秋》于内女，其归、其出，录之详者，男女居室，人之大伦也。“男子生而愿为之有室，女子生而愿为之有家。父母之心，人皆有之”，而不能为之择家与室，则夫妇之道苦，淫僻之罪多矣。王法所重，人伦之本，录之详也，为世戒也。

仲孙蔑如宋。

夏，叔孙侨如会晋荀首于穀。

梁山崩。

“梁山”，韩国也。《诗》曰：“奕奕梁山，韩侯受命。”而谓之韩奕者，言奕然高大，为韩国之镇也，后为晋所灭，而大夫韩氏以为邑焉。书而不系国者，为天下记异，是以不言晋也。《左氏》载绛人之语，于礼文备矣，而未记其实也。夫降服、乘缦、彻乐、出次、祝币、史词六者，礼之文也。古之遭变异而外为此文者，必有恐惧修省之心主于内，若成汤以六事捡身，高宗克正厥事，宣王侧身修行，欲销去之是也。徒举其文，而无实以先之，何足以弭灾变乎？夫国主山川，至于崩竭，当时诸侯，未闻有戒心而修德也，故自是而后，六十年间，弑君十有四，亡国三十二，其应亦憯矣。《春秋》不明著其事应，而事应具存，其可忽诸？

秋，大水。

冬，十有一月己酉，天王崩。

十有二月己丑，公会晋侯、齐侯、宋公、卫侯、郑伯、曹伯、邾子、杞伯同盟于虫牢。

按，《左氏》："许灵公愬郑伯于楚，郑伯如楚，讼，不胜，归而请成于晋，盟于虫牢，郑服也。""郑服"，则何以书"同盟"？天王崩，赴告已及，在诸侯之策矣，以所闻先后而奔丧，礼也，而九国诸侯会盟不废，故特书"同盟"，以见其皆不臣。《春秋》恶盟誓，于恶之中，又有恶焉者，此类是也。

六年。春，王正月，公至自会。

二月辛巳，立武宫。

"武宫"，武公之宫。"立武宫"，非礼也。丧事即远，有进而无退；宫庙即远，有毁而无立。故二昭、二穆与太祖而五者，诸侯之庙制也。曰考庙、曰王考庙、曰皇考庙，皆月祭焉；曰显考庙、曰祖考庙，享尝乃止。去祖为坛，去坛为墠，坛、墠有祷则祭，无祷乃止，去墠为鬼，诸侯之祭法也。武公至是，历世十一，其毁已久而辄立焉，非即远有终之意，故特书曰"立"。"立"者，不宜立也。

取鄟。

"鄟"，微国也。书"取"者，灭之也。灭而书"取"，为君隐也。项，亦国也，其书"灭"者，以僖公在会，季孙所为，故直书其事而不隐。此《春秋》尊君抑臣，以辨上下，谨于微之意也。人伦之际，差之毫厘，缪以千里，故仲尼特立此义，以示后世臣子，使以道事君，而无朋附权臣之恶，于传有之，犯上干主，其罪可救；乖忤贵臣，祸在不测，故臣子多不惮人主而畏权臣。如汉谷永之徒，直攻成帝不以为嫌，至于王氏则周旋相比，结为死党，而人主不之觉，此世世之公患也。归父家遣，缘季氏也；朝吴出奔，因无极也；王章杀身，忤王凤也；郦侯寄馆，避元载也。惟杀生在下，而人主失其柄也，是以党与众多，知有权臣而不知有君父矣。使《春秋》之义得行，尊君抑臣，以辨上下，每谨于微，岂有此患乎？

卫孙良夫帅师侵宋。

夏，六月，邾子来朝。

公孙婴齐如晋。

壬申，郑伯费卒。

秋，仲孙蔑、叔孙侨如帅师侵宋。

鲁遣二卿为主将，动大众焉。有事于宋，而以“侵”书者，潜师侵掠，无名之意，盖陋之也，于卫孙良夫亦然。上三年，尝会宋、卫同伐郑矣；次年，宋使华元来聘，通嗣君矣；又次年，鲁使仲孙蔑报华元矣。是年冬，郑伯背楚求成于晋，而鲁、卫与宋又同盟于虫牢矣。今而有事于宋，上卿授钺，大众就行，而师出无名，可乎？故特书“侵”，以罪之也。《左氏》载此师“晋命也”。后二年，宋来纳币，请伯姬焉，则此师为晋而举，非鲁志明矣。兵戎，有国之重事；邦交，人道之大伦，听命于人，不得已焉，将能立乎？《春秋》所以罪之也。

楚公子婴齐帅师伐郑。冬，季孙行父如晋。晋栾书帅师救郑。

荆楚僭号称王，圣人比诸夷狄而不赦者，大一统以存周，使民著于君臣之义也。郑能背夷即华，是改过迁善，出幽谷而迁乔木也。婴齐为是帅师，又因其丧而伐之，不义甚矣，《经》所以深恶之也。书卿帅师伐郑，于文无贬辞，何以知其深恶楚也？下书“栾武子帅师救郑”，则知之矣。凡书“救”者，未有不善之也，而伐者之罪著矣。按，《左氏》：“晋、楚遇于桑隧，军帅之欲战者八人，武子遂还。”则无功也，亦何善之有？曰：“此《春秋》之所以善栾书也。两军相加，兵刃既接，折馘执俘，计功受赏，此非仁人之心、王者之事。故舞干而苗格者，舜也；因垒而崇降者，文也；次于陉而屈完服者，齐桓也；会于萧鱼而郑不叛者，晋悼也。武子之能不迁戮而知还也，亦庶几哉！”

七年。春，王正月，鼷鼠食郊牛角，改卜牛。鼷鼠又食其角，乃免牛。

《穀梁子》曰：“郊牛日展斛角而知伤，展道尽矣，其所以备灾之道不尽也。改卜牛，鼷鼠又食其角，则亡乎人矣，非人之所能也，所以免有司之过也。”有司免过，即变异也，其应云何？许翰曰：“小害大，下贼上，食而又食，三桓子孙相继之象也。”宣公有虞三桓之志，至成始弗戒矣，理或然也。

吴伐郯。

称国以伐，狄之也。吴本太伯之后，以族属言，则周之伯父也。何以狄之？为其僭天子之大号也。按，《国语》云：“命圭有命，固曰吴伯，不曰吴王。”然则，吴本伯爵也，后虽益炽，浸与中国会盟，进而书爵，不过曰“子”，亦不以本爵与之，故纪于《礼书》曰：“四夷虽大，皆曰子。”此《春秋》之法、仲尼之制也，而以为“不敢擅进退诸侯、乱名实”者，误矣。

夏，五月，曹伯来朝。

不郊，犹三望。

吴郡朱长文曰："《礼》，天子有四望，诸侯则祭境内山川而已。鲁当祭太山，太山，鲁之境也。礼所得祭，故不书；三望，僭天子礼，是以书之。"其说是矣。楚子轸言三代命祀，祭不越望，而曰江、汉、沮、漳，楚之望，非也。楚始受封，滨江之国，汉水、沮、漳，岂其境内哉？此亦据后世并兼封略言之尔。

秋，楚公子婴齐帅师伐郑。公会晋侯、齐侯、宋公、卫侯、曹伯、莒子、邾子、杞伯救郑。八月戊辰，同盟于马陵。

楚人军旅数起，频年伐郑，以其背己而从诸夏也，与庄之欲讨徵舒而入陈，亦异矣。书大夫之名氏、书"帅师"、书"伐"，而无贬词者，所谓不待贬绝而罪自见者也。晋合八国之君，亲往救郑，则攘夷狄、安中国之师也，欲著其善，故特书"救郑"以美之。言"救"，则楚罪益明，而郑能背夷即华，善亦著矣。前此晋遣上将，诸国不与焉，此则其君自行，而会合诸国，则楚人暴横凭陵诸夏之势益张，亦可见矣。故"盟于马陵"，而书"同盟"者，同病楚也。

公至自会。

吴入州来。

冬，大雩。

卫孙林父出奔晋。

卷二十

成公下

八年。春，晋侯使韩穿来言汶阳之田，归之于齐。

“汶阳之田”，本鲁田也，鲁人恃大国之威，以兵力胁齐，得其故地，而不正疆里于天王，则取之不以其道也。郤克战胜，令于齐曰：“反鲁、卫之侵地。”齐既从之。今复有命，俾归诸齐，则归之不以其道也，而齐人贪得。晋有二命，穿也列卿，无所谏止，皆罪矣。“来言”者，缓词也；“归之于”者，易词也。为国以礼者，无惮于强，而鲁侯微弱，遂以归齐而不能保，罪亦见矣。

晋栾书帅师侵蔡。

公孙婴齐如莒。

宋公使华元来聘。

夏，宋公使公孙寿来纳币。

纳币不书，此何以书？公孙寿，卿也，纳币使卿，非礼也。礼不可略，亦不可过，惟其称而已矣，略则轻大伦，过则溺私爱。宋公之请伯姬，鲁侯之嫁其女，皆致其厚者也，而不知越礼逾制，岂所以重大婚之礼哉？《经》悉书之，为后法也。

晋杀其大夫赵同、赵括。

按，《左氏》："赵庄姬为赵婴之亡，谮于晋侯，曰：'原、屏将为乱。'栾、郤为证。晋讨赵同、赵括，以其田与祁奚。韩厥言于君曰：'成季之勋，宣孟之忠，而无后，为善者惧矣。'乃立武，而反其田。"然则同、括无罪，为庄姬所谮，而栾、郤害之也，故称国以杀而不去其官，以见晋之失政刑矣。

秋，七月，天子使召伯来赐公命。

诸侯嗣立而入见，则有赐；已修聘礼而来朝，则有赐；能敌王所忾而献功，则有赐。成公即位，服丧已毕，而不入见，既更五服一朝之岁矣，而不如京师，又未尝敌王所忾而有功也，何为来赐命乎？"召伯"者，县内诸侯，为王卿士者也。"来赐公命"，罪邦君之不王，讥天子之僭赏也。临诸侯曰天王，君天下曰天子，盖一人之通称。

冬，十月癸卯，杞叔姬卒。

晋侯使士燮来聘。叔孙侨如会晋士燮、齐人、邾人伐郯。

按，《左氏》："士燮来聘，言伐郯也，以其事吴故。公请缓师，不可。"吴初伐郯，季孙固曰："中国不振旅，蛮夷入伐而莫之或恤，亡无日矣。"当其时，既不能救，及其既成，岂获已也？而又率诸国伐之，何义乎？前书"来聘"，下书"会""伐"，晋侯之为盟主，可见矣。鲁既知其不可，从大国之令而不敢违，其不能立，亦可知矣。

卫人来媵。

媵者何？诸侯有三归，嫡夫人行，则侄娣从，二国来媵，亦以侄娣从。凡一娶九女，所以广继嗣。三国来媵，非礼也。夫以礼制欲则治，以欲败礼则乱，而诸侯一娶十有二女，则是以欲败礼矣。备书三国，以明逾制，为后戒也。

九年。春，王正月，杞伯来逆叔姬之丧以归。

凡笔于《经》者，皆经邦大训也。杞叔姬，一女子尔，而四书于策，何也？有男女，然后有夫妇；有夫妇，然后有父子，故《春秋》慎男女之配，重大昏之礼，以是为人伦之本也。事有大于此者乎？男而贤也，得淑女以为配，则自家刑国，可以移风俗；女而贤也，得君子以为归，则承宗庙、奉祭祀，能化天下以妇道，岂曰小补之哉？夷考杞叔姬之行，虽贤不若宋共姬，亦不至如鄫季姬之越礼也。杞伯初来朝鲁，然后出之，卒而复逆其丧以归者，岂非叔姬本不应出，故鲁人得以义责之，使复归葬乎？鲁在春秋时，内女之归，不得其所者有矣。圣人详录其始卒，欲为后鉴，使得有终而无弊也，其经世之虑，远矣。

公会晋侯、齐侯、宋公、卫侯、郑伯、曹伯、莒子、杞伯同盟于蒲。

按，《左氏》："为归汶阳之田故，诸侯贰于晋。晋人惧，会于蒲，以寻马陵之盟。"夫盟，非固结之本也，卫献公言于宁喜求复国，喜曰："必子鲜在。不然，必败。"小邾射以句绎来奔，曰："使季路要我，吾无盟。"夫信在言前者，不言而自喻；诚在令外者，不令而自行。晋初下令于齐，反鲁、卫之侵地，而齐不敢违者，以其顺也。齐既从之，鲁君亲往拜其赐矣，复有二命，俾归诸齐，一与一夺，信不可知，无惑乎诸侯之解体也。晋人不知反求诸己，惇信明义，以补前行之愆，而又欲刑牲歃血，要质鬼神以御之，是从事于末而不知本矣。特书“同盟”，以罪晋也。

公至自会。

二月，伯姬归于宋。

夏，季孙行父如宋致女。晋人来媵。

“致女”者何？女既嫁，三月而庙见，则成妇矣，而后父母使人安之，故谓之“致”也。常事尔，何以书？致女使卿，非礼也。《经》有因褒以见贬者，“初献六羽”之类是也；亦有因贬以见褒者，“致女，来媵”是也。伯姬贤行著于家，故致女使卿，特厚其嫁遣之礼，贤名闻于远，故诸国争媵，信其无妒忌之行。程氏以为：“一女子之贤，尚闻于诸侯，况君子哉？或曰：‘鲁女虽贤，岂能闻于远乎？’曰：‘古者，庶女与非敌者，则求为媵，固为之择贤小君，则诸侯之贤女，自当闻矣。’”

秋，七月丙子，齐侯无野卒。

晋人执郑伯。晋栾书帅师伐郑。

按，《左氏》：“楚人以重赂求郑，郑伯会公子成于邓。秋，郑伯如晋，晋人讨其贰于楚，执诸铜鞮。栾书伐郑，郑使伯蠲行成，晋人杀之。楚子重侵陈以救郑。”称“人”而执者，既不以王命，又不归诸京师，则非伯讨也。杀伯蠲不书者，既执其君矣，则行人为轻，亦不足纪也。“楚子重侵陈”，与处父救江何异？削而不书者，郑亦有罪焉耳，夫背夷即华，正也，今以重赂故，又与楚会，则是惟利之从，而不要诸义也，故郑无可救之善，楚不得有能救之名。

冬，十有一月，葬齐顷公。

楚公子婴齐帅师伐莒。庚申，莒溃，楚人入郓。

按，《左氏》："楚子重自陈伐莒，围渠丘。城恶，众溃。楚师围莒，莒城亦恶。庚申，莒溃。楚遂入郓。"孟子曰："凿斯池也，筑斯城也，与民守之，效死而民不去，是则可为也。"夫凿池筑城者，为国之备，所谓事也；效死而民不去，为国之本，所谓政也。莒恃其陋，不修城郭，浃辰之间，楚克其三都，信无备矣。然兵至而民逃其上，不能使民效死而不去，则昧于为国之本也。虽隆莒之城，何益乎？故《经》于"莒溃"，特书日以谨之者，以明城郭沟池，重门击柝，皆守邦之末务，必以固本安民为政之急耳。

秦人、白狄伐晋。

《经》所谨者，华夷之辨也。晋尝与白狄伐秦，秦亦与白狄伐晋，族类不复分矣。其称"人"，贬词也。武王伐商，誓师牧野，庸、蜀、羌、髳、微、卢、彭、濮，皆与焉，岂亦不谨乎？除天下之残贼，而出民于水火之中，虽蛮夷戎狄，以义驱之可也，亦虑其同恶相济贻患于后也。中国友邦，自相侵伐，已为不义，又与非我族类者共焉，不亦甚乎？晋既失信，复听妇人谗说，杀其世臣，而诸侯皆贰。秦、狄交伐，比事以观，可谓深切著明矣。

郑人围许。

城中城。

经世安民，视道之得失，不倚城郭沟池以为固也。《穀梁子》谓“凡城之志，皆讥”，其说是矣。莒虽恃陋，不设备，至使楚人入郓，苟有令政，使民效死而不溃，寇亦岂能入也？城非《春秋》所贵，而书“城中城”，其为儆守益微矣。王公设险以守其国，非欤？曰：“百雉之城，七里之郭，设险之大端也。谨于礼以为国，辨尊卑，分贵贱，明等威，异物采，凡所以杜绝陵僭、限隔上下者，乃体险之大用也，独城郭沟池之足恃乎？”

十年。春，卫侯之弟黑背帅师侵郑。

按，《左氏》：“卫子叔黑背侵郑，晋命也。”其曰“卫侯之弟”者，子叔黑背生公孙剽，孙林父、宁殖出卫侯衎而立剽，亦以其父有宠爱之私，故得立耳，此与齐之夷仲年无异。其特书“弟”以为后戒，可谓深切著明矣。

夏，四月，五卜郊，不从，乃不郊。

五月，公会晋侯、齐侯、宋公、卫侯、曹伯伐郑。

齐人来媵。

丙午，晋侯獳卒。

秋，七月，公如晋。

此葬晋侯也，而不书，讳之也。天子之丧动天下，属诸侯；诸侯之丧动通国，属大夫。公之葬晋侯，非礼也，唯天子之事焉，可也。《传》以晋人止公送葬，诸侯莫在焉，鲁人辱之，故讳而不书，非矣。假令诸侯皆在，鲁人不以为辱，而可书乎？

冬，十月。

十有一年。春，王三月，公至自晋。

晋侯使郤犨来聘。己丑，及郤犨盟。

夏，季孙行父如晋。

秋，叔孙侨如如齐。

冬，十月。

十有二年。春，周公出奔晋。

按，《左氏》："周公楚恶惠、襄之逼，且与伯舆争政，不胜，怒而出。王使刘子复之，盟于鄄而入。三日，复出奔晋。"夫人主无诚悫之心，而下要大臣盟，是谓君不君；人臣无忠信之实，而上与人主盟，是谓臣不臣。既已要质鬼神以入矣，又叛盟失信而出奔，则是自绝于天也。自周无出，而书曰"出"者，见周室衰微，刑政号令不行于天下尔。

夏，公会晋侯、卫侯于琐泽。

秋，晋人败狄于交刚。

冬，十月。

十有三年。春，晋侯使郤锜来乞师。

晋主夏盟，行使诸侯，征会讨贰，谁敢不从？以霸主之尊，而书曰"乞师"，何也？列国疏封，虽有大小，土地甲兵，受之天子，不相统属。鲁兵，非晋所得专也，今晋不以王命，兴诸侯之师，故特书曰"乞"，以见其卑伏屈损，无自反而缩之意矣。圣人作《春秋》，无不重内而轻外。至于"乞师"，则内外同辞者，盖皆有报怨复仇贪得之心，是以如此。若夫诛乱臣，讨贼子，请于天王，以大义驱之，谁不拱手以听命？何至于乞哉！噫！此圣人所以垂戒后世，见诸行事之深切著明者也。

三月，公如京师。

夏，五月，公自京师，遂会晋侯、齐侯、宋公、卫侯、郑伯、曹伯、邾人、滕人伐秦。

诸侯每岁侵伐四出，未有能修朝觐之礼者。今公欲会伐秦，道自王都，不可越天子而往也，故皆朝王，而不能成朝礼。书曰“如京师”，见诸侯之慢也。因会伐而行矣，又书“公自京师”，以“伐秦”为遂事者，此仲尼亲笔，明朝王为重，存人臣之礼也。古者，诸侯即位、服丧毕则朝，小聘、大聘终则朝，巡狩于方岳则朝。观《春秋》所载，天王遣使者屡矣，十二公之述职，盖阙如也，独此年书“公如京师”，又不能成朝礼，不敬莫大焉。君臣，人道之大伦，而至于此极，故仲尼尝喟然叹曰：“夷狄之有君，不如诸夏之亡也！”为此惧，作《春秋》，或抑或纵，或予或夺，所以明君臣之义者，至矣。其义得行，则臣必敬于君，子必敬于父，天理必存，人欲必消，大伦必正，岂曰小补之哉？此以“伐秦”为遂事之意也。

曹伯卢卒于师。

秋，七月，公至自伐秦。

冬，葬曹宣公。

十有四年。春，王正月，莒子朱卒。

夏，卫孙林父自晋归于卫。

秋，叔孙侨如如齐逆女。

郑公子喜帅师伐许。

九月，侨如以夫人妇姜氏至自齐。

《穀梁》曰：“大夫不以夫人，以夫人，非正也，刺不亲迎也。”侨如之不氏，一事而再见者，卒名耳。然则，娶于他邦，而道里或远，必亲迎乎？以封壤，则有小大；以爵次，则有尊卑；以道途，则有远迩。或迎之于其国，或迎之于境上，或迎之于所馆，中礼之节可也。

冬，十月庚寅，卫侯臧卒。

秦伯卒。

十有五年。春，王二月，葬卫定公。

三月乙巳，仲婴齐卒。

“婴齐”者，公子遂之子，公孙归父之弟也。归父出奔齐，鲁人徐伤其无后也，于是使婴齐后之，故书曰“仲婴齐”，此可谓乱昭穆之序、失父子之亲者。以后归父，则弟不可为兄嗣；以后襄仲，则以父字为氏，亦非矣。

癸丑，公会晋侯、卫侯、郑伯、曹伯、宋世子成、齐国佐、邾人同盟于戚。

晋侯执曹伯归于京师。

称“侯”以执，伯讨也。何以为伯讨？晋合诸侯伐秦，曹宣公卒于师，曹人使公子负刍守，使公子欣时逆曹伯之丧，负刍杀其太子而自立。至是，晋侯执之，又不敢自治而归于京师，使即天刑，夫是之谓伯讨。春秋执诸侯者，众矣，未有执得其罪如此者，故独书其爵。

公至自会。

夏，六月，宋公固卒。

楚子伐郑。

秋，八月庚辰，葬宋共公。

宋华元出奔晋。宋华元自晋归于宋。宋杀其大夫山。宋鱼石出奔楚。

宋六卿，鱼氏、荡氏、向氏、鳞氏，皆桓族也，华氏，戴族也。华元为右师，鱼石为左师，荡氏汰而骄，共公卒，已葬。荡泽弱公室，杀公子肥，华元曰："我司君臣之训，而不能正，罪大矣，不能治官，敢赖宠乎？"乃出奔晋。鱼石将止之，鱼府曰："元反，必讨，是无桓氏也。"石曰："彼多大勋，国人所与，不反，惧桓氏之无祀于宋也。"遂自止元于河上。元归，使国人攻桓氏，杀荡山，出鱼石，国然后定。元之出奔晋与归于宋，皆不省文者，著其正也。书之重，词之复，必有美恶焉。词繁而不杀，所以与之也。以不赖宠而出奔，以国人与晋皆许之讨而后入，正可知矣。苏辙谓："使元怀禄顾宠重于出奔，则不能讨。"此说是也。山，不书氏，背其族也。背其族者，伐其本也。人而无本，人道绝矣。葛藟犹能芘其本根，况于人而忍伐其本乎？

冬，十有一月，叔孙侨如会晋士燮、齐高无咎、宋华元、卫孙林父、郑公子鰌、邾人，会吴于钟离。

吴以号举，夷之也；会而殊会，外之也。殊会有二义，会王世子于首止，意在尊王室，不敢与世子抗也；会吴于钟离、于柤、于向，意在贱夷狄，而罪诸侯不能与之敌也。夫以太伯至德，是始有吴，以族言之，则周之伯父也。至其后世，遂以号举者，以其僭窃称王，不能居中国之爵号耳。成、襄之间，中国无霸，齐、晋大国，亦皆俛首东向而亲吴。圣人盖伤之，故特殊会，可谓深切著明矣。

许迁于叶。

十有六年。春，王正月，雨木冰。

“雨木冰”者，雨而木冰也。何休曰：“木者，少阳，幼君大臣之象；冰者，凝阴，兵之类也。冰胁木者，君臣将执于兵之征。”未几而有沙随、苕丘之事，天人之际，休咎之应，焉可诬也？而欲尽废《五行传》，亦过矣。

夏，四月辛未，滕子卒。

郑公子喜帅师侵宋。

六月丙寅，朔，日有食之。

晋侯使栾黡来乞师。

甲午，晦，晋侯及楚子、郑伯战于鄢陵。楚子、郑师败绩。

不书“师败绩”，以其君亲集矢于目，而身伤为重也。当是时，两军相抗，未有胜负之形，晋之捷也，亦幸焉尔。幸非持胜之道，范文子所以立于军门，有圣人能内外无患，“盍释楚以为外惧”之戒乎？楚师虽败，其势益张，晋遂怠矣，卒有栾氏之谮而诛三郤，国内大乱。圣人备书，以见行事之深切著明也。

楚杀其大夫公子侧。

秋，公会晋侯、齐侯、卫侯、宋华元、邾人于沙随。不见公。

臣子之于君父，扬其美，不扬其恶。为尊者讳，为亲者讳，礼也。圣人假鲁史以示王法，其于鲁事有君臣之义，故君弑，则书“薨”；易地，则书“假”；灭国，则书“取”；出奔，则书“逊”；屈己而与强国之大夫盟，则书“及”；叛盟失信而莫适守，则没公而书“会”。凡此类，虽不没其实，示天下之公，必隐避其辞，以存臣子之礼。然则沙随之会，晋不见公，是鲁侯之大辱，深可耻焉者矣，曷为直书其事而不讳乎？曰：“《春秋》伸道不伸邪，荣义不荣势，正己而无恤乎人，以仁礼存心，而不忧横逆之至者也。沙随之会，鲁有内难，师出后期，所当恤者。晋人听叔孙侨如之谮，怒公而不见，曲在晋矣。鲁侯自反，非有背仁弃礼不忠之咎也。昔曾子尝闻大勇于夫子，曰：‘自反而缩，虽千万人，吾往矣。’孟子言：‘浩然之气，至大至刚，以直养而无害，则塞乎天地之间。’沙随之不见，于公何歉乎？直书而不讳者，示天下后世，使知大勇浩然之气，所以守身应物如此，其垂训之义大矣。”

公至自会。

公会尹子、晋侯、齐国佐、邾人伐郑。

曹伯归自京师。

曹伯不名，其位未尝绝也。不绝其位，所以累乎天王也。其言“自京师”，王命也，言天王之释有罪也。善不蒙赏，恶不即刑，以尧为君，舜为臣，虽得天下，不能一朝居也。负刍杀世子而自立，不能因晋之执，置诸刑典，而使复国，则无以为天下之共主矣。

九月，晋人执季孙行父，舍之于苕丘。

冬，十月乙亥，叔孙侨如出奔齐。

十有二月乙丑，季孙行父及晋郤犨盟于扈。公至自会。乙酉，刺公子偃。

按，《左氏》：“宣伯通于穆姜，欲去季、孟，而取其室。战于鄢陵之日，公将行，穆姜送公，而使逐二子。公以晋难告曰：‘请反而听命。’姜怒，公子偃、公子鉏趋过，指之曰：‘女不可，是皆君也。’公待于坏隤，申宫儆备，设守而后行，是以后。使孟献子守于公宫。宣伯使告郤犨曰：‘鲁侯待于坏隤以待胜者。’郤犨取货于宣伯，而诉公于晋侯，晋侯不见公。公会诸侯伐郑，将行，姜又命公如初。公又申守而行，宣伯使告郤犨曰：‘鲁之有季、孟，犹晋之有栾、范也，政令于是乎成。今其谋曰：“晋政多门，不可从也，宁事齐、楚，有亡而已，蔑从晋矣。”若欲得志于鲁，请止行父而杀之，我毙蔑也。不然，归必叛。’晋人执季文子于苕丘。公还，待于郓，使子叔声伯请季孙于晋。郤犨曰：‘苟去仲孙蔑而止季孙行父，吾与子国，亲于公室。’对曰：‘侨如之情，子必闻之矣。若去蔑与行父，是大弃鲁国而罪寡君也。若犹不弃，使寡君得事晋君，则夫二人者，鲁国社稷之臣也。若朝亡之，鲁必夕亡。’范文子谓栾武子曰：‘季孙于鲁，相二君矣。妾不衣帛，马不食粟，可不谓忠乎？信谗慝而弃忠良，若诸侯何？’乃许鲁平，赦季孙，出叔孙侨如而盟之。季孙及郤犨盟于扈。归，刺公子偃。”

十有七年。春，卫北宫括帅师侵郑。

夏，公会尹子、单子、晋侯、齐侯、宋公、卫侯、曹伯、邾人伐郑。

六月乙酉，同盟于柯陵。

秋，公至自会。

齐高无咎出奔莒。

九月辛丑，用郊。

郊之不时，未有甚于此者也，故特曰“用郊”。“用”者，不宜用也。或曰：“盖以人飨，叩其鼻血以荐也。”古者，六畜不相为用，况敢用人乎？

晋侯使荀罃来乞师。

冬，公会单子、晋侯、宋公、卫侯、曹伯、齐人、邾人伐郑。

十有一月，公至自伐郑。

壬申，公孙婴齐卒于狸脤。

十有二月丁巳，朔，日有食之。

邾子貜且卒。

晋杀其大夫郤锜、郤犨、郤至。

楚人灭舒庸。

十有八年。春，王正月，晋杀其大夫胥童。

庚申，晋弑其君州蒲。

弑君，天下之大罪；讨贼，天下之大刑。《春秋》合于人心而定罪，圣人顺于天理而用刑，固不以大需释当诛之贼，亦不以大刑加不弑之人。然赵盾以不越境而书“弑”，许世子止以不尝药而书“弑”，郑归生以惮老惧谗而书“弑”，楚公子比以不能效死不立而书“弑”，齐陈乞以废长立幼而书“弑”。晋栾书身为元帅，亲执厉公于匠丽氏，使程滑弑公，而以车一乘葬之于翼东门之外，而《春秋》称国以弑其君，而不著栾书之名氏，何哉？仲尼无私，与天为一，奚独于赵盾、许止、归生、楚比、陈乞，则责之甚备，讨之甚严，而于栾武子阔略如此乎？学者深求其旨，知圣人之诛乱臣、讨贼子之大要也，而后可与言《春秋》矣。

齐杀其大夫国佐。

公如晋。

夏，楚子、郑伯伐宋。宋鱼石复入于彭城。

此伐宋以纳鱼石，其不曰“纳宋鱼石于彭城”，何也？刘敞曰：“不与纳也。诸侯失国，诸侯纳之，正也，诸侯世也；大夫失位，诸侯纳之，非正也，大夫不世也。诸侯托于诸侯，礼也；大夫托于诸侯，非礼也。”其言“复入”者，已绝而复入，恶之甚者，宋鱼石、晋栾盈是矣。

公至自晋。

晋侯使士匄来聘。

秋，杞伯来朝。

八月，邾子来朝。

筑鹿囿。

己丑，公薨于路寝。

冬，楚人、郑人侵宋。

晋侯使士鲂来乞师。

十有二月，仲孙蔑会晋侯、宋公、卫侯、邾子、齐崔杼同盟于虚朾。

丁未，葬我君成公。

卷二十一

襄公上

元年。春，王正月，公即位。

仲孙蔑会晋栾黡、宋华元、卫宁殖、曹人、莒人、邾人、滕人、薛人围宋彭城。

按，《左氏》曰："非宋地，追书也。"然则，书"围彭城"者，鲁史旧文也；曰"围宋彭城"者，仲尼亲笔也。楚已取彭城，封鱼石戍之三百乘矣，则曷为系之宋？楚不得取之宋，鱼石不得受之楚，虽专其地，君子不登叛人，所以正疆域，固封守，谨王度也。

夏，晋韩厥帅师伐郑。仲孙蔑会齐崔杼、曹人、邾人、杞人次于鄫。

楚人释君而臣是助，事已悖矣。晋于是乎降彭城，以鱼石等归，遂"伐郑"而诸侯"次于鄫"，此皆放于义而行者也。《传》书"楚子辛救郑"，而《经》不书者，郑本为楚以其君之故，亲集矢于目，是以与楚而不贰也。弃中国，从蛮夷，不能以大义裁之，惟私欲之从，则郑无可救之善，楚不得有能救之名，

《经》所以削之，不言“救”也。

秋，楚公子壬夫帅师侵宋。

九月辛酉，天王崩。

邾子来朝。

冬，卫侯使公孙剽来聘。晋侯使荀罃来聘。

简王崩，赴告已及，藏在诸侯之策矣，则宜以所闻先后而奔丧。今邾子方来修朝礼，卫侯、晋侯方来修聘事，于王丧若越人视秦人之肥瘠，曾不与焉，而《左氏》以为礼。此何礼乎？滕定公薨，世子定为三年丧，父兄百官皆不欲，曰：“吾宗国鲁先君莫之行也。”丧纪益废，民习于耳目而不察，故后世以日易月，人子安而行之，不知《春秋》之义，无君臣之礼，岂不惜哉！

二年。春，王正月，葬简王。

郑师伐宋。

夏，五月庚寅，夫人姜氏薨。

六月庚辰，郑伯睔卒。

晋师、宋师、卫宁殖侵郑。

秋，七月，仲孙蔑会晋荀罃、宋华元、卫孙林父、曹人、邾人于戚。

己丑，葬我小君齐姜。

叔孙豹如宋。

冬，仲孙蔑会晋荀罃、齐崔杼、宋华元、卫孙林父、曹人、邾人、滕人、薛人、小邾人于戚，遂城虎牢。

“虎牢”，郑地，故称制邑，至汉为成皋，今为汜水县。岩险闻于天下，犹虞之下阳、赵之上党、魏之安邑、燕之榆关、吴之西陵、蜀之汉乐。地有所必据，城有所必守，而不可以弃焉者也。有是险而不能守，故不系于郑。然则据地设险，亦所贵乎？天险不可升也，地险山川丘陵也。王公设险以守其国，大《易》之训也；城郭沟池以为固，六君子之所谨也；凿斯池，筑斯城，与民同守，孟子之所以语滕君也。夫狡焉思启封疆，而争地以战，杀人盈野；争城以战，杀人盈城者，固非《春秋》之所贵。守天子之土，继先君之世，不能设险守国，将至于迁溃灭亡，亦非圣人之所与。故“城虎牢”而不系于郑，程氏以为责郑之不能有也。其圣人以待衰世之意，小康之事耶！

楚杀其大夫公子申。

三年。春，楚公子婴齐帅师伐吴。

公如晋。

夏，四月壬戌，公及晋侯盟于长樗。

公至自晋。

六月，公会单子、晋侯、宋公、卫侯、郑伯、莒子、邾子、齐世子光。己未，同盟于鸡泽。

“同盟”，或以为有三例：一则王臣预盟而书“同”，二则诸侯同欲而书“同”，三则恶其反复而书“同”。夫恶其反复与诸侯同欲而书“同”，信矣。王臣预盟而书“同”，义则未安。盟于女栗，及苏子也，而不书“同”；盟于洮、于翟泉，会王人也，而不书“同”。然则，此三盟者，正所谓诸侯同欲而书“同盟”也。其同欲，奈何？同病楚也。会于柯陵之岁，夏伐郑，楚人师于首止而诸侯还；冬伐郑，楚人师于汝上而诸侯还；鸡泽之盟，陈袁侨如会，楚师在繁阳而韩献子惧；平丘之行，楚弃疾立，复封陈、蔡而中国恐。是知此三盟者，诸侯皆有戒心而修盟，故称“同”，不以尹子、单子、刘子亦预此盟而讥之也。夫王臣将命，必惇信明义而后可以表正乎天下；诸侯守邦，必尊主奉法而后可以保其社稷。今王臣下与诸侯约誓，诸侯亦敢上与王臣要言，斯大乱之道也，则亦不待书“同盟”而罪自见矣。

陈侯使袁侨如会。

戊寅，叔孙豹及诸侯之大夫，及陈袁侨盟。

秋，公至自会。

冬，晋荀罃帅师伐许。

四年。春，王三月己酉，陈侯午卒。

“午”者，襄公名也。孔子作《春秋》，在哀公之世。襄公，哀公之皇考也，曷不讳乎？古者，死而无谥，不以名为讳；周人以谥易名，于是乎有讳礼。故孟子曰：“讳名不讳姓。姓所同也，名所独也。”然礼律所载，则有不讳者。夫子兼帝王之道，参文质之中，而作《春秋》，以法万世，如公薨不地、灭国书“取”、出奔称“逊”之类，所以放其文也；庄公名同而书“同盟”，僖公名申而书“戊申”，定公名宋而书“宋人”之类，所以从其质也。后世不明此义，则有以讳易人之名者，又有以讳易人之姓者。《诗》《书》则讳，临文则讳，嫌名则讳，二名则偏讳。愚者违礼以为孝，谄者献佞以为忠，忌讳繁，名实乱，而《春秋》之法不行矣。

夏，叔孙豹如晋。

秋，七月戊子，夫人姒氏薨。

葬陈成公。

八月辛亥，葬我小君定姒。

冬，公如晋。

陈人围顿。

五年。春，公至自晋。

夏，郑伯使公子发来聘。

叔孙豹、鄫世子巫如晋。

仲孙蔑、卫孙林父会吴于善道。

秋，大雩。

楚杀其大夫公子壬夫。

公会晋侯、宋公、陈侯、卫侯、郑伯、曹伯、莒子、邾子、滕子、薛伯、齐世子光、吴人、鄫人于戚。

吴何以称“人”？按，《左氏》：“吴子使寿越如晋，请听诸侯之好，晋人将为之合诸侯，使鲁、卫大夫会吴于善道，且告会期。”然则，戚之事，乃吴人来会，不为主也。来会诸侯而不为主，则进而称“人”。诸侯往与之会而主吴，则贬而称国。圣人之情见矣，《春秋》之义明矣。

公至自会。

冬，戍陈。

楚公子贞帅师伐陈。

公会晋侯、宋公、卫侯、郑伯、曹伯、齐世子光救陈。

十有二月，公至自救陈。

辛未，季孙行父卒。

六年。春，王三月壬午，杞伯姑容卒。

夏，宋华弱来奔。

秋，葬杞桓公。

滕子来朝。

莒人灭鄫。

《穀梁子》曰："莒人灭鄫，非灭也，立异姓以莅祭祀，灭亡之道也。"《公羊》亦云："莒女有为鄫夫人者，盖欲立其出也。"或曰："鄫取莒公子为后，罪在鄫子，不在莒人，《春秋》应以梁亡之例而书'鄫亡'，不当但责莒人也。今直罪莒舍鄫，何哉？"曰："莒人之以其子为鄫后，与黄歇进李园之妹于楚王，吕不韦献邯郸之姬于秦公子，其事虽殊，其欲灭人之祀而有其国，则一也。《春秋》所以释鄫而罪莒欤，以此防民，犹有以韩谧为世嗣，昏乱纪度如郭氏者。"

冬，叔孙豹如邾。季孙宿如晋。

十有二月，齐侯灭莱。

七年。春，郯子来朝。

夏，四月，三卜郊，不从，乃免牲。

小邾子来朝。

城费。

"费"，季氏邑也。按，《左氏》："南遗为费宰，叔仲昭伯为隧正，欲善季氏而求媚于南遗。谓遗：'请城费，吾多与而役。'故季氏城费。"夫文子相三君，无衣帛之妾，无食粟之马，无藏金玉，无重器备，则固忠于公室，而不顾其所食之私邑也。及行父卒，宿之不忠，遂专鲁国之政，群小媚之，无故劳民，妄兴是役。季氏益张，其后孔子行乎季孙，三月不违，至于帅师堕费，其越礼不度可知矣。然则，书“城费”，乃“履霜坚冰”之戒，强私家弱公室之萌，据事直书而义自见矣。用人不惟其贤，惟其世，岂不殆哉！

秋，季孙宿如卫。

八月，螽。

冬，十月，卫侯使孙林父来聘。壬戌，及孙林父盟。

楚公子贞帅师围陈。

十有二月，公会晋侯、宋公、陈侯、卫侯、曹伯、莒子、邾子于鄬。郑伯髡顽如会，未见诸侯。丙戌，卒于鄵。

按，郑僖公，三《传》皆以为“弑”，而《春秋》书“卒”者。《左氏》则曰“以疟疾赴” 也，《公羊》则曰“为中国讳也”，《榖梁》则曰“不使夷狄之民加乎中国之君也”。夫弑而可以伪赴，又顺其欲而不彰，则乱臣贼子免于见讨，而《春秋》非传信之书矣。然则，弑而书“卒”，二《传》以为“为中国讳”“不使夷狄之民加中国之君”，疑得圣人之意，顾习其说者，未之察尔。夫弑君之贼，其恶不待贬绝而自见矣，见弑者，岂无不善之积以及其身者乎？卫桓则以嫡母无宠，宋殇则以亟战疲民，齐襄则以行同鸟兽，郑夷则以侮慢大臣，蔡固则以淫而不父，陈平国则以杀谏臣而通于夏氏，楚虔则以多行无礼，奚齐则以嬖孽而国人不之君，吴馀祭则以轻近刑人，而晋州蒲欲尽去群大夫而立其左右也，若夫郑僖公，则异于是矣。中国者，礼义之所出也；夷狄者，禽兽之与邻也。僖公欲从诸侯会于鄬，则是贵礼义，为中国之君也；诸大夫欲背诸夏与荆楚，则是近禽兽，为夷狄之民也。以中国之君而见弑于夷狄之民，岂有不善之积以及其身者乎？圣人至是，伤之甚，惧之甚，故变文而书曰："郑伯髡顽如会，未见诸侯。丙戌，卒于鄵。""未见诸侯"，其曰"如会"何？致其志也。诸侯卒于境内，不地。"鄵"，郑邑也，其曰"卒于鄵"，见其弑而隐之也。卒郑伯，逃归陈侯，圣人之旨微，而《公》《穀》之义精矣，存天理、抑人欲之意远矣。

陈侯逃归。

《穀梁子》曰："逃义曰逃。""逃"者，匹夫之事。上二年诸侯戍陈，今楚令尹来伐，诸侯又救之，亦既勤矣。为陈侯计者，下令国中，大申儆备，立太子以固守，亲听命于诸侯，谋御敌之策。当是时，晋君方明，八卿和睦，诸侯听命，必能致力于陈矣。不此之顾，弃仪卫而逃归，此匹夫之事耳。夫义，路也；礼，门也。轻弃中国，惟蛮夷之惧，是不能由是路出入是门，故书"逃归"以罪之，可谓深切著明矣。

八年。春，王正月，公如晋。

夏，葬郑僖公。

郑人侵蔡，获蔡公子燮。

季孙宿会晋侯、郑伯、齐人、宋人、卫人、邾人于邢丘。

苏辙曰："晋悼公修文、襄之业，改命朝聘之数，使诸侯之大夫听命于会。大夫称'人'，众辞也；朝聘之节，俭而有礼，众之所安也。"臣则以为大夫称"人"，贬之也。昔周公戒成王，以"继自今我其立政立事"，夫不自为政，而委于臣下，是以国之利器示人而不知宝也。朝聘，事之大者，重烦诸侯而使大夫听命，无乃以姑息爱人而不由德乎？使政在大夫而诸侯失国，又岂所以爱之也？后此八年，溴梁之会，悼公初没，诸侯皆在，而大夫独盟，君若赘旒，夫岂一朝一夕之故哉？故邢丘之事，鲁公在晋，而季孙宿会，见鲁之失政也。诸侯之大夫，贬而称“人”，谨其始也。

公至自晋。

莒人伐我东鄙。

秋，九月，大雩。

冬，楚公子贞帅师伐郑。

齐宣王问于孟子：“交邻国有道乎？”孟子曰：“有。惟智者为能以小事大，故大王事獯鬻，句践事吴。以小事大，畏天者也。畏天者，保其国。”郑介大国之间，困强楚之令，而欲息肩于晋，若能信任仁贤，明其刑政，经画财赋，以礼法自守，而亲比四邻，必能保其封境。荆楚虽大，何畏焉？而子耳、子国加兵于蔡，获公子燮，无故怒楚，所谓“不修文德而有武功”者也。楚人来讨，不从则力不能敌，从之则晋师必至，故国人皆喜，而子产独不顺焉。以晋、楚之争郑，自兹弗得宁矣，是以获公子燮，特书“侵蔡”以罪之。而公子贞来伐，郑及楚平，不复书矣。平而不书，以见郑之屈服于楚而不信也。牺牲玉帛，待于境上，以待强者而请盟，其能国乎？

晋侯使士匄来聘。

九年。春，宋灾。

夏，季孙宿如晋。

五月辛酉，夫人姜氏薨。

秋，八月癸未，葬我小君穆姜。

冬，公会晋侯、宋公、卫侯、曹伯、莒子、邾子、滕子、薛伯、杞伯、小邾子、齐世子光伐郑。

十有二月己亥，同盟于戏。

郑之见伐于楚，子驷欲从楚，子展曰："小国无信，兵乱日至，亡无日矣。请完守以老楚，仗信以待晋。"其策未为失也。而子驷遂及楚盟，于是晋师至矣。诸侯伐郑，晋人令于列国，修器备，盛糇粮，归老幼，居疾于虎牢，肆眚围郑。郑人恐，乃行成。荀偃曰："遂围之，以待楚人之救而与之战；不然，无成。"知罃曰："许之盟而还师，以敝楚，吾三分四军，与诸侯之锐，以逆来者，于我未病。楚不能矣，犹愈于战。暴骨以逞，不可以争，大劳未艾，君子劳心，小人劳力，先王之制也。"乃许郑成，同盟于戏。夫善为国者不师，善师者不阵，善阵者不战。知武子明于善阵之法，以佐晋悼公，屡与诸侯伐郑，楚辄救之，而不与之战，楚师遂屈，得善胜之道矣。故下书"萧鱼之会"，以美之。

楚子伐郑。

十年。春，公会晋侯、宋公、卫侯、曹伯、莒子、邾子、滕子、薛伯、杞伯、小邾子、齐世子光会吴于柤。

夏，五月甲午，遂灭偪阳。

公至自会。

楚公子贞、郑公孙辄帅师伐宋。

晋师伐秦。

秋，莒人伐我东鄙。

公会晋侯、宋公、卫侯、曹伯、莒子、邾子、齐世子光、滕子、薛伯、杞伯、小邾子伐郑。

冬，盗杀郑公子騑、公子发、公孙辄。

按，《左氏》："郑公子騑当国，发为司马，辄为司空，騑与尉止有争，及为田洫，司氏、堵氏、侯氏、子师氏皆丧田，故五族聚群不逞之徒以作乱，入西宫，杀三卿于朝。"不称"大夫"，程氏以为"失卿职也"。卿大夫者，国君之陪贰，政之本也。本强则精神折冲，闻有偃息谈笑而却敌国之兵，胜千里之难者矣。乃至于身不能保，而盗得杀之于朝，安在其为陪贰乎？故削其大夫，为当官失职者之鉴也。

戍郑虎牢。楚公子贞帅师救郑。

虎牢之地，城不系郑者，责在郑也；戍而系郑者，罪诸侯也。曷为责郑？设险所以守国，有是险而不能设，牺牲玉帛，待盟境上，使其民人不享土利，辛苦垫隘，无所底告，然后请成，故城不系郑者，责其不能有也。曷为罪诸侯？夫郑人从楚，固云不义，然中国所以城之者，非欲断荆楚之路，为郑蔽也，驻师厄险以逼之尔。至是，伐而复戍焉，犹前志也，则可谓以义服之乎！故戍而系郑者，若曰郑国分地，受诸天子，非列国所得专，所以罪诸侯也。圣人既以虎牢还系于郑，又书"楚公子贞帅师救郑"，诸侯之罪益明矣。夫以"救"许楚，所以深罪诸侯不能保郑，肆其陵逼，曾荆楚之不若也，亦可谓深切著明也哉！

公至自伐郑。

十有一年。春，王正月，作三军。

“三军”，鲁之旧也。古者，大国三军，次国二军，小国一军。鲁侯封于曲阜，地方数百里，天下莫强焉。及僖公时，能复周公之宇，而史克作《颂》，其诗曰“公车千乘”，说者以为大国之赋也；又曰“公徒三万”，说者以为大国之军也。故知三军，鲁之旧尔。然车而谓之“公车”，则臣下无私乘也；徒而谓之“公徒”，则臣下无私民也。若有侵伐，诸卿更帅以出，事毕则将归于朝，车复于甸，甲散于丘，卒还于邑，将皆公家之臣，兵皆公家之众，不相系也。文、宣以来，政在私门，襄公幼弱，季氏益张，废公室之三军，而三家各有其一，季氏尽征焉，而旧法亡矣，是以谓之“作”。其明年，季孙宿救台遂入郓；又其后享范献子，而公臣不能具三耦，民不属公可知矣。《春秋》书其“作”“舍”，以见昭公失国，定公无正，而兵权不可去公室，有天下国家者之所宜鉴也。

夏，四月，四卜郊，不从，乃不郊。

郑公孙舍之帅师侵宋。

公会晋侯、宋公、卫侯、曹伯、齐世子光、莒子、邾子、滕子、薛伯、杞伯、小邾子伐郑。

秋，七月己未，同盟于亳城北。公至自伐郑。楚子、郑伯伐宋。

“盟于亳城北”，郑服而同盟也。寻复从楚伐宋，故书“同盟”，见其既同而又叛也。既同而又叛，从子展之谋，欲致晋师而后与之也，故亳之盟，其载书曰：“或间兹命，明神殛之，俾失其民，队命亡氏，踣其国家。”虽渝此盟而不顾也。噫！慢鬼神至于此极，而盟犹足恃乎？

公会晋侯、宋公、卫侯、曹伯、齐世子光、莒子、邾子、滕子、薛伯、杞伯、小邾子伐郑，会于萧鱼。

程氏曰：“‘会于萧鱼’，郑又服而请会也，不书郑会，谓其不可信也。而晋悼公推至诚以待人，信郑不疑，礼其囚而归焉。纳斥侯，禁侵掠，遣叔肸告于诸侯，而郑自此不复背晋者二十四年。至哉！诚之能感人也。”自悼公能谋于魏绛以息民，听于知武子而不与楚战，故三驾而楚不能与之争，虽城濮之绩，不越是矣。

公至自会。

楚人执郑行人良霄。

冬，秦人伐晋。

卷二十二

襄公中

十有二年。春，王三月，莒人伐我东鄙，围台。季孙宿帅师救台，遂入郓。

“郓”，莒邑也。“遂”者，生事也。“入”者，逆词也。大夫无遂事，受命而“救台”，不受命而“入郓”，恶季孙宿之擅权，使公不得有为于其国也。或曰：“古者，命将得专制阃外之事，有可以安国家、利社稷者，专之可也。”曰：“此为境外言之也。台在邦域之中而专行之，非有无君之心者，不敢为也。昭公逐，定无正，夫岂一朝一夕之故哉？其所由来者渐矣。”

夏，晋侯使士鲂来聘。

秋，九月，吴子乘卒。

冬，楚公子贞帅师侵宋。

公如晋。

十有三年。春，公至自晋。

夏，取邿。

秋，九月庚辰，楚子审卒。

冬，城防。

十有四年。春，王正月，季孙宿、叔老会晋士匄、齐人、宋人、卫人、郑公孙虿、曹人、莒人、邾人、滕人、薛人、杞人、小邾人会吴于向。

使举上客而叔老并书者，以内卿行，则不得不书矣。季孙宿以卿为介而不使之免，叔老介于宿而不敢避，盖两失之。虽晋人轻其币而敬其使，于君命使人之体，岂为得哉？

二月乙未，朔，日有食之。

夏，四月，叔孙豹会晋荀偃、齐人、宋人、卫北宫括、郑公孙虿、曹人、莒人、邾人、滕人、薛人、杞人、小邾人伐秦。

己未，卫侯出奔齐。

按，《左氏》："卫宁殖将死，语其子曰：'吾得罪于君，名在诸侯之策。曰：孙林父、宁殖出其君。'"。夫所谓"诸侯之策"，则列国之史也。诸侯则若晋、若鲁是也，史则若晋之《乘》、鲁之《春秋》是也。今《春秋》书"卫侯出奔齐"，而不曰"孙林父、宁殖出其君"者，盖仲尼笔削，不因旧史之文也。欲知《经》之大义，深考旧文笔削之不同，其得之矣。或曰："孙、宁出君，众所同疾，史策书之，是也，圣人曷为掩奸藏恶，不暴其罪，而以归咎人主，何哉？"曰："臣而逐君，其罪已明矣。人君擅一国之名宠，神之主而民之望也，爱之如父母，仰之如日月，敬之如神明，畏之如雷霆，何可出也？所为见逐，无乃肆于民上，纵其淫虐，以弃天地之性乎！故卫衎出奔，使祝宗告亡，且告无罪，而定姜曰：'有罪，若何告无？'《春秋》，端本清源之书，故不书所逐之臣，而以自奔为名，所以警乎人君者，为后世鉴。非圣人莫能修之，为此类也。”

莒人侵我东鄙。

秋，楚公子贞帅师伐吴。

冬，季孙宿会晋士匄、宋华阅、卫孙林父、郑公孙虿、莒人、邾人于戚。

十有五年。春，宋公使向戌来聘。二月己亥，及向戌盟于刘。

刘夏逆王后于齐。

刘夏何以不称使？不与天子之使夏也。昏姻，人伦之本；王后，天下之母。刘夏，士也。士而逆后，是不重人伦之本，而轻天下之母矣。然则何使？卿往逆，公监之，礼也。官师从单靖公逆王后于齐，书“刘夏”而不书“靖公”，是知卿往逆，公监之，礼也。《春秋》，昏姻得礼者，常事不书。

夏，齐侯伐我北鄙，围成。公救成，至遇。

季孙宿、叔孙豹帅师城成郛。

秋，八月丁巳，日有食之。

邾人伐我南鄙。

冬，十有一月癸亥，晋侯周卒。

十有六年。春，王正月，葬晋悼公。

三月，公会晋侯、宋公、卫侯、郑伯、曹伯、莒子、邾子、薛伯、杞伯、小邾子于溴梁。戊寅，大夫盟。

牡丘之会，诸侯既次于匡，则书曰“公孙敖帅师及诸侯之大夫救徐”；鸡泽之会，诸侯既盟，而陈侯使袁侨如会，则书曰“叔孙豹及诸侯之大夫及陈袁侨盟”。今溴梁之会，诸侯皆在是，若欲使大夫盟者，则书“鲁卿及诸侯之大夫盟”可也，而独书“大夫”，何也？诸侯失政，大夫皆不臣也。上二年春正月会于向，十有四国之大夫也；夏四月会伐秦，十有三国之大夫也；冬会于戚，七国之大夫也。此三会，皆国之大事也，而使大夫皆专之，而诸侯皆不与焉，是列国之君不自为政，弗躬弗亲，礼乐征伐已自大夫出矣。况悼公既没，晋平初立，无先公之明也。君若赘旒而大夫张，亦宜矣，夫岂一朝一夕之故哉？善恶积于至微而不可掩，常情忽于未兆而不预谋，荀偃怒，大夫盟，而晋靖公废，赵籍、韩虔、魏斯为诸侯之势，见矣。有国者谨于礼而不敢忽，此《春秋》以待后世之意也。

晋人执莒子、邾子以归。

齐侯伐我北鄙。

夏，公至自会。

五月甲子，地震。

叔老会郑伯、晋荀偃、卫宁殖、宋人伐许。

秋，齐侯伐我北鄙，围成。

大雩。

冬，叔孙豹如晋。

十有七年。春，王二月庚午，邾子牼卒。

宋人伐陈。

夏，卫石买帅师伐曹。

秋，齐侯伐我北鄙，围桃。高厚帅师伐我北鄙，围防。

九月，大雩。

宋华臣出奔陈。

冬，邾人伐我南鄙。

十有八年。春，白狄来。

刘敞曰："夷狄于中国，无事焉，其于天子世一见，则诸侯虽善其交际，不得而通也，是以《春秋》亦不与其朝；不与其朝者，惩淫慝，一内外也。周公致太平，越裳氏重九译而献其白雉，公曰：'君子德不及焉，不享其贽。'此乃天子而让也，况列国之君乎，守藩之臣乎？"

夏，晋人执卫行人石买。

秋，齐师伐我北鄙。

冬，十月，公会晋侯、宋公、卫侯、郑伯、曹伯、莒子、邾子、滕子、薛伯、杞伯、小邾于同围齐。

凡侵、伐、围、入，未有书"同"者，而独于此书"同围齐"，何也？齐环背盟弃好，陵虐神主，肆其暴横，数伐邻国，观加兵于鲁，则可见矣。诸侯所共恶疾，故同心而围之也。同心围齐，其以伐致，何也？见齐环无道，宜得恶疾。大诸侯之伐，而免其围齐之罪辞也。《春秋》于此有沮横逆、抑强暴之意。孟子曰"国必自伐，而后人伐之"，"自作孽，不可逭"，其齐侯环之谓矣，尚谁怼哉？

曹伯负刍卒于师。

楚公子午帅师伐郑。

十有九年。春，王正月，诸侯盟于祝柯。

晋人执邾子。

公至自伐齐。

取邾田，自漷水。

季孙宿如晋。

葬曹成公。

夏，卫孙林父帅师伐齐。

秋，七月辛卯，齐侯环卒。

晋士匄帅师侵齐，至穀，闻齐侯卒，乃还。

“穀”，齐地也。“还”者，终事之词。古之为师，不伐丧，大夫以君命出境，有可以安国家、利社稷者，则专之可也。世衰道微，暴行交作，利人之难，以成其私欲者，众矣。士匄乃有恻隐之心，闻齐侯卒而还，不亦善乎！或曰“君不尸小事，臣不专大名，为士匄者，宜墠帷而归命乎介”，则非矣。使士匄未出晋境，如是焉可也。已至齐地，则进退在士匄矣，犹欲“墠帷而归命乎介”则非。古者，命将不从中覆，专制境外之意，而况丧必不可伐，非进退可疑而待请者。故“至穀，闻齐侯卒，乃还”，善之也。

八月丙辰，仲孙蔑卒。

齐杀其大夫高厚。

郑杀其大夫公子嘉。

按，《左氏》：“初，盗杀郑三卿于西宫之朝，公子嘉知而不言，既又欲起楚师以去诸大夫，故楚人伐郑，至于纯门而返。至是，嘉之为政也专，国人患之，乃讨西宫之难与纯门之师，子展、子西率国人杀嘉而分其室。”不称“郑人”者，嘉则有罪矣。而子展、子西不能正以王法，肆诸市朝，与众同弃，乃利其室而分之，有私意焉，故称国以杀而不去其官，此《春秋》原情定罪之意。

冬，葬齐灵公。

城西郛。

叔孙豹会晋士匄于柯。

城武城。

二十年。春，王正月辛亥，仲孙速会莒人盟于向。

夏，六月庚申，公会晋侯、齐侯、宋公、卫侯、郑伯、曹伯、莒子、邾子、滕子、薛伯、杞伯、小邾子盟于澶渊。

秋，公至自会。

仲孙速帅师伐邾。

蔡杀其大夫公子燮。蔡公子履出奔楚。

按，《左氏》："初，蔡文侯欲事晋，曰：'先君与于践土之盟，晋不可弃，且兄弟也。'畏楚，不能行而卒。楚人使蔡无常，公子燮求从先君以利蔡。"谋国之合于义者也，国人乃不顺焉而杀燮，此何罪矣？故称国而不去其官。公子履，其母弟也。进不能正国，退不能远害，惧祸而奔，从于夷狄。书者，罪之也。

陈侯之弟黄出奔楚。

叔老如齐。

冬，十月丙辰，朔，日有食之。

季孙宿如宋。

二十有一年。春，王正月，公如晋。

邾庶其以漆、闾丘来奔。

庶其，邾大夫也。《春秋》，小国之大夫，不书其姓氏，微也。其以事接我，则书其姓氏，谨之也。莒庆以大夫即鲁而图婚，接我不以礼者也；邾庶其以地叛其君而来奔，接我不以义者也。以欲败礼，则身必危；以利弃义，则国必乱。《春秋》，礼义之大宗。故小国之大夫，接我以利欲，则特书其姓氏，谨之也。漆一邑，闾丘一邑，而不言“及”者，庶其之私邑，所受于君而食之者也，此叛臣何以不书“叛”？书名、书地，而窃邑叛君之罪见矣。夫弃夷狄从诸夏，其慕义之心疑可与也。然有据城以求援者，君子犹以为不可受，而况邻国乎？书“来奔”，而鲁受叛臣、纳其地之罪，亦见矣。

夏，公至自晋。

秋，晋栾盈出奔楚。

九月庚戌，朔，日有食之。

冬，十月庚辰，朔，日有食之。

曹伯来朝。

公会晋侯、齐侯、宋公、卫侯、郑伯、曹伯、莒子、邾子于商任。

二十有二年。春，王正月，公至自会。

夏，四月。

秋，七月辛酉，叔老卒。

冬，公会晋侯、齐侯、宋公、卫侯、郑伯、曹伯、莒子、邾子、薛伯、杞伯、小邾子于沙随。

按，《左氏》：“会于商任，锢栾氏也；会于沙随，复锢栾氏也。”古者，大夫去国，君不扫其社稷，不系累其子弟，不收其田邑，使人导之出疆，又先之于其所往，敕五典，厚人伦也。今晋不念栾氏世勋而逐盈，又将搏执之，而命诸侯无得纳焉，则亦过也。楚逐申公巫臣，子反请以重币锢之，楚子曰：“止。彼若能利国家，虽重币，晋将可乎？若无益于晋，晋将弃之，何劳锢焉？”其贤于商任、沙随之谋，远矣。

公至自会。

楚杀其大夫公子追舒。

二十有三年。春，王二月癸酉，朔，日有食之。

三月己巳，杞伯匄卒。

夏，邾畀我来奔。

葬杞孝公。

陈杀其大夫庆虎及庆寅。

按，《左氏》：“庆虎无道，求专陈国，暴蔑其君，畏公子黄之逼，而诉诸楚，曰：‘与蔡司马同谋。’楚人以为讨，公子黄奔楚诉之，二庆以陈叛，楚屈建围陈，杀二庆。”夫人君擅一国之利势，使其臣暴蔑其身而不能远，欲去其亲而不能保，谮诉之于大国而不能辨，至因夷狄之力，然后能克，则非君人之道也。故二庆之死，称国以杀；公子黄之出，特以“弟”书者，讥归陈侯也。凡此，皆《春秋》端本之意。

陈侯之弟黄自楚归于陈。

晋栾盈复入于晋，入于曲沃。

栾氏，晋室之世臣，故盈虽出奔，犹系于晋。“复入”者，甚逆之词，为其既绝而复入也。“曲沃”者，所食之地。当是时，权宠之臣各以利诱其下，使为之用，至于杀身而不避，莫知有君臣之分者也。故闻语栾孺子者，则或泣或叹，以为得主而为之死，犹不死也。盈从之，遂入绛，乘公门。若非天弃栾氏，又有范鞅之谋，晋亦殆矣。原其失在于锢之甚急，使无所容于天地之间，是以至此极。《春秋》备书之，以见人而不仁，疾之已甚，乱也。其为后世鉴，岂不深切著明也哉！

秋，齐侯伐卫，遂伐晋。

八月，叔孙豹帅师救晋，次于雍榆。

己卯，仲孙速卒。

冬，十月乙亥，臧孙纥出奔邾。

晋人杀栾盈。

齐侯袭莒。

二十有四年。春，叔孙豹如晋。

仲孙羯帅师侵齐。

夏，楚子伐吴。秋，七月甲子，朔，日有食之，既。

齐崔杼帅师伐莒。

大水。

八月癸巳，朔，日有食之。

公会晋侯、宋公、卫侯、郑伯、曹伯、莒子、邾子、滕子、薛伯、杞伯、小邾子于夷仪。

冬，楚子、蔡侯、陈侯、许男伐郑。

公至自会。

陈鍼宜咎出奔楚。

叔孙豹如京师。

大饥。

古者救灾之政，若国凶荒，或发廪以赈乏，或移粟以通用，或徙民以就食，或为粥溢以救饿莩，或兴工作以聚失业之人。缓刑舍禁，弛力薄征，索鬼神，除盗贼，弛射侯而不燕，置廷道而不修，杀礼物而不备，虽有旱干水溢，民无菜色，所以备之者，如此其至。是年，秋有阴沴之灾，而冬大饥，盖所以赈业之者有不备矣，故书之以为戒。

二十有五年。春，齐崔杼帅师伐我北鄙。

夏，五月乙亥，齐崔杼弑其君光。

齐庄公见弑，贾举、州绰等十人皆死之，而不得以死节称，何也？所谓死节者，以义事君，责难陈善，有所从违而不苟者是也。虽在属车后乘，必不肯同入崔氏之宫矣。若此十人者，独以勇力闻，皆逢君之恶，从于昏乱，而庄公嬖之者，死非其所，比诸匹夫匹妇自经于沟渎而莫之知者，犹不逮也！晏平仲曰：“君民者，岂以陵民？社稷是主；臣君者，岂为其口实？社稷是养。故君为社稷死则死之，为社稷亡则亡之。若为己死，而为己亡，非其私昵，谁敢任之？”此十人者，真其私昵，任此宜矣，虽杀身不偿责，安得以死节许之哉？

公会晋侯、宋公、卫侯、郑伯、曹伯、莒子、邾子、滕子、薛伯、杞伯、小邾子于夷仪。

诸侯会于夷仪，将以讨齐。齐使隰鉏请成，庆封如师，男女以班，赂晋侯以宗器、乐器，自六正、五吏、三十帅、三军之大夫、百官之正长、师旅及处守者，皆有赂。晋侯许之。夫晋，本为报朝歌之役来讨，及会夷仪，既闻崔杼之弑，则宜下令三军，建而复旆，声于齐人，问庄公之故，执崔杼以戮之，谋于齐众，置君以定其国，示天讨之义，则方伯连帅之职修矣。今乃知贼不讨，而受其赂，则是与之同情也，故《春秋》治之，如下文所贬云。

六月壬子，郑公孙舍之帅师入陈。

秋，八月己巳，诸侯同盟于重丘。

崔杼既弑其君矣，晋侯受其赂而许之成，故盟于重丘，特书曰“同”。

公至自会。

卫侯入于夷仪。

郑伯突入于栎，卫侯入于夷仪，其入则一。或名或不名者，郑伯夺正以立，而国人君之，诸侯助之，不知其义不可以有国也，故特书其名，著王法以绝之。卫侯蔑其冢卿，失国出奔，固不为无罪矣，然有世叔仪以守，有母弟鱄以出，或抚其内，或营其外，有归道焉，则其义犹未绝也，故止书其爵而不名。及宁喜弑剽，复归于卫，然后书名，此圣人俟其改过迁善，不轻绝人之意。曾子曰：“夫子之道，忠恕而已。”此类是也。

楚屈建帅师灭舒鸠。

冬，郑公孙夏帅师伐陈。

十有二月，吴子遏伐楚，门于巢，卒。

“巢”，南国也。其言“门于巢，卒”者，吴子将伐楚，引师至巢，入其门，巢人射诸城上，矢中吴子而卒，非吴子之自轻而见杀也。古者，入境必假道，过门必释甲，入国则不驰。或曰：“古者，大国过小邑，小邑必饰城而请罪，亦非巢之轻以一矢相加，不饰城而请罪也。”

二十有六年。春，王二月辛卯，卫宁喜弑其君剽。

喜尝受命于其父，使纳献公以免逐君之恶。卫侯出入皆以爵称，于义未绝，而剽以公孙非次而立，又未有说焉，则喜之罪应末减矣，亦以“弑其君”书，何也？弈者举棋不定，不胜其耦，况置君乎？于衎，则殖也出之，喜也纳之；于剽，则殖也立之，喜也弑之，是弈棋之不若也，不思其终，亦甚矣。故圣人特正其为弑君之罪，示天下后世，使知慎于废立之际而不敢忽也。霍光以大义废昌邑，立宣帝，犹有言其罪者，而朝廷加肃，况私意邪？范粲、桓彝之徒，杀身不顾，君子所以深取之者，知《春秋》之旨矣。

卫孙林父入于戚以叛。甲午，卫侯衎复归于卫。

按，《左氏》：“孙林父以戚如晋，书曰‘入于戚以叛’者，著其据土背君之罪也。臣之禄，君实有焉。专禄以周旋，戮也。”卫侯出奔齐，入于夷仪，皆以爵称。今既复归而得国矣，乃书其名，何也？人之有德慧术知者，常存乎疢疾。卫侯淹恤在外十有二年，困于心，衡于虑，久矣。此生于忧患之时，而一旦得国，失信无刑，犹夫人也，则是困而弗革，虽复得国，犹非其国也。此见《春秋》俟人改过之深，而责人自弃之重，欲其强于为善之意也。

夏，晋侯使荀吴来聘。

公会晋人、郑良霄、宋人、曹人于澶渊。

秋，宋公杀其世子痤。

杀世子母弟直书君者，甚之也。宋寺人伊戾为太子内师，无宠，谮于宋公而杀之。则贼世子痤者，寺人矣，而独甚宋公，何哉？谮言之得行也，必有嬖妾配嫡以惑其心，又有小人欲结内援者以为之助，然后爱恶一移，父子、夫妇之间不能相保者，众矣。尸此者，其谁乎？晋献之杀申生，宋公之杀痤，直称君者，《春秋》正其本之意。

晋人执卫宁喜。

八月壬午，许男宁卒于楚。

冬，楚子、蔡侯、陈侯伐郑。

葬许灵公。

卷二十三

襄公下

二十有七年。春，齐侯使庆封来聘。

夏，叔孙豹会晋赵武、楚屈建、蔡公孙归生、卫石恶、陈孔奂、郑良霄、许人、曹人于宋。

卫杀其大夫宁喜。

宁喜既坐弑君之罪矣，不以讨贼之词，何也？初，卫侯使与喜言："苟反，政由宁氏，祭则寡人。"宁氏纳之。卫侯复国，患宁喜之专也。公孙免余请杀之，曰："微宁子不及此。吾与之言矣。"对曰："臣杀之，君勿与知。"乃攻宁氏，杀喜，尸诸朝。子鲜曰："逐我者出，纳我者死。赏罚无章，何以劝沮？君失其信，而国无刑，不亦难乎！"故称国以杀而不去其官。

卫侯之弟鱄出奔晋。

卫侯之入，使鱄与宁喜约言，既杀宁喜，鱄病失言，遂出奔晋，托于木门，不乡卫国而坐。木门大夫劝之仕，不可，曰："仕而废其事，罪也。从之，昭吾所以出也，吾不可以立于人之朝矣。"终身不仕。其称"弟"，罪卫侯也。《穀梁子》曰：

“专之去，合乎《春秋》。”

秋，七月辛巳，豹及诸侯之大夫盟于宋。

此一地也，曷为再言“宋”？书之重，词之复，其中必有大美恶焉。宋之盟，合左师欲弭诸侯之兵以为名，而楚屈建请晋、楚之从交相见，自是中国诸侯南向而朝楚。及申之会，蛮夷之君，篡弑之贼，大合十有一国之众，而用齐桓召陵之礼。宋左师、郑子产皆献礼焉，宋世子佐以后至，遂辞而不见，伐吴灭赖，无敢违者。圣人至是，哀人伦之灭，伤中国之衰，而其事自宋之盟始也。故会盟同地，而再言“宋”者，贬之也。或者乃以宋之盟，中国不出，夷狄不入，玉帛之使交乎天下，以尊周室，为晋赵武、楚屈建之力而善此盟也。其说误矣。

冬，十有二月乙亥，朔，日有食之。

二十有八年。春，无冰。

夏，卫石恶出奔晋。

邾子来朝。

秋，八月，大雩。

仲孙羯如晋。

冬，齐庆封来奔。

十有一月，公如楚。

十有二月甲寅，天王崩。乙未，楚子昭卒。

“甲寅，天王崩。乙未，楚子昭卒”，相距四十二日，则闰月之验也。然不以“闰”书，见丧服之不数闰也。齐景公葬，书“闰月”，则明杀恩之非礼也。

二十有九年。春，王正月，公在楚。

岁之首月，公在他国者有矣。此独书“公在楚”者，外为夷狄所制，以俟其葬而不得归；内为强臣所逼，欲擅其国而不敢入，故特书所在，以存君也。按，《左氏》：“楚人使公亲襚，夏四月，送楚子葬，至于西门之外；还，及方城，季武子取卞以自封，使公冶告曰：‘闻守卞者将叛，臣帅师徒以讨。’既得之矣，公曰：‘欲而言叛，祇见疏也，吾不可以入矣。’将适诸侯，有赋《式微》者，乃归。”故特于岁首朝正之时，而书曰“公在楚”，使后世臣子戴天履地，视君父之危且困者，必有天威不违颜咫尺，食坐见于羹墙之意，而不以顷刻忘也。此义一行，岂敢有顾其身与妻子与其家而不恤国，朋附权臣以图富贵而背其君者乎？

夏，五月，公至自楚。

庚午，卫侯衎卒。

阍弑吴子馀祭。

《穀梁子》曰：“阍，门者，寺人也。不称名姓，阍不得齐于人；不称其君，阍不得君其君也。礼，君不使无耻，不近刑人，不狎敌，不迩怨。贱人非所贵也，贵人非所刑也，刑人非所近也。举至贱而加之吴子，吴子近刑人也。‘阍弑吴子馀祭’，仇之也。”《左氏》以为“伐越，获俘焉，以为阍，使守舟；吴子观舟，阍以刀弑之”，亦迩怨之失也。

仲孙羯会晋荀盈、齐高止、宋华定、卫世叔仪、郑公孙段、曹人、莒人、滕人、薛人、小邾人城杞。

晋平公，杞出也，故合诸侯之大夫以城杞。古之建国立家者，必亲九族，然有父族而后及母族，有母族而后及妻族，此《葛藟》之诗所为次也。晋主夏盟，令行中国，平公不能修文、襄、悼公之业，尊奖王室，恤宗周之阙，而夏肄是屏，轻弃诸姬，可谓知本乎？平王惟不抚其民，而远屯戍于母家，周人怨思焉，《扬之水》所以降为《国风》，不得列于《雅》也。城杞之役，亦不待贬绝而可见矣。

晋侯使士鞅来聘。

杞子来盟。

吴子使札来聘。

“札”者，吴之公子，何以不称“公子”？贬也。辞国而生乱者，札为之也，故因其来聘而贬之示法焉。按，吴子寿梦有子四人：长曰诸樊，次曰馀祭，次曰夷末，札，其季子也。寿梦贤季札，欲立以为嗣，札辞不可，然后立诸樊。诸樊既除丧，则致国于季子，季子又辞而去之。诸樊乃舍其子而立弟，约以次传，必及季子，故诸樊卒而馀祭立，馀祭卒而夷末立，夷末卒则季子宜受命以安社稷，成父兄之志矣，乃徇匹夫之介节，辞位以逃夷末之子僚。僚既立，诸樊之子光曰：“先君所以不与子国而与弟者，凡为季子尔，将从先君之命欤，则季子宜有国也；如不从先君之命，则我宜立，僚乌得为君？”于是使专诸刺僚，而致国乎季子。季子不受，去之延陵，终身不入吴国。故曰：“季子辞国以生乱，因其来聘而贬之示法焉。”或谓：“子贡问于孔子曰：‘伯夷、叔齐，何人也？’曰：‘古之贤人也。’‘怨乎？’

曰：‘求仁而得仁，又何怨？’子贡以先圣贤夷、齐，知其恶卫辄之争而不为也。季子辞位，独不为贤，而奚贬乎？”曰：“叔齐之德，不越伯夷。孤竹舍长而立幼，私意也。诸樊兄弟父子，无及季札之贤者，其父兄所为眷眷而欲立札，公心也。以其私意，故夷、齐让国为得仁，而先圣之所贤；以其公心，故季子辞位为生乱，而《春秋》之所贬。苟比而同之，过矣。”或曰：“世衰道微，暴行交作，臣篡其君者有之，子篡其父者有之。季子于是焉而辞位，则将使闻其风者，贪夫廉，争夫让，而篡弑夺攘之祸损矣，其于名教岂不有补，何贬之深也？”曰：“《春秋》，达节而不守者也。昔太伯奔吴而不反，季历嗣位而不辞，武王继统受命作周，亦不以配天之业让伯邑考，官天下也。彼王僚，无季历之贤、武王之圣，而季子为太伯之让，岂至德乎？使争弑祸兴，覆师丧国，其谁阶之也？若季子之辞位守节，立名全身，自牧则可矣，概诸圣王之道，则过矣。《中庸》曰：‘道之不明不行也，我知之矣。’季子所谓贤且知，过而不得其中者也，使由于季历、武王之义，其肯附子臧之节而不受乎？惜其择乎中庸，失时措之宜尔，此仲尼所以因其辞国生乱而贬之也。”或曰：“吴子使札与楚子使椒、秦伯使术，一例尔，吴、楚，蛮夷之国，秦介戎狄之间，其礼未同于中夏，故使人之来皆略之，而札何以独为贬乎？”曰：“《春秋》多变例，圣笔有特书。荆楚无大夫而屈完书族，王朝下士以人通而子突书字，诸侯公子以名著而季友书子，母弟之无列者不登其姓名而叔肸书氏，皆贤而特书者也。季札让国，天下贤之，若仲尼亦贤季札，必依此例，或以字，或以氏，或以公子，特书之矣。今乃略以名纪，比于楚椒、秦术之流，无异称焉，是知仲尼不以其让国为贤而贬之也。

噫！世之君子，盛称季札之贤于让国之际，以为礼之大节不可乱也。”“公子喜时，《春秋》犹贤其后世，于季札，则何独贬之深也？”曰：“仲尼于季子望之深矣，责之备矣。惟与天地同德而达乎时中，然后能与于此，非圣人莫能修之，岂不信夫！”

秋，九月，葬卫献公。

齐高止出奔北燕。

冬，仲孙羯如晋。

三十年。春，王正月，楚子使薳罢来聘。

夏，四月，蔡世子般弑其君固。

五月甲午，宋灾。宋伯姬卒。

《穀梁子》曰：“取卒之日，加之灾上者，见以灾卒也。伯姬之舍失火，左右曰：‘夫人少避火乎？’曰：‘妇人之义，傅姆不在，宵不下堂。’遂逮乎火而死。妇人以贞为行者也，伯姬之妇道，尽矣！详其事，贤伯姬也。”《易》曰：“恒其德贞，妇人吉，夫子凶。”而或以为共姬女而不妇，非也。世衰道微，暴行交作，女德不贞，妇道不明，能全其节，守死不回，见于《春秋》者，宋伯姬耳。圣人冠以夫谥，书于《春秋》，曰“葬宋共姬”，以著其贤行，励天下之妇道也。

天王杀其弟佞夫。王子瑕奔晋。

秋，七月，叔弓如宋，葬宋共姬。

郑良霄出奔许，自许入于郑。郑人杀良霄。

按，《左氏》：“良霄汰侈嗜酒，诸大夫皆恶之，而与公孙黑争。黑因其醉伐之，良霄奔许，自许袭郑，以伐公门，弗胜，死于羊肆。”不言“复入”者，其位未绝也，若宋鱼石、晋栾盈去国三年，其称“复入”，位已绝矣。不言“叛”者，将以灭国，非直叛也，若华亥之入南里、宋辰之入萧，其书“叛”者，皆据土背君以自保，未有灭国之谋也。不言杀其大夫者，非其大夫矣，讨贼之词也。

冬，十月，葬蔡景公。晋人、齐人、宋人、卫人、郑人、曹人、莒人、邾人、滕人、薛人、杞人、小邾人会于澶渊，宋灾故。

《春秋》大法，君弑而贼不讨，则不书“葬”，况世子之于君父乎？蔡景公何以独书“葬”？遍刺天下之诸侯也。葬送之礼，在春秋时，视人情之疏密而为之者也。有尝同盟，卒而不赴者；有虽同姓，赴而不会者，则以哀死而致襚为轻，吊生而归赙为重，必矣。今蔡世子般弑其君，藏在诸侯之策，而往会其葬，是恩义情礼之笃于世子般，不以为贼而讨之也。人之所以异于禽兽，中国之所以贵于夷狄，以其有父子之亲、君臣之义尔。世子弑君，是夷狄、禽兽之不若也，而不知讨，岂不废人伦、灭天理乎？故《春秋》大法，君弑，贼不讨，则不书“葬”，而蔡景公特书“葬”者，圣人深痛其所为，遍刺天下之诸侯也。鲁隐、宋殇之贼不讨，则不书“葬”，蔡景公贼亦不讨而特书“葬”，犹闵、僖二公不承国于先君，则不书“即位”，桓、宣篡弑以立而反书之也。何以知圣人罪诸侯之意如此乎？以下文书“会于澶渊，宋灾故”，而贬其大夫，则知之矣。二百四十二年之间，列会亦众，而未有言其所为者，此独言其所为何，遍刺天下之大夫也。大夫，以智帅人者也，智者无不知，当务之为急，不能三年之丧而缌、小功之察，放饭流歠而问无齿决，是之谓不知务。蔡世子般弑其君，天下之大变，人理所不容也，则会其葬而不讨。宋国有灾，小事也，则合十二国之大夫，更宋之所丧而归其财，则可谓知务乎？陈恒弑简公，孔子沐浴而朝，告于哀公，请讨之，公曰："告夫三子者。"子曰："以吾从大夫之后，不敢不告也。"之三子告，不可，子曰："以吾从大夫之后，不敢不告也。"叔孙豹、晋赵武而下，皆诸侯上卿，执国之政者也。三纲，国政之本，至于沦绝，无父与君，是禽兽也。禽兽逼人，虽得天下，弗能一朝处矣。昔者，伯禹过门而不入，放龙蛇也；周公坐而俟旦，驱猛兽也。今世子弑君，三纲沦绝，禽兽逼人，则与之同群而不恤，有国者不戒于火，自亡其财，苟其来告，吊之可也，则合十二国之大夫驻于澶渊，而谋更其所丧，尚为知类也乎？夫蔡之乱，其犹人身有腹心之疾，而宋之灾，譬诸桐梓与鸡犬也。谋宋灾而不恤蔡之乱，奚啻于养桐梓、求鸡犬，不顾其身有腹心危疾而不知疗者哉？以为未之察也，可谓不智。苟察此而不谋，则亦不仁矣。是故诸国之大夫，贬而称"人"，鲁卿讳而不书，又特言会之所为，以垂戒后世，其欲人之自别于禽兽之害也，可谓深切著明矣。或曰："夫穆叔、赵孟、向戌、子皮，皆诸侯之良也，而所谋若是，何也？"世衰道微，邪说交作，以利害谋国家而不知本于仁义也久矣。是以至此极，孔子所为惧，《春秋》所以作乎！

三十有一年。春，王正月。

夏，六月辛巳，公薨于楚宫。

秋，九月癸巳，子野卒。

子般、子赤弑而书“卒”，子野过毁亦书“卒”，何以别乎？曰：“闵公内无所承，不书‘即位’，则子般之弑可知；下书‘夫人姜氏归于齐’，上书‘公子遂、叔孙得臣如齐’，赤之卒也，隐而不日，则子赤之弑可知，与子野异矣。子野有命，立昭公，故穆叔虽不欲而不能止也。”

己亥，仲孙羯卒。

冬，十月，滕子来会葬。

癸酉，葬我君襄公。

十有一月，莒人弑其君密州。

《经》以《传》为案，《传》有乖缪，则信《经》而弃《传》可也，若密州之事，是矣。《左氏》称：“莒子生去疾及展舆，既立展舆，又废之；莒子虐，国人患之，展舆因国人以攻莒子，弑之，乃立。”信斯言，则子弑其父也，而《春秋》有不书乎？故赵匡谓其文当曰：“展舆因国人之攻莒子，弑之，乃立。”而后来传写误为“以”字尔。左氏博通诸史，叙事尤详，能令后人得见本末，因以求意，经文可知，而门弟子转相传受，日月既久，浸失本真。如书晋赵盾、许世子止等事，详考《传》之所载，以求《经》之大义可也，而《传》不可疑；如莒人弑其君密州，独依《经》之所书，以证《传》之谬误可也，而《传》不可信。尽以为可疑而废《传》，则无以知其事之本末；尽以为可信而任《传》，则《经》之弘意大旨或泥而不通矣。要在学者详考而精择之可也。

卷二十四

昭公上

元年。春，王正月，公即位。

叔孙豹会晋赵武、楚公子围、齐国弱、宋向戌、卫齐恶、陈公子招、蔡公孙归生、郑罕虎、许人、曹人于虢。

此陈侯之弟招也，何以不称“弟”？诸侯之尊，弟兄不得以属通，曰“公子”者，其本当称者也；曰“弟”者，因事而特称之也。所以然者，诸侯非始封之君，则臣诸父昆弟，族人不得以其属戚君也。会于虢，寻宋之盟，而《经》何以不书？在宋之盟，楚人先歃，若曰狎主诸侯，则惧晋之先也，故围请读旧书加于牲上，而晋人许之。观其事，虽若楚重得志，晋少懦矣，然《春秋》不贵修盟，晋人以信为本，故每书必先赵武。

三月，取郓。

按，《左氏》：“季孙宿伐莒，取郓，莒人诉于会，楚告晋曰：‘寻盟未退，而鲁伐莒，渎齐盟，请戮其使。’有欲求货于叔孙豹而为之请者，豹弗与，曰：‘诸侯之会，卫社稷也，我以货免，鲁必受师，是祸之也，何卫之为？虽怨季孙，鲁国何罪？’赵孟闻之，请于楚曰：‘鲁虽有罪，其执事不辟难，子若免之，以劝左右可也。莒、鲁争郓，为日久矣，苟无大害于其社稷，可无亢也。’乃免叔孙。”其不曰“伐莒，取郓”者，乘莒乱而取邑，故不悉书，为内讳也。

夏，秦伯之弟鍼出奔晋。

按，《左氏》：“秦后子有宠于桓，如二君于景，其母曰：‘弗去，惧选。’鍼遂出奔。书此见人君宠爱其子，不差以礼，是祸之也。鍼之适晋，其车千乘，司马侯问焉，曰：‘子之车尽于此乎？’对曰：‘此谓多矣。若能少此，吾何以得见？’叔齐曰：‘秦公子必归，能知其过，必有令图；令图，天所赞也。’后五年，秦伯卒，后子归。”书曰“弟”者，罪秦伯也。夫后子出奔，其父祸之，而罪秦伯，何也？《春秋》以均爱望人父，以能友责人兄。父母有爱妾，犹没身敬之不衰，况兄弟乎？兄弟翕而后父母顺矣，故不曰“公子”，而特称“秦伯之弟”云。

六月丁巳，邾子华卒。

晋荀吴帅师败狄于大卤。

“大卤”，太原也。按，《六月》，宣王北伐之诗，其词曰：“薄伐猃狁，至于太原。”而诗人美之者，谓不穷追远讨，及封境而止也。然则，太原在禹服之内，而狄人来侵，攘斥宜矣，其过在毁车崇卒，以诈诱狄人而败之，非王者之师耳。使后世车战法亡，崇尚步卒，争以变诈相高，日趋苟简，皆此等启之矣。书“败狄”，讥之也。

秋，莒去疾自齐入于莒。

天下国家定于一，吴、楚僭号，《经》不书“葬”，土无二王也。以忽系之郑，则突不称国；以小白系之齐，则纠不书“子”，国无二君也。展舆乃莒子，而去疾曷为又以国氏乎？程氏曰：“去疾假齐之力以入莒，讨展舆之罪，正也。”其以国氏，与去疾之讨有罪也。此莒之公子，曷为不称“公子”？自谓先公之子，可以有国不疑，遂立乎其位而无所禀也。其书“入”者，难词也。

莒展舆出奔吴。

展舆，莒子也，曷为不称爵？为弑君者所立。既立乎其位而不能讨贼，则是与闻乎故也，斯不可以有国矣。不可以有国，则曷为以国氏？程氏曰：“罪诸侯之与其立也。”虢之会，展舆无列，何以见诸侯之与其立乎？莒虽以乱未能预会，然诉鲁取郓，而在会者欲执叔孙，则知诸侯之与其立矣，亦以国氏，恶崇乱也。

叔弓帅师疆郓田。

葬邾悼公。

冬，十有一月己酉，楚子麇卒。

按，《左氏》：“楚令尹围将聘于郑，未出竟，闻王有疾而还。入问王疾，缢而弑之。使赴于诸侯，应为后之词曰：‘共王之子，围为长。’”初，围之未动于恶，入预夏盟，缉蒲为宫，设服离卫，中国大夫莫不知其有无君之心矣。虽以疾赴，曷为承伪藏在诸侯之策乎？当是时，仲尼已生，将志于学，乃所见之世，非祖之所逮闻也，又曷为因之而不革乎？曰：“此《春秋》之所以为《春秋》，非圣人莫能修之者也。薨则书薨，卒则书卒，弑则书弑，葬则书葬，各纪其实，载于简策，国史掌之，此史官之所同，而凡为史者，皆可及也。或薨或不薨，或卒或不卒，或弑或不弑，或葬或不葬，笔削因革，裁自圣心，以达王事，此仲尼之所独，而游、夏亦不能与焉者也。然则，郏敖实弑而书‘卒’，何欤？令尹围弑君以立，中国力所不加而莫能致讨，则亦已矣。至大合诸侯于申，与会者凡十有三国，其臣举六王二公之事，其君用齐桓召陵之礼，而宋向戌、郑子产，皆诸侯之良也，而皆有献焉，不亦伤乎！若革其伪赴，而正以弑君，将恐天下后世以篡弑之贼非独不必致讨，又可从之以主会盟而无恶矣。圣人至此，悯之甚，惧之甚。悯之甚者，悯中国之衰微而不能振也；惧之甚者，惧人欲之横流而不能遏也。是故察微显，权轻重，而略其篡弑，以扶中国，制人欲，存天理，其立义微矣。”

楚公子比出奔晋。

二年。春，晋侯使韩起来聘。

夏，叔弓如晋。

秋，郑杀其大夫公孙黑。

按，《左氏》：“郑驷黑好在人上，攻良霄而逐之，又与公孙楚争室，又将作乱，去游氏代其位，伤疾作而不果。子产使吏数之，曰：‘尔有乱心，无厌，国不女堪。专伐伯有，而罪一也；兄弟争室，而罪二也；矫君之位，而罪三也。不速死，大刑将至。’遂缢而尸之。”黑则有罪，而郑人初畏其强，不之讨也，因其疾而幸胜之，则亦云殆矣。故称国以杀，累乎上也。

冬，公如晋，至河乃复。季孙宿如晋。

按，《左氏》：“晋少姜卒，公如晋，及河。晋侯使士文伯来辞，曰：‘非伉俪也，请君无辱。’公还，季孙宿遂致服焉。”举动，人君之大节，贤哲量之以行藏其道，奸邪窥之以作止其恶，四邻视之以厚薄其情，故有国者必谨于礼而后动，此守身之本，保国之基也。礼虽自卑以尊人，亦不妄悦人以自辱。昭公既不能据经守正，失礼而妄动；又不能从权适变，无故而轻复，终复失国出奔，客死他境，盖始诸此行矣。或曰：礼者，明微，正于未动之前可也，已至于河而见却，虽欲勿返，将得已乎？曰：“以周公之胄，千乘之国，轻身以修邻好，乃欲却而不纳，夫何敢？若曰：‘敝邑褊小，敬事大国，惟恐获戾，闻陈无宇见执于中都，谓少姜之数于守嫡，信也；用是不遑宁处，跋履山川，来修吊事，今若不获进见，剪为仇雠，他国谁敢朝夕在廷，修事大之礼乎？夫小国之去就从违，听大国之令也，若非伉俪，齐人请陈无宇之罪，何以令之也？苟有二命，又何以为盟主？’如此，晋人其将谢过之不暇，敢不纳乎？昭公习仪以亟，而不明乎礼，其及也宜。”《经》书“公如晋，至河乃复。季孙宿如晋”，而昭公失国之因，季氏逐君之渐，晋人下比之迹，不待贬绝而皆见矣。

三年。春，王正月丁未，滕子原卒。

夏，叔弓如滕。

五月，葬滕成公。

秋，小邾子来朝。

八月，大雩。

冬，大雨雹。

北燕伯款出奔齐。

按，《左氏》：“燕简公多嬖宠，欲去诸大夫而立其宠人。燕大夫比以杀公之外嬖，公惧，奔齐。书曰‘北燕伯款出奔齐’，罪之也。”君虽不君，臣不可以不臣。燕伯欲去诸大夫，固不君矣，而大夫相与比以杀其外嬖，是威胁其主而出之也，与鬻拳之以兵谏无异，而独罪燕伯，何哉？大夫，国君之陪贰，以公心选之，而不可私也；以诚意委之，而不可疑也；以隆礼待之，而不可轻也；以直道驭之，而不可辱也。否则，是忽其陪贰以自危矣。晋厉公杀三郤立胥童，而弑于丽氏；汉隐帝杀杨史立郭允明，而弑于赵村；卫献公蔑冢卿而信其左右，亦奔夷仪，久而后复也。故人主不尊陪贰而与贱臣图柄臣者，事成则失身而见弑，事不成则失国而出奔，此有国之大戒也。《春秋》，凡见逐于臣者，皆以自奔为文，正其本之意也，而垂戒远矣。

四年。春，王正月，大雨雹。

阴阳之气和而散，则为霜雪雨露；不和而散，则为戾气曀霾。“雹”，戾气也，阴胁阳，臣侵君之象。当是时，季孙宿袭位世卿，将毁中军，专执兵权，以弱公室，故数月之间，再有大变。申丰者，季氏之孚也，不肯端言其事，故暴扬于朝，归咎藏冰之失。夫山谷之冰，藏之也周，用之也徧，亦古者本末备举，燮调之一事耳。谓能使四时无愆伏凄苦之变，雷出不震，无灾霜雹，则亦诬矣。意者昭公遇灾而惧，以礼为国，行其政令，无失其民，雹之灾也，庶可御也。不然，虽得藏冰之道，合于《豳风·七月》之诗，其将能乎？

夏，楚子、蔡侯、陈侯、郑伯、许男、徐子、滕子、顿子、胡子、沈子、小邾子、宋世子佐、淮夷会于申。

申之会，楚子为主，而不殊淮夷，是在会之诸侯，皆狄也。其意也何？楚虔弑麇以立，而求诸侯于晋，晋人许之，中国从之，执徐子，围朱方，迁赖于鄢，城竟莫校。畏其强盛，则曰“晋、楚，唯天所相，不可与争”；灭陈不能救，则曰“陈亡而楚克有之，天道也”；灭蔡而又不能救，则曰“天将弃蔡以壅楚，盈而降之罚也”。至使穷凶极恶，师溃于訾梁，身窜于棘里，而缢于申亥。人不致讨，而天自讨之，是责命于天，而以人事为无益而弗为也，而可乎？弑君之贼，在春秋时，有臣子讨之，则卫人杀州吁是也；有四邻讨之，则蔡人杀陈佗是也。臣子不能讨之于内，四邻不能讨之于外，有与之会以定其位，则齐侯及鲁宣公会于平州是也；有受其赂以免于讨，则晋侯及诸国会于扈是也。然至此极矣，则未有不以为贼而又推为盟主，相与朝事之，以听顺其所为而不敢忤者也。故申之会，不殊淮夷者，以在会诸侯皆为夷狄之行，皆王法之所当斥，而不使夏变于夷之意也。或曰：“晋叔向、郑子产、宋向戌，皆诸侯之良也，谋其国至变于夷而不校，何哉？”圣人以天自处，贤者听天所命。《春秋》之法，以人合天，不任于天；以义立命，不委于命，而宇宙在其手者也。故楚麇书“卒”，不革其伪赴于前；诸侯会申，与淮夷累数于后，此以恕待人，而责备贤者之意，其垂训之义大矣。

楚人执徐子。

秋，七月，楚子、蔡侯、陈侯、许男、顿子、胡子、沈子、淮夷伐吴。执齐庆封，杀之。遂灭赖。

九月，取鄫。

冬，十有二月乙卯，叔孙豹卒。

五年。春，王正月，舍中军。

按，《左氏》：“舍中军，卑公室也。初作三军，三分公室而各有其一。及其舍之也，四分公室，季氏择二，二子各一，皆尽征之，而贡于公。”然则三军作舍，皆自三家，公不与焉，公室益卑，而鲁国之兵权悉归于季氏矣。兵权，有国之司命；三纲，兵政之本原。书其“作”“舍”，而公孙于齐、薨于乾侯，定公无正，必至之理也。己则不臣，三纲沦替，南蒯叛，阳虎专，季斯囚，而三桓之子孙微矣，亦能免乎？书曰“舍中军”，微词，以著其罪也。

楚杀其大夫屈申。

公如晋。

夏，莒牟夷以牟娄及防、兹来奔。

邾、莒之大夫，名姓不登于史册，微也。“牟夷”，莒大夫，曷为以姓氏通？重地也。以地叛，虽贱必书地，以名其人，终为不义，弗可灭矣。其书“来奔”，是接我以利，而我入其利，两讥之也。为国以义不以利，如以利，则上下交征而国必危矣；为己以义不以利，如以利，则患得患失，亦无所不至矣。《春秋》于三叛人，虽贱特书其名，以惩不义，惧淫人，为后戒也。邑而言“及”者，《公羊》所谓“不以私邑累公邑”是也。

秋，七月，公至自晋。

戊辰，叔弓帅师，败莒师于蚡泉。

秦伯卒。

冬，楚子、蔡侯、陈侯、许男、顿子、沈子、徐人、越人伐吴。

越始见《经》，而与徐皆得称“人”，何也？吴以朱方处齐庆封而富于其旧，崇恶也；楚围朱方执齐庆封杀之，讨罪也。吴不顾义，入棘、栎、麻，以报朱方之役，狄道也。楚于是以诸侯伐吴，则比吴为善，而师亦有名，其从之者，进而称“人”，可也。或者以词为主，而谓不可云“沈子、徐、越伐吴”，故特称“人”，误矣。以不可为文词而进“人”于越，一字褒贬，义安在乎？且吴、楚、徐、越，虽比于夷狄，而刘敞以为其实不同，吴，太伯之后也；楚，祝融之后也；徐，伯益之后也；越，大禹之后也。其上世，皆为元德显功，通于周室，与中国冠带之君无以异。徐始称王，楚后称王，吴、越因遂称王。王非诸侯所当称也，故《春秋》比诸夷狄，虽然，犹不欲绝其类，是以上不使与中国等，下不使与夷狄均。推之可远，引之可来，此圣人慎绝人，亦《春秋》之意也。

六年。春，王正月，杞伯益姑卒。

葬秦景公。

夏，季孙宿如晋。

葬杞文公。

宋华合比出奔卫。

《左氏》曰："宋寺人柳有宠，太子佐恶之，华合比请杀之，柳闻，坎，用牲埋书，而告公曰：'合比将纳亡人之族，既盟于北郭矣。'公使视之，有焉，遂逐合比。于是华亥欲代为右师，乃与柳比从为之征，公使代之。"宋公宠信阍寺，杀世嫡痤，而父子之恩绝；逐华合比，而君臣之义睽。刑人之能败国亡家，亦可畏矣，犹有任赵高以亡秦，信恭、显、十常侍以亡汉，宠王守澄、田令孜以亡唐，而不知鉴覆车之辙者，不亦悲夫！凡此类，直书而义自见矣。

秋，九月，大雩。

楚薳罢帅师伐吴。

冬，叔弓如楚。

齐侯伐北燕。

七年。春，王正月，暨齐平。

我所欲曰"及"，不得已曰"暨"。当是时，昭公结婚强吴，外附荆楚，其与齐平，无汲汲之意，乃齐求于鲁而许之平也，故曰"暨"。至定公八年，鲁再侵齐，结大国之怨，见复必矣。其与齐平，非不得已，乃鲁求于齐而欲其平也，故曰"及"。平者，圣人之所贵，然或以贿赂而结平，或以臣下而擅平，或以附夷狄而得平，或以侵犯大国而急于平，则皆罪也。考其事而轻重见矣。

三月，公如楚。叔孙舍如齐莅盟。

夏，四月甲辰，朔，日有食之。

秋，八月戊辰，卫侯恶卒。

九月，公至自楚。

冬，十有一月癸未，季孙宿卒。

十有二月癸亥，葬卫襄公。

八年。春，陈侯之弟招杀陈世子偃师。

此公子招，特以“弟”称者，著招凭宠稔恶，而陈侯失亲亲之道也。招以公子为司徒，乃贵戚之卿，亲则介弟，尊则叔父，号令废立，自己而出，莫敢干之者也。不能援立嫡冢、安靖国家，而逢君之恶，戕杀偃师，以致大寇，宗社覆没，罪固大矣。陈侯信爱其弟，何以为失亲亲乎？尊贤者，亲亲之本，不能择亲之贤者，厚加尊宠，以表仪公族，而徇其私爱，施于不令之人，以至亡国败家，岂不失亲亲之道乎？其曰“陈侯之弟招杀陈世子偃师”，交贬之也。

夏，四月辛丑，陈侯溺卒。

叔弓如晋。

楚人执陈行人干徵师，杀之。

陈公子留出奔郑。

秋，蒐于红。

“蒐”，春事也，秋兴之，则违天时。有常所矣，其于红，则易地利。三家专行，公不与焉，而兵权在臣下，则悖人理。此亦直书其事，不待贬绝而自见者也。凡乱臣之欲窃国命，必先为非礼以动民，而后上及于君父。昭公至是，民食于他，不恤其所，昧于履霜之戒，甚矣。

陈人杀其大夫公子过。

大雩。

冬，十月壬午，楚师灭陈。

执陈公子招，放之于越。

杀陈孔奂。

葬陈哀公。

九年。春，叔弓会楚子于陈。

许迁于夷。

夏，四月，陈灾。

凡外灾，告则书。今楚已灭陈，夷于属县，使穿封戌为公矣，必不遣使告于诸侯，言亡国之有天灾也，何以书于鲁国之策乎？当是时，叔弓与楚子会于陈，则目击其事矣。虽彼不来告，此不往吊，叔弓使毕而归，语陈故也，鲁史遂书之耳。或曰：“国史所书，必承赴告，岂有凭使人之言而载之于史者？”曰：“周景王崩，有尹、单、猛、朝之变，固无赴告矣。叔鞅至自京师，言王室之乱也。《春秋》承其言，遂书于策，亦此类尔。仲尼作《经》，存而弗革者，盖兴灭国、继绝世，以尧、舜、三代公天下之心为心，异于孤秦罢侯置守，欲私一人以自奉者，所以归民心、合天德也。《穀梁》以为‘存陈’，得其旨矣。”

秋，仲孙貜如齐。

冬，筑郎囿。

十年。春，王正月。

夏，齐栾施来奔。

秋，七月，季孙意如、叔弓、仲孙貜帅师伐莒。

前已舍中军矣，曷为犹以三卿并将乎？季氏毁中军，四分公室择其二，二家各有其一，至是季孙身为主将，二子各率一军为之副，则三军固在。其曰“舍之”者，特欲中分鲁国之众为己私耳，以为复古，则误矣。襄公以来，既作三军，地皆三家之土，民皆三家之兵，每一军出，各将其所属，而公室无与焉，是知虽舍中军，而三卿并将，旧额固存矣。

戊子，晋侯彪卒。

九月，叔孙舍如晋，葬晋平公。

十有二月甲子，宋公成卒。

十有一年。春，王二月，叔弓如宋，葬宋平公。

夏，四月丁巳，楚子虔诱蔡侯般，杀之于申。楚公子弃疾帅师围蔡。

《左氏》曰：“楚子在申，召蔡侯，其大夫曰：‘王贪而无信，币重言甘，诱我也，不如无往。’蔡侯不可。楚子伏甲，飨般于申，执而杀之。”此讨贼也，虽诱杀之，疑若无罪。《春秋》深恶楚子，贬而称名，何也？世子般弑其君，诸侯与通会盟，十有三年矣，是中国变为夷狄而莫之觉也。楚子若以大义倡天下，奉词致讨，执般于蔡，讨其弑父之罪，而在宫者无赦焉；讨其弑君之罪，而在官者无赦焉。残其身，潴其宫室，谋于蔡众，置君而去，虽古之征暴乱者，不越此矣，又何恶乎？今虔本心欲图其国，不为讨贼举也，而又挟欺毁信，重币甘言，诈诱其君，执而杀之，肆行无道，贪得一时，流毒于后。弃疾以是杀戎蛮，商鞅以是绐魏将，秦人以是劫怀王，倾危成俗，天下大乱。刘、项之际，死者十九。圣人深恶楚虔而名之也，其虑远矣！后世诛讨乱臣者，或畏其强，或幸其弱，不以大义兴师，至用诡谋诈力，侥幸胜之。若事之捷，反侧皆惧；苟其不捷，适足长乱，如代宗之图思明、宪宗之给王弁，昧于《春秋》垂戒之旨矣。

五月甲申，夫人归氏薨。

大蒐于比蒲。

其曰“大蒐”，越礼也。君有重丧，国不废蒐，不忌君也。三纲，军政之本，君执此以驭其下，臣执此以事其上，政之大本于是乎在。君有三年之戚，而国不废一日之蒐，则无本矣。然则，君有重丧，丧不贰事，以简车徒，为非礼也，乃有身从金革而无避者，独何欤？曰：“丧不贰事。大比而简车徒，则废其常可也，有门庭之寇，而宗庙社稷之存亡系焉，必从权制而无避矣。伯禽服丧，徐、夷并兴，至于东郊，出战之师与筑城之役，同日并举。度缓急轻重，盖有不得已焉者矣。晋王克用薨，梁兵压境，而庄宗决胜于夹寨；周太祖殂，契丹入寇，而世宗接战于高平。若此者，君行为显亲，非不顾也；臣行为爱君，非不忌也。惟审于缓急轻重之宜，斯可矣。”

仲孙貜会邾子盟于祲祥。

秋，季孙意如会晋韩起、齐国弱、宋华亥、卫北宫佗、郑罕虎、曹人、杞人于厥慭。

按，《左氏》：“楚师在蔡，晋荀吴曰：‘不能救陈，又不救蔡，物以无亲，己为盟主而不恤亡国，将焉用之？’会于厥慭，谋救蔡也，使狐父请蔡于楚，弗许。”文十五年，晋灵公帅八国之诸侯盟于扈，《春秋》略而不序者，谋伐齐而不克定其乱也；襄公三十年，叔孙豹会十二国之大夫于澶渊，诸国之大夫皆称“人”，鲁卿讳而不书者，视蔡乱而不能讨其贼也。今楚将灭蔡，请于楚而弗许，晋之不能亦可知矣，曷为诸国犹序而大夫无贬乎？扈之盟，晋侯受赂，弗克而还，诸侯略而不序，亡义利之分也；澶渊之会，谋救宋灾而不讨蔡罪，大夫贬而称“人”，鲁卿讳而不书，失重轻之别也。亡义利之分为不仁，失重轻之别为不智。今晋与诸侯心欲救蔡而力弗加焉，则无恶也。凡此，见《春秋》明义利、审重轻，以恕待人而不求其备矣。

九月己亥，葬我小君齐归。

冬，十有一月丁酉，楚师灭蔡，执蔡世子有以归，用之。

内入国而以其君来，外灭国而以其君归，皆服而以之，易词也。既书“灭蔡”矣，又书“执蔡世子有”者，世子无降服之状，强执以归而虐用之也。或以为未逾年之君，其称“世子”者，不君灵公，故不成其子，非也。楚虔杀蔡般，弃疾围其国，凡八月而见灭。世子在穷迫危惧之中，固未暇立乎其位，安得以为未逾年之君而称“子”也？假使立乎其位，而般死于楚，其丧未至，不敛不葬，世子亦不成乎为君矣。然世子，继世有国之称，必以此称蔡有者，父母之仇不与共天下，与民守国，效死不降，至于力屈就擒，虐用其身而不顾也，则有之为世子之道得矣。

十有二年。春，齐高偃帅师，纳北燕伯于阳。

三月壬申，郑伯嘉卒。

夏，宋公使华定来聘。

公如晋，至河乃复。

五月，葬郑简公。

楚杀其大夫成熊。

秋，七月。

冬，十月，公子慭出奔齐。

楚子伐徐。

晋伐鲜虞。

《左氏》曰：“晋荀吴伪会齐师者，假道鲜虞，遂入昔阳。”冬书“晋伐鲜虞”，狄之也。献公假道于虞以灭虢，因执虞公，则以师与人称之。今晋虽为谖，固可罪也，而狄之，不亦过乎？楚奉孙吴讨陈，因以灭陈；诱蔡般杀之，因以灭蔡，晋人视其残虐莫能救，则亦已矣，而效其所为以伐人国，是中国居而夷狄行也。人之所以为人，中国之所以为中国，信义而已矣。一失则为夷狄，再失则为禽兽，禽兽逼人，人将相食。自春秋末世，至于六国亡秦，变诈并兴，倾危成俗，河决鱼烂，不可壅而收之，皆失信弃义之明验也。《春秋》谨严于此，制治未乱，拔本塞源之意，岂曰过乎？

卷二十五

昭公中

十有三年。春，叔弓帅师围费。

费，内邑也。命正卿为主将，举大众围其城，若敌国然者，家臣强，大夫弱也。《语》不云乎：“有一言而可以终身行之者，其恕矣夫，己所不欲，勿施于人。”所恶于下者，无以事上也；所恶于上者，无以使下也，然后家齐而国治矣。季孙意如以所恶于下者事其上，而不忠于其君；以所恶于上者使其下，而不礼于其臣。出乎尔者，反乎尔，宜南蒯之及此也。《春秋》之法，不书内叛，反求诸己而已矣。其书“围费”，欲著其实，不没之也。

夏，四月，楚公子比自晋归于楚，弑其君虔于乾谿。

楚师伐徐，楚子虔次于乾谿为之援。公子弃疾君陈、蔡，主方城之外。有观从者，率群失职，以弃疾命，召比于晋，既至，胁比而立之，令于乾谿曰：“先至者复其田里。”师溃而归，楚子经而死。或曰：“昭元年，楚虔弑立，比出奔晋。十三年，比归而虔缢于棘围，则比未尝一日北面事虔为之臣。虔又弑立，固非比之君矣，而书曰‘比弑其君虔’，何也？”曰：“凡去国出奔，而君不以为臣，则晋于栾盈是也；臣不以为君，则公子鱄于卫是也。若去国虽久，而爵禄有列于朝，出入有诏于国，不扫其坟墓，不收其田里，不系累其宗族，即君臣之分犹在也。比虽奔晋，而晋人以羁待比，以国底禄，固楚之亡公子也。楚又未尝锢之，如晋之于栾盈；比又未尝不向楚而坐，如子鲜之于卫，安得以为比非楚臣，而虔非比之君乎？《春秋》书‘比弑其君虔’，明于君臣之义也。”或曰：“虔弑郏敖以立，比之获罪，岂其无讨贼之心而徒贪夫位欤？”曰：“《春秋》罪比不明乎君臣之义，不责其无讨贼之心。夫比，虽当次及之序，而弃疾亦居楚国之常。以取国言之，比具五难而弃疾有五利，此事之变也。为比者宜乎效死不立，若国有所归，为曹子臧、鲁叔肸，不亦善乎！不然，身居令尹，都贵戚之卿，为社稷镇，乱不自己，亦可也。今乃胁于势而忘其守，怵于利而忘其义，被之大恶，欲辞而不可得矣。为人臣而不知《春秋》，守经事而不知其宜，遭变事而不知其权者，若此类是也。悲夫！圣人垂戒之意明矣。”

楚公子弃疾杀公子比。

弃疾立比为王，而己为司马，固君比矣，而又杀之，则宜书曰“弃疾弑其君比”，而曰“杀公子比”，何也？初，子干归自晋，观从假弃疾命而召之来则来，坎牲加书而强之盟则盟，帅四族众而使之入楚则入，杀太子禄而立之为王则王，周走而呼于国中，谓众怒如水火而逼之自杀则自杀。其行止迟速，去就死生，皆观从与国人所为，而比未尝可否之也，安得为弃疾之君乎？然比，兄也；黑肱，弟也；弃疾，其季弟也。立比为王，肱为令尹，疾为司马，盖国人以长幼之序立之也，则宜书曰“楚人杀比”，而《春秋》变文归狱弃疾者，诛其本意在于代比而非讨之也。所谓轻重之权衡，曲直之绳墨，而怀恶者亦无所隐其情矣。

秋，公会刘子、晋侯、齐侯、宋公、卫侯、郑伯、曹伯、莒子、邾子、滕子、薛伯、杞伯、小邾子于平丘。

按，《左氏》：“晋成虒祁，诸侯朝而归者皆有贰心，齐侯往朝于晋，燕而投壶曰：‘寡人中此，与君代兴。’晋人知其亦将贰也。叔向曰：‘诸侯不可以不示威。’乃并征会，治兵于邾南，甲车四千乘，遂合诸侯于平丘。”方是时，楚人暴横，陵蔑中华，在宋之盟，争晋先歃；及虢之会，仍读旧书。遂召诸侯为申之举，迁赖于鄢，县陈灭蔡，此乃敌国外患，临深履薄，恐惧省戒之时。其君当倚于法家拂士，以德修国政；其臣当急于责难陈善，以礼格君心，内结夏盟，外攘夷狄，复悼公之业，若弗暇也。今乃施施然安于不竞，无愤耻自强之志，惟宫室台榭是崇是饰，及诸侯皆贰，顾欲示威征会，而以兵甲耀之，不亦末乎？《春秋》之法，制治于未乱，保邦于未危，贵事之预，耻以苟成而不要诸道者也。是以深恶此会，如下文所贬云。明其义者，然后知仲尼作《经》，于一台囿之筑，一宫室门观之作，必谨而书以重民力，其弭乱持危，固结人心之虑，远矣。

八月甲戌，同盟于平丘。

按，《左氏》：“晋将寻盟，齐人不可。叔向曰：‘诸侯有间矣，不可以不示众。’辛未，治兵，建而不旆，壬申，复旆，诸侯畏之。辞诸鲁曰：‘寡君有甲车四千乘在，虽以无道行之，犹必可畏；牛虽瘠，偾于豚上，其畏不死？南蒯、子仲之忧，庸可弃乎？若奉晋之众，间其二忧，何求而弗克？请君无勤。’鲁人听命，甲戌，同盟于平丘。”其书“同盟”者，刘子与盟，同惧楚也。会与盟同地，再书“平丘”者，书之重，词之复，其中必有美恶焉，见行事之深切著明，故词繁而不杀也。是盟盖或善之，而以为恶，何哉？盟虽衰世之事，然有定人道之大伦者矣，有备天子之明禁者矣，有束牲不歃相命而信自喻者矣，有纳斥候禁侵掠诚格而不复叛者矣。其次犹以载书词命，相争约于大神而不敢越者，则未闻主盟中国，奉承齐牺而矜其威力，恐迫诸侯又信蛮夷之诉，绝兄弟之欢，求逞私愤，间其忧疑。如此盟者，流及战国，强众相夸，恫疑恐喝，恣行陵暴，死者十九，积习所致，有自来矣。《春秋》，礼义之大宗也，曾是以为善乎？词繁而不杀，则恶其竞力不道，为后世鉴也。

公不与盟。

臣子之于君父，隐讳其耻，礼也。十二国会于平丘，公独见辞，不得与盟，斯亦可耻矣，曷为直书其事而不隐也？晋主此盟，德则不竞，而矜兵甲之威，肆胁持之术，以诸侯上要天子之老而歃血，以中国同惴夷狄篡立之主而结盟，无礼义忠信诚悫之心，而以威诈莅之，具此五不韪者，得不与焉，幸也！圣人笔削《春秋》，凡鲁君可耻者，必为之隐讳。至会于沙随而公不得见，盟于平丘而公不得与，自众人常情，必深沮丧以为辱矣。仲尼推明其故，自反而缩，虽晋国之严，不可及也。彼以其威，我以其理；彼以其势，我以其义。夫何慊乎哉？直书其事，示后世立身行己之道也，其垂训之用大矣。

晋人执季孙意如以归。

称“人”以执，非伯讨也。自文以来，公室微弱，三家专鲁，而季氏，罪之首也。宿及意如，尤为强逼，元年，伐莒疆郓；十年，伐莒取郠，中分鲁国，以自封殖，而使其君民食于家，其不臣甚矣，何以为非伯讨乎？晋人若按邾、莒所诉有无之状，究南蒯、子仲奔叛之因，告于诸侯，以其罪执之，请于天子，以大义废之，选于鲁卿，更意如之位，收敛私邑为公室之民，使政令在君，三家臣顺，则方伯之职修矣。今鲁与邾通好，亦不朝夕伐莒，而郓、郠之故，又非昭公意也。徒以邾、莒之言曰：“我之不共，鲁故之以。”遂辞鲁君而执意如，则是意在货财，而不责其无君臣之义也，何得为伯讨乎？称“人”以执，罪晋之偷也。

公至自会。

蔡侯庐归于蔡。陈侯吴归于陈。

楚虔迁六小国于荆山，又灭陈、蔡而县之，及弃疾即位，复诸迁国，封蔡及陈。隐太子有之子庐归于蔡，悼世子偃师之子吴归于陈。曰“归”者，顺词也。陈、蔡，昔皆灭矣，不称“复归”者，不与楚虔之得灭也。其称“归于”者，国其所宜归也。庐与吴，皆亡世子之子也，而弃疾封之，可谓有奉矣。不言“自楚”者，不与楚子之得封也。其称“侯”者，位其所固有也。陈，列圣之后；蔡，王室之亲。见灭于楚虔而诸侯不能救，复封于弃疾而诸侯不能与，是以夷狄制诸夏也。圣人至是，惧之甚，盖有不得已焉，制《春秋》为后法，大要皆天子之事也，其义则以公天下为心，兴灭国，继绝世，异于自私其身，欲擅而有之者也，故书法如此。为天下国家而不封建，欲望先王之治，难矣。

冬，十月，葬蔡灵公。

公如晋，至河乃复。

吴灭州来。

十有四年。春，意如至自晋。

按，《左氏》："季孙犹在晋，子服惠伯私于中行穆子曰：'鲁事晋，何以不如夷之小国？土地犹大，所命能具，若为夷弃之，使事齐、楚，何瘳于晋？'乃归季孙。"其始执之，为乏邾、莒之供，而非有扶弱击强之义也；其终归之，为土地犹大，所命能具，而非有不能救蔡为夷执亲之悔也。然则，晋人喜怒皆以利发，其劝沮皆以利行，违道甚矣，故平丘之会，深加贬斥。自是而后，诸侯不合二十余年。至于召陵，又以贿败，十有八国之诸侯，而书"侵楚"以讥之。于是晋日益衰，外携内叛，不复振矣。利之能败人国家乃如此，《春秋》之深戒也。

三月，曹伯滕卒。

夏，四月。

秋，葬曹武公。

八月，莒子去疾卒。

卒，自外录者也，莒人来赴，故鲁史书其卒；葬，自内录者也，鲁人不往，是以阙其葬。自昭公以来，虽薛、杞微国，无不会其葬者，何独于莒，则不往乎？方是时，意如专政，而莒尝诉其疆郓取郠之罪于方伯，而见执矣，为是怒莒，故独不会其葬也。夫怨不弃义，恶不忘亲，怒不废礼。在桓公时，虽与卫战，而宣公卒，则往葬之。不以私故，绝吉凶庆吊、往来施报之常礼也，以此见意如之专恣矣。若意如者，其傲狠修怨，敢施于昭公与莒子，及其在晋，闻除馆西河，则恐惧逃归，如一匹夫，何也？小人无礼，喜怒勇怯不中节，皆若是耳。苟不远之，其能国乎？

冬，莒杀其公子意恢。

十有五年。春，王正月，吴子夷末卒。

二月癸酉，有事于武宫。籥入，叔弓卒。去乐，卒事。

《左氏》曰："禘于武宫，叔弓莅事，籥入而卒，去乐，卒事。"有事于宗庙，闻大夫之丧，则去乐而祭，可乎？按《曾子问》，君在祭，不得成礼者。夫子语之详矣，而无有及大臣者，是知祭而去乐，不可也。有事于宗庙，遭大夫之变，则以闻，可乎？按《礼》，卫有太史柳庄寝疾，君曰："若疾革，虽当祭，必告。"是知祭而以闻，不可也。礼莫重于当祭，大夫有变而不以闻，则内得尽其诚敬之心于宗庙，外全隐恤之意于大臣，是两得之也。然则，有事于宗庙，大臣莅事，籥入而卒于其所，则如之何？礼虽未之有，可以义起也。有事于宗庙，大臣莅事，籥入而卒于其所，去乐，卒事，其可也。缘先祖之心，见大臣之卒，必闻乐不乐；缘孝子之心，视已设之馔，必不忍轻彻，故去乐而卒事，其可也。宗庙合礼者，常事不书。苟以为可，则《春秋》何书乎？此记礼之变而书之者也。

夏，蔡朝吴出奔郑。

朝吴，蔡之忠臣，虽不能存蔡，而能复蔡，其从于弃疾者，谓蔡灭而弃疾必能封之也。弃疾以其忠于旧君而信之，使居旧国，可谓知所信矣。则曷为出奔？费无极害其宠也。无极，楚之谗人，去朝吴，出蔡侯朱，丧太子建，杀连尹奢，屏王耳目，使不聪明，卒使吴师入郢，辱及宗庙。谗人为乱，可不畏乎？为国有九经，而尊贤为上；劝贤有四事，而去谗为首。志朝吴出奔，而入郢之师，兆矣。然朝吴身居旧国，处危疑之地，苟有谮之者，则王不能无动也。能以忠信自任，而杜谗諂之谋，则善矣。而费无极乃语之曰："子亦长矣，而在下位，辱也。"欲为之请，以名利累其心而莫之觉，不智亦甚矣。故特书其"出奔"以罪吴，为后戒也。

六月丁巳，朔，日有食之。

秋，晋荀吴帅师伐鲜虞。

晋灭潞氏、甲氏，及再伐鲜虞，皆用大夫为主将，而或称人、或称国、或称其名氏，何也？以殄灭为期而无矜恻之意，则称人；见利忘义而以狄道欺诈行之，则称国；以正兵加敌而不纳其叛臣，则称名氏。夫称其名氏，非褒之也，才免于贬耳，而《春秋》用兵御狄之略，咸见矣。

冬，公如晋。

十有六年。春，齐侯伐徐。楚子诱戎蛮子杀之。

楚子之诱，一也，或名或不名者，虔欲灭中国，而弃疾讨蛮氏，谨华夷之辨也；蔡侯与蛮子之见杀，一也，或名或不名者，蔡般弑父与君，蛮氏乱而无质，其罪之轻重亦差矣。

夏，公至自晋。

《左氏》曰："公如晋，平丘之会故也。"至是始归者，晋人止公，其不书，讳之也。昭公数朝于晋，三至于河而不得入，两得见晋侯，又欲讨其罪而止旃，其困辱亦甚矣。在《易》之《困》曰："困亨者，因困穷而致亨也。"夫困于心，衡于虑，而后作；征于色，发于声，而后喻。此正愤悱自强之时，而夏少康、卫文公、越句践、燕昭王，四君子者，由此其选也。今昭公安于危辱，无激昂勉励之志，即所谓自暴自弃，不可与有为，而人亦莫之告矣，不亦悲乎！讳而不书，深贬之也。

秋，八月己亥，晋侯夷卒。

九月，大雩。

季孙意如如晋。

冬，十月，葬晋昭公。

十有七年。春，小邾子来朝。

夏，六月甲戌，朔，日有食之。

秋，郯子来朝。

八月，晋荀吴帅师灭陆浑之戎。

林父之于潞氏、士会之于甲氏、荀吴之于陆浑戎，皆灭之也，而林父、士会称"师"、称"人"，荀吴举其名氏，何哉？夷不乱华。陆浑之戎，密迩王室而纵之杂处，则非膺戎狄、别内外之义也，与辟土服远以图强霸则异矣。然举其名氏，非褒词也，才得无贬耳，则穷兵于远，虚内事外者，可知矣。

冬，有星孛于大辰。

“大辰”，心也。心为明堂，天子之象，其前星太子，后星庶子。孛星加心，象天子嫡、庶将分争也。后五年，景王崩，王室乱，刘子、单子立王猛，尹氏、召伯立子朝，历数载而后定。至哀十三年，有星孛于东方。不言宿名者，不加宿也。当是时，吴人僭乱，凭陵上国，日敝于兵，暴骨如莽，其戾气所感，固将壅吴而降之罚也，故氛祲所指，在于东方，假手越人，吴国遂灭。天之示人显矣，史之有占明矣。

楚人及吴战于长岸。

言战不言败，胜负敌也。楚地五千里，带甲数十万，战胜诸侯，威服天下，本非吴敌也。惟不能去谗贱货，使费无极以谗胜，囊瓦以货行，而策士奇才为敌国用，故日以侵削。至鸡父之师，七国皆败，柏举之战，国破君奔，几于亡灭，吴日益强而楚削矣。是故，为国必以得贤为本，劝贤必以去谗贱货为先。不然，虽广土众民，不足恃也。考其所书本末强弱之由，其为后世戒明矣。

十有八年。春，王三月，曹伯须卒。

夏，五月壬午，宋、卫、陈、郑灾。

按，《左氏》：子产临事而备，至于“书焚室而宽其征，与之材。三日哭，国不市，使行人告于诸侯，宋、卫皆如是。陈不救火，许不吊灾，君子以是知陈、许之先亡也”。初，裨灶言于子产：“宋、卫、陈、郑将同日火，若我用瓘、斝、玉瓒，郑必不火。”子产弗与。及郑既灾，灶曰：“不用吾言，郑又将火。”郑人请用之，子产不可，曰：“天道远，人道迩，非所及也，何以知之？”亦不复火。裨灶所言，盖以象推，非妄也。而郑不复火者，子产当国，方有令政，此以德消变之验矣。是知吉凶祸福，固有可移之理，古人所以必先人事而后言命也。

六月，邾人入鄅。

秋，葬曹平公。

冬，许迁于白羽。

十有九年。春，宋公伐邾。

按，《左氏》："宋公伐邾，围虫，取之。"而《经》不书"围"与"取"，何也？初，鄅人藉稻，邾人袭鄅，尽俘之。鄅子曰："余无归矣。"从帑于邾。邾子反其夫人而舍其女，夫人，宋向戌之女也，故向宁请师。"围虫，取之，尽归鄅俘"，此所谓声罪执言之兵。归鄅之俘，其善意也，故书"伐邾"，而释其取邑之罪，此亦善善长恶恶短之意。

夏，五月戊辰，许世子止弑其君买。

按，《左氏》："许悼公疟，戊辰，饮世子止之药，卒。"书曰"弑其君"者，止不尝药也。古者，医不三世，不服其药。夫子之所慎者三，疾居其一。季康子馈药，曰："丘未达，不敢尝。"敬慎其身如此也，而于君父可忽乎？君有疾，饮药，臣先尝之；父有疾，饮药，子先尝之，盖言慎也。止不择医而轻用其药，药不先尝而误进于君，是有忽君父之心而不慎矣。自小人之情度之，世子弑君，欲速得其位，而止无此心，故曰："我与夫弑者，不立乎其位，哭泣歠飦粥，嗌不容粒，未逾年而卒。"无此心，故被以大恶而不受。自君子听之，止不尝药，是忽君父之尊而不慎也，而止有此心，忽君父之尊而不慎，此篡弑之萌，坚冰之渐，而《春秋》之所谨也。有此心，故加以大恶而不得辞。书“许世子止弑君”，乃除恶于微之意也。而或者顾以操刃而杀，与不躬进药，及进药而不尝，三者罪当殊科，疑于三《传》之说，则误矣。必若此言，夫人而能为《春秋》，奚待于圣笔乎？墨翟兼爱，岂其无父？杨朱为我，岂其无君？孟轲氏辞而辟之，以为禽兽逼人，人将相食，后世推明其功不在禹下，未有讥其过者。知此说，则知止不尝药，《春秋》以为弑君之意矣。

己卯，地震。

秋，齐高发帅师伐莒。

冬，葬许悼公。

何以书“葬”？《穀梁子》曰：“不使止为弑父也。”其说曰：“子既生，不免乎水火，母之罪也；羁贯成童，不就师傅，父之罪也；就师学问无方，心志不通，身之罪也；心志既通，而名誉不闻，友之罪也；名誉既闻，有司不举，有司之罪也；有司举之，王者不用，王者之过也。许世子止不知尝药，累及许君也。”观止自责，可谓有过人之质矣，乃至以弑君获罪，此为人臣子而不知《春秋》之义者也。古者，太子自其初生固举以礼，有司端冕，见之南郊，过阙则下，过庙则趋。为赤子而其教已有齐肃敬慎之端矣。此《春秋》训臣子除恶于微、积善于早之意也。

二十年。春，王正月。

夏，曹公孙会自鄸出奔宋。

"奔"，未有言"自"者，此其言"自"何？刘敞曰："待放也，古者，大夫有罪，待放于其境，三年，君赐之环，则复；赐之玦，则去。逾境，则为位向国而哭，素衣、裳、冠，不说人以无罪，此去国之礼。"曹无大夫，其曰"公孙"，贤之也。待放而后出奔，臣子常礼，免于贬，足矣，而何以贤之？为公子喜时之后，贤之也。喜时者，曹之社稷镇公子，能以国让，不取乎为诸侯，所谓子臧是也。《春秋》之义，善善也长．恶恶也短。善善及子孙，恶恶止其身，以其贤者之后，苟可善焉，斯进之矣，此《舜典》"罚弗及嗣，赏延于世"之意也。后世议者，有乞录用贤者之类、功臣之世，盖得《春秋》之旨矣。

秋，盗杀卫侯之兄絷。

《左氏》以为齐豹杀之也。齐豹为卫司寇，守嗣大夫，其书为"盗"，所谓求名而不得者也。若艰难其身以险危大人，而有名章彻，攻难之士将奔走之。臣窃以为仲尼书断此狱，罪在宗鲁。宗鲁，孟絷之驂乘也，于法应书曰"盗"，非求名而不得者也。天下岂有欲求险危大人之恶名，而圣人又靳此名而不与者哉？然则，齐豹首谋作乱，宗鲁虽与闻行事，又以身死之矣。今乃释豹不诛，而归狱于宗鲁，不亦颇乎？曰："豹之不义，夫人皆知之也，若宗鲁，欲周事豹而死于公孟，盖未有知其罪者，故琴张闻其死，将往吊之，仲尼曰：'齐豹之盗，孟絷之贼，汝何吊焉？'非圣人发其食奸受乱，盖不义犯非礼之罪，书于《春秋》，则齐豹所畜养之盗，孟絷所见杀之贼，其大恶隐矣。"

冬，十月，宋华亥、向宁、华定出奔陈。

十有一月辛卯，蔡侯庐卒。

二十有一年。春，王三月，葬蔡平公。

夏，晋侯使士鞅来聘。

宋华亥、向宁、华定自陈入于宋南里以叛。

按，《左氏》：初，宋元公无信多私，而恶华、向。三大夫谋曰："亡愈于死，先诸？"乃诱群公子杀之。公如华氏请焉，弗许，遂劫公，取太子及其母弟以为质。公怒，攻之，华、向奔陈，至是，"入于南里以叛"。凡书"叛"，有入于戚者，而不言卫；有入于朝歌者，而不言晋；有入于萧者，而不言宋。此独称"宋南里"，何也？戚与朝歌及萧，皆其所食私邑也；若南里，则宋国城内之里名也。《传》称华氏居卢门南里以叛，而宋城旧鄘及桑林门以守，是华氏与宋分国而居矣，故其入其出，皆以南里系之宋，此深罪叛臣逼胁其君已甚之词也。

秋，七月壬午，朔，日有食之。

八月乙亥，叔辄卒。

冬，蔡侯朱出奔楚。

公如晋，至河乃复。

卷二十六

昭公下

二十有二年。春，齐侯伐莒。

宋华亥、向宁、华定自宋南里出奔楚。

华、向诱杀群公子，又劫其君，取其太子母弟为质，又求助于吴、楚蛮夷，入据其国都以叛，此必诛不赦之贼也。宋宜竭力必讨之于内，诸侯宜协心必救之于外，楚子宜执叛臣之使而戮之于境。今楚人释君而臣是助，诸侯之戍怠于救患，固请逸贼，而宋又从之，则皆罪也。故晋荀吴、齐苑何忌、卫公子朝、曹大夫，皆略而不书，其曰“自宋南里”者，讥宋之纵释有罪，不能致讨；“出奔楚”者，不待贬绝而亢不衷、奖乱人之恶自见矣。

大蒐于昌间。

昭公之时，凡三书蒐，或以非其时，或以非其地，而大意在权臣专行，公不与也。三纲，军政之本。古者，春蒐、夏苗、秋狝、冬狩，皆于农隙以讲事，而所主者，明贵贱、辨等列、顺少长、习威仪，则皆纳民于轨物，而非驰射击刺之末矣。是故观于有莘，少长有礼，知可用也，而文公遂霸；临于洛阳，袒而发丧，为义帝也，而汉祖遂王。今鲁国，其君则设两观，乘大辂；其臣则八佾舞于庭，旅泰山，以雍彻；其宰则据大都，执国命，而军政之本亡矣。何以蒐为？此《春秋》所书，为后戒之意也。

夏，四月乙丑，天王崩。

六月，叔鞅如京师，葬景王。

王室乱。

何言乎“王室乱”？王者，以天下为家，则以京师为室。京师者，本也。周公作《立政》，曰：“迪惟有夏，乃有室大竞。”其作《鸱鸮》诗以遗成王，亦曰：“既取我子，无毁我室。”皆指京师言之也。以京师为室，王畿为堂，诸夏为廷户，四夷为藩篱，治外者先自内，治远者先自近，本乱而末治者，否矣。景王宠爱子朝，使孽子配嫡，以本乱者。其言“王室”，讥国本之不正也。本正而天下定矣，唐虞公天下，则相禅而与贤；三代家天下，则相继而与子。《春秋》，兼帝王之道，可公也，则以达节为权，故季札辞国贬而称名；可家也，则以居正为大，故庄公始生即书于策。郑突归而不氏以国，阳生入而得系于齐，此皆正本以及天下之义也。其义苟行，无易树子，王室岂有乱离之祸乎？《春秋》书“子同生”于前，而记“王室乱”于后，其为来世法戒明矣。

刘子、单子以王猛居于皇。

凡称“以”者，不以者也。师而曰“以”，能左右之也；地而曰“以”，能取与之也；人而曰“以”，能死生之也。尊不以乎卑，贵不以乎贱，大不以乎小。刘蚠、单旗，臣也，曷为能以王猛乎？猛无宠于景王，不能自定其位，制在刘、单。其曰“以”者，能废立之也。按，《左氏》：“景王太子寿以昭十五年卒，至是八年矣，猛与匄皆其母弟，礼无疑于当立，然久而未立者，王爱庶子朝，欲立以为嗣，未果而王崩，故诸大臣竞立君，诸王子争欲立。”以正则有猛，以宠则有朝。猛虽正而无宠，其威不足以慑群下；朝虽宠而不正，其分不足以服人心。二子废立，皆恃大臣强弱而后定者也，故特称曰“以”。而景王之弱其后嗣，轻其宗社之罪亦著矣。《易》曰：“王居无咎。”称“居于皇”者，明其有土，当得位之称也。

秋，刘子、单子以王猛入于王城。

猛未逾年，何以称“王”？示当立也。既当立矣，何以称名？明嗣君也。曰“王猛”者，见居尊得正，又以别乎诸王子也。君前臣名，刘、单不名而王名，不嫌于倒置乎？曰：“君前臣名，常礼也，礼当其变，臣有不名，名其君而不嫌者矣。王不当称，未逾年而称‘王’；名不当称，立为君而称‘猛’，皆礼之变也。惟可与权者，能知其变而不越乎道之中。”再书刘子、单子之“以王”，何也？《春秋》词繁而不杀者，必有美恶焉。刘子、单子，盖挟天子以令诸侯而专国柄者也。书而未足，故再书于策，以著上下舛逆，为后世之深戒也。

冬，十月，王子猛卒。

十有二月癸酉，朔，日有食之。

二十有三年。春，王正月，叔孙舍如晋。

癸丑，叔鞅卒。

晋人执我行人叔孙舍。

晋人围郊。

按，《左氏》：“晋籍谈、荀跞帅师军于侯氏，箕遗、乐徵济师军其东南。正月，二师围郊。”“郊”，子朝邑也。既不书大夫之名氏，又不称师，而曰“晋人”，微之也，所谓以其事而微之者也。当是时，天子蒙尘，晋为方伯，不奔问官守，省视器具，徐遣大夫往焉，勤王尊主之义，若是乎？书“晋人围郊”，而罪自见矣。

夏，六月，蔡侯东国卒于楚。

秋，七月，莒子庚舆来奔。

《左氏》曰：“庚舆虐而好剑，苟铸剑，必试诸人。国人患之，又将叛齐，乌存帅国人逐之。庚舆来奔，齐人纳郊公。”三代之得失天下，仁与不仁而已矣。苟无仁心，甚则身弑国亡，不甚则身危国削。庚舆免死道左而出奔于鲁，幸耳。入国不书，而书其出奔，恶之也。郊公出入皆不书，微之也，所谓以其人而微之者也。微之为义，或以位，或以人，或以事。《春秋》书法达王事，名氏不登于史策，若此类亦众矣。

戊辰，吴败顿、胡、沈、蔡、陈、许之师于鸡父，胡子髡、沈子逞灭，获陈夏齧。

吴伐州来，楚令尹帅师及诸侯之师与吴战，曷为不书？楚令尹既丧，楚师已憯，六国先败，楚师遂奔，是以不书楚也。诸侯之师，曷为略而不序？顿、胡、沈，则其君自将；蔡、陈、许，则大夫帅师。言战，则未陈也；言败绩，则或灭或获，其事亦不同也。故总言吴人以诈取胜于前，而以君与大夫序六国于后。胡、沈书爵书名书灭者，二国之君幼而狂，不能以礼自守，役属于楚，悉师以出，一败而身与众俱亡也。其曰“胡子髡、沈子逞灭”者，若曰“非有能灭之者，咸其自取焉”耳，亦犹梁亡，自亡也；郑弃其师，自弃也；齐人歼于遂，自歼也。或曰灭，或曰获，别君臣也。君死曰灭，胡子髡、沈子逞是也；生得曰获，秦、晋战于韩原，获晋侯是也。大夫生死皆曰获，郑获宋华元，生也；吴获陈夏啮，死也。书其败，不以国分而以君大夫为序；书其死，不以事同而以君臣为别。皆所以辨上下，定民志，虽颠沛必于是也，其义行而乱自熄矣。

天王居于狄泉。

尹氏立王子朝。

“立”者，不宜立也。王猛当立而未能立，故称大臣以之而不言立。敬王当立又能立矣，故直称“居于狄泉”，而不言“立”。子朝庶孽夺正，以贱妨贵，基乱周室，不当立者也，故特称“立”而自尹氏。尹氏，天子之卿也。王朝公卿书爵，而变文称“氏”者，见世卿之擅权乱国，为后戒也。或曰：“称‘氏’者，时以‘氏’称之也，《诗》云‘王谓尹氏’，此《大雅》美宣王诗也，亦讥世卿欤？”为此说者，误矣。诗人主文而不以害意，有美而或过，有刺而或深，以意逆之，可也。《春秋》所书，或称爵，或称字，或称名，或称氏，或称子，或称人，名分所由正，是非所由定，礼义所由出，皆断自圣心，游、夏不能与也。徇时之所称而称之，岂其然乎？

八月乙未，地震。

冬，公如晋，至河，有疾，乃复。

昭公两朝于晋而一见止，五如晋而四不得入焉。今此书“有疾，乃复”，杀耻也。以周公之胄，千乘之君，执币帛修两君之好，而不见纳，斯亦可耻矣。有耻而后能知愤，知愤而后能自强，自强而后能为善，为善而后能立身，身立而后能行其政令、保其国家矣。昭公内则受制于权臣，外则见陵于方伯，此正忧患疢疾，有德慧术智保生免死之时也，而安于屈辱，甘处微弱，无愤耻自强之心，其失国出奔，死于境外，其自取之哉！

二十有四年。春，王二月丙戌，仲孙貜卒。

叔孙舍至自晋。

大夫执而致则名，此独书其姓氏何？贤之也。叔孙舍以礼立身，而不屈于强国；以忠事主，而不顺于强臣，此社稷之卫，鲁之良大夫也。使昭公稍有动心忍性，强于为善之意，举国以听，岂其死于乾侯？观意如之稽颡于昭子，叔孙之以逐君责意如，其事可见矣。及意如有异志，而昭子使祝宗祈死，所谓知其无可奈何，安之若命者。故“舍至自晋”，特以姓氏书。其死也，公虽在外，而特书日以卒之，所以表其节，为后世劝也。

夏，五月乙未，朔，日有食之。

秋，八月，大雩。

丁酉，杞伯郁釐卒。

冬，吴灭巢。

“巢”，楚之附庸，实邑之也。书“吴入州来”，著陵楚之渐；书“吴灭巢”，著入郢之渐。四邻，封境之守，既不能制，则封境震矣；四境，国都之守，既不能保，则国都危矣。故沈尹戌以此为亡郢之始也。《春秋》内失地不书，明此为有国之大罪；外取、灭皆书，明见取、灭者之不能有其土地人民，则不君矣。故诸侯之宝三，以土地为首。

葬杞平公。

二十有五年。春，叔孙舍如宋。

夏，叔诣会晋赵鞅、宋乐大心、卫北宫喜、郑游吉、曹人、邾人、滕人、薛人、小邾人于黄父。

按，《左氏》：“郑子太叔如晋，范献子曰：‘若王室何？’对曰：‘王室之不宁，大国之忧，晋之耻也，吾子其早图之。’献子惧，乃征会于诸侯，会于黄父，谋王室也。赵简子令诸侯之大夫输王粟，具戍人，将纳王。”夫以王猛之无宠，单旗、刘蚠之屡败，敬王初立，子朝之众，召伯奂、南宫嚚、甘桓公之党，疑若多助之在朝也。然会于黄父，凡十国，而诸侯之大夫无异议焉，是知邪不胜正，久矣。犹有宠爱庶孽，配嫡夺正，至于灭亡而不寤者，不知幽王、晋献之父子，亦何足效哉？然则，黄父之会，王事也，而无美辞，何也？王室不靖，亦惟友邦冢君，克修厥职，以绥定王都，非异人任，亦何美之有？免于讥贬，足矣。此《春秋》以正待人之体也，后世以滥赏报臣子所当为之事，为臣子者亦受而不辞，失此义矣。

有鸜鹆来巢。

《传》曰：“鸜鹆不逾济。”济水东北会于汶，鲁在汶南，其所无也，故书曰“有”。“巢”者，去穴而巢，阴居阳位，臣逐君象也。鸜鹆宜穴处于下，而巢居于上，季孙宜臣顺于家，而主祭于国。反常为异之兆，能以德消，则无其应矣。或曰：“此公子宋有国之祥也。”

秋，七月上辛，大雩。季辛，又雩。

《左氏》以再雩为旱甚。圣人书此者，以志御灾之非道，而区区于祷祠之末也。昭公之时，雨雹、地震，四见于《经》，旱干为虐，相继而起。“有鸜鹆来巢”，异之甚也；“季辛，又雩”，灾之甚也。考诸列位，则国有人焉；观诸天时，则犹有眷顾之心，未终弃也。若反身修德，信用忠贤，灾异之来，必可御矣。昔高宗肜日，雉升鼎耳，异亦甚矣，听于祖己，克正厥事，故能嘉靖殷邦，享国长久；宣王之时，旱魃蕴隆，灾亦甚矣，侧身修行，遇灾而惧，故能兴衰拨乱，王化复行。此皆以人胜天、以德消变之验也。昭公至是，犹不知畏，罔克自省，而求于祷祠之末，将能胜乎？故特书此，以为后世鉴。

九月己亥，公孙于齐，次于阳州。

内出奔称“孙”，隐也；“次于阳州”，待齐命也。昭公欲伐季氏，子家子曰：“季氏得民已久，君无多辱。”公不从。意如登台而请，待于沂上以察罪，弗许；请囚于费，弗许；请以五乘亡，弗许。子家子曰：“君其许之！政自之出，久矣，隐民多取食焉，为之徒者，众矣，日入慝作，弗可知也。”弗听。叔孙氏之司马陷西北隅以入，孟氏杀郈昭伯，遂伐公徒，公与臧孙如墓谋，遂行。以君伐臣，曷为不胜？鲁自东门遂杀嫡立庶，鲁君于是乎失政，禄去公室，政在季氏，于此君也四公矣，作三军，尽征其一；舍中军，兼有其二；民赋入于其家，半矣；受命救台也遂入郓，帅师取卞也不以闻，军政在其手专矣。行父片言而东门氏逐，南蒯一动而公子慭奔，鲁之群臣，亦无敢忠于公室而献谋者，所谓屯难之时也。在《易·屯》之六五，曰：“屯其膏。小贞，吉；大贞，凶。”《象》曰：“屯，其膏施，未光也。”昭公不明乎消息盈虚之理，正身率德，择任忠贤，待时驯致，不忍一朝之忿，求逞其私欲，而以群小谋之，其及也宜矣。

齐侯唁公于野井。

“唁”者，吊也。生事曰唁，死事曰吊。“齐侯唁公于野井”，以遇礼相见。孔子曰：“其礼与其辞，足观矣。”然则，何以失国而不反乎？礼有本末，正身治人，礼之本也；威仪文辞，礼之末也。昭公丧齐归无戚容而不顾，娶孟子为夫人而不命，政令在家而不能取，有子家子之贤而不能用，而屑屑焉习仪以亟，能有国乎？虽齐侯来唁，其礼与辞是矣，而方伯连帅之职则未修也，又岂所以为礼哉？其言曰：“自莒疆以西，请致千社，将率敝赋以从。”而子家子曰：“失鲁而以千社为臣，谁与之立？且齐君无信，不如早之晋。”书曰“唁公”，亦明其无纳公之实，讥之也。

冬，十月戊辰，叔孙舍卒。

十有一月己亥，宋公佐卒于曲棘。

按，《左氏》：“宋元公为公故如晋，卒于曲棘。”“曲棘”，宋地也。宋元之夫人曹氏，生子妻意如。或谓曹氏勿与，鲁将逐之。曹氏告元公，公告乐祁，祁曰："与之，如是，鲁君必出，无民而能逞其志者，未之有也，鲁君失民久矣。"然则，宋元，意如之外舅也，不此之顾，而求欲纳公，是以正伦恤患为心，而不匿其私亲之恶者也，其贤于当时诸侯远矣。故虽卒于封内，而特书其地以别之也。

十有二月，齐侯取郓。

"郓"，鲁邑也，直书齐侯取之，何也？齐不自取，而为公取郓，使居之也。昭公出奔，《经》书"次于阳州"，见公于鲁未绝，而季氏逐君为不臣，及书"齐侯取郓"，则见公已绝于鲁，而逐于季氏为不君。君者，有其土地人民，以奉宗庙之典籍者也，已不能有而他人是保，则不君矣。《春秋》之义，欲为君尽君道，为臣尽臣道，各守其职而不渝也。昭公失君道，季氏为乱臣，各渝其职而不守矣，其为后世戒，深切著明矣。

二十有六年。春，王正月，葬宋元公。

三月，公至自齐，居于郓。

"居"者，有其土地人民之称也。昭公失国出奔而称"居于郓"者，存一国之防也；襄王已出而称"居于郑"，敬王未入而称"居于狄泉"者，存天下之防也。天子之于天下，率土之滨，莫非王臣，非诸侯所敢擅也；诸侯之于封国，四境之内，莫非其土，非大夫所得专也。故诸侯避舍以待巡守，而大夫专邑，是谓叛君。曰"居于郓"，其为防也至矣。

夏，公围成。

“成”者，孟氏之邑。《左氏》曰：“齐侯将纳公，命无受鲁货，申丰适齐，货梁丘据，据受之，言于齐侯曰：‘群臣不尽力于鲁君者，非不能事君也，据有异焉；宋元公为鲁君如晋，卒于曲棘；叔孙昭子求纳其君，无疾而死。不知天之弃鲁邪，抑鲁君有罪于鬼神，故及此也？若使群臣从鲁君以卜，师有济也，而继焉，兹无敌矣。’齐侯从之，使公子鉏帅师从公围成。”不书“齐师”者，景公怵于邪说，为义不终，故微之也。书“公围成”，则季氏之不臣，昭公之不君，齐侯之不能修方伯连帅之职，其罪咸具矣。

秋，公会齐侯、莒子、邾子、杞伯盟于鄟陵。

公至自会，居于郓。

九月庚申，楚子居卒。

冬，十月，天王入于成周。

《左氏》曰：“晋知跞、赵鞅帅师纳王，入于成周，使成公般戍周而还。”不曰“入于京师”者，京师，众大之称，不可系之入也。其曰“成周”云者，《黍离》而次，不列于《雅》，降为《国风》之意，而景王宠爱庶孽、弱其世嫡之罪著矣。

尹氏、召伯、毛伯以王子朝奔楚。

取国有五利，宠居一焉。子朝有宠于景王，为之党者众矣，卒不能立，至于奔楚，何也？是非有出于人之本心者，不可以私爱是，亦不可以私恶非，卒归于公而止矣。景王宠爱子朝，将蕲于见是，而天下不以为是；疏薄子猛，将蕲于见非，而天下卒不以为非。徒设此心，两弃之也。庶孽凭宠，为群小之所宗，而人心不附；嫡子恃正，人心之所向，而群小不从。故伯服虽杀，而平王亦不能复宗周之盛；申生已死，而奚齐、卓子亦不能胜里克之兵，是两弃之也。景王不鉴覆车，王猛、子朝之际，危亦甚矣。《春秋》详书，为后世戒，可谓深切著明也哉！

二十有七年。春，公如齐。

公至自齐，居于郓。

夏，四月，吴弑其君僚。

此公子光使专诸弑之，而称国，何也？吴子寿梦有四子：长诸樊，次馀祭，次夷末，次季札。光，诸樊之子也；僚，夷末之子也。诸樊兄弟以次相及，必欲致国于季子，而季子终不受，则国宜之光者也，僚乌得为君？故称国以弑，而不归狱于光。其称国以弑者，吴大臣之罪也。大臣任大事，事莫大于置君矣，故君存而国本定，君终而嗣子立。社稷嘉靖，人无间言，此秉政大臣之任，伊、召之所以安商、周，孔明之所以定刘汉也。若废立进退，出于群小阍寺，而当国大臣不预焉，则将焉用彼相矣？此《春秋》归罪大臣、称国弑君之意，其经世之虑深矣。

楚杀其大夫郤宛。

秋，晋士鞅、宋乐祁犁、卫北宫喜、曹人、邾人、滕人会于扈。

按，《左氏》："扈之会，令戍周，且谋纳公也，宋、卫皆利纳公，固请之。士鞅取货于季孙，谓乐祁、北宫喜曰：'鲁君守齐，三年而无成。季氏甚得其民，淮夷与之，有十年之备，有齐、楚之援，有坚守之心，有列国之权，而弗敢宣也。事君如在国，鞅以为难，二子皆图国者也，而欲纳鲁君。请从二子以围鲁，无成，死之。’二子惧，皆辞。乃辞小国，而以难复。”文十五年，诸侯盟于扈，将为鲁讨齐，齐侯赂之而不克讨，故在会诸侯略而不序。今此谋纳公，亦以赂故不克纳，而诸国之大夫皆序，何也？曰：“利于纳公者，宋、卫之大夫也；受赂而不欲纳公者，独范鞅主之耳。又况成周之令行乎，所以列序而不略也。以此见圣人取舍之大情，而轻重审矣。”

冬，十月，曹伯午卒。

邾快来奔。

公如齐。

公至自齐，居于郓。

二十有八年。春，王三月，葬曹悼公。

公如晋，次于乾侯。

夏，四月丙戌，郑伯宁卒。

六月，葬郑定公。

秋，七月癸巳，滕子宁卒。

冬，葬滕悼公。

二十有九年。春，公至自乾侯，居于郓。

齐侯使高张来唁公。

遣使来唁，浅事也，亦书于《经》者，罪齐侯不能修方伯连帅之职也。昔狄人迫逐黎侯，黎侯寓于卫，卫人弗恤，黎之臣子劝其君以归，而赋《式微》，其一章曰“微君之故”者，以事求人而人不有其事，是谓“微君之故”。若昭公见逐出奔而齐莫之讨，淹恤日久而齐莫之纳，“微君之故”矣。其二章曰“微君之躬”者，以身下人而人不有其身，是谓“微君之躬”。若齐侯设礼以享而使宰献，遣使来唁而称主君，“微君之躬”矣。诸侯失国，托于诸侯，礼也；诸侯失国，诸侯纳之，正也。齐之先世尝主夏盟，而太公受先王五侯九伯之命矣。鲁为邻境，甥舅之国也。昭公朝夕立于其朝，曾不能陈师境上，讨意如逐君之罪，而遣使唁公，岂得礼乎？

公如晋，次于乾侯。

夏，四月庚子，叔诣卒。

秋，七月。

冬，十月，郓溃。

民逃其上曰“溃”。自是，昭公削迹于鲁，尺地一民，皆非其有矣。公之出奔，处郓四年，民不见德，亡无爱征，至于溃散，岂非昏迷不反，自纳于罟擭陷阱之中？其从者，又皆艾杀其民，视如土芥，其下不堪，所以溃欤！然则，去宗庙社稷出奔，而犹不惕然恐惧，蕲改过以补前行之愆也，自弃甚矣，欲不亡，得乎？噫！故书以为后世戒。

三十年。春，王正月，公在乾侯。

公去社稷，于今五年，每岁首月不书公者，在鲁四封之内，则无适而非其所也。至是郓溃，客寄乾侯，非其所矣。岁首必书公之所在者，盖以存君，不与季氏之专国也，而罪臣子、讥诸侯之意具矣。唐武后废迁中宗，革命自立，史臣列于本纪，欲著其罪，而君子以为非《春秋》之法，其言曰：“天下者，唐之天下，中宗受之于其父，武后安得绝先君之世？”复系嗣君之年，黜武氏之号，自以为窃取《春秋》之义，信矣。

夏，六月庚辰，晋侯去疾卒。

秋，八月，葬晋顷公。

冬，十有二月，吴灭徐，徐子章羽奔楚。

三十有一年。春，王正月，公在乾侯。

季孙意如会晋荀跞于适历。

《左氏》曰："晋侯将以师纳公，士鞅曰：'若召季孙而不来，则信不臣矣，然后伐之，若何？'晋人召季孙，鞅使私焉，曰：'子必来，我受其无咎。'"意如出君不事，专有鲁国，晋实主盟，不能致讨而宠以会礼，不亦逆哉？或曰："季孙事君如在国，未知其罪而君伐之，是昭公之过也。"则非矣。行货齐、晋，使不纳公；祷于炀宫，求君不入，及其复也，犹欲绝其兆域，加之恶谥，安在乎事君如在国，犹曰"未知其罪"乎？齐、晋不能诛乱禁奸，悖君臣之义，不知其从自及也。陆淳以谓"逐君之臣，晋不之罪，而反与为会，书曰'意如会晋荀跞于适历'，晋侯之为盟主可见矣，荀跞之为人臣可知矣，此不待贬绝而罪恶见者也"，得《春秋》所书之意矣。

夏，四月丁巳，薛伯穀卒。

晋侯使荀跞唁公于乾侯。

秋，葬薛献公。

冬，黑肱以滥来奔。

十有二月辛亥，朔，日有食之。

三十有二年。春，王正月，公在乾侯。取阚。

夏，吴伐越。

秋，七月。

冬，仲孙何忌会晋韩不信、齐高张、宋仲幾、卫世叔申、郑国参、曹人、莒人、薛人、杞人、小邾人城成周。

天子有道，守在四夷。今至于城王都，可以不书乎？不曰“城京师”，而曰“城成周”者，京师，众大之称；成周，地名也，与列国等矣。

十有二月己未，公薨于乾侯。

诸侯失国出奔者，众矣，郑伯突为祭仲所逐而出奔，入于栎而复国；卫侯衎为孙、宁所逐而出奔，入于夷仪而复国。昭公在外八年，终以客死，为天下笑，何也？祭仲虽专，而世权不重于季氏；卫侯失国，犹夫人也，而有推挽之者，所以虽失而复得也。鲁自季友受费以为上卿，至于意如专执国命，四世矣。其臣皆季氏之孚也，其民皆季氏之获也。而昭公有一子家驹，言不见听，计不行也，不能复国，宜矣。故《春秋》详录其所因，为后世之戒。公虽失国，然每岁之首月必书“公在乾侯”，诛意如也；书“齐侯取郓”“公围成”“郓溃”，绝昭公也。为人臣者，观每岁必书公所在，必不敢萌跋扈不臣之心；为人君者，观《春秋》所书“围成”“郓溃”，知社稷之无常奉也，亦必少警矣。呜呼！可谓深切著明者矣。

卷二十七

定公上

元年。春，王。

元年必书“正月”，谨始也。定何以无“正月”？昭公薨于乾侯，不得正其终；定公制在权臣，不得正其始。鲁于是旷年无君，《春秋》欲谨之而不可也。季氏废太子衍及务人，而立公子宋。宋者，昭公之弟，其主社稷，非先君所命，而专受之于意如者也。故不书“正月”，见鲁国无君，定公无正。主人习其读而问其传，则未知己之有罪焉尔。

三月，晋人执宋仲幾于京师。

按，《左氏》：“诸侯会城成周，宋仲幾不受功，曰：‘滕、薛、郳，吾役也。’为是执之。”则有罪矣，书“晋人执仲幾于京师”，则贬词也。以王事讨有罪，何贬乎？按《周官·司隶》：“掌凡囚执人之事，属于司寇。凡诸侯之狱讼，定以邦典；凡卿大夫之狱讼，断以邦法，则大司寇之职也。”不告诸司寇，而执人于天子之侧，故虽以王事讨有罪，犹贬。凡此类，皆簒弑之萌，履霜之渐。执而书其地，谨之也。每谨于初，而祸乱熄矣。

夏，六月癸亥，公之丧至自乾侯。戊辰，公即位。

昭公之薨，已越葬期，犹未得返，至于六月癸亥，然后丧至，而定之即位，乃在是月之戊辰。盖迟速进退为意如所制，不得专也。以《周书·顾命》考之，成王之崩，在四月乙丑，宰臣太保即于是日命仲桓、南宫毛俾爰齐侯吕伋，以二干戈、虎贲百人，逆王世子钊于南门之外，延入翼室，宅忧为天下主，不待崇朝而后定也。今昭公丧至，在葬期之后，公子宋自坏隤先入，犹未得立，是知为意如所制，不得以时定，非谓正棺乎两楹之间，故定之即位，不可不察也。夫即位，大事也。宗嗣先定，则变故不生。盖代君享国而主其祭，宜戚宜惧，一失机会，或萌窥伺之心，至于生变，则为不孝矣，古人所以贵于早定国家之本也。今昭公之薨，定公之即位，《春秋》详书于策，非为后法，乃见诸行事为永鉴耳。

秋，七月癸巳，葬我君昭公。

九月，大雩。

立炀宫。

炀公，伯禽之子。其曰"立"者，不宜立也。丧事即远，有进而无退；宫庙即远，有毁而无立。

冬，十月，陨霜杀菽。

《穀梁子》曰："菽，举重也。未可以杀而杀，举重；可杀而不杀，举轻。"其象，则刑罚不中之应。

二年。春，王正月。

夏，五月壬辰，雉门及两观灾。

秋，楚人伐吴。

冬，十月，新作雉门及两观。

书“新作”者，讥僭王制而不能革也。“雉门”，象魏之门，其外为库门，而皋门在库门之外，其内为应门，而路门在应门之内，是天子之五门也。僖公尝修泮宫，复閟宫，非不用民力也，而《春秋》不书。新作南门则独书者，南非一门也，必有不当为者。子家驹以设两观为僭天子，是非诸侯之制，明矣。夫拨乱反正者，必本诸身，身正者，物必正。《春秋》于僭君必书者，必正之意也。使定公遇灾而惧，革其僭礼，三家陪臣虽欲僭诸侯，执国命，其敢乎？习旧而不知以为非，何以禁季氏之胁其主矣？故特书“新作”，以讥之也。

三年。春，王正月，公如晋，至河，乃复。

二月辛卯，邾子穿卒。

夏，四月。

秋，葬邾莊公。

冬，仲孙何忌及邾子盟于拔。

四年。春，王二月癸巳，陈侯吴卒。

三月，公会刘子、晋侯、宋公、蔡侯、卫侯、陈子、郑伯、许男、曹伯、莒子、邾子、顿子、胡子、滕子、薛伯、杞伯、小邾子、齐国夏于召陵，侵楚。

按，《左氏传》书“伐”，而《经》书“侵楚”者，楚为无道，凭陵诸夏，为一裘一马拘唐、蔡二君，三年而后遣。蔡侯既归，请师于晋，晋人请命于周，大合诸侯，天子之元老在焉，若能暴明其罪，恭行天讨，庶几哉王者之师，齐桓、晋文之功褊矣。有荀寅者，求货于蔡侯，弗得，遂辞蔡人，晋由是失诸侯，无功而还。书曰“侵楚”，陋之也。

夏，四月庚辰，蔡公孙姓帅师灭沈，以沈子嘉归，杀之。

沈人不会于召陵，晋人使蔡伐之。书“灭沈”，罪公孙姓也；书“以归”，罪沈子嘉也；书“杀之”，罪蔡侯也。奉词致讨，而覆其邦家，为敌所执，不死于位，皆不仁矣。所恶于前，无以先后；出乎尔者，反乎尔者也。蔡侯视楚，犹沈视蔡也。昭公拘于郢，三年而后反，非以国小而弱乎？沈虽不会召陵，未有大罪恶也，而恃强杀之，甚矣。能无公孙翩之及哉！宋以曹伯阳归，蔡以沈子嘉归，皆杀之也。而或书或不书，其不书者，贱而略之也。

五月，公及诸侯盟于皋鼬。

定公之立，上不请于天王，下不告于方伯，而受国于季孙意如，故三年朝晋，至河而复。今会诸侯，求为此盟，书“公及”者，内为志也。召陵之会必序，不序十有八国之诸侯，则无以见侵楚之陋。皋鼬之盟，序与不序，非义所系，则以凡举可矣。

杞伯成卒于會。

六月，葬陈惠公。

许迁于容城。

秋，七月，公至自会。

刘卷卒。

葬杞悼公。

楚人围蔡。

晋士鞅、卫孔圄帅师伐鲜虞。

葬刘文公。

冬，十有一月庚午，蔡侯以吴子及楚人战于柏举，楚师败绩，楚囊瓦出奔郑。

吴何以称“子”？善伐楚解蔡围也。荆楚暴横，盟主不能致其讨，天王不能达其命，长恶不悛，复兴师而围蔡，王法所当讨而不赦也。吴能自卑，听蔡侯之义，以达天子之命，兴师救蔡，战于柏举，大败楚师，成伯讨之功，善矣。晋主夏盟，中国所仰，若嘉谷之望雨也，有请于晋，如彼其难；吴国，天下莫强焉，非诸侯所能以也，有请于吴，如此其易。故召陵之会，大合诸侯，而书“侵楚”；柏举之战，蔡用吴师，特书曰“以”者，深罪晋人保利弃义，难于救蔡也。然则，何以不言“救”乎？救大矣。阖闾、子胥、宰嚭，皆怀谋楚之心，蔡人往请，会逢其适，非有救灾恤邻、从简书、忧中国之实也。圣人道大德宏，乐与人为善，故因其从蔡，特进而书爵。囊瓦贪以败国，又不能死，可贱甚矣，故记其出奔，特贬而称“人”，《春秋》之情见矣。

庚辰，吴入郢。

“及楚人战”则称爵，“入郢”则举其号，何也？君舍于其君之室，大夫舍于大夫之室，狄道也。圣人谁毁谁誉？救灾恤邻，则进而书爵，非有心于与之，顺天命也；乘约肆淫，则黜而举号，非有心于贬之，奉天讨也。伐国者，固将拯民于水火之中，而鸠集之耳。杀其父兄，系其子弟，毁其宗庙，迁其重器，而乱男女之配也，如水益深，如火益热，则善小而恶大，功不足以掩之矣。圣人心无毁誉，如镜之无妍丑也，因事物善恶而施褒贬焉，不期公而自公尔，明此义，然后可以司赏罚之权，得《春秋》之法矣。

五年。春，王三月辛亥，朔，日有食之。

夏，归粟于蔡。

於越入吴。

六月丙申，季孙意如卒。

内大夫有罪，见讨则不书“卒”，公子翚是也。仲遂杀恶及视，罪与翚同，而书“卒”者，以事之变，卒之也。意如何以书“卒”？见定公不讨逐君之贼，以为大夫，全始终之礼也。定虽受国于季氏，苟有叔孙舍之见，不赏私劳，致辟意如，以明君臣之义，则三纲可正，公室强矣。今苟于利而忘其仇，三纲灭，公室益侵，陪臣执命，宜矣，故意如书“卒”。主人习其读而问其传，则未知已之有罪焉尔。

秋，七月壬子，叔孙不敢卒。

冬，晋士鞅帅师围鲜虞。

六年。春，王正月癸亥，郑游速帅师灭许，以许男斯归。

二月，公侵郑。

公至自侵郑。

夏，季孙斯、仲孙何忌如晋。

秋，晋人执宋行人乐祁犁。

称人以“执”，非伯讨也。祁犁聘于晋，主赵简子，饮酒焉献杨楯六十。范、赵方恶，其宰曰：“昔吾主范氏，今子主赵氏，是贾祸也。”范献子果怒，言于晋侯曰：“以君命越疆，未致使而私饮酒，不敬二君，不可不讨也。”乃执乐祁。执非无名，何以非伯讨也？使范、赵方睦，皆有献焉，则弗执之矣。执异国行人，出于列卿私意，威福之柄移矣。三卿分晋，而靖公废为家人，岂一朝一夕之故哉？

冬，城中城。

季孙斯、仲孙何忌帅师围郓。

七年。春，王正月。

夏，四月。

秋，齐侯、郑伯盟于咸。

齐人执卫行人北宫结以侵卫。

齐侯、卫侯盟于沙。

大雩。

齐国夏帅师伐我西鄙。

九月，大雩。

冬，十月。

八年。春，王正月，公侵齐。

公至自侵齐。

二月，公侵齐。

三月，公至自侵齐。

曹伯露卒。

夏，齐国夏帅师伐我西鄙。

公会晋师于瓦。

按，《左氏》：“晋士鞅、荀寅救鲁。”则其书“公会晋师”，何也？《春秋》大法，虽师次于君而与大夫敌，至用大众，则君与大夫皆以师为重，而不敢轻也。故棐林之会，不言“赵盾”而言“晋师”；瓦之会，言“晋师”而不书“士鞅”，于以见人臣不可取民有众、专主兵权之意。陈氏厚施于齐以移其国，季孙尽征于鲁以夺其民，皆王法所禁也。《春秋》之义行，则不得为尔矣。

公至自瓦。

秋，七月戊辰，陈侯柳卒。

晋士鞅帅师侵郑，遂侵卫。

葬曹靖公。

九月，葬陈怀公。

季孙斯、仲孙何忌帅师侵卫。

冬，卫侯、郑伯盟于曲濮。

从祀先公。

蜀人冯山曰：“昭公至是，始得从祀于太庙。”其说是也。季氏逐君而制其生死之命，公薨乾侯，不得终于正寝；既薨七月，又不得以时归葬；既葬，绝其兆域，又不得同于先君，而在墓道之南。至孔子为司寇，然后沟而合诸墓，则其主虽久，未得从昭穆而祔祭，宜矣。及意如已卒，阳虎专季氏，将杀季孙斯而乱鲁国，托于正以售其不正，始以昭公之主从祀太庙，盖欲著季氏之罪，以取媚于国人。然其事虽顺，其情则逆。《春秋》原情制法，故不书禘事与日，特曰“从祀先公”于“盗窃宝玉大弓”之上，见事出阳虎而不可详也，其亦深切著明矣。

盗窃宝玉大弓。

九年。春，王正月。

夏，四月戊申，郑伯虿卒。

得宝玉大弓。

《穀梁子》曰：“宝玉，封圭；大弓，武王之戎弓也，周公受赐，藏之鲁。”或曰：“夏后氏之璜，封父之繁弱也。”子孙世守，敢罔失坠，以昭先祖之德，存肃敬之心尔。古者，告终易代，弘璧、琬琰、天球、夷玉、兑之戈、和之弓、垂之竹矢，莫不陈列，非直为美观也，先王所宝，传及其身能全取归之，则可以免矣。鲁失其政，陪臣擅权，虽先公分器，犹不能守，而盗得窃诸公宫，其能国乎？故失之书，得之书，所以讥公与执政之臣，见不恭之大也。此义行，则有天下国家者，各知所守之职，不敢忽矣。

六月，葬郑献公。

秋，齐侯、卫侯次于五氏。

秦伯卒。

冬，葬秦哀公。

卷二十八

定公下

十年。春，王三月，及齐平。

夏，公会齐侯于夹谷。公至自夹谷。

夹谷之会，孔子相。犁弥言于齐侯曰："孔丘知礼而无勇，若使莱人以兵劫鲁侯，必得志焉。"齐侯从之。两君就坛，两相相揖，齐人鼓噪而起，欲以执鲁君。孔子历阶而升，不尽一等，而视归乎齐侯，曰："两君合好，而裔夷之俘，以兵乱之，非齐君所以命诸侯也。裔不谋夏，夷不乱华，俘不干盟，兵不逼好。于神为不祥，于德为愆义，于人为失礼。"齐侯遽止之，而属其臣曰："夫人率其君与行君子之道，二三子独率我人夷狄之俗，使寡人获罪于鲁侯，如之何？"晏子曰："小人之谢过也以文，君子之谢过也以质，君已知过，则谢之以质尔。"于是归郓、讙、龟阴之田。仲尼一言威重于三军，亦顺于理而已矣，故天下莫大于理，而强众不与焉。

晋赵鞅帅师围卫。

齐人来归郓、讙、龟阴田。

齐人前此尝归济西田矣，后此尝归讙及阐矣，而此独书“来归”，何也？曰“归”者，鲁请而得之也；曰“来归”者，齐人心服而归之也。定公、齐侯会于夹谷，孔子摄相事，具左右司马以从。至于会所，以礼相见，却裔俘，拒兵车之命，而罢享礼之设于野，由是齐侯归三邑以谢过。故杨子《法言》曰：“仲尼用于鲁，齐人章章，归其侵疆。”桓公以义责楚，而楚人求盟；夫子以礼责齐，而齐人归地，皆书曰“来”，序绩也。《春秋》，夫子之笔削，自序其绩，可乎？圣人会人、物于一身，万象异形而同体，通古今于一息，百王异世而同神，于土皆安而无所避也，于我皆真而无所忘也。其曰：“天之将丧斯文也，后死者不得与于斯文也。天之未丧斯文也，匡人其如予何？”是以天自处矣，而亦何嫌之有？

叔孙州仇、仲孙何忌帅师围郈。秋，叔孙州仇、仲孙何忌帅师围郈。

郈，叔孙氏邑也。侯犯以郈叛，不书于策，书“围郈”，则叛可知矣。再书二卿帅师围郈，则强亦可知矣。天子失道，征伐自诸侯出，而后大夫强；诸侯失道，征伐自大夫出，而后家臣强。其逆弥甚，则其失弥速。故自诸侯出，十世希不失矣；自大夫出，五世希不失矣；陪臣执国命，三世希不失矣。三家专鲁，为日既久，至是家臣争叛，亦其理宜矣。《春秋》制法本忠恕，施诸己而不愿，亦勿施诸人。故所恶于上，不以使下；所恶于下，不以事上。二三子知倾公室以自张，而不知家隶之拟其后也。凡此类，皆据事直书，深切著明矣。

宋乐大心出奔曹。

宋公子地出奔陈。

冬，齐侯、卫侯、郑游速会于安甫。

叔孙州仇如齐。

宋公之弟辰暨仲佗、石彄出奔陈。

按，《左氏》：“宋公子地有白马四，公以与桓魋，地怒，抶魋夺之，魋惧，将走，公泣之，母弟辰曰：‘子为君礼，不过出境，君必止子。’地出奔陈，公弗止，辰为之请，弗听，辰曰：‘是我迋吾兄也。吾以国人出，君谁与处？’”书曰“宋公之弟辰暨仲佗、石彄出奔陈”，其“弟”云者，罪宋公以嬖魋故而失二弟，无亲亲之恩；“暨”云者，罪辰以兄故帅其大夫出奔，无尊君之义。夫暨者，不得已之词，又以见仲佗、石彄见胁于辰，不能自立，无大臣之节也。

十有一年。春，宋公之弟辰及仲佗、石彄、公子地自陈入于萧以叛。

夏，四月。

秋，宋乐大心自曹入于萧。

“出奔陈”则称“暨”，“入于萧以叛”则称“及”。“及”，非不得已之词，得已而不已者也。夫事君者，可贫、可贱、可杀而不可使为乱。今不得已而轻于去国，犹之可也；得已不已，而果于叛君，则无首从之别，其罪一施之，故不称“暨”，而称“及”。四卿在萧以叛，而大心自曹从之，其叛可知矣，故不书“叛”，而曰“入于萧”。“入”，逆词也。书“自陈”“自曹”者，结邻国以入叛，陈与曹之罪亦著矣。

冬，及郑平。叔还如郑莅盟。

十有二年。春，薛伯定卒。

夏，葬薛襄公。

叔孙州仇帅师堕郈。

卫公孟彄帅师伐曹。

季孙斯、仲孙何忌帅师堕费。

按，《左氏》："仲由为季氏宰，将堕三都，于是叔孙氏堕郈。季氏将堕费，公山不狃、叔孙辄帅费人袭鲁。公与三子入季氏之宫，登武子之台。费人攻之，入及公侧。仲尼命申句须、乐颀下，伐之，二子奔齐，遂堕费。"《礼》曰："制国不过千乘，都城不过百雉，家富不过百乘，以此坊民，诸侯犹有叛者。"故家不藏甲，邑无百雉之城，礼所当谨也。郈、费、成者，三家之邑，政在大夫，三卿越礼，各固其城，公室欲张而不得也。三桓既微，陪臣擅命，凭恃其城，数有叛者，三家亦不能制也。而问于仲尼，遂堕三都，是谓以礼为国，可以为之兆也。推而行诸鲁国而准，则地方五百里，凡侵小而得者，必有兴灭国、继绝世之义。诸侯、大夫各谨于礼，不以所恶于上者，使其下；亦不以所恶于下者，事其上，上下交相顺，而王政行矣。故曰："苟有用我者，期月而可，三年有成。"

秋，大雩。

冬，十月癸亥，公会齐侯盟于黄。

十有一月丙寅，朔，日有食之。

公至自黄。

十有二月，公围成。公至自围成。

按，《左氏》："将堕成，公敛处父谓孟孙曰：'堕成，齐人必至于北门。且成，孟氏之保障，无成，是无孟氏也。子伪不知，我将不堕。'"书"公围成"，强也，其致，危之也。仲由为季氏宰，孔子为鲁司寇，而不能堕成，何也？按，是冬，公围成，弗克。越明年，孔子由大司寇摄相事，然后诛少正卯，与闻国政，三月而商贾信于市，男女别于途，及齐人馈女乐，孔子遂行。然则围成之时，仲尼虽用事，未能专得鲁国之政也，而辩言乱政如少正卯等，必肆疑沮于其间矣。成虽未堕，无与为比，亦不能为患。使圣人得志行乎鲁国以及期月，则不待兵革而自堕矣。

十有三年。春，齐侯、卫侯次于垂葭。

夏，筑蛇渊囿。

大蒐于比蒲。

卫公孟彄帅师伐曹。

秋，晋赵鞅入于晋阳以叛。

按，《左氏》："赵鞅谓邯郸午曰：'归我卫贡五百家，吾舍诸晋阳。'午许诺，归告其父兄，皆不可。赵孟怒，遂杀午，围邯郸。午，荀寅之甥。荀寅，士吉射之姻也，而相与睦，遂伐赵氏，鞅奔晋阳，晋人围之。"赵鞅之入，拒范、中行也，而直书曰"叛"，何也？人臣专土，与君为市，则是篡弑之阶，坚冰之戒，岂无以有已之义乎？后世大臣有困于谗间，迁延居外，不敢释兵，卒以忧死者，亦未明人臣之义故尔，故直书"入于晋阳以叛"。"入"者，不顺之词；"叛"者，不赦之罪。

冬，晋荀寅、士吉射入于朝歌以叛。

按，《左氏》："知文、韩简、魏襄子与荀寅、范吉射相恶，将逐荀、范，言于晋侯曰：'君命大臣，始祸者死，载书在河。今三臣始祸，而独逐鞅，刑不均矣。请皆逐之。'遂奉公以伐二子，二子败，奔朝歌。"晋主夏盟，威服天下，及大夫专政，贿赂公行，内外离析。示威平丘而齐叛，辞请召陵而蔡叛，盟于沙、咸而郑叛，次于五氏而卫叛，莅于郑、会于夹谷、歃于黄而鲁叛。诸侯叛于外，大夫叛于内，故奔于晋阳而赵鞅叛，入于朝歌而荀寅与士吉射叛。以晋国之大，天下莫强焉，邦分崩而不能守也。《春秋》于晋事，或略而不序，或贱而称人，或书侵以陋之，责亦备矣。至是，三卿内叛，直书于策，见其效也。故臧哀伯曰："国家之败，由官邪也；官之失德，宠赂彰也。"晋卿始祸，缘卫贡也；乐祁见执，献杨楯也；蔡侯从吴，荀寅货也；昭公弗纳，范鞅赂也，而晋室自是不复能主盟矣。故为国以义不以利，《春秋》之大法在焉，见诸行事，亦可谓深切著明矣。

晋赵鞅归于晋。

按，《左氏》："荀、范奔朝歌，韩、魏以赵氏为请，鞅入于绛，盟于公宫。"然则书"归"者，易词也，韩、魏为之请，晋侯许之复，而寅与吉射去国出奔，则无有难之者，故其归为易矣。三子之叛，其罪一也。鞅以有援，故得复；寅、吉射以无助，故终叛。《春秋》书"鞅归于晋"，非与之也，以罪晋侯纵失有罪，无政刑耳。叛逆，人臣之大恶，始祸晋国之载书，既不能致辟于鞅，奉行天讨以警乱臣，又亢不衷，徇韩、魏之请而许之复，无政刑矣，其能国乎？先儒或谓：“言‘归’者，以地正国也，鞅取晋阳之甲，以逐君侧之恶人。”则其说误矣。以地正国而可，是人主可得而胁，人臣擅兴无罪，以兵谏者，真爱其君也。使后世贼臣，称兵向阙，以诛君侧为名，而实欲胁君取国者，则此说启之也，大失《春秋》之意矣。

薛弑其君比。

称国以弑者，当国大臣之罪也。孙复以为“举国之众皆可诛”，非矣。三晋有国半天下，若皆可诛，刀锯不亦滥乎！颍川常秩曰：“孙复之于《春秋》，动辄有罪，盖商鞅之法耳；弃灰于道者，有诛；步过六尺者，有罚。其不即人心，远矣。”王回以是尚秩，此善议复者。

十有四年。春，卫公叔戌来奔。卫赵阳出奔宋。

公叔戌将去南子之党，夫人诉曰：“戌将为乱。”故公叔来奔。赵阳、北宫结，皆戌党也，故亦出奔。而灵公无道，不能正家，以丧其大臣之罪著矣。戌又以富见恶于卫侯。夫富者，怨之府也。使戌积而能散，以财发身，不为贪人之所怨，于以保其爵位，傥庶几乎！

二月辛巳，楚公子结、陈公孙佗人帅师灭顿，以顿子牂归。

夏，卫北宫结来奔。

五月，於越败吴于槜李。吴子光卒。

按，《左氏》：“吴伐越，句践御之，患其整也，使罪人三行，属剑于颈，吴师属目，因伐之，阖闾伤而卒。”书“败”者，诈战也。定公五年，於越入吴，至是败吴于檇李，会黄池之岁，越又入吴，悉书于史，以其告也。哀之元年，吴子败越，栖句践于会稽之上，岂独不告？而史册不书，疑仲尼削之也。吴子光卒，夫差使人立于庭，苟出入，必谓己曰："而忘越王之杀而父乎？"则对曰："唯，不敢忘！"三年，乃报越。然则夫椒之战，复父仇也，非报怨也。《春秋》削而不书，以为常事也，其旨微矣。

公会齐侯、卫侯于牵。

公至自会。

秋，齐侯、宋公会于洮。

天王使石尚来归脤。

卫世子蒯聩出奔宋。

"世子"，国本也。以宠南子，故不能保世子，而使之去国；以欲杀南子故，不能安其身，至于出奔。是轻宗庙社稷之所付托，而恣行矣。《春秋》两著其罪，故特书"世子"，其义不系于与蒯聩之世其国也。而灵公无道，不能正家，以危其国本，至使父子相残，毁灭天理之所由著矣。

卫公孟彄出奔郑。

宋公之弟辰自萧来奔。

大蒐于比蒲。

邾子来会公。

城莒父及霄。

十有五年。春，王正月，邾子来朝。

鼷鼠食郊牛，牛死，改卜牛。

二月辛丑，楚子灭胡，以胡子豹归。

按，《左氏》："吴之入楚，胡子尽俘楚邑之近胡者，楚既定，又不事楚，曰：'存亡有命，事楚何为？'为是，楚灭之。"夫灭人之国，其罪大矣。然胡子豹乘楚之约，尽俘其邑之近胡者，所谓"国必自灭，而后人灭之"，非灭之者独有罪也。国君造命，不可委命者，既以为有命，而又贪生忍辱，不死于社稷，则是不知命矣。书"以归"，罪豹之不能死位而与归也，故楚子书爵而胡子豹名。

夏，五月辛亥，郊。

壬申，公薨于高寝。

郑罕达帅师伐宋。

齐侯、卫侯次于渠蒢。

邾子来奔丧。

秋，七月壬申，姒氏卒。

八月庚辰，朔，日有食之。

九月，滕子来会葬。

丁巳，葬我君定公，雨，不克葬。

戊午，日下昃，乃克葬。

辛巳，葬定姒。

《公羊》曰："有子则庙，庙则书葬。"曾子问："并有丧，则如之何？"子曰："葬，先轻而后重；其奠也，其虞也，先重而后轻。"

冬，城漆。

卷二十九

哀公上

元年。春，王正月，公即位。

楚子、陈侯、随侯、许男围蔡。

按，《左氏》曰："报柏举也。蔡人男女以辨，使疆于江、汝之间。"夫男女以辨，则是降也；疆于江、汝，则迁其国也，而独书"围蔡"，何也？蔡尝以吴师入郢，昭王奔随，坏宗庙，徙陈器，挞平王之墓矣。至是楚国复宁，帅师围蔡，降其众，迁其国，而《春秋》书之略者，见蔡宜得报，而楚子复仇之事可恕也。圣人本无怨，而怨出于不怨，故议仇之轻重，有至于不与共戴天者。今楚人祸及宗庙，辱逮父母，若包羞忍耻而不能一洒之，则不可以有立，而天理灭矣，故特书"围蔡"而称爵，恕楚之罪词也。

鼷鼠食郊牛，改卜牛。

夏，四月辛巳，郊。

"鼷鼠食郊牛，改卜牛"，志不敬也；"夏，四月，郊"，书不时也。四卜，非礼；五卜，强也。全曰牲，伤曰牛，已牛矣，其尚卜免之，何也？尝置之上帝矣，故卜而后免之，不敢专也。昔者，周公郊祀后稷以配天，此成王谅阴之时，位冢宰，摄国政，行天子之事也。鲁何以得郊？成王追念周公有大勋劳于天下，而欲尊鲁，故赐以重祭，得郊禘大雩。然则可乎？孔子曰："鲁之郊禘，非礼也，周公其衰矣！"欲尊鲁，而赐以人臣不得用之礼乐，岂所以康周公也哉？天子祭天地，诸侯祭社稷，大夫祭五祀，庶人祭其祖，此定礼也。今鲁得郊以为常事，《春秋》欲削而不书，则无以见其失礼；尽书之乎，则有不胜书者，故圣人因其失礼之中，又有失焉者，则书于策，所谓由性命而发言也，圣人奚容心哉？因事而书，以志其失，为后世戒，其垂训之义大矣。

秋，齐侯、卫侯伐晋。

冬，仲孙何忌帅师伐邾。

二年。春，王二月，季孙斯、叔孙州仇、仲孙何忌帅师伐邾，取漷东田及沂西田。癸巳，叔孙州仇、仲孙何忌及邾子盟于句绎。

曷为列书三卿？哀公得国，不张公室，三卿并将，鲁众悉行，伐国取地以盟其君，而己不与焉，适越之辱兆矣。定公之薨，邾子来奔丧，事鲁恭矣，而不免于见伐，徒自辱焉，不知以礼为国之故也。邾在邦域之中，不加矜恤，而诸卿相继伐之，既取其田，而又强与之盟，不知以义睦邻之故也，故详书以著其罪。三人伐，则曷为二人盟？盟者，各盟其所得也。莫强乎季孙，何独无得？季氏四分公室有其二，昭公伐意如，叔孙氏救意如而昭公孙；阳虎囚桓子，孟孙氏救桓子而阳虎奔。今得邾田，盖季氏以归二家而不取也。

夏，四月丙子，卫侯元卒。

滕子来朝。

晋赵鞅帅师纳卫世子蒯聩于戚。

世子不言纳，位其所固有，国其所宜君，谓之储副，则无所事乎纳矣。凡公子出奔，复而得国者，其顺且易，则曰“归”；有奉焉，则曰“自”；其难也，则曰“入”，不称“纳”矣，况世子哉？今赵鞅帅师以蒯聩复国，而书“纳”者，见蒯聩无道，为国人之所不受也。国人不受而称“世子”者，罪卫人之拒之也。所以然者，缘蒯聩出奔，灵公未尝有命废之而立他子，及公之卒，大臣又未尝谋于国人，数蒯聩之罪，选公子之贤者以主其国，乃从辄之所欲而君之。以子拒父，此其所以称“世子”也。人莫不爱其亲，而志于杀；莫不敬其父，而忘其丧；莫不慈其子，欲其子之富且贵也，而夺其位。蒯聩之于天理，逆矣。何疑于废黜？然父虽不父，子不可以不子。辄乃据国而与之争，可乎？故特系“纳卫世子蒯聩于戚”于“赵鞅帅师”之下，而鞅不知义，灵公与卫国大臣不能早正国家之本，以致祸乱，其罪皆见矣。

秋，八月甲戌，晋赵鞅帅师及郑罕达帅师战于铁。郑师败绩。

冬，十月，葬卫灵公。

十有一月，蔡迁于州来。蔡杀其大夫公子驷。

“州来”，吴所灭也。蔡虽请迁于吴而中悔，吴人如蔡纳聘而师毕入，蔡侯告大夫，杀公子驷以说，哭而迁墓。如此，则实吴人之所迁也，而《经》以自迁为文，何也？楚既降蔡，使疆于江、汝，蔡人听命而还师矣，复倍楚请迁于吴，而又自悔也。其谋之不臧，甚矣。夫迁国，大事也。盘庚五迁，利害甚明，众犹胥怨，不适有居，至于丁宁反复，播告之修而后定也。今蔡介于吴、楚二大国之间，倍楚诳吴，及其事急，又委罪于执政，其谁之咎也？故《经》以自迁为文，而杀公子驷，则书“大夫”而称国，言君与用事大臣擅杀之也。放公孙猎，则书“大夫”而称“人”，言国乱无政，众人擅放之也。驷与猎，其以请迁于吴，为非者乎？而委之罪以说，谁敢复有尽忠而与谋其国者哉？

三年。春，齐国夏、卫石曼姑帅师围戚。

按，《左氏》：“灵公游于郊，公子郢御。公曰：‘余无子，将立汝。’对曰：‘郢不足以辱社稷，君其改图，君夫人在堂，三揖在下，君命祇辱。’灵公卒，夫人曰：‘命公子郢为太子，君命也。’对曰：‘郢异于他子，且君没于吾手，若有，郢必闻，且亡人之子辄在。’乃立辄，以拒蒯聩。”蒯聩，前称“世子”者，所以深罪辄之见立不辞，而拒其父也。辄若可立，则蒯聩为未绝；未绝，则是世子尚存，而可以拒乎？主兵者，卫也，何以序齐为首？罪齐人与卫之为恶而党之也。公孙文仲主兵伐郑，而序宋为首以诛殇公；石曼姑主兵围戚，而序齐为首以诛国夏，训天下后世讨乱臣贼子之法也。古者，孙从祖，又孙氏王父之字，考于庙制，昭常为昭，穆常为穆，不以父命辞王父命，礼也。辄虽由嫡孙得立，然非有灵公之命，安得云“受之王父，辞父命”哉？故冉有谓子贡曰：“夫子为卫君乎？”子贡曰：“诺，吾将问之。”入曰：“伯夷、叔齐，何人也？”曰：“古之贤人也。”曰：“怨乎？”曰：“求仁而得仁，又何怨？”出曰：“夫子不为也。”伯夷以父命为尊而让其弟，叔齐以天伦为重而让其兄，仲尼以为“求仁而得仁”者也。然则，为辄者奈何？宜辞于国曰：“若以父为有罪，将从王父之命，则有社稷之镇公子在，我焉得为君？以为无罪，则国乃世子之所有也，天下岂有无父之国哉，而使我立乎其位？”如此，则言顺而事成矣。是故辄辞其位以避父，则卫之臣子拒蒯聩而辅之，可也；辄利其位以拒父，则卫之臣子舍爵禄而去之，可也。乌有父不慈，子不孝，争利其国，灭天理而可为者乎？

夏，四月甲午，地震。

五月辛卯，桓宫、僖宫灾。

桓、僖，亲尽矣，其宫何以存？季氏者，出于桓，立于僖，世专鲁国之政，其诸以是为悦而不毁欤！何以不称“及”？等也。称“及”，则祖有尊卑矣。或谓：“祖有功，宗有德，所以劝也，则如之何？”曰：“孝子慈孙，事其祖考，仁也；或七庙，或五庙，自是以衰，礼也。奚问其功德之有无也？必若此言，是子孙得选择其祖宗而尊事之矣，岂理也哉？”

季孙斯、叔孙州仇帅师城启阳。

宋乐髡帅师伐曹。

秋，七月丙子，季孙斯卒。

蔡人放其大夫公孙猎于吴。

冬，十月癸卯，秦伯卒。

叔孙州仇、仲孙何忌帅师围邾。

四年。春，王二月庚戌，盗杀蔡侯申。

按，《左氏》："蔡侯将如吴，诸大夫恐其又迁也。公孙翩逐而射之，卒。"然则，翩非微者，其以"盗"称，何也？蔡侯倍楚诳吴，又委罪于执政，其谋国如是，则信义俱亡，礼文并弃，无以守身而自卫，夫人得而害之矣，故变文书"盗"，以警有国之君也。翩弑君而略其名氏，姓与霍皆翩之党，称国以杀而不去其官者，二公孙盖尝谋国，不使其君至于是而弗见庸者也，故书法如此。而或者以翩非微者而称"盗"，苏辙以谓求名而不得，非矣。天下岂有欲求弑君之名，《春秋》又惜此名而不与者哉？

蔡公孙辰出奔吴。

葬秦惠公。

宋人执小邾子。

夏，蔡杀其大夫公孙姓、公孙霍。

晋人执戎蛮子赤归于楚。

楚围蛮氏，蛮子赤奔晋。楚谓晋曰："晋、楚有盟，好恶同之，若将不废，则寡人之愿也；不然，将通于少习以听命。"赵鞅曰："晋国未宁，安能恶楚？必速与之。"乃诈执蛮子以畀楚师。其曰"晋人"云者，罪之也。蛮子赤何以名？夷狄也。无罪见执亦书名，外之也。文公执曹伯，则曰"畀宋人"，今此曷云"归于楚"？"归于楚"者，犹曰"京师楚"也。晋主夏盟，为日久矣，不竞至此，《春秋》所恶。

城西郛。

六月辛丑，亳社灾。

秋，八月甲寅，滕子结卒。

冬，十有二月，葬蔡昭公。

葬滕顷公。

五年。春，城毗。

夏，齐侯伐宋。

晋赵鞅帅师伐卫。

秋，九月癸酉，齐侯杵臼卒。

冬，叔还如齐。

闰月，葬齐景公。

六年。春，城邾瑕。

晋赵鞅帅师伐鲜虞。

吴伐陈。

夏，齐国夏及高张来奔。

叔还会吴于柤。

秋，七月庚寅，楚子轸卒。

齐阳生入于齐。齐陈乞弑其君荼。

阳生，曷为不称“公子”？非先君之子也。为人子者，无以有己，则以父母之心为心者。景公命荼世其国，己则篡荼而自立，是自绝于先君，岂复得为先君之子也？不称“公子”，诛不子也。阳生不子，则曷为系之齐？《春秋》，端本之书也，正其本，则事理。阳生之不子也，其谁使之然也？不有废长立少以启乱者乎？故齐景问政于孔子，孔子对曰：“君君，臣臣，父父，子子。”君不君，则臣不臣；父不父，则子不子。以阳生系之齐，著乱之所由生也。然而，弑荼者，阳生与朱毛也，曷为书陈乞？初，景公谓陈乞：“吾欲立荼，何如？”对曰：“所乐乎为君者，欲立则立之，不欲立则不立也。君如欲立，则臣请立之。”阳生谓乞曰：“吾闻子盖将不欲立我也。”对曰：“千乘之主，将废正而立不正，必杀正者，吾不立子者，所以生子也。”与之玉节而走之鲁。景公死，荼立，陈乞使人迎阳生置诸家，召诸大夫而示之曰：“此君也。”诸大夫知乞有备，不得已，逡巡北面再拜而君之尔。故里克中立，不免杀身之刑；陈乞献谀，终被弑君之罪。是皆不明《春秋》之义，陷于大恶而不知者也。

冬，仲孙何忌帅师伐邾。

宋向巢帅师伐曹。

七年。春，宋皇瑗帅师侵郑。

晋魏曼多帅师侵卫。

夏，公会吴于鄫。

秋，公伐邾。八月己酉，入邾，以邾子益来。

《春秋》隐君之恶，故灭国书取，婉以成章而不失其实也。恃强凌弱，无故伐人而入其国，处其宫，昼夜掠，以其君来，献于亳社，囚于负瑕，此天下之恶也。吴师为是克东阳，齐人为是取吾二邑，辱国亦甚矣！何以备书于策而不讳乎？圣人道隆而德大，人之有恶，务去之而不积也，则不念其恶而进之矣。“以邾子益来”，恶也；“归邾子益于邾”，是知其为恶能去之而不积也。故书“以郳子来”而不讳者，欲见后书“归郳子”之为能去其恶而与之也，圣人之情见矣。明此然后可以操赏罚之权，不明乎此以操赏罚之权而能济者，鲜矣。

宋人围曹。

冬，郑驷弘帅师救曹。

卷三十

哀公下

八年。春，王正月，宋公入曹，以曹伯阳归。

此灭曹也，曷为不言“灭”？“灭”者，亡国之善辞，上下之同力也。曹伯阳好田弋，鄙人公孙强获白雁，献之，且言田弋之说，因访政事，大说之。强言霸说于曹伯，因背晋而奸宋，宋人伐之，晋人不救。书“宋公入曹，以曹伯阳归”，而削其见灭之实，犹虞之亡，书“晋人执虞公”，而不言“灭”也。《春秋》轻重之权衡，故书法若此。有国者，妄听辩言以乱旧政，自取灭亡之祸，可以鉴矣。

吴伐我。

吴为邾故，兴师伐鲁，兵加国都而盟于城下。《经》书“伐我”，不言四鄙，及与吴盟者，讳之也。“来战于郎”，直书不讳；盟于城下，何讳之深也？楚人围宋，易子而食，析骸而爨，亦云急矣。欲盟城下，则曰“有以国毙，不能从也”。晋师从齐，齐侯致赂，晋人不可，国佐对曰：“子若不许，请合余烬，背城借一，敝邑之幸，亦云从也。”遂盟于袁娄，而《春秋》与之。今鲁未及亏，不能少待，遂有城下之盟，是弃国也。夫弃国者，其能国乎？使有华元、国佐之臣，则不至此矣。故《春秋》不言四鄙，及与吴盟者，欲见其实而深讳之，以为后世谋国之士，不能以礼义自强，偷生惜死，至于侵削陵迟，而不知耻者之戒也。

夏，齐人取讙及阐。归邾子益于邾。

秋，七月。

冬，十有二月癸亥，杞伯过卒。

齐人归讙及阐。

按，《左氏》："邾子益，齐出也。鲁以益来，则齐人取讙及阐，又如吴请师，而怒犹未怠也。"以此见国君之造恶不悛，则四邻谋取其国家，莫能保矣。"归邾子益于邾"，则"齐人归讙及阐"，又辞师于吴，而德犹未泯也。以此见国君去恶而不积，则四邻不侵其封境，而自安矣。曰"以"、曰"取"者，逆词也；曰"归"者，顺词也。去逆效顺，息争休兵，齐无取地之罪，鲁无失地之辱，以此见迁善之优，改过之大，而《春秋》不讳入邾，以邾子益来者，以明"归益于邾"之能掩其前恶而美之也。

九年。春，王二月，葬杞僖公。

宋皇瑗帅师取郑师于雍丘。

夏，楚人伐陈。

秋，宋公伐郑。

冬，十月。

十年。春，王二月，邾子益来奔。

公会吴伐齐。

三月戊戌，齐侯阳生卒。

按，《左氏》："公会吴伐齐，齐人弑悼公，赴于师。"《春秋》不著齐人弑君之罪，而以"卒"书者，亦犹郑伯髡顽弑而书卒，不忍以夷狄之民加中国之君也，其存天理之意，微矣。鲁人入邾，以其君来，罪也。齐侯为是，取讙及阐，如吴请师讨之也。鲁人悔惧，归益于邾，是知其罪而能改也。齐侯为是，归讙及阐，又辞师于吴，是变之正也。夫变之正者，礼义之所在，中国之君也。吴人欲遂前言而背违正理，狄道也。齐之臣子不能将顺上及其君，此天下大变，常理之所无也，故没其见弑之祸，而以"卒"书，其旨深矣。《春秋》弑君大恶，不待贬绝而自见也。君而见弑，岂无不善之积以及其身乎？若夫悼公变而克正，则无不善之积矣。故以"卒"书，而没其见弑，所谓不忍以夷狄之民加中国之君也，而存天理之意，微矣。

夏，宋人伐郑。

晋赵鞅帅师侵齐。

五月，公至自伐齐。

葬齐悼公。

卫公孟彄自齐归于卫。

薛伯夷卒。

秋，葬薛惠公。

冬，楚公子结帅师伐陈。吴救陈。

《春秋》，恶首乱，善解纷。自诛乱臣、讨贼子之外，凡书"救"者，未有不善之也。救在王室，则罪诸侯，子突救卫是也；救在远国，则罪四邻，晋阳处父救江是也；救在夷狄，则罪中国，楚公子贞救郑、狄救齐、吴救陈是也。吴虽蛮夷之国，来会于戚，则进而书“人”矣；使季札聘，则又进而书“子”矣。救而果善，曷为独以号举而不进之也？其以号举而不进之者，深著楚罪，而伤中国之衰也。陈者，有虞之后，尝为楚灭而仅存耳。今又无故兴师，肆行侵伐，而列国诸侯纵其暴横，不能修方伯连帅之职，而吴能救之，故独以号举，深著楚罪，而伤中国之衰也。子欲居九夷，乘桴浮于海，而曰“夷狄之有君，不如诸夏之亡也”，其书“吴救陈”之意乎？

十有一年。春，齐国书帅师伐我。

诸侯来伐，无有不书四鄙者。今齐师及清涉泗，非有城下之盟，可讳之辱，亦书“伐我”，何也？傅说复于高宗曰：“惟甲胄起戎，惟干戈省厥躬。”夫“省厥躬”者，自反之谓也。自反而缩，则为壮；自反而不缩，则为老，师之老、壮在曲直，曲直自我而不系乎人者也。邾子，齐之甥。鲁尝入邾，以其君来，齐人为是取讙及阐，请师于吴，曲在我也；及归邾益，而齐人归讙及阐，又辞吴师，直在齐矣。鲁人何名？会吴伐之也。故《春秋》之记斯师，特曰“伐我”者，欲省致师之由，而躬自厚也，垂训之义大矣。

夏，陈辕颇出奔郑。

五月，公会吴伐齐。

甲戌，齐国书帅师及吴战于艾陵，齐师败绩，获齐国书。

秋，七月辛酉，滕子虞毋卒。

冬，十有一月，葬滕隐公。

卫世叔齐出奔宋。

十有二年。春，用田赋。

哀公问于有若曰："年饥，用不足，如之何？"有若对曰："盍彻乎？"曰："二，吾犹不足，如之何其彻也？"曰："百姓足，君孰与不足？百姓不足，君孰与足？"古者，公田什一，助而不税。鲁自宣公初税亩，后世遂以为常而不复矣，至是二犹不足，故又以田赋也。夫先王制土，籍田以力而砥其远迩，赋里以入而量其有无，里，廛也，谓商贾所居之区域。今用田赋军旅之征，非矣。田以出粟为主而足食，赋以出军为主而足兵。周制：宅不毛者有里布，无职事者征夫家，漆林之税，二十而五，则弛力薄征，当以农民为急，而增赋竭作，不使末业者独幸而免也。今二犹不足而用田赋，是重困农民，而削其本，何以为国？书曰"用田赋"，"用"者，不宜用也。近世议弛商贾之征，达于时政者，欲先省国用，首宽农民，后及商贾，知《春秋》讥田赋之意矣。

夏，五月甲辰，孟子卒。

"孟子"，吴女，昭公之夫人，其曰"孟子"云者，讳取同姓也。礼，取妻不取同姓，买妾不知其姓，则卜之，厚男女之别也。同姓从宗合族属，异姓主名治际会，名著而男女有别矣。四世而缌服之穷也，五世而袒免，杀同姓也，六世亲属竭矣。其庶姓别于上，戚单于下，昏姻可以通乎？缀之以姓而弗别，合之以食而弗殊，虽百世而昏姻不通，周道然也。昭公不谨于礼，欲结好强吴，以去三家之权，忍取同姓以混男女之别，不命于天子以弱其配。不见于庙，不书于册，以废其常典，礼之大本丧矣，其失国也宜。故陈司败问：“昭公知礼乎？”子曰：“知礼。”子退，揖巫马期而进之，曰：“吾闻君子不党，君子亦党乎？君娶于吴，为同姓，谓之‘吴孟子’。君而知礼，孰不知礼？”巫马期以告。子曰：“丘也幸，苟有过，人必知之。”书“孟子卒”，虽曰为君隐，而实亦不可掩矣。

公会吴于橐皋。

秋，公会卫侯、宋皇瑗于郧。

宋向巢帅师伐郑。

冬，十有二月，螽。

十有三年。春，郑罕达帅师取宋师于嵒。

夏，许男成卒。

公会晋侯及吴子于黄池。

“黄池”，卫地。其言“及”者，会两伯之词也。《春秋》内中国而外诸夷，吴人主会，其先晋，纪常也。《春秋》，四夷虽大，皆曰“子”。吴僭王矣，其称“子”，正名也。以会两伯之词而言及者，先吴则拂经而失序，列书则泯实而传疑，特书曰“及”，顺天地之经，著盟会之实，又以见夷狄之强，而抑其横也。定公以来，晋失霸业，不主夏盟。夫差暴横，势倾上国，自称周室于己为长，盖太伯之后，以族属言，则伯父也。而黄池之会，圣人书法如此者，训后世治中国、御四夷之道也。明此义，则知汉宣帝待单于位在诸侯王上，萧傅之议，非矣；唐高祖称臣于突厥，倚以为助，刘文靖之策，失矣。况于以父事之，如石晋者，将欲保国而免其侵暴，可乎？或曰：“苟不为此，至于亡国，则如之何？”曰：“存亡者，天也；得失者，人也；不可逆者，理也。以人胜天，则事有在我者矣。必若颠倒冠屦而得天下，其能一朝居乎？故《春秋》，拨乱反正之书，不可以废焉者也。”

楚公子申帅师伐陈。

於越入吴。

吴自柏举以来，凭陵中国，黄池之会，遂主夏盟，可谓强矣。而《春秋》继书“於越入吴”，所谓因事属辞，垂戒后世，而见深切著明之义也。曾子曰：“戒之！戒之！出乎尔者反乎尔。”老氏曰：“佳兵，不祥之器，其事好还。”夫以力胜人者，人亦以力胜之矣。吴尝破越，遂有轻楚之心；及其破楚，又有骄齐之志；既胜齐师，复与晋人争长，自谓莫之敌也，而越已入其国都矣。吴侵中国而越灭之，越又不监而楚灭之，楚又不监而秦灭之，秦又不监而汉灭之。老氏、曾子其言，岂欺也哉？《春秋》初书“於越入吴”，在柏举之后；再书“於越入吴”，在黄池之后，皆因事属辞，垂戒后世，不待贬绝而见深切著明之义也，而可废乎？

秋，公至自会。

晋魏曼多帅师侵卫。

葬许元公。

九月，螽。

冬，十有一月，有星孛于东方。

盗杀陈夏区夫。

十有二月，螽。

十有四年。春，西狩获麟。

河出图，洛出书，而八卦画；《箫韶》作，《春秋》成，而凤麟至。事应虽殊，其理一也。《易》曰："大人者，先天而天弗违，后天而奉天时。"舜、孔子，先天者也，先天而天弗违，志壹之动气也；伏羲氏，后天者也，后天而奉天时，气壹之动志也。有见乎此者，则曰文成而麟至；无见乎此者，以为妖妄而近诬。《周南·关雎》之化，王者之风；而《麟之趾》，《关雎》之应也。《召南·鹊巢》之德，先公之教；而《驺虞》，《鹊巢》之应也。世衰道微，暴行交作，臣弑其君者有之，子弑其父者有之，夫子为是作《春秋》，明王道，正人伦，气志天人，交相感应之际深矣，制作文成而麟至，宜矣。商王恭默思道，帝赉良弼，得于傅岩；周公欲以身代其兄，植璧秉圭，而武王疾愈。启《金縢》之策，天乃反风，出罪己之言，荧惑退舍。至于勇夫志士，精诚所格，上致日星之应，召物产之祥，盖有之矣。况圣人之心，感物而动，见于行事，以遗天下与来世哉！《箫韶》九奏，凤仪于庭；鲁史成《经》，麟出于野，亦常理尔。《诗》以正情，《书》以制事，《礼》以成行，《乐》以养和，《易》以明变，垂教亦备矣，则曷为作《春秋》？子曰："我欲载之空言，不如见之于行事之深切著明也。""知我者，其惟《春秋》乎！"何以约乎鲁史？子曰："我欲观夏道，是故之杞，而不足征也；我欲观殷道，是故之宋，而不足征也；我观周道，幽、厉伤之，舍鲁何适矣？"何以始乎隐公？三纲沦，九法斁，天下无复有王也。何以绝笔于获麟？其以天道终乎！圣人之于天道，命也，有性焉，君子不谓命也。是故《春秋》，天子之事，圣人之用，拨乱反正之书。考诸三王而不缪，建诸天地而不悖，质诸鬼神而无疑，百世以俟圣人而不惑，其于格物、修身、齐家、治国，施诸天下，无所求而不得，亦无所处而不当，何莫学夫《春秋》？故君子诚有乐乎此也。繇仲尼至于孟子，百有余岁，若颜、曾，则见而知之；若孟子，则闻而知之；由孟子而来，至于今，千有余岁矣，其书未亡，其出于人心者犹在，盖有不得已焉耳，则亦有不得已焉耳矣。

图书在版编目（CIP）数据

春秋传 /（宋）胡安国撰；邵逝夫导读 .—合肥：
黄山书社，2021.12
（儒家要典导读书系）
ISBN 978-7-5461-9958-0

Ⅰ .①春… Ⅱ .①胡… ②邵… Ⅲ .①中国历史—春
秋时代—史籍 Ⅳ .① K225.04

中国版本图书馆 CIP 数据核字（2021）第 274783 号

春秋传
CHUNQIUZHUAN

宋 · 胡安国　撰
邵逝夫　　导读

出 品 人　贾兴权
责任编辑　朱莉莉
责任印制　李　磊
装帧设计　观止堂 _ 未氓
出版发行　黄山书社（http：//www.hspress.cn）
地址邮编　安徽省合肥市蜀山区翡翠路 1118 号出版传媒广场 7 层 230071
印　　刷　安徽联众印刷有限公司
版　　次　2022 年 5 月第 1 版
印　　次　2022 年 5 月第 1 次印刷
开　　本　880 mm × 1230 mm　1/32
字　　数　360 千字
印　　张　15
书　　号　ISBN 978-7-5461-9958-0
定　　价　59.80 元

服务热线　0551-63533706
销售热线　0551-63533761
官方直营书店（http://hsssbook.taobao.com）